法治与发展论坛

——台州模式造船法律研究

金彭年　主编

ZHEJIANG UNIVERSITY PRESS
浙江大学出版社

图书在版编目(CIP)数据

法治与发展论坛:台州模式造船法律研究 / 金彭年
主编. —杭州:浙江大学出版社,2013.10
　ISBN 978-7-308-12367-9

　Ⅰ.①法…　Ⅱ.①金…　Ⅲ.①造船工业—工业发展—
法律—研究—中国　Ⅳ.①D922.292.4

　中国版本图书馆 CIP 数据核字(2013)第 240245 号

法治与发展论坛——台州模式造船法律研究

金彭年　主编

责任编辑	石国华
封面设计	刘依群
出版发行	浙江大学出版社
	(杭州天目山路 148 号　邮政编码 310007)
	(网址:http://www.zjupress.com)
排　　版	杭州星云光电图文制作工作室
印　　刷	杭州杭新印务有限公司
开　　本	787mm×1092mm　1/16
印　　张	19.5
字　　数	487 千
版 印 次	2013 年 10 月第 1 版　2013 年 10 月第 1 次印刷
书　　号	ISBN 978-7-308-12367-9
定　　价	58.00 元

丛书编委会

目　录

上编　法治与发展

中编　海洋法治与发展

下编 国际法治与发展

附 编

上编 法治与发展

信息化背景下涉检网络舆情的科学应对

吴春莲

【摘要】 互联网时代,网络已然成为重要的舆论阵地。检察机关处于执法办案和化解社会矛盾的第一线,涉检网络舆情处理不当,很可能会引发舆情危机,影响执法公信力。要切实加强舆情引导能力,建立舆情快速反应机制,及时化解舆情危机,维护司法权威,维护社会和谐稳定。

【关键词】 新媒体;涉检网络舆情;检察机关;科学应对

随着互联网的迅猛发展,我国社会逐步进入一个高度信息化的时代,网络已成为当今社会生活中表达民情、畅通民意、集中民智的重要渠道。作为法律监督机关,检察机关必然成为社会瞩目的热点和媒体关注的焦点。如何科学应对、有效引导网络舆情,成为当前检察机关维护社会稳定面临的一个重大课题。

一、当前涉检网络舆情呈现的新特征

网络舆情是由于各种事件的刺激而产生的通过互联网传播的人们对于该事件的所有认知、态度、情感和行为倾向的集合。涉检网络舆情,顾名思义,是指在互联网上传播的涉及检察工作、检察机关、检察人员的舆情总和。[1]鉴于检察制度的中国特色,有学者倾向于将涉检网络舆情划分为两类:一类是涉及检察权的网络舆情。比如"躲猫猫"事件,就涉及检察权运作中的监所检察;一类是涉及检察官的网络舆情。这类舆情更多与检察机关的队伍建设相关,而不涉及检察权在司法程序中的运作。[2]当前,我国正处于经济转轨、社会转型的特殊历史时期,社会矛盾复杂交织。在经济全球化、社会信息化和对外开放的时代背景下,涉检网络舆情呈现一系列新特征。

(一)信息传播渠道多样化

随着网络媒体和各种新型传播手段的出现,一个多媒体融合并存的媒体传播环境开始形成。在互联网和移动通信技术发展的基础上,博客、微博、QQ、短信等多种传播交流方式,使每个人都拥有了即时传播手段,新媒体①日益成为突发事件信息滋生、传递、扩散的基本环境,甚至是形成、引发、推动公共事件发展的关键力量。[3]中国互联网络信息中心(CNNIC)

作者简介:吴春莲,杭州市人民检察院检察长。

① "新媒体"的概念最先由美国 CBS 哥伦比亚广播电视网技术研究所所长戈尔德马克于 1967 年提出. 清华大学的熊澄宇教授认为,新媒体是一个不断变化的概念。"在今天网络基础上又有延伸,无线移动的问题,还有出现其他新的媒体形态,跟计算机相关的,这都可以说是新媒体"。美国《连线》杂志认为新媒体是所有人对所有人的传播。

发布的第 31 次中国互联网络发展状况统计报告显示,截至 2012 年底,中国网民规模达到 5.64 亿,互联网普及率 42.1％,较 2011 年底提升 3.8％。[4]传统媒体环境下,信息传输是单一的,受众是被动接受的。而网络为社会搭建了一个平等开放的对话空间,实现了多点传输、互动交流,受众既是信息消费者,又是传播者、生产者。信息传播渠道的多样化、传播方式的个性化、传播内容的宽泛化,使当前的社会舆论环境和社会舆论结构呈现出多层次的复杂状态,也使网上的信息可控难度不断加大。

（二）涉检网络舆情规模化

互联网已成为思想文化信息的集散地和社会舆论的放大器。现实社会中的各类矛盾几乎都能在网上形成舆论热点,一些局部"小事件"被网络聚焦放大,极易引发网民的情绪大宣泄;案件的某一细节,经过网络的发酵,极易演变成为震动各界的社会热点事件。由于网上的"把关人"作用相较传统媒介要宽松很多,网络舆论的形成往往非常迅速,一个热点事件的存在加上一种情绪化的意见,就可以成为点燃一片舆论的导火索,常常是一个帖子成千上万人跟,长时间置于论坛之首,很难控制其导向和扩张。2009 年以来,杭州先后发生了"5·7"、"8·4"交通肇事、"快男"阿穆隆交通肇事等一系列社会舆论和网络媒体高度关注的热点敏感案件,经网络炒作,"5·7"胡斌交通肇事案一度成为 2009 年地方十大网络舆情事件,检察机关在办案过程中面临了前所未有的挑战。

（三）传播主体和方式多元化

随着网络规模和网民数量的扩大,社会思想多元多样多变的趋势日益明显,公众意见表达空前活跃,信息传播和舆论参与主体、参与方式日趋复杂。一是传统媒体与网络媒体互为推动。在不少网上热炒事件中,都是传统媒体与网络媒体互相作用,最终让局部问题无限"放大"。如"5·7"交通肇事案,正是在网络、广播电视以及平面媒体的联动之下,在社会贫富差距悬殊的大背景下,最终使"5·7"交通肇事案迅速升级,成为公共事件。二是网上网下互动紧密。由于互联网具有虚拟性、隐蔽性、随意性等特点,越来越多的网民乐于通过这种渠道,以 BBS 论坛、博客、微博、跟帖等方式来发表观点。同时,一些网民已不再满足于在网上就事论事,而是通过参与网下调查或网络串联,形成网络舆论与现实行动相呼应。三是少数商业网站参与热点事件炒作。少数媒体热衷于从网上寻找新闻,炒作社会热点,借以提高知名度。一些别有用心的人,还利用网络散布谣言、传播反动言论,甚至雇佣网络写手借题炒作,欺骗网民,误导舆论。面对这些复杂现象,如果引导不善,负面的网络舆情将对社会公共安全和稳定构成严重威胁。

（四）特定化和持续化

涉检网络舆情的客体有其特定性,即必须是可能引起或已经引起国内外网络舆论媒体和网络受众关注的,与检察工作或检察队伍密切相关的人或事。仔细剖析近年来发生的各类热点案例,涉检网络舆情危机的诱因不外乎两类:一是执法办案过程中的失误或瑕疵;二是检察队伍建设中负面的人或事。一般的网络事件随着时间的推移,公众的视线或者注意力有可能转移或减弱,但是,由于涉检网络舆情对象的特殊性,舆情对涉检案件的关注往往并不会随着时间的推移快速减弱。网民对相关事件的关注一直要持续到事情处理结束,甚至还要再持续一段时间。涉检网络舆情的特定性,有时还会引发破坏性效果,影响检察机关的执法公信力。

以上表明,涉检网络舆情的新变化给转型期的社会维稳工作带来了更大的压力,检察机关不仅处于维稳工作的第一线,而且也站在社会舆论的风口浪尖,如果对舆论引导不当,就会处于被动,司法个案就会成为舆论热点。为此,我们要全力研究舆论引导,提高引导能力,促进社会和谐稳定。

二、充分发挥检察职能作用,化解涉检舆情危机

调查表明,80％网络舆情热点事件涉及政法机关。[5]从深层次看,网络舆情事件的发生,固然有互联网等新兴媒体快速发展、网络民意聚集问政等客观因素,但主要还是由于社会矛盾排查化解工作不到位、社会管理尤其是网络监管相对滞后等因素。为此,必须努力解决影响社会和谐稳定的源头性、根本性、基础性问题,预防和减少涉检舆情事件的发生。

(一)积极预防和有效化解社会矛盾

1. 检察办案要把化解社会矛盾贯穿于全过程。要树立科学的政绩观,自觉地克服就案办案、孤立办案和机械执法的倾向,把化解社会矛盾贯穿于执法办案的始终。全面准确地运用宽严相济的刑事政策,在确保案件依法公正处理的基础上,主动把执法办案工作向化解社会矛盾延伸,使执法办案的过程变成化解矛盾、促进社会和谐稳定的过程。讲究执法办案的方式方法,寓法、理、情于执法办案之中,防止矛盾激化、案结事不了现象的发生。努力提升法律、政治、社会"三个效果"相统一的办案质量,确保所办的每一起案件都经得起法律、历史和人民的检验。

2. 加大涉检信访工作力度。信访案件也是引发网络舆情的一大源头。依法妥善解决群众合法合理诉求,高度重视初信初访,严格落实首办责任制。要切实加大积案化解力度,综合采取领导包案、专家会诊、司法救助、案件评查、公开接访等方式,逐案抓好化解。要把解决问题放在首位,在全面排查的基础上,坚持既严格依法办事,又注重协调解决信访群众的实际困难。对尚未形成上访的矛盾问题,也要尽快化解,避免矛盾激化。

3. 强化矛盾纠纷源头治理。建立和完善重大敏感案件、热点敏感问题分析研判制度,落实检调对接、法律文书说理、刑事申诉案件公开审查、刑事被害人救助等制度,及时妥善化解进入检察环节的矛盾纠纷。全面推行执法办案风险评估预警机制,主动做好隐患排查、风险防范和矛盾化解工作,坚决防止因自身执法不当、处置不妥而激化矛盾、扩大事态,引发涉检网络舆情。为有效化解社会矛盾,2009年,杭州市检察院创新建立了涉检信访"点名约访、专家办理"新机制,取得了良好的效果。2010年,市检察院党组将这一机制作为深入贯彻落实三项重点工作的重要措施,在全市两级检察院全面推广。两级院将院领导、主要业务部门负责人、英模检察官等接访人的照片全部上墙,变"你访我接"为"你点我接","点谁谁接",并聘请院外专家参与案件的办理,增加办理过程的透明度,接受外部监督,促进案结事了。该机制运行以来,共接待点名约访的群众201件515人次,已成功办结涉检信访案件196件,促使一批疑难信访案件得到彻底圆满解决,促进了社会和谐。

(二)深入推进社会管理创新

社会管理与检察工作密切相关,既是检察机关履行职责的重要内容、发挥职能的重要领域,也是检察机关必须承担的重要社会责任。检察机关作为国家法律监督机关,担负着维护人民合法权益、维护社会公平正义、维护社会和谐稳定、维护社会主义法制统一尊严权威、促进反腐倡廉建设、促进经济社会发展的神圣使命,积极参与加强和创新社会管理,加强涉检网络舆情引导,是新形势下检察机关面临的重大课题。

1. 进一步加强对网络舆情的预警监测。鉴于当前我国正处于网络舆情高发期,检察机

关必须建立涉检网络舆情处置领导小组和具体工作机构,建立健全网络舆情预警、监测机制。要增强工作的预见性,高度重视舆情的跟踪分析和研判工作,早发现、早研判、早引导。对于重大敏感案件、可能引起境内外关注的突发性涉检舆情事件,要认真研究可能引发炒作的社会影响,制定应对网络媒体炒作的周密预案,明确应对的指导思想、方法步骤、组织领导、责任分工以及保障措施。要围绕各种倾向性、苗头性、聚集性的舆情信息,密切跟踪发展变化,预测走向趋势。实时关注全国各大型网站和知名论坛,及时、全面收集涉检网络信息,定期发布舆情通报。

2.进一步健全舆情防控措施。要专门成立一支网络舆情监测评论队伍,实行个案监测与全面监测、环节监测与全程监测相结合,掌握网络舆情的发展走向、舆论热点和媒体关注焦点,并分析判断突发及重大舆情程度,提出处置意见。采取跟帖等方式,有针对性地发表网络评论,释法说理,正面引导网络舆论。加强对网评队伍的专业培训,不断提高网评员的预测力、鉴别力、引导力。要建立对涉检网络舆情的总结评估机制。涉检网络信访事件平息后,要根据舆情的发生、传播和处置情况进行总结、梳理、反思。选取典型案例,从中总结经验,吸取教训,不断提高应对网络舆情危机的能力。

3.进一步加强基层基础建设。"基础不牢,地动山摇"。就检察机关而言,百分之八十的检察院在基层,百分之八十的干警在基层,承办的案件百分之八十也在基层,涉检网络舆情的发生很大部分也都和基层检察院相关。因此,必须牢固树立固本强基的思想,把基层基础建设作为事关检察工作全局的一项战略任务来抓。要把人力、财力、物力更多投到基层,全面推进基层检察院执法规范化、队伍专业化、管理科学化、保障现代化建设。基层检察室是检察机关了解社情民意的窗口。要积极稳妥地推进基层检察室建设,把影响社会和谐稳定的因素化解在基层。通过与群众面对面、近距离接触,体察民情,化解民忧,最大限度增加和谐因素,最大限度减少涉检舆情事件。

(三)切实提升执法公信力

打铁还需自身硬。涉检网络舆情危机的发生,一个非常重要的原因,是个别地方的检察机关及工作人员在执法办案或者日常工作和生活中存在问题。因此,要减少涉检网络舆情危机的发生,就必须进行源头预防,抓好自身建设。

1.强化思想政治建设。要毫不松懈地抓好自身党风廉政建设和职业道德建设。深化社会主义法治理念教育,扎实开展以为民务实清廉为主要内容的党的群众路线教育实践活动,保持检察机关党员、干部的纯洁性。要进一步加强党性锻炼,提高政治素养,严格遵守党的纪律,增强政治敏锐性和鉴别力,切实解决好"为谁掌权、为谁执法"、"如何掌权、如何执法"等重大问题。要始终把人民放在心中最高位置,把人民群众的关注点作为检察工作的着力点,站在人民的立场上考虑问题、开展工作,做到执法动机为人民端正,执法大门为人民敞开,执法重点为人民关注,执法作风和执法效果让人民满意。

2.强化队伍专业化建设。实施人才强检战略,推进大规模专业化培训,深化岗位练兵和业务技能竞赛,通过开展检察业务专家、业务尖子、法律文书、优秀案例评比,组织干警参加论辩赛等形式,切实提高检察干警的执法办案水平,提高准确把握大局、驾驭复杂局面、严格依法办事、做好群众工作的能力。加快推进高层次人才培养工作,着力打造一批有影响的专、精、尖领军人才。深入推进执法规范化建设,努力提高检察执法的公信力。

3.强化内外监督制约。认真开展检务督察、案件质量评查,针对存在的问题进行整改,真正做到自身正、自身硬、自身净。坚持从严治检,以"零容忍"的态度严肃查处检察人员违法违纪问题,着力解决群众反映强烈的不正之风,维护检察机关的良好形象。自觉接受人大监督和政协民主监督,主动听取意见建议。全面实施人民监督员制度。积极推行"阳光检务",组织开展"检察开放日"活动,设置"阳光检务大厅",增强执法透明度,保障人民群众的知情权和监督权。

三、加强涉检舆情引导,提高舆情应对的能力

由于社会的转型和媒体格局的变化,我们必须切实转变观念,加强和改进涉检舆情引导工作,努力提高新形势下与媒体打交道的能力,提高对突发事件和司法个案的引导水平。重点要做好以下三方面的工作。

(一)善待和善用媒体

首先,要掌握新媒体的传播规律。新媒体的互动性和开放性,从根本上改变了传统信息传播"单向、封闭、被动"的模式,新媒体的特点,又为公民实现话语权和知情权提供了更便捷的条件。检察机关必须认真研究新时期新闻传播的规律,加强对新媒体的使用技能、运作规律的认识,树立新媒体时代舆论引导的新观念,注重增强主动性。其次,要妥善处理与媒体的关系。在新形势下,媒体职能的演变,要求充分尊重媒体的创造性劳动,特别是要改变"报喜不报忧"等观念和做法,为媒体发挥职能营造宽松环境、创造良好条件。妥善处理与媒体的关系,支持媒体的正当采访活动。对社会关注的案件和检察工作的重大举措以及依照有关规定应当向社会公众公开的其他信息,通过有关媒体及时公布于众。再次,要探索检察宣传新方法。随着社会经济的发展,媒介的发达,公民权利意识的增强,要想在"人人是记者,处处麦克风"的信息传播格局下发出自己的声音,检察机关必须摒弃说教灌输、讲话呆板的话语模式,宣传报道的内容要贴近社会、贴近现实生活、贴近群众,要用群众易于接受的方式说话。善于运用媒体宣传检察工作取得的成效、检察队伍涌现的先进典型,争取广大群众对检察工作的拥护和支持。加强检察门户站建设,增强信息发布的及时性、准确性和权威性,发挥宣传主阵地、主渠道作用,建立检察信息网络定期发布机制,努力打造开放透明的检察门户网站,营造宽松和谐的检察网络氛围,培养健康向上的检察网络情操,引领公平正义的检察网络风尚。

(二)有效引导舆论

舆论是把双刃剑,如何引导最关键。检察机关对于涉检舆情必须冷静应对,正视舆情的负功能对检察工作的消极影响,努力把稳涉检舆情的主要方向。一要理性应对。检察机关是法律的监督者,是公平正义的象征,要以人为本,接受人民群众的监督。舆论的产生,说明人民群众对检察机关的关注与监督。要牢固树立监督者更要接受监督的意识,客观对待舆论监督,真正把新媒体当作获取信息、了解民意的重要平台,当作推进民主法制建设的重要力量,以更加包容的心态接受和对待网络舆论。面对涉检网络舆情,检察机关应沉着冷静,理性应对,处乱不惊,千万不能采用过激的方式解决问题。二要及时介入。"流言止于公开,谣言止于知者,透明赢得人心",对网络舆情要敢于担当,快速反应,有效减少舆情的负面影响。做到说真话、立即说;讲主动、讲技巧;不失语,不妄语。在传播上有一个规律,任何声音当第一时间占据了人的脑海后,想再用新的声音去覆盖,就变得非常困难。[6] 必须主动出击,力争第一时间介入,第一时间如实发布权威信息,及时澄清事实真相,正面引导疏通。对媒

体关注甚至热炒的敏感案件，要依靠党委和上级院的领导，依法妥善处置，必要时可以通过新闻发布会等方式，做好解答。三要正视诉求。面对网民诉求，检察机关既要敞开胸怀、包容接纳，也要理智甄别、以理服人。如果对网民的质疑不闻不问或充耳不闻，只会导致更多的误解，加深彼此隔阂。因此，舆情危机一旦爆发，检察机关要清楚地告诉网民和媒体自己的观点、事实的真相和处理的立场，而不是对网民和媒体躲躲闪闪，更不能用一个假象掩盖另一个假象，用一个错误代替另一个错误，必须及时公布案件的真相、处理过程及结果。杭州是省会城市、经济发达城市，传媒业发达城市、新类型案件多，敏感案件多，近几年，媒体对个案的关注程度有增无减。面对涉检舆情，我们勇于直面、积极应对、有效引导。如，针对"5·7"胡斌交通肇事案的罪名认定、车速鉴定、"真假胡斌"等热点问题，检察机关采取及时发布新闻通稿、出庭公诉时运用举证质证、全方位示证、请鉴定人出庭作证等方式，公布事实真相，始终坚持理性执法、公正办案。"8·4"魏志刚交通肇事案，市检察院受理报捕后，办案人员连夜加班审查，仅用一天时间即作出了批准逮捕决定。当天下午，市检察院联合市公安局、市直机关党工委、市公交集团等单位，及时召开新闻发布会，第一时间向社会公布车速鉴定结论、交通事故责任认定书等证据，迅速回应社会公众和网民关注的问题，取得了良好的法律效果和社会效果。再如，办理"快男"阿穆隆交通肇事案时，杭州市检察院和西湖区检察院两级联动，公诉人精心准备，发表的公诉意见以理服人、以情感人，受到在杭各大媒体的普遍赞誉，树立了检察机关的良好社会形象。

（三）提高引导能力

中央政法委书记孟建柱在2013年1月7日召开的全国政法工作电视电话会议上强调，政法机关要着力提升"五个能力"，即做好新形势下群众工作能力、维护社会公平正义能力、新媒体时代舆论引导能力、科技信息化应用能力和政法队伍拒腐防变能力。作为检察机关，提升新媒体时代舆论引导能力，具体来说，一要提高和媒体打交道的能力。要善于沟通媒体，了解媒体，知道媒体的表达手段，加深对新闻、网络规律的理解和把握。切实重视政治理论和相关业务知识的学习，博览群书，丰富智慧，只有把知识基础打实，同媒体打交道时才能应对自如、游刃有余。同时，要学会对网络和媒体"发言"，在回答问题时要简单明了，不拖泥带水，要远离"雷语"；对各种怀疑议论，不要妄加推测或猜想，更不要陷入争辩或狡辩之中；对待各种负面新闻，不要片面去重复或掩盖；遇到挑衅性的问题，也不能简单地"无可奉告"；对事实不清、拿捏不稳的问题，不能不懂装懂、答非所问、敷衍塞责。对网络和媒体发言要实事求是，做到"言之有物，言之有理，言之以情，言之有彩"，一定要讲究策略、掌握语言艺术，要敢说话，会说话，使说出的话能被媒体认同，讲出的道理能被群众接受，从而促进矛盾有效化解、事件妥善处置。二要多渠道锤炼检察人员网络素养。面对网络，检察干部应有素质危机感，要内外兼修，全面提升自身的素养。"理乱之始，必有萌象"，检察人员要有敏锐的舆情意识，善于在一些可能诱发危机舆情的问题中看出苗头，看出倾向，看到问题背后的民意和诉求，防止小问题变成大问题，小事件变成大事件。检察机关领导干部一定要解放思想，充分发挥检察干警特别是年轻干警思想活跃、善于运用网络语言进行交流的特点，鼓励他们空余时间多上网，多逛一些知名度高、舆论集中的论坛，通过"发帖子"、"晒思想"、"拍拍砖"发现问题。采取喜闻乐见的形式加强对检察人员的网络培训，让他们意识到网络不仅仅是休闲娱乐的工具，还是服务检察工作的重要平台，要在"潜水"、"冒泡"中学会与群众"面对面"，使网上的"话筒"成为检察人员的"听筒"，在实践中不断地锤炼网络素养。三要引导提高受众的法律意识。检察机关在信息传播中要注意培养受众识别真实和虚假、正确与错误、正义与邪恶的能力,使其在遇到负面信息时能正确面对,并协调好拟态环境与现实环境的关系。在日常宣传报道中,要引导大家知法、懂法、守法,了解检察机关的工作性质,从而使社会舆论最终走向理性的回归。

有效引导舆论,妥善应对网络舆情,是检察机关需要不断探索的一项长期的工作。检察机关应在全面履行各项职能的基础上,着力提高引导、应对舆情的能力,积极做好涉检舆情的处置工作,为维护社会的和谐稳定提供强有力的司法保障。

参考文献:

[1]曾润喜.网络舆情信息资源共享研究.情报杂志,2009(8):187.

[2]王琳,汪海燕,吴武忠.如何做好涉检网络舆情的研判与应对工作.人民检察,2009(21):30.

[3]文运政:新媒体环境下涉检舆情引导策略浅析.法制与社会,2011(9):199.

[4]第31次中国互联网络发展状况统计报告.http://www.cnnic.net.cn/.

[5]方成军.应对涉检网络舆情的措施与实践思考.法制与经济,2011(9):160.

[6]何正华.处理涉检网络舆情对策.人民检察,2010(4):77.

转变理念　创新机制　为我省全面实施创新驱动发展战略提供强有力的司法保障

陈志君

【摘要】　全面实施创新驱动发展战略，是我省贯彻落实党的十八大精神、干好"一三五"、实现"四翻番"的根本之策。检察机关如何在社会管理创新中转变理念，找准定位，理清思路，推进检察改革与创新，为我省建设创新型省份提供强有力的司法保障，是当前检察工作面临的新课题和新任务。本文试就检察机关参与社会管理创新的定位和路径谈点粗浅的认识。

【关键词】　转变理念；检察创新；检察保障

全面实施创新驱动发展战略，是我省贯彻落实党的十八大精神，干好"一三五"、实现"四翻番"的根本之策。2013 年 5 月底，省委十三届三次全会审议通过了《关于全面实施创新驱动发展战略加快建设创新型省份的决定》，要求形成各方参与、社会协同推进的强大合力，努力把全社会的智慧和力量凝聚到创新驱动发展上来，把创新型省份各项任务落到实处。创新无处不在。经济建设要实现创新驱动，科技引领首当其冲，而社会管理创新则是经济创新发展的必要保障。市场经济是法治经济。检察机关作为国家法律监督机关，履行国家赋予的打击犯罪，维护公平正义的重要职责，在社会管理创新中责无旁贷。如何在社会管理创新中转变理念，找准定位，理清思路，推进检察改革与创新，为我省建设创新型省份提供强有力的司法保障，是当前检察工作面临的新课题和新任务。本文试就检察机关参与社会管理创新的定位和路径谈点粗浅的认识。

一、明确定位，找准检察机关在社会管理创新中的切入点

社会管理创新是在我国经济发展黄金期和社会矛盾凸显期，为适应我国社会从传统"熟人社会"向"陌生人社会"转型、社会结构和利益格局深刻调整、社会风险和社会问题不断显现的时代背景而提出，是新时期深入贯彻落实科学发展观、构建社会主义和谐社会的重要任务，是加强和改进社会管理的必然要求。根据胡锦涛总书记的要求，社会管理创新"最大限度激发社会活力，最大限度增加和谐因素，最大限度减少不和谐因素"。加强和创新社会管理的根本目的是维护社会秩序、促进社会和谐、保障人民安居乐业，为党和国家事业发展营造良好的社会环境。社会管理的基本任务包括七个方面：(1)协调社会关系；(2)规范社会行为；(3)解决社会问题；(4)化解社会矛盾；(5)促进社会公正；(6)应对社会风险；(7)保持社会稳定。这一根本目的正是我国司法机关的基本追求和根本职能。司法机关所具有的独特功能，使其成为社会管理及其创新的重要组成部分。

作者简介：陈志君，台州市人民检察院检察长。

对照上述社会管理创新的根本目的和基本任务，无论是维护社会秩序、促进社会和谐，还是协调社会关系、规范社会行为、解决社会问题等，都与司法机关有关，而且是司法机关的基本追求和根本职能。检察与审判机关一起，构成整体的司法机关，是维护社会秩序，促进社会和谐的主要力量，是社会管理创新的重要组成部分。检察机关在社会管理创新中的具体定位有三方面：

1. 检察机关是社会管理创新的重要主体。社会管理的主体并不仅仅是指行政机关。我国国家机构由人民代表大会（立法机关）和"一府两院"组成，这些机构是相互作用、有序运行的有机整体，每一机构都承担着相应的社会管理职能。实际上，所有拥有公权力的国家机构都具有一定的社会管理职能，都是社会管理的主体。党中央提出的"党委领导、政府负责、社会协同、公众参与"的社会管理格局，其中政府应当包括立法机关和司法机关。"司法机关行使司法权，依法追诉和惩治犯罪，伸张正义，保障公民各种合法权益，审理和裁决各种纠纷冲突，解决刑事、民事、行政诉讼中的纷争矛盾，监督有关国家机关依法办事，本身就是维护社会秩序、实现社会正义的过程，也是直接参与社会管理的过程。"检察机关作为司法机关之一，通过适用法律，规范公众行为，树立法律权威，促进社会主体在法律范围内活动，是采用法治方法治理国家，实现社会管理。因此，检察机关是社会管理及其创新的重要主体。正如曹建明检察长指出："社会管理与检察工作密切相关，既是检察机关履行职能的重要内容、发挥职能作用的重要领域，也是检察机关承担的重要社会责任。"

2. 检察机关为社会管理创新提供法律保障。检察及司法机关在自身参与社会管理的同时，还为其他社会管理及其创新提供法律保障。"司法能够通过确认、保护、监督、制约等功能，为社会管理任务的完成和其他社会管理主体依法履行职责提供公正、有效的法律保障。司法机关通过妥善处理各类行政诉讼案件，依法确认和维护合法行政行为，支持有关部门有效履行社会管理职能，对违法行政行为予以撤销、变更等，促使司法机关通过打击刑事犯罪，引导和规范社会行为，保证公民在宪法和法律的范围内活动；通过审理各类行政诉讼案件，依法确认和维护合法行政行为，支持行政机关有效履行社会管理职能，对违法行政行为予以撤销、变更等，促使行政机关加强和改革社会管理与公共服务，依法管理社会事务。司法机关通过对社会管理过程中出现的贪污贿赂、渎职侵权等职务犯罪予以查处惩治，促进社会管理中有关机关依法行政、勤政廉政，保障国家权力在法治轨道上运行。"因此，检察机关自身或者与审判机关一体，为社会管理及其创新提供法律保障。

3. 检察机关对社会管理创新具有促进作用。依法治国，建设社会主义法治国家是我国的基本治国方略。人类社会发展的事实证明，实行法治是有效保障公民权利的最佳途径，是保持社会和谐稳定的最有效手段。社会管理科学化水平较高的社会，必然是社会管理法治化水平较高的社会。法治状态下不仅要求所有的社会成员都依据法律行事，要求所有的社会管理主体都依法行使管理权，同时还要求司法机关依法介入社会管理。检察及司法机关通过执法办案的实践，不断促进立法机关丰富相关的社会管理立法，促进社会管理机关主体完善具体的规章制度，促进各种社会组织和个人在宪法和法律的范围内有序活动，促进社会管理法治化和科学化水平，促进各种社会管理主体实现依法、有效的社会管理，是社会管理创新的促进主体。

因此，检察机关是国家的法律监督机关，通过侦查直接受理的案件、批准和决定逮捕、提起公诉、监督侦查和审判活动等职能活动，维护国家宪法和法律的统一正确实施。其履行职能本身,就是打击刑事犯罪、规范社会行为、协调社会关系、维护公平正义的社会管理活动。检察机关要顺应社会管理创新的新要求,"充分发挥在社会管理创新中的检察职能作用",在社会管理创新中检察机关应当树立主体意识,唱主角、抓主动、创亮点。社会管理创新不仅是检察机关今后一段时期的中心任务,而且是检察机关延伸检察职能、推进体制机制创新、推动检察事业发展的重要机遇。检察机关必须应当立足检察职能,抓紧、抓早、抓好,发挥检察机关在社会管理创新中的重要作用,融入社会管理创新的大格局中。

二、转变理念,理清检察机关参与社会管理创新的着力点

理念是行动的先导,检察机关参与社会管理创新首先必须转变理念,以理念的转变来引领和带动社会管理创新。作为国家法律监督机关,检察机关在社会管理创新中必须树立与我国的社会形势和检察机关的地位、作用相适应的创新理念,确保检察机关参与社会管理创新的合法性、合理性与合规律性。

第一,树立执法为民、服务为先的理念。社会管理,说到底是对人的管理和服务。检察机关与其他社会管理机关一样,是向人民群众提供公共服务和公共产品的机关,我们在输入纳税人提供的公共财政的同时,向人民群众输出公共安全服务和产品。检察机关要按照以人为本、执法为民的要求,贯彻全心全意为人民服务的根本宗旨。要进一步贴近群众需求,回应群众呼声,构建服务群众的平台,增强主动服务群众的能力,提高服务群众的水平。

第二,树立和谐司法、调解优先的理念。司法的对象是人与人之间的矛盾纠纷,司法的最根本的功能是"定纷止争",司法的最终理想是实现人与人之间的和谐。检察机关作为司法机关之一,其根本目的是化解社会矛盾,建设和谐社会。检察机关必须破除机械执法、僵化执法的思想,树立和谐司法、调解优先的理念,积极参与和加强社会管理,把化解社会矛盾贯穿执法办案始终,尽最大可能增加和谐因素,减少不和谐因素。

第三,树立依法治国、严格执法的理念。检察机关执法办案就是运用法律的手段调整社会关系、维护社会秩序的过程,是依法治国的具体体现。人类社会发展的事实表明,法治是人类社会摸索出来的迄今最为有效的社会治理模式,也是保护公民权利最有效的途径。党的十八大提出要全面推进依法治国,进一步深化司法体制改革,坚持和完善中国特色社会主义司法制度,确保检察机关依法独立公正行使检察权。检察机关应当树立严格执法的理念,优化检察机关职权配置和资源整合,以严格执法办案、维护公平正义来加强和改进社会管理,促进依法治国。

第四,树立司法民主、程序正义的理念。司法民主相对于司法专断而言。司法权力与其他国家权力一样,均来源于人民。司法民主不仅要求司法适用的法律是经过民主程序且代表人民意志,更要求司法活动必须广泛听取人民的意见,听取诉讼双方的意见,听取律师或诉讼代理人的意见,听取利益相关人的意见,听取相关国家机关的意见,使司法裁决符合最大多数人民群众的意愿。程序正义强调"正义不仅应得到实现,而且要以人们看得见的方式加以实现。"其基本要求是裁判者的中立性和程序的参与性、对等性、合理性。检察机关的权能属性中,不仅有审查起诉、提起公诉等准司法权,也有审查批捕等纯粹司法权。检察机关应当树立司法民主、程序正义的理念,在执法办案中要让诉讼双方和相关的利益关系人充分地参与,要充分而对等地听取控辩双方或原被告双方的意见,广泛听取相关民众的意见,听取有关机关的意见,要以正当而合理的程序办理案件,要公平而不偏不倚地作出决定,努力

让人民群众在每一个司法案件中感受到公平正义。

第五，树立法律监督、公平正义的理念。"公平正义比太阳还要有光辉。"公平正义是每一个现代社会孜孜以求的理想和目标。在建设创新型社会的过程中，必须更加注重保障人民群众的合法权益，更加注重妥善协调社会各方面的利益关系，更加注重建设公平正义的和谐社会。检察机关是宪法规定的国家法律监督机关，在执法办案中应当树立法律监督、公平正义的理念，坚守法律底线、坚持公平原则，保持正义标准。要加强对侦查机关和审判机关的监督，要加强对行政执法机关的监督，要在执法办案中牢牢把守社会公平正义的最后一道防线。检察机关不仅要实现个案的公平正义，而且要以公平正义的个案引导规范社会行为，使所有的社会成员都在宪法和法律的范围内活动。要防止突破法律底线、不坚持法律原则办案的思想，要防止错误办理的个案被社会效仿而引发社会问题的现象。

三、创新机制，破解检察机关参与社会管理创新的关节点

检察机关参与社会管理创新，关键要在机制创新上下足功夫。要从以下六个方面机制入手，不断加以创新完善，切实提高围绕中心，服务大局的能力和水平。

1. 创新完善群众涉检利益诉求渠道机制，提高服务群众和做群众工作的能力和水平。(1)建立完善统一的 12309 语音·短信·邮件举报平台，实行"实名举报代号制"和"单线联系制"，方便群众远程举报和在线接待。(2)建立完善检务大厅，深化"阳光检务"，细化便民利民措施，整合内部资源，创新服务群众工作平台。(3)推进互联网检察服务中心建设，运用信息化科技手段，强化检务公开工作，方便群众及时了解案件进展的基本信息，解答案件相关法律问题，接受和解决群众的诉求。(4)积极稳妥推进基层检察室建设，在重点乡镇街道设立并运行基层检察室，做好检察室与乡镇综治中心的对接工作，实行检力下沉，服务基层，延伸检察工作触角。(5)完善落实全省三级院领导成员和部门负责人定期接访、重点约访，基层院领导成员和部门负责人联系乡镇，检察干警进农村、进社区、进企业活动，主动提供服务，畅通群众利益诉求渠道。

2. 创新完善打击犯罪和诉讼监督工作机制，提高控制犯罪和保护人权，维护社会秩序的能力和水平。打击刑事犯罪是检察机关的基础职能，也是维护社会秩序，加强社会管理的最基本手段。(1)建立完善刑事诉讼职能，依法打击破坏社会管理、危害社会和谐稳定的刑事犯罪，依法保障人民群众的经济权益、人身权利、民主权利。(2)建立完善打击影响和谐稳定重点案件的长效机制，加强对影响稳定、危害民生、妨害发展的严重犯罪的专项打击，完善提前介入侦查以及督办、参办、交办等各项执法办案机制。(3)建立完善案件质量保障机制，规范办案流程，健全重点、敏感、复杂案件的备案和督导制度。(4)建立与公安机关、政府相关职能部门的工作联动机制，通过联席会议、"两执法"衔接、信息通报、同步介入事故调查等方式，提高打击重点犯罪的能力和实效。(5)贯彻落实省人大常委会《关于加强检察机关法律监督工作的决定》，建立完善对侦查机关的立案监督、侦查监督、刑事拘留、搜查、扣押等强制性侦查措施的监督。(6)建立完善对人民法院审判活动的监督，促进司法公平正义，准确有效打击犯罪，保护人权，维护人民群众的合法权益。

3. 创新完善社会矛盾化解工作机制，提高服务和谐社会建设的能力和水平。(1)完善刑事和解机制和规程，对轻微刑事案件、未成年人犯罪案件、老年人案件、初犯偶犯等依法落实从宽政策。(2)推动建立所有刑事案件民事赔偿部分的和解工作机制，扩大社会矛盾化解的

范围和效果。(3)会同有关部门建立完善民事行政申诉案件调处工作机制,加强民事行政申诉案件的矛盾化解工作。(4)全面推进"检调对接",建立刑事和解案件、民事行政申诉案件、涉检信访案件与人民调解对接的统一平台,制定对接工作规范。(5)推进不捕、不诉社会风险评估、帮教基地建设等配套措施,通过调处着力解决群众切身利益问题,消除对立情绪。(6)探索与行业性、专业性调解组织的工作对接,有效解决劳资、医患、环境污染、安全生产、食品药品安全、知识产权等领域的矛盾纠纷。

4.创新完善职务犯罪侦防机制,提高反腐倡廉、规范社会管理权力有序运行的能力和水平。(1)进一步健全完善侦查一体化机制,建立上下一体、信息畅通、指挥有力、协调高效的侦查工作机制。(2)整合检察机关内部资源,建立反贪、反渎、法警、控申等侦查力量统一指挥、统一调动机制,避免因分工过细而造成的力量分散现象。(3)实行侦查与预防的一体化,在增加侦查力量的同时,实现预防与侦查的配合,强化职务犯罪预防工作。(4)建立完善职务犯罪侦诉协作机制,在加强侦查引导、提高侦查能力的基础上,加强职务犯罪打击的合力和成效。(5)创新侦查技术手段,增加侦查技术含量,提高侦查队伍素质,提升职务犯罪侦查能力。

5.创新完善对其他社会管理活动的法律监督机制,提高推进社会管理法治化和科学化的能力和水平。(1)规范完善行政执法监督的工作机制,督促社会管理主体依法履行管理职责,提高社会管理的法治化水平,保障社会管理主体走在法治化轨道。(2)积极推进行政执法与刑事司法信息共享平台建设,创新行政执法监督的渠道和机制。(3)规范完善督促行政执法机关依法履职的工作机制,深入完善督促起诉工作,探索开展检察机关民事公益诉讼。(4)推进社区矫正法律监督工作,会同司法行政部门建立社区矫正信息联动管理机制,履行对社区矫正各执法环节的检察职责,防止和纠正社区矫正对象脱管、漏管。(5)积极参与流动人口服务管理体系建设,加强对涉罪流动人员的帮教和管理。(6)积极参与信息网络管理体系建设,坚持虚拟社会现实管理,会同有关部门坚决打击利用手机、互联网等新兴媒体实施的危害国家安全、编造虚假恐怖信息、诈骗、侵犯知识产权、扰乱社会秩序等违法犯罪活动。(7)构建检察一体的涉检网络舆情监测系统,制定涉检舆情监测、研判、应对工作规程,有效应对和正确引导舆情。

6.创新完善检察内部管理机制,提高检察自身管理科学化的能力和水平。(1)全面推进案件管理体制改革,在各级检察机关设立专门的案件管理办公室,整合资源,实现案件流程管控,在提高办案效率的同时,加强对案件质量的监督检查,并充分挖掘案件统计分析对社会管理的决策参考作用。(2)大力推进信息化建设,全面实行网上办案,提高自身管理信息化水平。(3)推进"三个效果"有机统一的案件质量管理体系建设,建立执法办案的社会风险评估预警机制,将执法办案的社会效果、政治效果等评估纳入案件审查范围。(4)整合内部资源,优化职权配置,提高检察工作的能力和水平。(5)创新人才培养和队伍建设方式方法。树立"人才是第一资源"的理念,围绕职业化专业化建设目标,建立各级各类人才库,开设检察讲坛,大力加强全员教育培训,大力加强检察理论研究,加强检校合作,建立检察人才培养导师带教制度等,为检察工作创新发展提供足够的人才支持。

创新永无止境。检察机关只有把思想和认识统一到十八大精神上来,统一到省委的重大决策部署上来,紧紧围绕我省创新驱动战略实施中的重大问题,切实转变理念,找准定位,创新机制,才能更好地发挥服务保障作用,为我省干好"一三五",实现"四翻番"作出应有的贡献。

论吸引人才与外国人入出境管理体制改革

徐公社

【摘要】 在市场经济全球化和外国人涌入中国市场的形势下,非法入境、非法居留、非法就业等"三非"现象已成为我国外向型城市面临解决的法律问题。"三非"现象增加不利于中国社会稳定和外贸经济健康发展,同时也突显了我国外国人入出境和居留管理法律体制的缺陷。笔者建议通过完善立法来改革现行外国人入出境管理法律制度,在"尊重和保障人权"的基础上,坚持迁徙自由原则,借鉴国外行之有效的移民法规,改进中国的签证制度和绿卡制度,逐步扩大技术移民、投资移民的配额,吸引更多的外国人才和外国资金来建设社会主义中国。只有改革完善现行的外国人入出境和居留法律制度,才可能依法有效地控制日趋严重的"三非"现象。

【关键词】 迁徙自由;外国人居留;移民法;"三非"现象;出入境管理

前 言

随着经济全球化的进展,国际社会的跨国移民活动日趋频繁。自中国加入 WTO 以来,进入中国经商、投资、工作、留学、旅游甚至定居的外国人数量在逐年增加。外国人,作为一个法律上的概念逐渐被各国接受并固定下来。我国现行的《外国人入境出境管理法》第八章第 31 条规定:外国人是指依照《中华人民共和国国籍法》不具有中国国籍的人。从国际法着眼,外国人是指在一国境内不具有所在国的国籍而具有其他国家国籍的人。无国籍人因不具有任何国家的国籍,因此国际社会一般将无国籍人也视为"外国人"。

根据国际移民法理论,通常可把外国人分为两类:一类是享有外交特权与豁免的外国人,如国家元首、政府首脑、主权国家政府代表机构的官员(如驻外使节、代表团成员)等。此类外国人依据国际公约和惯例,享有刑事、民事和行政管辖的豁免权。另一类是不享有外交特权与豁免的普通外国人,如外籍侨民、外国专家、记者、商人、旅游者、留学生等。本文所探讨的入出境外国人仅指后者,即不享有外交特权与豁免的普通外国人和无国籍人。

改革开放之后,中国政局稳定,市场经济和国际贸易迅猛发展;尤其在东南沿海外向型经济城市,近几年大量外国人入境居留、工作。外国人入出境流量的剧增,必然需要立法的完善和管理体制的改革。假如一个外国人入境中国后依法不能获得长期居留的身份,他在中国投资经商势必受阻,也会削弱外国人才来华的决心,不利于中国政府招商引资政策的落实。外国人入出境管理体制现存的缺陷或漏洞,不仅易使那些来华非法工作的外国人逃税漏税,对当地的社会治安亦将增加了许多不稳定的隐患。[①]据笔者调查,事实上有不少来自

作者简介:徐公社,浙江警察学院教授,浙江省国际经济法研究会常务理事;主要研究领域:出入境管理法、侦查学、犯罪学等。

① 据笔者调查,我国各大城市已经发现有不少来华留学的外国人,在从事外语教学、翻译等工作中,不愿交纳工资、报酬所得税。

中东地区的外国人,入境中国后在华实施贩毒、诈骗、偷窃等犯罪活动,此类现象呈上升趋势。因此,笔者认为在探讨技术移民、投资移民立法的同时,研究如何改革外国人入出境和居留管理法律制度更为必要。

一、外国人入出境管理体制的现状与缺陷

(一)现行外国人入出境管理法律制度述评

1. 外国人的入境

外国人入境就是非本国公民持合法有效的跨国旅行证件和签证,从一国对外开放或指定的口岸进入该国领土。[1]根据 1928 年《哈瓦那外国人地位公约》,国家可以通过法律自由决定外国人入境和居留的条件。[2]外国人的入出境行为涉及主权国家的利益,依法对入境权实行限制的宗旨即保护国家利益。因此,各国政府完全有权自行决定外国人的入境问题。一国是否准许或阻止外国人入境,外国人符合哪些条件才能入境,通常则由各国立法规定之。① 国际移民法认为,一个主权国家没有必须准许外国人入境的义务,外国人也没有要求一个主权国家必须允许他入境的权利。

为了维护国家的领土主权与安全,保护公民的基本权益,目前世界各国都普遍制定了外国移民或外国人出入境管理法律法规,对外国人入境的程序、条件、义务等方面作了规定,并且根据不同时期情况的变化及本国的需要,随时加以调整。国际社会制定的有关外国人入境管理的法规内容,一般是对移民从严,非移民从宽;对符合本国利益的入境对象从宽,不符合本国需要的对象从严。我国现行的《外国人入境出境管理法》明确规定,外国人入境,应当向中国的外交代表机关、领事机关或者外交部授权的其他驻外机关申请办理签证;必须从对外国人开放或者指定的口岸通行,接受边防检查机关的检查;被认为入境后可能危害中国的国家安全、社会秩序的外国人,不准入境;等等。

2. 外国人的出境

外国人出境是指居住或停留在一国境内的外国人,依法从开放口岸或指定口岸离开该国国境的行为。[3]1948 年《世界人权宣言》和 1966 年《公民权利和政治权利国际公约》均规定,"人人不受歧视和根据自己的意志离开任何国家和返回本国的权利"。[4]根据国际移民法理论,一个国家政府不得禁止其境内的外国人合法离境;换言之,只要外国人不违反居留国法律并已依法办理了离境手续,该国政府便不能限制或阻止其出境,否则就是违背了国际移民法的"迁徙自由"原则,侵犯了公民的基本人权。从各国立法来看,世界各国普遍承认在本国居留的外国人享有出境权。

外国人出境,与入境一样,同样涉及一个国家的主权、安全和利益问题。1966 年《公民权利和政治权利国际公约》第 12 条明确规定:"人人有自由离开任何国家,包括其本国在内。上述权利,除法律所规定并为保护国际安全、公共秩序、公共卫生或道德、他人的权利和自由所必需且与本公约所承认的其他权利不抵触的限制外,应不受任何其他限制。"可见,一个主权国家政府享有对其境内的普通外国人行使司法和行政管辖权。换言之,对绝大多数自觉遵守入境国法律的外国人,可以在其签证有效期内自由出境;但对于极少数违反入境国法律

---

① [加]Turack, Daniel C.:《国际法中的护照》,加拿大多伦多 Lexington 图书出版公司和 D. C. Health 出版公司 1972 年版,第 13 页。

的外国人,入境国则有权限制或强制其出境。

我国的《外国人入境出境管理法》第 23 条规定,有下列情形之一的外国人不准出境:刑事案件的被告人和公安机关或者人民检察院或者人民法院认定的犯罪嫌疑人;人民法院通知有未了结民事案件不能离境的;有其他违反中国法律的行为尚未处理,经有关主管机关认定需要追究的。同时,法律还规定,持用无效出境证件、他人出境证件、伪造或者涂改的出境证件的外国人被限制出境。

3. 外国人的居留

外国人入境之后,必然要居留,两者行为关系密不可分。国际移民法理论将居留分为短期居留、长期居留和永久居留三种情形。针对这三种外国人居留的情形,中国出入境管理部门对来华短期居留的外国人实行"住宿登记"管理制度,对长期居留的外国人实行"居留证"管理制度,对符合永久居留条件的外国人实行"绿卡"管理制度。

4. 外国人的入出境管理

外国人入出境管理,是指国家的职能机关依法对进入、通过、离开本国国境和在境内居留、旅行及从事其他活动的外国人所实施的行政管理。[6] 对外国人入境(含过境)管理的主要内容是入境签证和过境签证的依法审批与颁发,入境口岸检验与检查等。对外国人出境管理的内容主要有:正常出境的管理、限制出境的管理和强制出境的管理等。① 一国政府对外国人实施公开的行政管理,不仅要依据入境国的国内法,同时还要尊重国际法,信守该国已经加入的有关国际公约、与他国签订的条约和协定,遵循各国公认的国际惯例与原则。②

(二)现行外国人入出境管理法律制度的缺陷

1. 入境中国的外国人"三非"现象屡禁不绝

随着市场经济的快速发展,有不少外国人涌入中国寻求经商、贸易、投资、就业的机会;中国从单纯的劳务输出国,出现了向劳务输入国转变的迹象。据公安部出入境管理局最新统计,2010 年外国人入出境共计 5211.2 万人次,同比增长 19.2%。外国人主要前往海南、广东、浙江、江苏、上海等沿海外向型城市,居留人数连年增长。浙江省义乌市外经贸部门统计表明,2010 年义乌市常驻外国人数超过 11000 人,居全省第一。仅 2011 年第一季度,义乌市外国人入境人数达 76779 人次,与 2010 年同期的 57766 人相比,增加了 32.9%。

目前来华的外国人多以持旅游签证、商务签证、工作签证、记者签证为主;其中最常见的旅游签证和商务签证,有效期分别为 6 个月或者 3 个月。很多外国人入境中国后因无法获得长期居留权,在签证过期后却仍旧滞留中国。据调查,有位来自印度的商人叫 SAM(音:山姆),于 2010 年 12 月通过上海口岸来到义乌,持有 6 个月有效期的商务签证。抵达义乌后他马上寻找出租房作为办公室,购买办公家具、招聘员工,并且找到当地一家咨询公司为他代理注册海外的空壳公司、开立香港银行账号、出具银行资信证明、办理公司文件香港律师公证,办妥这些事情时间已经过了 3 个多月,然后向义乌工商局申请设立香港公司驻义乌代表处。遗憾的是当其商务签证到期时,代表处还未批准成立,山姆拿不到工作签证,理应先出国再办理入境手续。但他没有这样做,而选择非法滞留在义乌等待代表处成立。据他

---

① 强制出境管理的内容还包括:遣送出境、限期出境和驱逐出境。

② 在国际交往中,各国为了维护本国和有关国家的共同利益,处理好国与国之间的关系,一般都会自觉遵守和尊重各国移民法规以及国际移民法中的一些基本原则,如迁徙自由原则、国家主权原则、和平共处原则、政治犯不引渡原则等。

说,当地有不少印度老乡和其他外国人都是这样做的,只要不遇到义乌公安局严打阶段,这些外国人很少会被发现而遭送出境的。

广东、北京、上海、义乌等外向型城市的"三非"(非法入境、非法居留、非法就业)外籍人员逐年增加,其中尤以非法居留占多数。仅北京东城公安分局2010年上半年处罚的"三非"人员,就比前年同期上升了75%。中国公安部2010年年底公布,近10年来,全国共遣送"三非"外国人6.3万人次。① 2010年6月1日,海南省人大公布的调查报告称,"海南省外国人管理基础工作薄弱,'三非'问题严重"。事实上,因现行外国人入出境管理法律体制的某些漏洞,导致全国各外向型城市均出现外国人管理工作问题严重。

2. 外国人入出境管理法与市场经济形势脱节

当前,外国人"三非"现象客观存在,外国人在中国犯罪的比例难免会提高。"外国人犯罪在京沪穗这样的大城市,已屡见不鲜,而且外国人犯罪已经开始向中小城市、边远城市扩散。根据公安部网站上公布的资料显示,这些犯罪现象已经在浙江金华、宁波、义乌、湖州,江苏的无锡、苏州、常州等地连续发生,有的地方甚至一天就发生好几起;2010年8月3日,两个伊朗人由于在兰州市行骗、盗窃近2万元,分别被市中级人民法院判处有期徒刑3年和2年,最终被驱逐出境,在当地一时引起了不小的轰动。"[6]

而据笔者了解,由于长期得不到合法的居留身份,相当一部分外国商人原先想在中国长期居住和经商计划也不得不变更,试图另谋更适合他们发展的国家或地区。在浙江省义乌市,有位名叫MAHAVIR(音:玛哈维)的埃及商人,入境后他用在海外注册的空壳公司名义申请设立义乌代表处,作为代表处的首席代表和一般代表,他可以为自己及其雇佣的外籍员工各申请为期1年的工作签证(Z字签证)。然而,由于采用此法申请代表处的外国人日益增多,伴随着义乌外贸市场上外国人实施诈骗等犯罪活动频发,义乌市政府不得不开始限制入境外国人居留的数量,对外国人申请设立义乌代表处的条件不断提高,审批的时间也不断延长,从原先审批的需时2个月延长到3个月、4个月,甚至更长的时间。虽然玛哈维经过多方努力终于成功设立了义乌代表处,申请到为期1年的工作签证,然而一旦工作签证到期,马哈维又将面临香港公司年审、义乌代表处年审、工作签证续签等一系列繁琐工作,估计需要花费2万元人民币。倘若其代表处年审不能按时顺利通过,工作签证到期后,马哈维只能先出国,再办一次商务签证回中国;期间他在中国设立的办公室、雇用的员工、未完结的生意都处于悬而未决的真空状态。马哈维认为依据中国现行的出入境管理法规,外国人在华设立外商代表处及其年审、延期的成本过高,给外国人1年的工作签证时间太短;他的一些外国朋友在中国居住了10年都很难依法申请到中国的永久居留权,为此他对长期在中国经商缺乏信心。

与之相反,像美国、英国、澳大利亚、新加坡等国家为吸引有高学历、高技术人才入境本国定居,这些国家的移民法每年都设置一定数量的移民配额,政府鼓励并邀请这些外国人才成为其永久居民。上述国家的移民法还规定,有钱的外国人可以通过投资移民渠道入境定居,没钱但有技术的外国人则可选择技术移民;同时,移民法还对其他普通外国人入境后申请短期、中长期、长期居留权也规定了明确的条件和审批程序,让每个外国人都知道依法移

---

① 参见中华网新闻,http://news.china.com/zh_cn/news100/11038989/20060725/13492219.html,2011年6月21日访问。

民的可能性。

中国改革开放 30 多年，尤其是加入 WTO 以来，对外国人的入境、出境、居留、入籍等法律规定的内容明显滞后，获得永久居留权和取得中国国籍的高门槛，致使不少有意来华定居经商的外国人得不到绿卡。屡禁不绝的外国人"三非"现象暴露了我国现行外国人入出境管理法律体制的缺陷，急需改革。

二、亟待修改的外国人入出境法规内容

（一）现行法规与 WTO 通用规则的冲突

2001 年 12 月 11 日，中国正式成为 WTO 的一员，表明中国开始融入世界经济全球化时代的到来。中国作为一个负责任的大国，加入 WTO 后必须承担相应的成员义务，就有必要对我国原有的法律制度加以调整，以适应 WTO 国际通用原则的制约，如透明度原则、国民待遇原则、司法审查原则等。[7]然而，我国现行《外国人入境出境管理法》一些内容已经不能适应我国应承担的国际义务。

1. 法律规范冲突

"规范冲突"在国内法律冲突研究中，通常指"立法打架"、"文件打架"的现象。[8]在我国现行的与外国人出入境管理相关的法律、法规、规章以及规范性文件中，广泛存在着各项规定相互之间矛盾、抵触或不一致的情形。例如，《外国人入境出境管理法实施细则》的第 40 条、41 条、42 条、48 条中关于限制人身自由强制措施的规定和《中华人民共和国出境入境边防检查条例》的第 14 条、15 条关于人身检查、限制人身自由强制措施的规定，没有规定在全国人大及其常委会制定的法律中，这样的强制措施显然涉嫌违宪、违法。

2000 年 7 月 1 日起施行的《立法法》第 8 条规定："对公民政治权利的剥夺、限制人身自由的强制的措施和处罚，只能制定法律。"第 9 条规定："全国人大及其常委会可以授权国务院根据实际需要，对部分事项先制定行政法规，但有关犯罪和刑罚、对公民政治权利的剥夺和限制公民自由的强制措施和处罚、司法制度等事项除外。"《行政处罚法》第 9 条也规定："限制人身自由的行政处罚，只能由法律设定。"第 10 条、第 11 条明确排除了行政法规、地方性法规可以设定限制人身自由的行政处罚，公安机关制定的规章更没有权利设定限制人身自由的处罚。

《中华人民共和国宪法》第 67 条规定："全国人民代表大会常务委员会有权撤销国务院制定的同宪法、法律相抵触的行政法规、决定和命令。"1998 年 10 月中国政府签署了《公民权利与政治权利国际公约》，该公约第 9 条第 1 款规定："人人有权享有人身自由和安全。任何人不得加以任意逮捕或拘禁。除非依照法律所确定的根据和程序，任何人不得被剥夺自由。"可见，按照《中华人民共和国宪法》、《中华人民共和国立法法》、《中华人民共和国行政处罚法》以及有关国际公约，唯有依照法律确定的根据和程序，才能限制和剥夺公民的人身自由。我国现有的外国人出入境管理的行政立法与我国的宪法、立法法、行政处罚法的规定和基本精神是相冲突、相违背的。

2. 法律用语滞后

若干法律用语已经不能和当前法律环境、国家形势和外国人入出境管理工作的需要相适应。《外国人入境出境管理法》第 1 条规定，"外国人入、出、通过中华人民共和国国境和在中国居留、旅行，适用本法。"这一条款对法律的适用范围作了规定，但法条中只有国境的概

念,而忽略了边境的概念,显然不适应当前的形势。外国人出入境管理法律颁布于二十多年前,当时香港、澳门还分别是英国和葡萄牙的殖民地,在法律上的确不存在边境的概念。但随着香港、澳门的回归以及大陆与台湾地区形势的变化,我国在香港、澳门和台湾地区实行了特殊的入出境政策,而外国人在国内实施的往来香港、澳门地区的出入边境的行为,也应当纳入到法律的管辖之中。如果按现行法律,外国人只有在入出中国国境时才适用本法,那么国家将无法对外国人从香港或澳门地区进入中国其他地区的行为行使主权管辖。

外国人入出境和居留管理工作中,对中国境内短期居留外国人进行管理的基本抓手之一便是住宿登记制度。现行的《外国人入境出境管理法》第17条规定,"外国人在中国境内临时住宿,应当依照规定,办理住宿登记。"而实际上,当前外国人在中国境内的逗留方式发生了很大变化,除定居或者永久居留以外,外国人利用办理居留许可、多次的签证延期或加签等方式在中国境内较长时间停留的情形越来越多,使得"临时住宿"的概念已经不能适应居留管理的需要。

《外国人入境出境管理法》第28条规定,"县级以上公安机关外事民警在执行任务时,有权查验外国人的护照和其他证件。"法律未对"外事民警"这个概念有明确规定,同时将执法的主体限定在"外事民警"上,也严重束缚了公安机关对外国人管理的手脚。2007年在全国公安机关开展的"三基工程"中就提出了"将外国人管理纳入实有人口管理"的内容,即任何一名基层派出所的民警对其辖区内的外国人都可以依法进行管理,这当然也包括查验外国人护照或其他证件等工作内容。法律规定与现实外国人管理实践的脱节,显而易见。

3. 法律规定的缺失

"法无明文规定不为罪,法无明文规定不处罚",这是执法过程中的一个重要原则。《外国人入境出境管理法》对一些违反法律规定义务的行为没有相应的罚则,并且对一些应当进行处罚的行为却未纳入。《外国人入境出境管理法实施细则》第26条规定:"在中国出生的外国婴儿,须于出生后1个月内,由其父母或者代理人持出生证明向当地公安局申报,办理登记手续。"第27条规定:"外国人在中国死亡,其家属或者监护人或者代理人须于3日内持死亡证明向当地公安局申报并缴销死者的居留证件或者签证。外国人非正常死亡,有关人员或者发现者应当立即向公安机关报告。"这两条规定分别对在中国出生的外国人和在中国死亡的外国人的家属或代理人等规定了应尽的义务,但现行"罚则"中却没有规定对违反上述义务行为的处罚。

比照《公民出境入境管理法》及其实施细则,不难发现,《外国人入境出境管理法》及其实施细则未对"个人或单位弄虚作假,编造情况,提供假证明,或者以行贿等手段,获取(停留、居留)证件"行为作出规定,更无相应的罚则可言。近些年来,随着国家对外国人管理的加强,越来越多的外国人通过各种手段骗取出入境证件,甚至出现了以专门帮助外国人骗取签证、居留许可等出入境证件获取暴利的中介机构,但对此类违法行为的处罚处于"无法可依"的状态,使得这些外国人逃避法律了的惩罚,危害了国家安全和出入境的正常秩序。同样的情况还存在于《外国人入境出境管理法》第24条,该条款对持用无效、他人、伪造或涂改的出境证件的外国人,规定执法的主体为边防检查机关。而事实上,大量的此类违法行为是由公安出入境管理部门通过日常工作发现的,出入境管理人员对此无法可依。

4. 执法主体受限

出入境管理工作的涉外性和专业性较强,属于中央事权。《中华人民共和国护照法》已明确赋予了在建制上属于内设机构的公安机关出入境管理机构以独立的护照签发权,使其初步具备了独立依法行使职权的资格。

但是现行的外国人出入境管理方面的法律、法规中,出入境管理的"执法主体"指边防检查机关和地方人民政府县级以上公安机关。地方公安机关出入境管理部门尚不能依法独立行使职权,不是法律意义上的执法主体。今后随着出入境活动的不断发展,公安机关的出入境管理任务会更重,专业性更强,对执法水平的要求也更高,客观上需要赋予公安机关出入境管理机构一定的独立执法权。

（二）立法上有必要增加签证种类

"9·11"恐怖事件发生之后,国际社会对国家安全,各主权国家对外国人入出境活动的监管都给予了前所未有的重视。防范恐怖犯罪分子入境的重要环节之一,就是依法加强签证的颁发与检验。众所周知,签证制度和居留许可制度是一个主权国家管理本国外国人入出境和居留活动的有效法律手段。根据国际移民法的相关实践,外国人入境后,只能从事与签证、居留事由相符的活动。因此,对签证和居留事由的分类越具体明确,就越有利于管理机关的具体操作。我国的签证根据外国人来中国的身份和所持护照的种类分为外交、礼遇、公务和普通签证四个大类,其中对普通签证类,根据外国人申请来中国的事由又分成 D、Z、X、J、F、L、G、C 八种（其中 J 字签证又分为 J－1、J－2 签证两小类）;在居留事由方面,分为任职、就业、记者、学习、任职者家属、就业者家属、记者家属等七种事由。

出入境管理实践表明,上述的签证分类已经远远不能适应我国现阶段市场经济环境下外国人身份的多样性和入境居留事由的复杂性。例如《外国人入境出境管理法实施细则》第 4 条明确,"F 字签证发给应邀来中国访问、考察、讲学、经商、进行科技文化交流及短期进修、实习等活动不超过 6 个月的人员","Z 字签证发给来中国任职或者就业的人员及其随行家属","L 字签证发给来中国旅游、探亲或者因其他私人事务入境的人员,其中 9 人以上组团来中国旅游的,可以发给团体签证"等。现行中国法律规定的一项签证类别包含了外国人多种的来华事由,这样相对粗略的签证分类,难以让外管人员对入境外国人的身份一目了然,遑论对外国人的有效管理。

公安机关出入境管理机构签发的 F（访问）、L（旅游或探亲）、J－2（临时来华采访）签证的外国人在我国的停留期限最高可达 1 年,部分持 F 字签证的更可高达 5 年,而且外国人还可以通过签证延期达到事实长期居留的目的。这种立法设计模糊了居留管理制度的定位,造成了停留证件（签证）和居留证件在法律概念界定上的模糊和颁发对象的重复等情况,管理的侧重点欠合理,不能够充分体现服务的价值。

我国目前居留许可的签发对象包括两大类:一是来中国任职或者就业的人员及其随行家属;来中国常驻的外国记者及其随行家属;来华学习的人员;二是根据互免签证协议入境,需超过协议规定的免签停留期（一般为三十天）的外国人。对于前一类外国人,签发 1 年以上最长不超过 5 年的居留许可;对于后一类外国人,签发的时间根据入境的事由确定,可以是 1 个月、3 个月或 1 年,甚至更长的时间。居留证件的颁发对象中将免办签证入境停留超过 30 日的外国人一律纳入,与持普通签证的外国人的短期停留相混淆。

由此可见,借鉴国外的移民立法经验,相应增加我国的签证类别无疑是改革现行外国人入出境法律管理体制的重要举措之一。

（三）补充对入境外国人就业的法律规定

国际移民现象产生的重要原因之一，就是劳动力的跨国流动或转移，因此依法管理入境工作或就业的外国人往往是各国出入境管理工作的重点内容。虽然我国对来华工作或就业的外国人也有专门的法律法规，但是这些对外国人就业规定实践中缺乏可操作性。《外国人入境出境管理法》第19条规定：“未取得居留证件的外国人和来中国留学的外国人，未经中国政府主管机关允许，不得在中国就业。”《外国人入境出境管理法实施细则》第28条规定："《外国人入境出境管理法》第19条所称的中国政府主管机关是指中华人民共和国劳动部。"劳动部、公安部、外交部、外经贸部等四部委还于1996年联合发布了《外国人在中国就业管理规定》，旨在加强外国人在中国就业的管理，规范与此相关的就业和聘用行为，依法保护在中国就业的外国人及聘用外国人的单位的合法权益。

然而，目前的出入境管理法律法规从制度设计上就不够科学，已经不能适应我国市场经济形势的发展。这主要表现在以下四个方面：

一是未从法律上明确外国人在中国就业条件和证件。笔者建议法律应明文规定外国人在中国就业的基本条件，以及申请就业许可、办理就业证和工作签证等程序。至于何类外国人就业应办理何种证件，现行法律没有明确规定。而在绝大部分国家，决定外国人就业的最终法定依据就是移民机关签发的包含各种就业类别的居留证件。

二是就业的概念、范围和管理方式发生了新的变化，需要重新梳理和定位。倘若外国人在中国投资入股、开办企业等创造就业机会的工作，应当与一般的就业管理有所区分。外国人就业以取得就业许可为必要前提应当因人而异，特别是对外国留学生从事兼职活动的行为，应有适合国际、国内环境的规范。

三是就业许可的多元化管理与法律规定不相适应。随着形势发展，外国人就业许可主管机关早已不仅仅局限于法条所规定的劳动部，还包括外国专家局、文化部等多个政府部门；因此有必要通过立法途径来理顺。

四是中国劳动力市场急需的行业和工种尚无年度预告。外国人在我国境内工作，事关国计民生，直接影响到我国公民的切身利益。中国是人口大国，国内就业压力十分严峻，政府应当每年度预告一份国内急需行业和人才的清单，有利于出入境管理部门定性定量颁发工作签证，从而加大对国内劳动力市场的保护力度，防止出现外国公民与中国公民抢夺国内就业机会和就业资源的现象。

三、完善外国人入出境管理法律制度的思考

（一）在立法上保障“迁徙自由”基本人权

近些年，国际社会对人权的关注度越来越高。“国家尊重和保障人权”条款终于在2004年列入了《中华人民共和国宪法》修正案；基于此，笔者以为在制定或修改任何行政法律法规时，均应将保护人权作为重要立法内容来考虑。《外国人入境出境管理法》虽然在“总则”中规定了“中国政府保护在中国境内的外国人的合法权利和利益”，但由于该法律是在我国改革开放初期制定的，整部法仅在罚则部分的第29条的后半部分提及了外国人的申诉权；可见立法当初在考虑保护行政相对人权益方面存在若干明显的不足。

1. 行政处罚的设定欠合理

我国现行出入境法律法规中，对行政处罚的自由裁量权缺乏合理而必要的限定是主要

问题。《外国人入境出境管理法》对违反该法的外国人作出的行政处罚包括警告、罚款、拘留、限期出境和驱逐出境。其中既有申诫罚，如警告，又有财产罚的，如罚款，还有人身罚，如行政拘留、限期出境、驱逐出境。虽然在配套的《实施细则》中，对违反出入境法律法规的行为做了细分，对每种违法行为处罚的自由裁量做了限定，但是即使是同一种违法行为，在适用法律上的自由裁量依然过大，不符合合理性原则，有些地方甚至显失公平公正，不利于保障相对人的权利。

以外国人最常见的"非法居留"违法行为为例，《外国人入境出境管理法实施细则》第42条第1款规定："非法居留的外国人，可以处警告或者每非法居留一日，处500元罚款，总额不超过5000元，或者处3日以上、10日以下的拘留；情节严重的，并处限期出境。"换言之，对一个外国人非法居留10日的行为，适用警告、5000元罚款、拘留或并处限期出境的自由裁量；任何一个处罚决定都合乎法律规定。同样，对另一个外国人非法居留1年的行为，也是适用警告、5000元罚款、拘留或并处限期出境的自由裁量。两起案例中，对同一个人的违法行为，可以进行申诫类、剥夺财产类、限制人身自由类处罚的自由裁量，裁量的幅度很大；而对两个人的同类违法行为，有可能因为行政执法主体对自由裁量权行使的差异性，导致了对非法居留10日的外国人，作出了拘留的处罚，而非法居留1年的外国人，只给予罚款的处罚。虽然这两种处罚结果，都合乎法律的规定，但情节重的反而处罚轻，这就不符合行政处罚的公平公正原则，行政相对人的合法权益未能得到切实保障。

此外，个别处罚措施的设定操作性差。在《外国人入境出境管理法》第30条中，"驱逐出境"被设计为一种处罚，规定在"处罚"一章，适用对象是非法入境、出境，在中国境内非法居留或者停留的，未持有效旅行证件前往不对外国人开放的地区旅行，伪造、涂改、冒用、转让入境、出境证件，情节严重的外国人，决定机关是中华人民共和国公安部。一部出入境管理法律将驱逐出境的直接适用范围规定得如此之小，而审批权限收得如此之高，比较世界各国的移民法律与实践都十分罕见；这无疑是一个较大的立法缺陷。

因为这样的法律规定，给出入境管理实践带来的问题是：外国人违反第30条规定以外行为的，当地公安机关无法直接适用驱逐出境或者遣送出境；并且各级公安机关通过公安部的批准来对外国人做出驱逐出境处罚的，全国也是屈指可数的。更何况，被驱逐的外国人很难通过行政诉讼渠道来保障其合法权益，关于驱逐出境的行政诉讼案件现行法律没有规定由最高人民法院还是由北京市高级人民法院管辖，也未规定能否由最高人民法院行政庭一审终局。事实上各地公安机关往往采用其他的出入境强制措施或处罚措施，规避了驱逐出境的处罚，使驱逐出境的处罚形同虚设。

2. 强制出境措施的不足

现有的强制出境处罚措施，有的源自法律，也有的源自行政法规，甚至规章。有学者认为，考虑到行政强制对相对人的权益发生的关系更直接，适用范围更广泛，故应更严格控制：只有法律和行政法规才能拥有对行政强制的设定权。[9]因此，笔者建议那些由规章设定的出入境强制措施应当取消或者改由法律、行政法规设定。特别是限制活动范围措施明显属于限制相对人的人身自由，根据《立法法》第8条规定应当属于法律保留事项。而扣留出入境证件通常被认为具有限制人身自由的性质，应当改为由法律设定。

除此之外，部分强制出境措施的立法意图模糊，难以把握适用。如驱逐出境，被作为处罚措施规定在《外国人入境出境管理法》的第30条，而与此手段类似的遣送出境，则规定在该法的第 27 条,未作为罚则规定在"处罚"章节中,这似乎表明遣送出境并不属于出入境的处罚措施之一。《公安机关办理行政案件程序规定》第 189 条规定:"被决定限期出境、缩短在华停留期限或者取消在华居留资格的外国人,未在指定期限内自动离境的,公安机关可以遣送出境"。此处的遣送出境应当被理解为一种强制执行措施。然而,《公安机关办理行政案件程序规定》第 182 条规定对非法入境、非法居留的外国人可以直接适用遣送出境,这又似乎将其理解为一种处罚手段。其实在实践中,各地公安机关频频使用这种处罚措施作为结案的最终方式。这种处罚措施或强制执行措施,在拘留审查、监视居住等规定中同样存在着立法意图模糊的情形。

3. 完善出入境的救济制度

出入境行政救济,特别是对外国人的救济是一个比较复杂的理论问题,值得研究。该救济制度的设计既要考虑出入境管理事项的特殊性,事关国家主权、安全和利益,又要考虑保障公民的"迁徙自由"基本人权;除了依据国内立法,也要遵循国际法律和原则,作为部门行政法还要与本国行政救济体系相协调,受到方方面面的影响。我国现行的出入境法规,虽然给予行政相对人以救济的权利,却还不够完善。出入境管理的"两法一条例"规定了对公安机关和边防检查站作出的处罚决定可予以救济,但未明确其他出入境行政行为能否进行救济,这就直接导致了对处罚以外的出入境管理行为能否实施行政诉讼救济的疑问。

行政法律救济制度,是对行政相对人的权利进行保障的主要方式。救济分为事前、事中和事后三类,事前事中的救济集中表现在听证程序,事后集中表现在行政复议和行政诉讼。《外国人入出境管理法》第 29 条只规定了行政复议和行政诉讼,缺乏了事前、事中的救济制度规定。对行政复议和行政诉讼的规定也是一种选择关系,当行政相对人的合法利益遭受侵害时,要么提起行政复议,要么提起行政诉讼,只能选择其中之一,在实践中该规定对保护行政相对人的合法权益是不利的,有待立法上的设计完善。

(二)改革外国人出入境管理的体制

中央事权,相对于地方事权而言,就是由中央管理特定事项的权力,其本质是一种管理权。出入境管理作为一项基本的国家行政管理制度,其涉及对外事务、安全事务和政治事务,事关整个国家和全局,主权性、涉外性强,具有明显的国家政治性公共职能,是中央事权的内容之一。中国出入境管理,以维护中央事权为要旨,通过统一执行国家法律、法规、政策实现对外国人出入的管理,在管理上实行以地方为主的块块管理体制。这种体制在面临我国深化改革开放,出入境人员大进大出,出入境管理加快与国际接轨的形势下弊端凸现,并在一定程度上制约了社会的发展。

1. 解决现行管理体制与中央事权内在要求之间的矛盾

在属于中央事权的行政管理领域,如海关、检验检疫等,都实行垂直管理,由国家设立或派出机构管理,实行事权和财权、人事权的统一。但是,中国出入境管理部门是由地方设立,并没有在全国设立相对应的归中央垂直领导的出入境理机构,中央事权与管理权、财权、人事权相脱节,在执行出入境法律法规和政策方面也经常受到地方政府部门干扰,有的甚至出于地方利益另立政策,严重影响了中央事权的独立和统一。

中央事权中央管理的内在要求与出入境管理部门"以块为主"管理的矛盾突显,导致中央事权得不到有效保护,各地的出入境事务又难以统一管理,因此近几年有学者倡议能否将我国的出入境管理部门改革为类似海关、工商等机关的中央政府垂直领导,或许是解决这种矛盾的一种方法。

2.立法上应明确出入境管理主体

就立法而言,现行的"两法一条例"中,仅有《出境入境边防检查条例》在第 2 条中对出入境边防检查事务的主管机关规定为公安部,其他的法律法规中有提及"中国政府主管机关",但具体主管机关是哪个部门未在法律中明确规定。因此,现行的出入境管理体制被人为地分割成由中央设立的边检机关和由地方设立的出入境管理部门。由于前者是国家利益的代表,而后者更易成为地方利益的代表,双方缺乏共同的直接利益和来自同一上级的制约,容易造成实际工作中信息共享不足、配合协调不畅的现状。因此,建议在修订《中华人民共和国出入境管理法》时,应明确规定我国出入境管理的主体机构。

3.改革出入境管理体制的设想

现行体制对中央事权性质的出入境管理工作的不利影响,早在 20 世纪末就已经显现出来。因此,1998 年,中央对全国边检的体制改革试点在北京、天津、上海、广州、深圳、珠海、厦门、海口、汕头等九个城市展开,成立了九个边检总站,但由于各种原因,试点工作未能继续推进。目前,全国边防检查工作存在现役和职业两种不同的管理体制,影响了中央事权的统一性。

近年来,部分地区对出入境管理部门对体制问题进行了一些探索和尝试,但由于各地情况不同,造成地方出入境管理部门称谓和机构设置的混乱。在出入境管理部门的称谓上,在省一级,有的称"局"、有的称"处";在市(州)一级,有的称"处",有的称"分局";在县(市、区)一级,有称"科"、也有称"处",级别不一,称谓混乱。在机构的设置上,省级和绝大多数地级市公安机关设立独立编制的公安出入境管理部门;在一些地方,出入境管理业务与国内安全保卫组合或出入境管理业务与治安(户政)管理业务组合;也有一些地方,把公安出入境管理业务划分为管理与办证服务两部门,将公安出入境管理尤其是外国人管理业务单独划归一部分,或与国内安全保卫或治安部门组合,将办证服务与公安机关其他行政审批项目组合为综合服务部门,有的还进入同级政府行政审批项目服务部门,实现大联合服务模式。由于出入境体制改革是在局部地区进行,使得中央事权所要求的集中和统一的称谓和机构设置得不到落实,致使政令不畅,权威性被削弱,妨碍了出入境部门的专业优势和全面处理事务的能力。

因此,有学者建议出入境管理体制改革采取分步走的方式,第一步是先取消出入境管理因公因私划分模式,将外交(外事)系统分管的因公出入境管理业务与公安系统分官的因私出入境管理业务合并,成立独立于公安与外交(外事)机构之外的出入境管理局,直接隶属国务院。在全国各省、自治区、直辖市设立相对应的分局,各县、市设立管理处,实行垂直领导,使之自上而下形成一个独立的执法体系。第二步,完成边防检查站的改制工作,将现行的兵役制改为职业制,将其纳入出入境管理局的直接领导,与各省、自治区、直辖市的出入境管理分局平行,形成互不隶属,相互监督,相互制约的关系。

上述改革建议是基于国际通行,世界上大多数国家的移民管理机构虽然隶属于不同部门,名称也不一样,但其职能则基本一致,主要执行本国移民法或出入境管理法,管理外国人及本国公民的出入境事务,以及对违反移民法或出入境管理法的行为人进行调查、处罚,但都不负责处理外国人入境后的其他违法犯罪活动及其权益保护案件。我国要建立高效率的现代出入境管理制度,必须明确职能范围,剥离警察职能和外事职能,将有限的人力、物力用在最重要的出入境移民管理职能上。

鉴于中国国情与现状，笔者认为对普通外国人的入出境和居留管理权限，在立法上暂且仍明确归属于公安部及各地公安机关外管部门。凡是涉及外国人违法犯罪的案件侦查取证、行政处罚等事项，应由有管辖权的公安机关各警种协同办案。至于公安机关内部的出入境管理机构的设置与称谓问题，笔者认为公安部有必要结合形势，在充分调研的基础上发文，统一出入境管理机构名称和设置。

4.改进签证制度的建议

签证法律制度是一个主权国家管理外国人入出境和居留活动的主要手段。立法上对签证类别划分得越细越便于管理。在此，不妨借鉴韩国的外国人入出境管理经验。

韩国位于东亚的朝鲜半岛，地少人多，自然资源匮乏，民族意识非常强，几乎不接纳没有韩国血统的外国人移民韩国，和日本类似是一个严格限制输入移民的国家。韩国驻外使馆或领事馆根据申请者来韩目的，签发三种类型的签证：旅游签证、过境签证和居留签证。

旅游签证是为至多停留90天的外国观光者办理的短期签证；过境签证是给去第三国或回本国时，经过韩国并在韩国逗留不超过45天的外国人办理的签证；居留签证是为在韩国境内停留90天以上者办理的签证，持长期签证者还必须得到司法部的入境许可，在其入境后90天内应到所在地的"居留地管辖事务所"申请居留许可证。申请居留许可证需要交护照、照片及填写居留申请书。

探亲旅游签证是中国公民如有在韩国定居的亲属应为其向韩国入国管理局申请，持韩国出入境管理事务所签发给的《签证发给认定书》方可到韩国驻中国使馆申请签证。

留学签证是韩国法律禁止外国普通劳务人员入境就业，但近年来由于工商企业劳动力缺口加大，政府受到了来自工商界的压力，不得不以"外国人进修产业技术"的名义，允许企业引进部分外籍劳务人员。对此类进修的外国人的签证发放对象、人数、居留时间以及接受进修人员的韩国企业等问题，韩国法务部颁布的《关于发给外国人进修产业技术签证业务处理指南》中作了规定。外国进修人员签证有效期通常在6个月以内，如法务部长官认为有必要，可以申请延长，但一般不超过6个月。

因公务签证指中国人赴韩国商谈经贸业务等，需持韩国有关方面的邀请信、公证书和有关当局的批准书（均要原件），填两张申请表，附3张照片，到韩国驻华大使馆办理签证手续。一般需要一周时间。韩国有关方面在发出邀请之前，应先获得其政府有关机关的批准，否则即使有邀请信也得不到签证。①

自从1990年韩国政府倡导"世界化"后，大量外国女性借国际婚姻涌入韩国，希望申请韩国国籍。但事实上在婚姻关系存续2年后，提出申请国籍最后能成功的比例非常低。在这些外国女性中大多是中国女性，笔者建议女同胞们千万不要盲目以婚姻为代价换取移民韩国的目的，这种基于金钱和买卖的婚姻没有坚实的感情基础，在婚后妻子往往遭受丈夫暴力、虐待和遗弃，最终取不得韩国国籍成为非法滞留的外国人。

"比起国际婚姻增加率，婚姻移民女性的国籍取得率非常低。其原因是，申请国籍和永住权的资格要等2年的时间，2年后，申请国籍的等待时间要1～3年。从结婚入境开始，要以不安定的外国滞留者身份生活3～5年。当然也有例外，怀孕或者生子的情况，审查期间

---

① 参见腾讯网，http://edu.qq.com/a/20090216/000186.htm，2011年6月16日访问。

可以缩短到 6 个月到 1 年的特惠。给韩国丈夫生子是从伪装婚姻疑心脱离的路。

据统计,2003 年通过婚姻移居韩国的外国人有 6,066 名申请加入韩国国籍,其中 5472 名获得。2006 年,11808 申请韩国国籍,只有 3375 名取得,国籍取得率是 28.6％。2007 年,7939 名申请国籍,1288 名取得,国籍取得率为 16.2％。永住权资格者 2008 年仅仅 17000 名。"①

鉴于中国没有"结婚签证"而且法定的签证种类偏少,笔者建议在立法上不妨适当增加一些新的签证类别;倘若立法则认为不宜增加太多新的签证类别,也可以考虑在原有的签证类别中再细分。例如:"L 字签证",可分为"L－1、L－2、L－3、L－4"等分别签发给因旅游、探亲、治病、结婚等事由来华的外国人。

(三)改革外国人居留管理法律制度的举措

1. 现行有关外国人居留管理法规的缺陷

《中华人民共和国外国人入境出境管理法》于 1986 年 2 月 1 日开始实施,共 8 章 35 条。内容包括总则、入境、居留、旅行、出境、管理机关、处罚、附则。这部法律在外国人申请长期或永久居留的规定上是相当笼统和不明确的。比如第三章第 13 条规定,"外国人在中国居留,必须持有中国政府主管机关签发的身份证件或者居留证件。"但对如何获得中国政府主管机关签发的身份证件或者居留证件只字未提。又如第 14 条规定,"依照中国法律在中国投资或同中国的企业、事业单位进行经济、科学技术、文化合作以及其他需要在中国长期居留的外国人,经中国政府主管机关批准,可以获得长期居留或永久居留资格。"但是对于申请的具体条件、程序等没有规定。随着改革开放的深入,外向型城市涌入越来越多的外国人,该法的笼统规定已经难以适应新形势的需求。

《中华人民共和国外国人入境出境管理法实施细则》于 1986 年 12 月 27 日开始实施,1994 年 7 月 15 日修订,包括 8 章 5 条。由于改革开放的深化,外向型城市迎来了越来越多的外国人,但对申请永久居留资格的条件规定仍含糊不清,只规定"有显著成效的可以发给永久居留资格的证件",对何为"有显著成效"没有明确规定。

《外国人在中国永久居留审批管理办法》于 2004 年 8 月 15 日实施,该办法规定,"外国人申请在中国永久居留资格适用对象主要是在对中国经济、科技发展和社会进步有重要推动作用的单位任职的外国籍高层次人才,在中国有较高数额直接投资的外国籍投资个人,对我国有重大突出贡献或国家特别需要的人员,以及夫妻团聚、未成年人投靠父母、老年人投靠亲属等家庭团聚人员。"它仅使少量外国人获得了中国的永久居留权。

2. 改革外国人居留管理法律制度的建议

(1)完善外国人长期居留权获得的条件与程序。"我国 2004 年《外国人在中国永久居留审批管理办法》评估技术移民申请资格采用的是一般性审核制,而不是计点积分制。我国也应该根据我国国内劳动力市场对外籍人才的需求,确定技术移民申请人应该具备的各项能力、能力对应分数和评估通过分数。年龄、学历、工作经验、汉语能力、个人收入等方面都可以设定特定的分值,只有达到一定综合分值的外国人才有资格申请在中国的永居权。这样就使评估操作起来会更客观、更准确,而且更有效。准备申请我国永居的人士可以按积分标

---

① 参见金圣美京(仁川女性电话副会长)文章,载乐在韩国网,http://bbs.enjoykorea.net/thread－145708.html,2011 年 7 月 5 日访问。

准先给自己打分,看自己是否符合中国的移民要求,这种透明的移民管理制度对吸引合格人士是非常有利的。"[10]

另外,针对外国人实施诈骗等犯罪活动比较猖獗的个别外向型城市(如浙江义乌),建议当地政府主管部门可出台外国人入境保证金制度,来加大对外国人的管制措施。在义乌,外国人订货后不付或付很少的定金,要求工厂先生产货物都是很常见的情形。这是早期为讨好外国商人来华采购的诟病,如今它却助长了外国人实施诈骗或单方不履行合同的行为,很多厂家因此受到巨大经济损失而无法补偿。尽管当地政府和公安机关曾出动警力,花费不少时间和金钱进行国际追捕,然而收效甚微。因此,中国厂家应严格遵守国际贸易规则,签订买卖合同,收取合理定金,诚实信用交货。而当地政府可以仿照日本对入境外国人收取保证金的制度,对来义乌经商、采购的外国人收取适量保证金,在离境时退回。有利于对入境的外国人数量及素质进行控制,如外国人犯罪导致的经济损失,也可以保证金作为补偿,降低受害者的损失。

(2)建立吸收高科技、高学历人才入籍及投资移民制度。纵观各国移民法,无不把吸收高科技、高学历人才作为优先选择的移民,不难看出国际社会对人才的重视。尤其作为世界霸主的美国,美国的发展受益于大量移民,早年被称为美国移民第一族的德国移民,在飞机制造、汽车制造、农业、食品、科技等领域,都做出了巨大贡献。现在的加州硅谷,是外国移民以其聪明才智和创新精神对美国科技作出重要贡献的缩影。

"在当今世界,从某种意义上来说,人才的争夺决定国家的实力,因此,奥巴马总统已经感觉到留住人才和移民改革的迫切性。他在德州演讲敦促加快移民改革时,呼吁努力留住外国高科技和高技能人才,为美国的创新事业加油。他说:'不想看到下一个英特尔或谷歌诞生在中国或者印度'。"①既然美国总统对吸收人才的心情如此迫切,中国政府也必须采取实质性行动,尽早出台《技术移民条例》等法律法规,吸引具有高科技、高学历外国人才,把符合法定条件的外国人才列为优先选择的移民,赋予其永久居留权,以利中国市场经济的快速发展。

世界各国在任何时候都不拒绝有钱人的投资移民,因为他们可为移民国带来更多的财富和就业机会。针对近年来中国富人不断移居国外的热潮,面对国内资金源源不断输往海外,笔者呼吁中国政府应学习发达国家和地区的做法,也尽早出台《投资移民条例》等法律法规,改善投资移民的环境,吸引那些在国际社会享有盛誉、有身份地位、有财富的外国人移居中国、加入中国籍,吸收外国资金并为本国增加更多的就业机会。

(3)构建出入境的法律救济制度。在立法上设计外国人入出境的救济事项方面,既要维护国家对入出境管理的绝对主权,又要防止主管机关滥用职权,侵害外国人的合法利益。因此,可以规定受到入出境行政处罚的相对人有权复议,但复议终局;对于外国人入出境管理的其他事项,可以规定为复议前置等。

结束语

综上所述,笔者认为若不从立法层面及时改革外国人入出境管理法律体制,中国的"三

---

① 参见一娴文章,载中国新闻网,http://www.chinanews.com/hr/2011/05－17/3045317.shtml,2011 年 5 月 17 日访问。

非"现象必然还会长期存在。因为中国的市场经济发展规律不可避免地吸引外国人才和外国资金流入中国境内,无论其流入方式是否合法。各级政府采用围追堵截的行政手段来控制外国人入境居留虽能一时奏效,但难以从根本上解决"三非"问题;改革和完善现行的签证制度、绿卡制度势在必行。

参考文献:

[1]翁里.国际移民法理论与实践.北京:法律出版社,2001:173.

[2]刘国福.移民法:出入境权研究.北京:中国经济出版社,2006:107.

[3]翁里.国际移民法理论与实践.北京:法律出版社,2001:181.

[4]刘国福.移民法:出入境权研究.北京:中国经济出版社,2006:15.

[5]翁里.国际移民法理论与实践.北京:法律出版社,2001:159.

[6]赵岩.国际先驱导报,http://www.ce.cn/xwzx/gnsz/gdxw/200607/25/t20060725_7866331.shtml,2011
    年6月22日访问.

[7]徐晓明.全球化压力下的国家主权.上海:华东师范大学出版社,2001:99-100.

[8]姜明安著.FG行政执法研究.北京:北京大学出版社,2004,78.

[9]胡建淼.行政强制法研究.北京:法律出版社,2003:108-110.

[10]潘俊武.论英国移民法改革对中国移民法建设的启示,河北法学,2010,28(1):182.

法律论证的逻辑立场及其方法：
基于伦理学方法对南京"彭宇案"的探讨

王 晓

【摘要】 法律论证的客观性由对真性、正当性和合法律性的把握来决定。真性是法律论证的逻辑出发点，正当性则是决定法律论证的中心。正当性由真性决定，但是具备真性并不意味着具有正当性，而且在某些情况下可以对真性进行修正；合法律性本身就体现了正当性。把握正当性不能从"善"的标准直接获得，因为"善"是无法定义的。因此无论是从客观性的把握还是从"善"的获得都需要通过论辩从而得到可接受的司法判决。

【关键词】 法律论证；逻辑立场；伦理学方法；善；正当性

南京"彭宇案"早已烟消云散，但是此案的一审判决所带来的影响却日益深远。对此案的一审判决中存在的诸多问题，如证据资格问题、事实认定真伪不明问题等暂时撇开不论，仅就判决结果的法律论证而言，也同样有许多方面值得我们去认真反思：即使我们假设本案在认定过程中的证据方面问题都不存在，那么在社会上引起巨大反响的事实，也值得我们思考该案的结论的正当性问题。我们对法律判决的客观性把握由三方面予以保证，即真性、正当性和合法律性，由于法律推理中对规范命题和事实命题的运用，只能保证在法律规范下的"似真"，①即使我们认同"似真"达到了法律适用中对真性的要求，在法律论证时也不得不考量正当性问题。所以对本案反响强烈，一个重要的原因是对判决结果的正当性产生疑问。基于此种原因，本文试图从伦理学价值判断方法的角度来剖析法律论证中的逻辑立场问题，着手解决法律论证的中心问题是正当性论证，以及在法律论证中的价值判断方法问题。

一、从南京"彭宇"案看法律论证的逻辑重心

先从学者关于南京"彭宇案"的正当性评论看其可能存在的问题：南京"彭宇案"一审判决是否具有正当性，已有学者对此进行了评论。如张继成教授认为，该案法官的判决行为的不公正性表现在举证责任的分配、对证据的采信以及所有逻辑谬误只偏向于原告，从中反映了法官一旦丧失公正性，可以为达到目的而不择手段。[1] 在这个批判中，可以看到目的的不正当性能够引导法官运用所有知识为其服务，无论是在事实认定还是在法律适用方面。

作者简介：王晓，浙江理工大学法律系副主任，副教授，硕士生导师。本文系中共浙江省委政法委员会、浙江省法学会课题"法律论证实现司法裁判合理性研究"（2010NC01）成果之一。

① 笔者认为其原因在于：一方面是基于认识论上的困境，无法获得前提的终极性的证明，参见王晓：《走出困境：法律论证的认识论再思考》，《法商研究》2007 年第 6 期。另一方面是由于人类认识的类型化，特别是在法律推理中是运用了类推的方法而非三段论，此结论不仅推翻了法律推理方法的传统认识，而且类推方法本身就已经决定了其结果的"似真"性，参见王晓：《法律类推理论和类型思维研究——以考夫曼类型理论为起点的认识论探究》，《浙江学刊》2009 年第 5 期。

季卫东教授从另一个角度论证了该案的不公正。他认为为了避免过于残酷的结局,侵权行为法学有缓和过失条件、扩大损害保险和社会保障等救济渠道的趋势。在我国,相应的立法政策是根据实际情形让有关方面分担损失。① 一个问题是容易造成事与愿违的结果:热血法条导致冷血判决——即使毫无侵权过失的公民也可能被责令承担损害赔偿责任,甚至见义勇为的好人也因此贾祸,酿成更大的不公平。用 20 世纪著名法理学家富勒(Lon L. Fuller)的话来说就是:混淆"愿望道德"与"义务道德"之间的区别势必破坏法律的内在道德,关于分担和利他的外部道德也因而变得残酷化。在无过失保险、医疗保险等制度尚未完备的现阶段,这样的判决会显得尤其缺德。② 很明显季教授是说法律规范仅要求道德的最低点而法官在使用法律时又要求被告承担道德的最高要求,法官已经将法律内在和外在的道德要求混淆了。

有学者认为该案的判决证明了一个事实:我们时代的法律在试图建构一种新秩序的过程中,由于缺乏信仰和道德系统的支持,其运行反而不是促进了道德,而是进一步消耗我们时代本就日益稀薄的道德资源。法律"驱逐"道德本身并非一个社会的福祉,法治所熏陶出来的人心更多地是一个法律人的仅仅计较与利欲熏心,而不是一个道德人的纯朴良心。③ 这种观点明显认为判决结论已经完全脱离了与道德的关联。

也有学者认为经验法则,不应该局限于法官自己的总结和认识,也应允许当事人提出并予以适用,但可以举出反证予以推翻,这样才公平合理。彭宇案中,法官依据一般常理认定事实,而没有考虑到彭宇见义勇为的可能性和社会效应,应该说是有欠缺的,也因此引起了公众的评议。④ 这种观点显然考虑到了常识的认定与公平正义的关系,以及一个判决对社会价值判断的后续影响。

上述观点从不同的角度对该案的正当性进行了评论。那为什么一个具体个案的判决会引起如此之多的关于道德和正当性方面的争议呢?关键还是得从法律论证的逻辑重心说起。众所周知,法律论证的对象是法律判决作为个别规范的可接受性,而要达成这个目的,需要从以下几方面进行论证:首先是作为前提的规范命题和事实命题的真性,这是解决所有认识问题的根本;其次是正当性问题,这一问题是建立在真性基础上的;再者是事实命题对法律命题的符合。其中需要解决许多困扰人们的哲学思维和方法难题,包括前提的再次证明所必然面对的"明希毫森困境",[2]法律推理中形式逻辑与实质逻辑的立场问题,以及判决结论符合真实性与正当性的标准问题。⑤ 笔者在此主要要解决的问题是第二部分,即法律论证中的逻辑立场。假设仅仅只关注判决结论的真实性,那么只要就形式逻辑进行展开就已

---

① 注意这是基于客观证明责任的要求。

② 卫东.彭宇案的公正悖论,http://article1. chinalawinfo. com/article/user/article _ display. asp? ArticleID = 40135.这里季教授引证了富勒关于愿望道德与义务道德的区分,在富勒看来,愿望道德以人类所能达到的最高境界为出发点,而义务道德以最低点为出发点。参见[美]富勒:《法律的道德性》,郑戈译,商务印书馆 2005 年版。

③ 田飞龙.就南京"彭宇案"答友人问并论法治,http://article1. chinalawinfo. com/article/user/article_display. asp? ArticleID=39701.

④ 孙道萃."彭宇案"的证据法理分析——以经验法则为视角,http://article1. chinalawinfo. com/article/user/article _display. asp? ArticleID=43230.

⑤ 张继成教授从可能生活出发,论证了可接受性是判决结论成立的内在理由。他认为能否满足当事人需要是当事人判断司法判决是否具有可接受性的目的性构成要件;当事人需要是否具有正当性是法律职业共同体和社会公众判断司法判决是否具有可接受性的目的性构成要件。参见张继成:《可能生活的证成与接受——司法判决可接受性的规范研究》,《法学研究》2008 年第 5 期。

经足够;但是如果要关注判决结论的正当性,那么进行实质论证是必不可少的步骤。上述众多学者对南京"彭宇"案的观点多集中在实质论证层面,当然不能就此得出法律论证完全建立在实质论证的基础上的结论,但至少可以看出社会生活以至于法学界的专家意见对实质论证的重视。

倘若坚持在法律论证中实质论证将无法回避,那么这就必然会涉及以下几个关键问题:一是在法律论证中形式论证与实质论证的关系如何? 二是实质论证所可能使用的方法是什么?

二、法律论证逻辑立场分析

关于法律论证比较传统的观点认为,法律论证仅关注法律推理过程中的逻辑有效性即可,因为法律论证的合理性标准必须立足于形式上的有效性,而前提无论是法律规范还是事实命题,可以通过证明其实际的存在而确认,所以法律判决的结论无疑能够仅依靠逻辑有效性得以证立。但是我们必须注意到这种观点是建立在法律实证主义之上的,因为传统法律实证主义者都会陷入不能自拔的泥沼:或者由于实在法的缘故,把法律规范还原成事实命题,由此法律成为了命令;或者在反对自然法的过程中,以人的命令取代上帝的意志。但是无论法律实证主义怎样为自己辩解,却无法解释实在法本身的权威来自于何处,最终必然寻求绝对法律价值的存在用以掩饰逻辑有效性的苍白无力,用凯尔森的话说就是法律实证主义对伦理思想之珍视中借尸还魂。[3] 这说明即使是法律实证主义的方法也无法证立法律判决结论的可靠性,更遑论自然法了。

近来多有学者倾向于实质论证的立场。如武宏志教授从形式逻辑的"蕴涵怪论"出发,认为即使是前提为真的命题,如果前提之间不相干的话会推出一个在意义上毫不相干的命题,[4] 如果实质推理角度出发则会发现前提真的可靠性几乎不存在,有时可以以听众对前提的可接受性作为立论的标准,因而换句话说就是形式论证并不能完全解决逻辑上的相干性问题,而是有赖于实质逻辑予以解决。① 以此为出发点,武宏志教授提出应从非形式逻辑的角度观照法律论证的适切性,他从研究对象、论证的概念、类型、评估标准、前提、范例等方面证明法律论证的各方面都与非形式逻辑相契合。② 本质上这种观点已经完全立足于法律论证就是实质论证的立场上了。

那么我们是否确实应当持实质论证的立场呢? 这无疑就是对法律论证中形式论证与实质论证的关系问题的看法。笔者比较倾向于,以形式论证为基础,以实质论证为主的观点,理由如下:其一,形式论证是法律论证得以成立的必要条件,因为从逻辑的角度看,某一法律证立之可接受性的一个必要条件是:支持该证立的论述必须可被重构为逻辑上有效的论述时,才能从法律规则和事实(前提)当中得出判决(结论)。[5]

笔者对此深以为然,法律论证离不开形式逻辑是由认知离不开形式逻辑所决定的。其

---

① 著名的非形式逻辑学家沃尔顿等认为相干性概念本质上是认识论的。参见 John Woods & Douglas N. Walton. Fallacies:Selected Papers1972—1982. Foris Publications,1989,pp. 215—216. 而认识论要解决的是推理前提的依据问题,为体现人类认识的有效性,往往依某种理论(如融贯论)在某处断然中止对前提的证明。这可以依据对前提的可接受性予以解决,而可接受性又依赖于双方或者多方达成共识,这主要就是建立在彼此的价值判断之上的。

② 参见武宏志:《论非形式逻辑的特性》,《全国法律方法论坛第三届学术研讨会论文集(上)》,2008,第 140—155页。这种思路与阿列克西的法律论证理论是相契合的。

二，即使具备了形式逻辑的有效性，仍然无法彻底解决结论与前提之间的相干性问题，无法解决法律规范具有终极权威的问题，也无法决定法律发现的唯一途径，更无法阐明应然命题与实然命题的相关性。其三，如果我们要解决法律判决的客观性（笔者认为认识对象的客观性呈现才是我们把握对象的关键），至少需要确立逻辑上的真与正当性两个截然不同的问题，如果归结为以判决结论的可接受性为证立的标准，那么必须也要审视前提的可接受性。如此一来就不仅仅是考量结论的实质性要求，而且需要考量前提的实质性要求，换句话说必须从实质上进行全面的法律论证。其四，即使通过形式逻辑解决了结论为真的问题，那也只是依托于逻辑而成立的逻辑上的"真"而已，可以说这个"真"的结论具有合法性，或者更具体地说具有合法律性，而这恰恰需要对规范的相应论证，如规范是否符合社会发展的规律，而这方面的论证是需要实质论证的帮助的。① 其五，问题的实质是实质论证和形式论证都是法律论证成立的必要条件，而所谓的论证是从结论出发寻求其合理性的依据，是需要通过结论和前提的客观性把握，依据可接受的标准来实现的；而且在现代哲学思辨的语境中论证就意味着是论辩性的，最终可能达成的结果只能是主观间的合理性，虽然所谓客观的标准可以起到一定的参照作用，但是这种客观的标准也是可以通过妥协予以变更的。由此所有的问题最终都归结为在实质上通过论辩来寻求理由。

三、法律实质论证的伦理学基础

如果认定法律论证最终必须在实质上寻求理由的话，那么很重要的一个方面是是否存在可以被据以进行价值判断的标准？ 也就是说需要一种道德标准，这种道德标准是否存在呢？ 或者这种标准存在，那又如何来确定呢？

问题就在这里。假设进行价值判断的标准是"善"，那么这个"善"到底是什么？ 对于"善"的性质的看法预示了不同的伦理学流派和方法。自然主义伦理学认为可以用一种自然客体的性质来取代"善"，于是就变成了用自然科学来替代伦理学。[6]对于自然主义的诟病一直有许多，归纳一下主要有：符合自然仅仅体现了人类追求"善"的最低标准，而不是什么至善；[6]自然主义是将规范语句转译为描述语句，据此跨越从实然推出应然这一古老的问题；[7]不能从符合自然中引出关于行为的正当性的明确的实践标准；[8]自然主义梦想一种绝对的确定性，因为在此种理论看来标准存在于自然而人只是发现它而已。② 上述种种批评意见都反映了自然主义方法无法解决价值判断的标准问题，因为既无法确定善的性质，也无法论证将规范语句转译为描述语句的确实性，以及无法从实有中得出确实的知识。

就快乐主义而言，可以分为利己主义和功利主义。快乐主义主张快乐是唯一的善，其中利己主义把个人的最大快乐或者幸福作为其行为的终极目标，而功利主义则把社会整体的最大快乐或者幸福当作最终目标。上述两种快乐主义的区分，仅在于其行为的目的针对个人还是整体而言，就其对"善"的看法大致类似。以密尔的功利主义为例，他对快乐的分析具

---

① 帕特森曾言："如果我们想知道一个特定的法律命题是否是真的，我们必须问法律中的参与者是如何得出真与假、正确与不正确的判断的。"参见［美］丹尼斯·N.帕特森：《法律与真理》，陈锐译，中国法制出版社 2007 年版，第 73 页。帕特森的意思是法律中真理的获得需要形式与实质两方面的保证，虽然他所谓的"真"的含义与笔者的不同。

② 美国哲学家杜威认为人们有一种倾向，认为知识和一个本身固定不变的实有的领域联系着的，通过思维的领悟和验证接近这个领域。参见［美］约翰·杜威：《确定性的寻求：关于知行关系的研究》，傅统先译，上海人民出版社 2004 年版，第 19 页。

有典型性:密尔认为快乐和免除痛苦是唯一值得欲求的诸事物,同时把幸福定义为快乐和无痛苦,因此幸福是值得欲求的唯一事物,其他事物只有作为达到这个目的的手段彩色值得欲求的。并且他把值得欲求的归结为是能欲求的,而且快乐存在质的区别。[9]但是这种学说确实存在逻辑上的问题和方法上的不可行性。

其一,这是一种自然主义的延续。主要的问题是密尔将值得欲求的最终归结成能欲求的,这无疑需要存在实在的对象,但是不要忘了现实中我们可能从幻想开始我们的行为,追求至今尚不能实现的事物作为追求的起始。

其二,需要证明快乐是人们唯一值得欲求的。这个证明可能根本无法实现,因为人的追求可能不仅是快乐,我们是否也能够说德性是唯一值得欲求的?人的内心的平静是唯一值得欲求的是否更好?即使像功利主义所言,其他事物是实现快乐的手段,快乐才是最终目的,那么就会产生第三个问题。

其三,快乐到底是最终目的还是促使人们行为的动因?值得欲求使人产生行为的冲动和欲望,比如一个人消沉的时候想让自己快乐,于是考虑做什么事才能获得这样的效果,可以去打球、吃东西、购物等,于是在某种条件之下他需要做出选择,而且即使做了可能会让他得出这件事并不是自己真正想做的事的结论。甚至会产生只享受过程不在乎结果而获得真正快乐的心理过程。

其四,如果快乐有质的不同,那么如何确定一种快乐就比另一种快乐更加?因为快乐是心理过程,在每个人、每个群体、每一代人的心理上作用是不同的;其标准的确立带有诸多偶然性和时间性。

同样的直觉主义的伦理学方法,无论是感觉的直觉主义或者教义的知觉主义或者哲学的直觉主义,[10]既可能把行为本身的善的,又可能把行为后果是善的作为考虑的终极对象。知觉主义一样需要考虑"善"本身,而善却又是必须与内在、确定的先验的规则相联系,因此仍需要寻找终极善的存在。终极善无论是从具体德性的起源或者"善"的本性而言,其实都是无法找到其根据,只能把它在某些程度上规定为是不证自明的,因而这点从认识论看无疑是存在缺失的。

伦理学方法本身的缺陷,使我们不得不怀疑"善"的存在,至少怀疑"善"的本质是否清晰。从法律的角度看,我们论证的是"正当"而不是"善",但是这并不意味着法律上讲的"正当"与"善"毫无关联。于是出现了几个问题需要解决:一是如果"善"的无法定义的,那么应该如何采用何种伦理学方法?二是伦理学中"善"与"正当"的关系是怎样的?三是被认为在法律上是正当的行为何以是正当的?

认为"善"是无法定义的,这在近现代的诸多的伦理学家眼里是不争的事实,比如摩尔就断言"善"是一种单纯的概念,虽然不能给它下定义,但是能够描写它与其他诸事物的关系;[6]又比如罗斯认为"善"具有简单的属性,从最初的预设而言"善"是不可定义的。[11]倘若"善"仅仅是凭借直觉来体悟的,那么必然会产生对"善"的种种不同的理解,这显然不是伦理学方法想要的。而且如果我们确信"善"具有简单的属性,那么就应该不存在把"善"认定为是快乐或者德性等。① 事实上,人们往往把"善"直接与行为相提并论,譬如说"某个行为是善

---

① 事实上,连密尔也只是说快乐为我们提供了衡量善的唯一标准。参见[美]阿拉斯代尔·麦金太尔:《伦理学简史》,龚群译,商务印书馆 2003 年版,第 325 页。

的"，这里至少包含几层含义：其一是该行为就其本身而言是善的；其二是该行为就其产生的结果而言是善的；其三是该行为对产生善的结果具有推动作用，因而是善的。

可以明显地看出第一层含义指涉该行为具有内在的善，就其离开结果而言它始终是善的，因此这种"善"与其被欲求是无关的。[11]第二层含义则指涉所要追求的目的，和人们的欲求密切相关。第三层含义则是把善的行为作为一种工具、手段，作为达成目的的过程（或者可以把它作为法律中的程序）来衡量其善的作用。因此，从"善"无法被定义这种理念出发的话，自然会流露出对"善"的判断的情感倾向，因为对"善"的把握是建立在人们对其的好恶基础上的，而这样的情感当然不是指个人的情感，而是指在社会进程中的历史、经验等的积累而形成的对行为的普遍共识，因此往往与常识道德存在密切的关系。

由此可见，人们基于常识道德，通过情感的倾向来判断某行为其本身是否是善的、产生的结果是否是善的以及作为手段是否是善的来形成自身对"善的判断"。但是在法律论证中，我们需要考量的不是道德上的"善"，而是行为的正当性问题。法律适用本身最主要关注的是行为、结果、因果关系等问题，因此从行为出发论证正当性无疑是对行为是否符合法律构成要件考量的一个方面。行为就其本身而言是正当的或者该行为就其产生的结果而言是正当的；其三是该行为对产生正当的结果具有推动作用，因而是正当的，这三方面的考虑与行为是否是善的考虑完全能够一致。问题是正当的和善的毕竟还是存在差异，摩尔曾认为使得行为正当的是，它们能比行动者可能采取的任何其他行为产生更多的善。[11]

这种理论看似把两者予以了联结，实现了两者之间的跨越，但是一种批评也同样说明了反对的理由：如果存在一种显见的义务比如承诺，那么一种违背承诺但是产生较多的善的行为是否是正当还是需要审慎考虑。[11]从法律规范来看，其更多的是限制人的行为，法律更多的时候是为人们的行为预先设置了义务和责任，人们作为或者不作为是否是正当的，首先应该就其本身是否正当进行衡量，其次才能对结果和手段是否是正当的进行衡量。比如法律规定了子女有赡养父母的义务，子女不赡养父母从行为本身而言是不正当的因为该行为本身就不是善的，但是如果存在例外情况像子女丧失了赡养的能力，其行为我们不能说是正当的但是也不能说是不正当的。① 这是基于把法律规范所规定的义务和责任作为考量的前提，即便某行为违反对应的法律规范本身所包含的义务能够产生更多的善，也不能就此断定此行为是正当的，只有在此行为产生的善远远大于不进行该行为时，才可能作为一种例外予以考虑，否则法律的客观性将受到挑战。②

综上所述，在法律论证过程中实质论证方法必须要注意的是，由于"善"无法定义，因此人们在进行正当性判断的时候，一则会依据常识道德的要求，对责任、义务和更多的善之间进行比较论证其正当性；二则由于对常识道德的依赖具有一定的情感倾向，存在用理由说服他人形成信念和态度的一致。因此，法律论证中的实质论证方法要基于行为本身是否是善的、产生的结果是否是善的以及行为作为手段是否能推进善来与法律规范所规定的义务、责任进行衡量，当然前提是行为和我们所要认定的法律事实有关联，这和事实认定的自然属性相关而与价值的非自然属性无关，虽然可能两种属性同时存在于其中。

---

① 一个更深的思考是，好似传统中法律一直把赡养老人的义务加给个人，那么是否国家也同样可以承担类似的责任呢？ 现代养老保险制度其实是转移了一部分这类义务。

② 关于法律论证中责任的逻辑关系问题，可参见王晓：《法律论证中的因果关系研究——兼论法律论证中的逻辑关系》，《北方法学》2010年第2期。

四、从逻辑的观点看南京"彭宇案"

从南京市鼓楼区人民法院的民事判决书来看,在事实认定和法律适用中确实存在不少问题。如果我们从法律论证的角度进行审视的话,能够发现其中在事实命题的真实性和正当性方面反映的缺失。 .

（一）从事实的自然属性看缺少真实性

在判决书中认为,原告和被告之间的争议的主要事实问题是是否相撞。首先法院认为原告倒地的原因除了被他人的外力因素撞倒之外,绊倒或滑倒等自身原因情形,但双方在庭审中均未陈述存在原告绊倒或滑倒等事实,被告也未对此提供反证证明,故根据本案现有证据,应着重分析原告被撞倒之外力情形。这一方面是"诉诸无知"的逻辑错误,①另一方面即使是外力相撞也可能存在非人为的外力因素。从自然因果关系而言,法律论证中我们针对事实问题主要需要考虑行为和结果之间的关系,一则如果不存在人的行为的话,法律上的因果关系就不存在;二则有可能是与人的行为有关的其他外力,比如狗的冲撞造成,而狗的冲撞之所以发生是因为人的疏于管理。但是后者是需要原告予以证明的。

判决书中还提到根据被告自认,其是第一个下车之人,从常理分析,其与原告相撞的可能性较大。按照常识分析,我们能够作为推理的前提是"原告经过车门时正在下车的人与之相撞的可能性最大",而不是第一人,明显这里推理的前提不能保证是真的。

因此我们可以看到由于存在形式推理上的缺陷,根本无法保证推理结果的真实性,而事实命题的不真实性又导致了判决结果的不真实性,因此从法律形式论证角度而言本案已经违背了判决对真实性的要求。

（二）从事实的价值属性看缺少正当性

以上阐述了实质论证需要从三方面进行,即行为本身是否是善的、产生的结果是否是善的以及行为作为手段是否能推进善,以下笔者拟从这三方面来分析本案的事实方面。

1.判决书中提到如果被告是见义勇为做好事,更符合实际的做法应是抓住撞倒原告的人,而不仅仅是好心相扶。这里涉及"抓住撞倒原告的人"和"好心相扶"这两个行为,从行为的选择来看,一个人在遇见这种突发情况时,到底应该选择哪个? 作为一个正常的人选择前者或者后者都是可能的,问题的关键是这两个行为哪个更加正当。从这两个行为看,前者更注重让倒地者获得赔偿,后者让倒地者受到直接的救助,那么哪个具有更大的善呢? 如果被告确实没有撞人,在面对直接救助生命、健康还是为受害者抓获侵害人获得赔偿进而能够进行后续治疗,依据常识显然是直接救助更善,因为生命、健康是人的权利中最重要的。应该说法院同时也否认"好心相扶"是见义勇为的正当行为,由法院自己缩小了见义勇为的范围。

2.判决书中还提到如果被告是做好事,根据社会情理,在原告的家人到达后,其完全可以在言明事实经过并让原告的家人将原告送往医院,然后自行离开,但被告未作此等选择,其行为显然与情理相悖。这里法院判决中隐含的意思是,即使被告是见义勇为,也要适可而止,不应该把好事做到底。这其实是在否认行为人取得更大善的必要性。判决中所称,根据

---

① 要进行"诉诸无知"式的逻辑推论,需要"封闭世界假说"作为预设,即我们的知识集是完全的。在这个前提下,我们才能推论:如果某个东西存在,我会知道,但我现在不知道(无知),所以它很可能不存在。转引自张继成:《对南京"彭宇案"一审判决的法逻辑批判》,《中国政法大学学报》2008年第2期。

日常生活经验，原、被告素不认识，一般不会贸然借款，这同样也否认了对素不相识的人借钱相助行为的正当性。

3. 判决中提到原告在乘车过程中无法预见将与被告相撞；同时，被告在下车过程中因为视野受到限制，无法准确判断车后门左右的情况，故对本次事故双方均不具有过错。因此，本案应根据公平责任合理分担损失。公平责任的适用是加害人和受害人均无过错，且不存在有过错的第三人，加害人的行为虽然造成了损害后果，若不能预见，则无过错，可适用公平责任原则。判决书一方面在所有方面都指证被告人存在过错，如好心相扶、借钱、不自行离开、被告说原告撞他等，都是为了证明被告存在过错，但是或许连法院也意识到这些所谓的证据的证明力很弱甚至没有证明力，不得已最终认定双方都无过错，依公平责任让被告承担责任。被告下车因为视野受到限制而撞到车下的人，依然存在过错，因为下车本身有个冲力，下车之人应该观察车门左右的情况。从法院本身而言，主要是想让原告获得一定的赔偿，问题是公平责任的适用是在事实不清的情况下，因而给人见义勇为的行为要受到诸多的限制。虽然社会提倡人们在力所能及的范围内要见义勇为，而诸多条件却让人产生误解，即见义勇为的行为在不符合一定条件的情况下是不正当的。

4. 其实从手段的角度而言，见义勇为的行为是有利于促进整个社会的和谐的，而且从行为的后果来看也是善的。换一个视角，我们发现司法判决作为一个行为而言，同样也是可以从后果主义来加以分析的。如果在原告的证据无法确实证明被告存在过错的前提下，否认了被告主张自己的行为是见义勇为，换句话说，就是我见义勇为设定了诸如证人证明等条件，那么显然所造成的后果就是遏止了人们在日常生活中实施见义勇为行为的欲望和动机，造成社会的冷漠，这并不是法治社会在追求法律的权威时所希望看到的。

综上所述，南京"彭宇案"的判决不仅存在事实问题在推论过程中的形式逻辑的问题，更重要的是既限制了见义勇为行为的范围而造成见义勇为行为在很多情况下是不正当的错觉，而且更造成见义勇为行为也可能因为被告无法证明自己的行为正当性而被使用公平责任承担赔偿责任。因此本案无论从形式论证还是实质论证角度都显得不那么合适。当然，我们说一个事实命题作为法律论证的前提，需要具有真实性和正当性，两者都是构成法律推理结果具有真实性和正当性的保证（甚至合法律性的论证，即事实命题对规范命题的符合的论证，同样体现了上述两者的要求，而且正是这种符合反映了适用法律的正当性要求），而这恰恰是使得判决具备可接受性的必要条件。

五、法律论证的逻辑方法

法律论证的目的是为了论证司法判决的真性、正当性和合法律性，从而使得司法判决具有可接受性。我们可以说从形式逻辑而言，"真"的问题本身主要是由事实命题的真决定的，但是由于人类认识的局限性，以及我们所能够把握的"真"是在认识论意义上的，因此我们常常无法让事实命题对客观事实进行完全绝对的还原，因而很多情形中即使是对事实命题的把握也要考量正当性的因素。在结论真性和正当性之间，两者可以说是相互依存的，真性是逻辑出发点，而正当性是实现逻辑目的的终极目标。

因此从法律论证方法角度而言，首先是要把握真性问题。结论的真性依靠的是前提为真，两种前提即法律规范命题和事实命题同样重要。法律规范命题的真性依赖于该命题是否符合自然规律和社会规律，从规定行为和结果来看就是需要符合自然规律的要求，而从规范规定责任来看主要是需要符合社会规律的要求。如果法律规范符合上述的规律,那么我们可以视其为是真的。① 而事实命题的真性,需要对客观事实的还原来予以把握。但是我们知道了在司法过程中,不仅人的认识等方面的原因会造成认识上的缺失,而且还受到法律程序的制约,比如非法证据排除规则的制约,因此我们还原的法律事实可能与客观事实会存在差异,有时甚至明知两者的差异还是要违背客观事实,这其实已经是考虑到了正当性问题。我们可以说真性是所有法律问题的出发点,要么完全以客观事实命题的真为依据,要么在客观事实命题与正当性要求等相冲突时,在客观事实的基础上对事实命题进行修正。

可见,即使在认定事实的时候也同样会考量正当性问题。一个行为如果仅仅从其是否符合法律规定的构成要件来判定其正当性显然是不够的,因此可以说是否符合构成要件也是法律发现的一个基本条件,是实现法律客观性的必要条件。同时我们必然要考虑该行为是否本身就是正当的,是否对结果而言是正当的或者对促进结果是正当的,而行为的正当性不能脱离"善"来言说。依前所述,"善"是无法定义的,需要依靠社会发展进程中人们的普遍认识来规定,而且随着社会的发展而不断变化。这在一定程度上造成了法律规范体系内部的正当性与社会变迁所形成的"善"的观念的冲突,显然这会带来法的不稳定性;② 同时,"善"的观念会形成所谓的常识道德,它们在社会中即没有非常明确的规范性表现,也可能在不同社会阶层中和不同地域形成差异,因此要明确地确定"善"是什么,或者"善"的标准是什么应该是困难的。因此,要解决这个问题,我们的方法不是提供标准,而是提供一种论辩式的达成共识的方法,从而形成可接受性,使得司法判决得到合理地论证。

法官在司法审判中由于其作用的特定性,具备了做出独断判断的可能性。但是现代司法活动要求法官应该使得判决具有可接受性,这不仅是防止法官独断的利器,而且也是防止其他对判决不利影响的屏障。在法律论证中,无论是针对真性、正当性或者合法律性,无一例外要审视其中的可接受性;获得可接受性最好的途径应该是在论辩中逐渐明晰的,因为作为法官或者双方当事人已经构成了言说者和听众的关系,在论辩中既可能法官是听众,也可能当事人是听众。从法官角度而言,应该经历从说服自己(把自己当作听众)、说服当事人和说服一般社会中的人三个阶段。当然我们不能完全要求法官能说服社会上所有的人,但至少我们可以把这个层面作为理想的追求。因为在论辩的要求中,一方是为了说服对方对自己的言说持赞同的态度,并进而获得对方对己方的支持,这样才算达到了论辩的目的;在法庭论辩中,作为一方当事人辩驳对方的观点,虽然也存在说服对方的企图,但是更重要的是说服作为听众的法官;在法官说明判决理由的时候,意在说服双方当事人,使得他们接受判决的观点。因此我们看到在法庭论辩中引入了听众的概念,而且听众是在论辩中处于沉默接受的地位,这是与一般论辩不同的地方。

作为法官,能够确实地按照上述要求去认定判决的合理性已经足够了。有时在我们的司法实践中,缺少的不是制度、规范,缺少的恰恰是对制度、规范的合理运用。法律论证的方法,同样也存在这个问题,首要需要解决的问题是如何让司法过程能够接受方法的制约。或许人们可能受制于认识的因素,导致对"善"或者正当性有不同的分歧,但是一种"作为公共

---

① 在此,我们并没有从法律的权威出发,认为符合法定程序、由法定机关制定的就当然具有真性。

② 有一种观点认为法律与道德之间的关系是共生的,在法律和道德领域里关于复杂概念的推理的标准大致相同。参见[澳]皮特·凯恩:《法律与道德中的责任》,罗李华译,商务印书馆 2008 年版,第 45 页。但是法律的滞后性带来的是固定在法律规范中的正当性含义与发展变化的"善"之间的矛盾。

性的客观性"①仍可以达成一定程度的共识，这是可接受的前提和基础，也为判决奠定了相应的合理性。

参考文献：

[1]张继成.对南京"彭宇案"一审判决的法逻辑批判.中国政法大学学报,2008(2).

[2]王晓.走出困境：法律论证的认识论再思考.法商研究,2007(6).

[3][奥]凯尔森.纯粹法理论,张书友译.中国法制出版社,2008:51.

[4]武宏志.非形式逻辑或论证逻辑：相干性.法律逻辑研究·第1卷.北京：法律出版社,2005:181—183.

[5]焦宝乾.三段论推理在法律论证中的作用探讨.法制与社会发展,2007(1).

[6][英]乔治·摩尔.伦理学原理,长河译.上海：上海人民出版社,2005.

[7][德]罗伯特·阿列克西.法律论证理论,舒国滢译.北京：中国法制出版社,2002:42.

[8][英]亨利·西季威克.伦理学方法,廖申白译.北京：中国社会科学出版社,1997:99—105.

[9][英]密尔.功利主义,唐钺译.北京：商务印书馆,1962:7,37.

[10][英]亨利·西季威克.伦理学方法,廖申白译.北京：中国社会科学出版社,1997:122—124.

[11][英]戴维·罗斯.正当与善,菲利普·斯特拉顿-莱克编,林南译.上海：上海译文出版社,2008.

---

① 指依据过程来保证客观性,参见杰拉尔德·J.鲍斯马特：《适于法律的客观性》,杜红波译,载[英]布赖恩·莱特编：《法律和道德领域的客观性》,高中等译,中国政法大学出版社2007年版,第127页。

美国金融监管改革立法启示与借鉴

刘一展

【摘要】 作为 2010 美国金融监管改革法案核心内容,新设消费者金融保护局、加强金融消费者保护折射出美国金融监管改革理念的革新。我国可适度借鉴其立法理念、立法模式和内容选择、机构设置等方面的优质内核,构建我国金融消费者保护新机制。

【关键词】 美国金融监管改革法案;法律保护;金融消费者

历经金融危机背景下的政治权衡与博弈,美国金融监管改革法案,又称"多德-弗兰克华尔街改革和消费者保护法案"(Dodd-Frank Wall Street Reform and Consumer Protection Act),最终于 2010 年 7 月 21 日由总统奥巴马签署为正式立法。新法案在凸显美国对次贷危机根源和监管体制缺陷进行深刻反思的同时,更表明奥巴马政府试图让美国民众重拾对金融体系的信心、重振美国金融全球竞争力的战略意图。作为立法要点之一,美国将在美联储系统内新设一个独立的监管机构——消费者金融保护局(CFPB),对提供住房抵押贷款、信用卡和其他消费者金融产品和服务的金融机构实行监督,并授权其制订有关消费者权益保护的监管条例并监督实施。从法案名称也可以看出,美国将金融消费者保护提到有史以来最重要的地位。

危机爆发以前,美国联邦和州都已有大量的立法来保护消费者,美国被认为是世界上金融消费者保护法律最健全的国家。[1]为何在联邦内设立一个专门的金融消费者保护机构?其立法背景、理念和目的何在? 我国金融消费者保护现状如何? 该法案对我国金融消费者保护机制的建立又有何启示和借鉴意义?

一、依法保护金融消费者溯源

"金融消费者"并非新词汇,早在上世纪末的时候,国外发达市场已经提到了这个词。上世纪末、本世纪初,一些国家制定了相应的法律,如英国的《金融服务法》、美国的《金融服务现代化法》、日本的《金融商品交易法》等,都在大金融的背景下提出了金融消费者保护问题,以促进整个金融市场的发展。[2]

在我国,"金融消费者"并不是法律概念。但对其内涵的界定基本一致,如金融消费者是指接受金融服务或者购买、使用金融产品的自然人。它仅仅指自然人,不包括单位或者团体,体现的是对这一特定经济关系中弱者的特殊保护;[3]金融消费者是消费者概念在金融领域的延伸和特别化,是指与金融机构建立金融服务合同关系,接受金融服务的自然人。[4]因此,金融消费者权利的主体应当是自然人。当然在金融市场上,人们已经习惯从金融业不同

作者简介:刘一展,法律硕士,现任浙江金融职业学院国际商务系副教授。

领域的角度对个人使用相应的身份标志。个人去银行办理存款时被称之为"存款人"、与保险公司签订保险合同时被称之为"保险相对人",在证券交易所买卖股票等有价证券时又被称作"投资人"。而在金融放松管制、金融业务交叉与创新的背景下,存款人、保险相对人或投资人的身份区别越来越失去意义。对于个人来说,选择一项金融服务也就是挑选商品的过程,个人就是金融市场上的消费者。[5]

金融消费者权利是指由《消费者权益保护法》所确认的,消费者在金融消费领域所能够做出或者不做出的一定行为,以及要求金融经营者相应做出或者不做出一定行为的许可和保障,它是消费者权利的重要组成部分。[6]尽管这一界定忽视了金融消费者根据其他法律规范享有的权利,但基本上指明了金融消费者权利的本质属性。至于消费者权利的内容,主要包括安全权、信息权、隐私权、选择权、公平交易权和损害赔偿权等。由于金融产品在很大程度上可以被认为是一种信息产品,信息的提供和获取是金融领域消费者权利保护的核心。[7]对金融消费者信息权的保障应当是金融消费者权益保护的核心。而美国金融监管改革法案在很大程度上就是以信息为中心建构金融消费者保护机制。

二、美国金融消费者保护机制简析

新法案体现了美国金融监管改革的两大核心支柱:系统性风险防范和消费者保护,而两者在维护美国金融体系的稳定这一终极目标上是一致的。回溯美国金融消费者保护机制的建立和完善,可以从金融消费者保护立法和金融监管机构设置展开。

(一)金融消费者保护立法框架

金融消费者与一般意义上的消费者区别的关键要素在于作为一种交易媒介的消费者信用(consumer credit)。美国信用消费保护法律的制订与其经济社会发展紧密联系。二战后,随着信用消费的逐步普及,通过立法确认和调整金融机构和消费者之间的关系从而保护金融消费者合法权益的必要性也日益突出。以美国银行信用立法为例,金融消费者保护立法主要经历以下阶段:

1.探索阶段

20世纪50—60年代,美国各州制定了大批的消费者保护法律。但各州法规在类型和细节上差别较大。随着银行业跨州业务的发展,需要根据"联邦法律优于州法"原则在适用范围上更广泛的联邦立法。为规范当时尚处于起步阶段的信用消费,克服消费信贷市场秩序混乱的问题,联邦议会曾在1916年颁布了《统一小额信贷法》。

2.体系形成阶段

20世纪60年代初,联邦立法的触角逐步延伸到信用立法领域,至70年代末,初步形成了信用法律体系。美国的主要信用法律制度集中于美国法典(United States Code)第15编第41章,该章名称为"消费者信用保护",其基础是国会于1968年制定的《消费者信用保护法》(Consumer Credit Protection Act)。《消费者信用保护法》是国会在消费者信用领域的第一次重要的立法尝试,其宗旨是确保消费者在涉及信贷和租赁的事项中能够获得影响他们做出决定的信息。

此后,随着多部信用法案的陆续出台,美国较为完善的信用法律体系基本形成,如《诚实借贷法》(Truth in Lending Act,1968)、《未经申请的信用卡法》(Unsolicited Credit Card Act,1969)、《公平信用报告法》(Fair Credit Reporting Act,1971)、《公平信用结账法》(Fair

Credit Billing Act,1974)、《平等信用机会法》(Equal Credit Opportunity Act,1975)、《消费者租赁法》(Consumer Leasing Act,1976)。[8]

3. 完善发展阶段

从 20 世纪 80 年代开始,随着信用消费规模的扩大和金融创新的发展,许多重要的信用法案经过了历次修改。如美国联邦贸易委员会 1971 年通过的《公平信用报告法》就于 1996 年、2002 年和 2003 年分别作了重大修改,突出体现了保护个人隐私、维护消费者权益的原则;国会也于 1980 年简化了《诚实借贷法》,在坚持信贷机构的信息披露义务,确保消费者对信贷产品的成本和条款有真实可靠了解的同时,使该法案的可操作性更强。

此外,《公平信用卡披露法》(Fair Credit and Charge Card Disclosure Act,1988)、《家庭平等贷款消费者保护法》(Home Equity Loan Consumer Protection Act,1988)以及《家庭财产所有权及其平等保护法》(Home Ownership and Equity Protection Act,1994)等法案相继问世,均规定了信贷机构的信息披露及交易歧视禁止等义务,但仍然存在大量的立法漏洞。

4. 革新突破阶段

20 世纪 80 年代以来,美国金融业在经营方式、交易模式、金融工具和金融机构等方面进行了全方位的创新。在混业经营背景下,金融交易模式逐步从关系导向型向交易导向型转变,出现了一批"巨无霸"型的金融机构。而作为金融工具创新主力的衍生品(derivatives),更是风起云涌。如果仅依赖市场的自我调节,放任金融机构的创新和自由竞争,金融机构的趋利性必然会以牺牲消费者利益为代价换取利润最大化。金融机构的市场滥用行为在侵害消费者权益的同时,更动摇金融稳定的市场基础。此次让美国乃至全球经济陷入严重衰退的金融危机正是由放松管制、缺乏消费者保护的规制及金融机构道德风险泛滥导致。

最近 10~15 年的金融创新完全是衍生品的创新。金融衍生品很少是由投资者主动购买的,基本由卖者在推销这种产品;金融衍生品的质量完全依赖于它的基本产品的质量。[9] 因金融产品和服务本身固有的专业性和技术性的特点,金融消费者在金融市场交易中信息不对称的弱势地位异常突出。为保证消费者获得透明、公平的交易环境,既要以信息权为核心构建消费者保护立法框架,更要对整个金融市场和金融机构加强监管。于是美国金融监管改革法案提出"消费者保护"并将其放在与"华尔街改革"同等重要的地位也就具备了理论和现实基础。

(二)金融消费者保护机构

按照联邦监管机构设置和权责分配,由美联储、联邦贸易委员会、证券交易委员会等监管机构共同承担消费者保护的责任。然而,在金融危机爆发前夕,有 7 家监管机构对住房按揭贷款、信用卡及其他贷款产品进行监管,但无一将消费者权益保护置于优先地位(priority),从而导致住房抵押贷款成为高风险产品、信用卡利息和银行费用激增、非银行贷款人游离于联邦监管之外。[10] 因此,为避免多头监管导致的监管真空,美国金融监管改革法案在美联储系统内设立消费者金融保护局。

按照新法案规定,消费者金融保护局局长由总统经参议院批准后任命,由美联储系统提供专项预算资金,保持独立的监管权力;有权独立制定有约束力的监管条例并监督实施,对包括银行和非银行在内的所有向消费者提供金融产品或服务的金融机构进行监管,资产规模在 100 亿美元以上的银行都在监管之列。在消费者保护方面,巩固和加强与货币监理署、储蓄机构监理局(OTS)、联邦存款保险公司、联邦储备局、国家信贷联盟署、住房与城市发展局(DHUD)以及联邦贸易委员会的联系与合作;监督旨在保证个人和社区在信用方面获得公平、公正及非歧视性待遇的联邦法律的实施;由于消费者金融保护局对不法交易行为进行实时监督并能迅速反应,消费者不必再像以前那样必须等到国会立法才能保护其免受不公平待遇。此外,法案还规定新设一个金融教育办公室,为消费者提供金融产品和服务知识;开通全国消费者投诉热线,消费者首次可以免费对金融消费中的问题进行投诉。

当然,也有反对者认为,该机构的设立将会增加消费者的交易成本。但在设立消费者金融保护局时已有所考虑,如在对银行进行监管时,与其他监管部门进行合作以减少不必要的监管负担(regulatory burden);为避免小企业受到过度规制,对符合特定标准的企业进行排除。

三、建构我国金融消费者保护机制的基本思路

考察我国立法现状可知,作为金融产业最终用户的消费者权益保护存在空白和薄弱环节。在金融法律制度方面,仍侧重于通过改革金融机构外部监管机制和内部治理结构对金融机构的合规性和风险性进行监管;在消费者保护法律制度方面,未回应金融商品和服务消费的特殊性对金融消费者提供专门保护。尽管中国在建构金融消费者保护机制时,不能脱离具体国情和面临的主要问题,但我国仍然可以从美国金融监管改革立法中汲取消费者保护的规则和优质内核,梳理建立我国金融消费者保护机制的基本思路。

（一）合理界定金融消费者概念

如前所述,在我国,"金融消费者"不是一个法律概念,并无法定内涵。《消费者权益保护法》第2条将消费者定义局限于"为生活需要"目的,只是针对一般商品和服务消费,在金融消费领域适应存在问题。而"金融消费者"甚至"消费者"概念均未被我国《商业银行法》、《证券法》和《保险法》等金融领域的部门法采用。2006年12月11日正式施行的《商业银行金融创新指引》才首次使用了"金融消费者"概念,指出商业银行在金融创新活动中要充分维护金融消费者和投资者利益,体现了银监部门监管理念的转向。

目前,银监会将购买银行产品、接受银行服务的顾客均视为"金融消费者",并在各种文件中多次使用。保监会也将投保者视为"保险消费者"。证券行业目前尚未使用"金融消费者"概念,原因很大程度上归结于对具有投资性的消费是否可称为金融消费者存在分歧。尽管美国在新法案中强调了对房屋抵押贷款、信用卡和储蓄等金融领域的消费者倾斜性保护,但其主要内容也体现了把投资者保护提升扩大为金融消费者加以保护的理念。针对我国金融市场处于绝对强势地位的金融机构,更应将投资者保护提升到金融消费者保护的高度,从而将绝大多数金融投资产品的购买者纳入金融消费者范畴,以避免在各类结构复杂的金融衍生品和理财产品层出不穷的背景下,购买新型金融产品的消费者无法得到救济。因此有必要将"金融消费者"作为法律概念正式提出,并加以专门规定,作为构建金融消费者保护法律体系的基础。

（二）正确选择立法模式及内容

我国金融消费者保护的法律规则体系框架主要包括"两个方面,两个层次"。一是消费者保护基本法律和金融基本法律两个方面;二是基本法律和监管机构制定的部门规章及其他规范性文件两个层次。

在两个方面基本法律中,主要包括《消费者权益保护法》、《中国人民银行法》、《商业银行

法》、《证券法》、《保险法》及《银行业监督管理法》等,这些基本法律中要么未体现对金融消费者的特殊保护,要么未涉及金融消费者概念,仅宽泛规定保护存款人和其他客户的合法权益,由于缺乏可操作性的规则,使消费者保护被架空。在两个层次法律规范中,也只有个别部门规章和文件有"保护金融消费者权益"提法。

在解决金融消费者保护立法真空的问题上,我们可以采取修改《消费者权益保护法》的一般立法模式或者借鉴美国制订《金融监管和消费者保护法》的专门立法模式。

1994年开始施行的《消费者权益保护法》已于2008年10月被列入十一届全国人大常委会立法规划,国务院也将修改《消费者权益保护法》列为2010年"抓紧研究、待条件成熟时提出的立法项目"。在该法的修订过程中,可以考虑摒弃我国目前以目的定义消费的做法,改为排除法定义消费,即"非为职业和营业而购买、使用商品或者接受服务",从而扩大该法的适用范围。另外,还可考虑在消费者的权利、经营者的义务、消费者组织及争议解决方面做出更符合金融消费特点更具可操作性的规定。

从国际立法发展趋势看,从长远考虑,我国需要对金融产品和服务进行综合立法,将金融消费者保护纳入其中,特别是要体现对金融消费者的倾斜保护和全面保护原则,从而矫正金融消费者和金融机构信息不对称、谈判地位不对等。在立法内容上,不仅要强调金融机构的安全保障、信息披露、隐私权保护等义务,更要看到即使金融机构提供了商品的所有信息,但由于采用大量晦涩难懂专业术语或设计复杂的交易条款,使消费者仍然无法获取真实、准确和全面信息等细节问题,应当在向金融机构科以信息披露义务时,考虑消费者的理解能力进行更细致的规定。

(三)科学设置专门保护机构

目前,我国尚无履行金融消费者保护职责的专门机构。多数情况下,主要由根据《消费者权益保护法》设立的消费者协会结合现行"一行三会"分业监管模式下的监管机构内部纠纷解决机制承担。但从目前各地消费者协会纷纷将名称改为消费者权益保护委员会可以窥探消费者协会在行使职能过程中与易与行业协会混淆,地位偏低的尴尬处境。同时,由《消费者权益保护法》赋予的7项职能也不足以让消费者协会承担金融消费者保护的使命。如消费者协会主要侧重对传统商品消费的保护,再加上受专业知识和技术水平的限制,在金融消费者保护上力不从心。而金融监管机构内部,消费者投诉处理和纠纷解决机制也相对缺失,如仅有证监会的一套缺乏透明度的信访制度。

因此,笔者建议可以考虑在中国人民银行内部增设类似美国消费者金融保护的专门机构,在人员组成、经费预算和工作流程等方面保持其独立性,也可借鉴美国金融消费者免费投诉热线和设立金融教育办公室的做法,丰富金融消费者的专业知识,加强金融消费者的维权意识。当然,在设立金融消费者保护专门机构的同时,还要健全金融机构内部争议解决机制,充分发挥金融行业协会的消费者保护作用,构建起综合立体的金融消费者保护体系。

参考文献:

[1]宋晓燕.论美国金融消费者保护的联邦化及其改革.河北法学,2009(11):31—37.

[2]何慧.建立金融消费者保护制度势在必行.上海金融报,2010-5-14.

[3]姜承秀.论金融消费者隐私权的保护.江西财经大学学报,2010(2):106—110.

[4]林丽敏.刍议金融监管的重要目标——金融消费者权利保护.重庆工商大学学报(社会科学版),2009

（6）:129－134.

［5］何颖.论金融消费者保护的立法原则.法学,2010(2):48－55.

［6］强晓红.对我国金融消费者权益保护之探析.中国商界,2008(12):120－121.

［7］王雄飞.欧盟金融消费者保护的立法及启示.上海金融,2009(11):60－63.

［8］李利军.美国信用法律制度简介.北京工商大学学报(社会科学版),2004(2):63－68.

［9］沈联涛.金融创新、金融监管与此次金融危机的联系及其改革方向.国际金融研究,2010(1):27－28.

［10］BRADY DENNIS and ALBERTO CUADRA,*Reinventing financial regulation*，The Washington Post,2010-5-21.

"3Q"之争与我国网络立法刍议

胡俊青　徐惠敏

【摘要】 史无前例的腾讯、奇虎"3Q"之争,引出诸多有关中国整个互联网行业的法律问题,如腾讯是否侵犯用户隐私权、双方行为是否构成垄断及不正当竞争、双方是否侵害用户的消费者利益等问题,值得深入探究。笔者拟分析其解决的可能路径与困境,以期深入揭示未来我国网络立法之方向所在。

【关键词】 "3Q"之争;用户隐私权;网络立法

有学者形容,"3Q"之争不亚于一次自然灾害,其性质最终演变成了危害网络公共安全事件。其过程波澜起伏,结果却又给人以不了了之的感觉,而这并不能抹杀它在中国互联网发展历程中的标志性意义。乐观的声音说它将推动整个中国互联网各个方面的发展,悲观的声音却认为这仅仅是一系列更激烈的新纷争的前奏。纵观事件的发展,现有已颁布的法律当中竟没有一部能够用来切实解决这场争端。于是"针对网络立法"这个自中国1994年入网以来就没有停止被研究和争论的话题,又被提了出来。针对网络立法,既有的异议和困难仍然存在,但由"3Q"之争,却能为其指引出新的方向。

一、腾讯、奇虎"3Q"之争引出的法律问题

一般将"3Q"之争导火索定在2010年9月27日360推出安全组件"360隐私保护器",称其监控到腾讯QQ私自对用户电脑进行扫描、侵犯用户隐私,并随即推出"扣扣保镖"对QQ上的一些功能进行关闭。[1]其实早在2010年春节前后,腾讯开始在一些二、三线及更低城市强推QQ医生安全软件,界面同360极其相似,360就已感到威胁。三个月后,腾讯发布QQ医生升级版"QQ管家",功能更加完善,包含了云查杀木马、系统漏洞补修、实时防护、清理插件等安全功能,这直接促成了上面提到的360的反击行动。

虽然360占据保护用户隐私的道德制高点,但其反击可谓"对人不对事"[2],360隐私保护器表面上用于监控窥私软件,其实仅支持监控QQ及所有名为QQ的文件。腾讯随即以侵权、不正当竞争为名将360告上法庭,360反诉,但法律没能及时有效解决争端,为后来事态发展埋下伏笔。腾讯联合金山、百度、遨游、可牛共同抵制360,360则推出"扣扣保镖",将矛头彻底明确。

2010年11月3日腾讯宣布将停止在所有安装了360的电脑上停止运行QQ软件,360又对"扣扣保镖"实行召回处理,但11月5日腾讯继续号召百度、金山、遨游、可牛不兼容360,搜狗并未加入。国家工信部、公安部、国新办开始紧急介入,要求双方在软件上继续兼

作者简介:胡俊青,法律硕士,浙江海洋学院萧山科技学院讲师。徐惠敏,法律硕士,浙江传媒学院管理学院讲师。

容,腾讯不做回应。瑞星作为 360 直接竞争对手,第一时间公布《瑞星第三方独立研究报告》,称对"扣扣保镖"主要功能模块 QGuard. dll 分析后发现,该软件除可见功能外,至少存在 4 个针对 QQ 进行监控的隐藏功能,360 给予否认。

11 月 21 日晚间,工信部就"3Q"之争发布《关于批评北京奇虎科技有限公司和深圳市腾讯计算机系统有限公司的通报电管函》,提出两家公司在互联网业务发展中产生纠纷,采取不正当竞争行为,甚至单方面中断对用户的服务,影响了用户的正常业务使用,造成了恶劣的社会影响,对两公司进行公开通报批评,责令两公司 5 日内公开道歉,并将会同相关部门对两家公司进行进一步查处。[3] 迟至 2011 年 4 月 26 日,法院终于对"3Q"之争做出一审判决,认定北京奇虎科技有限公司等三个被告不正当竞争,判令其停止发行使用涉案的"360隐私保护器"V1.0Beta 版软件,连续 30 日公开消除因侵权行为对原告造成的不利影响,并赔偿损失 40 万元。[4]

纵观整个过程,牵扯到以下法律问题:(1)腾讯是否侵犯用户隐私权?(2)双方行为是否构成垄断及不正当竞争?(3)双方是否侵害用户的消费者利益?(4)也是最主要和关键的,在这种种法律问题背后,我国未来网络立法将何去何从?以下分而述之。

二、探寻相关法律问题的解决路径

(一)腾讯是否侵犯用户隐私权

在《关于腾讯 QQ 被诬蔑"窥视用户隐私"的严正声明》中,腾讯表示,360 将 QQ 安全检查模块对可执行文件的检查曲解为窥视用户隐私,是对广大用户的明显误导,比如对网银可执行文件的安全检查曲解为对用户网银资料的窥视,实际上网银可执行文件是金融机构公开提供的标准程序,并不包含用户网银账户、密码等个人信息。而 360 方面反驳,在此之前没有用户知道 QQ 有安全检查模块,即模块所有流程,包括启动安全检查、选择需扫描的文件以及得出最终结果,QQ 都是偷偷做的,没有经过用户许可。[5]

首先,360 的"道德制高点"显然无法支持其行为的合法性,因为腾讯是否侵犯用户隐私权,必须由相关执法部门进行认定和解决,这是法治的底线。其次,是否侵犯隐私权,法律界存在争议。360 提出,用户的使用习惯也属于隐私,360 推出"扣扣保镖"目的就是不让用户的使用习惯被其他企业所了解、所利用。而中科院计算所博士韩振江通过分析 QQ 安全模块的运行原理认为,根据安全软件的工作原理和通用技术,所有的安全软件包括 QQ 安全模块在内都必须对文件进行扫描,而扫描是在本地进行的,不会进行文件回传,因此通常并不涉及用户隐私。[6]

我国目前尚未制订专门的个人信息保护法,涉及个人信息保护的规范散见于不同法律法规、规章以下的规范性文件及行业规范中,部门法中没有直接承认个人信息权,对个人信息安全的保护范围仅限于个人隐私信息这类敏感个人信息,这必然导致难以界定 QQ 在计算机后台扫描磁盘行为的性质。而用户群体对 QQ 行为严重性的认识也存在差异。

因此,尽快出台《个人信息保护法》十分关键。该项立法需要强大的技术支持,因越来越复杂的计算机网络技术行为是否侵犯用户隐私权,需要强力而明晰的技术鉴定与法律依据相结合。有研究者提出应建立、实施第三方测评机制,提供公众信服的测评结论,规范互联网个人信息保护技术的使用[7],值得借鉴。

(二)双方行为是否构成垄断及不正当竞争

不正当竞争的指责主要针对 360。腾讯在《致广大 QQ 用户的一封信》中强调 360 对 QQ 进行外挂侵犯和恶意诋毁。有研究者从第三方软件的角度阐释了其中的法律问题,认为就 360"扣扣保镖"的性质而言,虽然其能够独立存在且独立运行,但其软件功能的实现却是以 QQ 的运行为目标,因此"扣扣保镖"是 360 推出的针对 QQ 而开发的辅助性软件,其法律性质属于第三方软件。

根据现有独立的第三方检测报告,"扣扣保镖"并没有直接修改 QQ 的软件程序,其主要是通过系统拦截等手段改变 QQ 的具体应用功能,因此其在法律上并没有侵犯腾讯对 QQ 享有的著作权,但"扣扣保镖"的某些具体功能,例如擅自过滤 QQ 广告、擅自阻止 QQ 部分进程等,其行为侵犯了腾讯合法享有的经营自主权,干涉了腾讯公司的日常经营活动,并在一定程度上构成了不正当竞争。[8]但 360 方面仍对不正当竞争的界定存在异议,法律界及有关部门亦没能给出明确意见。反观腾讯,《反不正当竞争法》第 12 条"不得违背购买者的意愿搭售商品或者附加其他不合理条件"及《反垄断法》第三章"滥用市场支配地位"点出其竞争的不正当之处。而双方在相互攻防当中,均涉嫌诋毁商誉。

至于垄断问题,则更加复杂,主要指向腾讯。我国 2008 年开始实施的《反垄断法》第 19 条规定"一个经营者在相关市场的市场份额达到二分之一的"即可以推定其具有市场支配地位,这一标准腾讯与 360 都已达到;又据《反垄断法》第 3 条,"经营者滥用市场支配地位"即属于垄断行为,依此双方行为都已构成不同程度的垄断。尤其是腾讯,涉嫌违反《反垄断法》第 17 条第(四)项"没有正当理由,限定交易相对人只能与其进行交易或者只能与其指定的经营者进行交易"及第(五)项"没有正当理由搭售商品,或者在交易时附加其他不合理的交易条件"之滥用市场支配地位的判定条件。而腾讯联合另外四大客户端软件不兼容 360,依《反垄断法》第 13 条,属于"联合抵制交易"。

有研究者指出腾讯的垄断行为,可以同早先 Opera 浏览器指控微软滥用其市场主导地位将 IE 浏览器捆绑于 Windows 操作系统的垄断行为进行比较,认为两者均是借助自己再某一领域市场竞争中的优势地位,企图在其他市场竞争领域中获利。而不同点在于,微软的优势领域——计算机操作系统软件是运行其他一切软件的基础,对浏览器而言至关重要,而腾讯 QQ 不仅与计算机安全软件的运行毫无关联,在某种程度上甚至还需要依赖其提供保护,因此在技术上难于断定其是否构成垄断。[9]但事实上,腾讯与微软形成垄断的实质,都是依赖自身强大的主软件平台,并无本质区别。

上述"涉嫌"指责并不能使"3Q"之争演化成中国互联网反垄断第一案,甚至连腾讯是否具有市场支配地位和腾讯是否滥用市场支配地位这两个初始问题都难以从法律上认定。针对前者,竞争法学者王先林指出,在一般的市场上,相关市场界定就是一个比较复杂的问题,涉及需求替代和供给替代的分析,甚至要进行假定垄断者测试,而在互联网市场上,相关市场的界定就更为复杂,其实践和空间的界限难以确定,快速的技术创新使市场处于动态发展中,加上互联网产业具有明显的网络外部性特征,因此传统的相关市场界定方法在适用上受到限制。而即便前者成立,针对后者,腾讯是否滥用市场支配地位还要看其是否如法律条文中所说的"没有正当理由",如果相关事实认定能够支持腾讯实施的行为"有正当理由",则其行为就不足以构成滥用市场支配地位[10]。何况腾讯很快停止了迫使用户"二选一"的行为。

总之,相对传统市场,互联网行业针对反不正当竞争、反垄断的执法更加困难和复杂,须要结合行业自身特点。如传统反垄断政策关注的价格歧视、捆绑销售、掠夺性定价等行为在传统经济中是具有相当市场力量的企业才可实施的策略,而在互联网经济中却成为企业的生存方式之一。还有一部分观点认为,互联网涉及高端技术,该行业的主旨是创新,而创新既包括持续性的改进,也包括破坏性的创造,因此腾讯与360的竞争本身不涉及垄断。但不可否认的是,对于在计算机上同时安装了360安全卫士和QQ的用户,他们的权益遭到严重损害,在这里微软的败诉提供了一定借鉴意义,败诉的根本原因正在于微软剥夺了用户使用其他浏览器软件的选择权,侵害到用户权益。

正是基于用户权益的保护,有研究者提出,仅靠政府有关部门来处理是不够的,因为从举报出发的反垄断程序不是最经济的,可以由受害者自己提起诉讼,运用《消费者权益保护法》、《合同法》、《反不正当竞争法》和《反垄断法》等法律武器。还可借鉴国外经验,让广大用户在侵权发生地提起诉讼,以增加被告的成本,加快问题的解决。[11]

另外,现行《反垄断法》本身亦待完善。虽然较先前的《反不正当竞争法》等,其更加明确具体,在司法实践中更具操作性,但其尚存在没有规定企业拒绝行政处罚的执行罚[12],在法律责任中详细规定了滥用市场支配地位等垄断企业的民事责任与行政责任,但对滥用市场支配地位等企业垄断行为的刑事责任并没有明确规定等问题。[13]《反垄断法》第11条规定"行业协会应当加强行业自律,引导本行业的经营者依法竞争,维护市场竞争秩序",互联网行业在行业自律方面的真正起步迫在眉睫。在美国等西方国家,行业自律对反垄断所起到的作用在一定程度上比立法规制更加有效。

(三)双方是否侵害用户的消费者利益

有文章将"3Q"之争比喻为网络世界的"世界大战",称其将我们推向了一个新时代:软件霸权时代。如何避免被超级IT公司"强奸",以及被"强奸"后如何保障权益,将成为这一时代普通用户面对的主题。[14]而这似乎与Web2.0时代强调"用户为王"的主旋律格格不入。

Web2.0时代基于"精准"、"互动"理念的新媒体运营中,用户是绝对的基础,在互联网上,并非只是广告商付费这么简单,媒体公司能够围绕免费的信息和服务用数十种方式挣钱,包括提供增值服务,广告服务,以及直接经营电子商务等。腾讯就主要经营三项业务:互联网增值服务、移动及电信增值服务和网络广告。而360推出的"扣扣保镖"让用户可以选择关闭QQ的诸多功能,实质上直接影响到其广告收入、社区增值业务收入以及游戏业务的部分收入。[15]虽然腾讯和360都以免费作为主要战略路线,免费也为两者累积起了巨大用户群,但彻底的免费永远是陷阱,对企业而言无论如何变化商业模式,始终要有收入。拥有大量用户,并通过自身技术优势对用户进行合理分类,实现精准营销,必将取得巨大利润,这才是免费中蕴藏的金矿。[15]照此发展下去,腾讯同360本可相安无事,但作为互联网上客户量第一和第二的软件,两者在用户的争夺上却渐渐产生冲突,"3Q"之争的本质即两者围绕客户与增值服务展开的激烈肉搏,用户本身成了争夺的"领地"和战场,用户利益自然化为焦土。

那么在法律上,腾讯与360是否侵害用户的消费者利益?这首先还要从双方与用户签订的合同谈起。腾讯QQ软件中的《软件许可及服务协议》2.1条款约定:"用户不可以对该软件或者该软件运行过程中释放到任何计算机终端内存中的数据及该软件运行过程中客户端与服务器端的交互数据进行复制、更改、修改、挂接运行或创作任何衍生作品,形式包括但不限于使用插件、外挂或非经授权的第三方工具、服务接入本'软件'和相关系统。"而腾讯认定奇虎公司软件属"外挂"性质,从而单方面终止软件服务。奇虎 360 安全卫士的《安装许可协议》中也规定:"用户使用本软件所产生的一切后果,360 安全中心不承担任何责任。"

上述类型的《服务协议》按我国《合同法》规定,是一种采用了数据电子形式的电子商务格式合同。在 B2C 情况下,网络公司不可能采用传统的单独谈判模式与单个用户一对一订立合同,于是催生了这种合同的出现。这种合同是一方当事人在没有和对方协商的情况下拟定的,对方当事人只有表示同意或不同意的权力。根据电子商务合同交易双方接受合同条款方式的不同,这种合同又分为网上点击合同和网上软件拆封授权合同。[16]

腾讯和 360 的协议即属于典型的网上点击合同,网络公司预先制定好了合同格式和条款,用户只需也只能点下"同意"或"不同意"键。这类合同大都是商家聘请专业法律人员拟定,通常包含诸多法律或软件专业术语,行文冗长,晦涩难懂,大多数用户都会跳过具体内容直接点击"同意"。商家正利用了这个盲点,在合同中设置了许多不公平条款,[17]网上软件拆封合同也存在类似问题。

目前我国电子商务格式合同的订立和履行中,大量存在下述问题:(1)格式合同的单方性引发权力失衡;(2)后台数据运行的秘密性暗含隐私威胁;(3)由于商家隐秘的瑕疵履行难以为用户察觉,且电子交易的取证难降低了商家违约处罚的风险,造成争议解决的困难性,从而衍生出违约泛滥。[18]腾讯和 360 与广大网络用户矛盾的实质,也即网络商家以自身的强势地位利用电子商务格式合同的漏洞侵害用户的消费者权益。另外,依据传统的《消费者权益保护法》及竞争法中之相关条款规定,腾讯强迫用户"二选一"的行为,也损害到用户作为消费者的自主选择权。[19]

三、从"3Q"之争反思网络立法的方向

法律永远是滞后的,而计算机软件技术属于发展最快的高新技术,在我国对其实施的行政及法律监管滞后将会是一个漫长的过程。但这一基本判断,并不能为我国网络空间目前属于"技术的现代社会"和"法律的原始社会"的事实开脱。"网络世界的大面积法律真空,导致它近乎于原始的野蛮社会:技术强势者可以为所欲为、肆意横行,反之只能任人宰割。"[20]那么为防控和规制今后可能出现的类似事件,由"3Q"之争,能为目前针对网络立法指引出哪些新的切实方向?简单概括,即密切结合行业背景,根据网络发展情况不断理清相关概念,以坚实的技术力量为基础,以提高及时性为原则,强调用户作为消费者的权益。这几项内容之间的关系相辅相成。

与传统经济相比,互联网经济的创新速度加快、市场进入较为容易、市场份额不稳定,并具有先发者优势、网络效应以及双边市场等特点。一方面,技术革新对市场支配地位的维持带来冲击,可以减少对迅速的反垄断行动的需要,但另一方面,网络效应、特别是其与知识产权的结合使得企业可以凭借其掌握的已牢牢锁定于使用现有产品和服务的众多顾客来阻止新竞争者和高科技的挑战。

首先,根据这种行业背景,鼓励创新与法律有序监管之间的平衡应被予以注意。传统产业中,市场竞争的基础信息形成机制是以后者为主,而 IT 产业是在市场机制比较浓厚的环境下成长起来的。以"垄断"为例,单纯的垄断状态并不会危害市场竞争,相反,在高新技术领域的技术垄断可能是立法者希望看到的状态,法律禁止的应该是技术垄断企业滥用自身垄断地位的垄断行为,因此在规制垄断的"结构主义原则"同"行为主义原则"之间,应更倾向

于后者,并且相对于判断垄断地位的"市场份额"依据,应更注重其他因素,如在判断支配地位时应加入考虑是否具有掌控生产标准的能力。同时鉴于互联网领域的影响力远大于传统领域,应增加滥用市场支配地位的惩罚性赔偿责任。

其次,须要根据网络发展情况不断理清相关概念,概念不清,无从判断。旧有的传统概念,如"隐私权",已经无法全面准确的概括网络用户在这方面的权益,甚至新提出的所谓"电脑隐私权"亦不能有效发挥作用,而此概念不清,直接连带影响对网络商家是否有"不正当竞争"及"垄断"行为进行判断。连带的需要对"不正当竞争"及"垄断"等一系列关键概念进行实时刷新,甚至对"用户"、"消费者"等概念同样须要单独界定,以真正保障和维护其利益。这就须要紧密联系行业背景变化,并结合技术力量的分析和判断。

再次,以反不正当竞争法为例,现代反不正当竞争法不仅保护经营者利益,而且把保护消费者利益作为目的之一。德国《反不正当竞争法》、欧盟《不公平商业行为指令》、我国台湾地区《不公平交易法》及我们大陆地区《反不正当竞争法》等相关法律莫不如此;欧美审判实践活动中,考察行为的反竞争性亦评估行为对消费者利益产生损害等因素。但结合我国互联网行业背景,我国《反不正当竞争法》中对消费者利益的保护还很不够,有学者提出"适用反不正当竞争法对消费者权益进行司法救济时,请求权主体应当以消费者团体为限"[21],但这仍不能从根本上改善用户在网络商家面前的弱势地位,因此网络立法针对用户提供行政保护与司法保护同时,提供强大的技术保护和支持同样必要。

最后,建立坚实的技术支持机制是网络立法的基础和根本,这可以通过建立第三方公信技术机构,或直接将最高端技术力量引入法律体制来实现。"网络安全这架马车的行驶轨迹和速度,在一定程度上超出了法学家和技术专家的单方操控能力与驾驶水平,它的平稳行驶需要法律和技术两根缰绳。技术部门和立法、司法机关不能再各自为战,技术防控只有和严厉、及时的法律制裁双管齐下,才能有效维持网络秩序的稳定。"[22]不但须认识到法律制裁与技术防控不可互相替代,要同等重视法律制裁和技术防控,而且应大力培养法律与技术双领域的交叉人才,成立跨越两个领域的专门研究机构。也只有完全克服技术障碍,才能根本扭转"近10年来刑法学界对于网络犯罪进行的多数研究仅仅属于现象描述,根本没有能够触及、窥测和洞悉隐藏在表面犯罪现象背后的本质性的东西"之局面。并且这也是用户权益及法律及时性的有力保障。

包括此次"3Q"之争的一系列互联网行业重大冲突事件,均暴露出现有相关法律解决类似问题的不及时性,正因此造成事件愈演愈烈,也使用户权益遭受的侵害不断加深。所以今后针对网络立法须要以提高及时性为主原则。有研究者提出需要建立相关的应急机制,以备日后再发生类似事件时,在法律未干预的情况下先启动之,从而尽量减小社会和广大用户的损失,然后再通过相关法律进行制裁。这未尝不是一种可取的办法。

参考文献:

[1]施恋林.3Q之争始末.中国电信业,2010(12):33.

[2]赵玉明,黄峰.深面剖析360与腾讯之争.电子商务,2011(1):10.

[3]陈静.工信部通报批评腾讯与360.中国证券报,2010-11-22,第A07版.

[4]高鑫.腾讯诉360案一审宣判.检查日报,2011-4-27,第001版.

[5]付航,邱明.腾讯与360互掐,折射隐私保护脆弱.新华每日电讯,2010-10-21,第007版.

[6]王雅平.由中国互联网产业"3Q大战"所引发的法律思考.中国电信业,2011(1):48.

[7]严霄凤.腾讯与360大战再次引发对个人信息保护的思考.信息安全与技术,2010(11):6.

[8]周伟萌,周卿.未经授权的第三方软件侵权问题研究.重庆邮电大学学报(社会科学版),2011(2):56.

[9]王莲花.软件保护的法律盲区.法制与社会,2011年2月(下):94.

[10]陈晶晶.互联网反垄断第一案虚实.法人,2010(12):17—19.

[11]李梦堃.3Q大战,谁违法.南方周末,2010—11—12.

[12]邓路遥,莫初明.论我国企业滥用市场支配地位的法律责任.经济师,2010(1):109.

[13]何培育,钟小飞.论滥用市场支配地位行为的法律规制.重庆邮电大学学报(社会科学版),2011(2):60.

[14]陈夫.软件霸权时代,用户何去何从.电脑迷,2010年12月(上):6—7.

[15]李骏.从QQ和360之争看Web2.0时代的用户策略.中国传媒科技,2011(1):57—59.

[16]齐爱民,万暄,张素华.电子合同的民法原理.北京:中国人民大学出版社,2003:122.

[17]潘军,崔红利.网络点击合同下在线消费者权益保护的法律问题研究.重庆邮电大学学报(社会科学版),2010(4):21—26.

[18]刘柳豆.电子商务格式合同的法律规制.重庆邮电大学学报(社会科学版),2011,23(3):48—49.

[19]韩焕玲.消费者的自主选择权.经济研究导刊,2011(7):209—211.

[20]于志刚.信息时代和中国法律、中国法学的转型.法学论坛,2011(2):38—39.

[21]吕来明.3Q之争:反不正当竞争法如何保护消费者.检察风云,2011(3):59.

[22]于志刚.网络时代呼唤法学理论与时俱进.人民论坛,2011(11):61.

试论当前外贸公司法律风险的防范

史晓沪

【摘要】 自国税发〔2006〕24号通知颁布及施行以来,宁波外贸公司出口代理业务的法律环境和运营模式受到了很大冲击。当前外贸公司开展出口代理业务更像是在钢丝上跳舞,随时可能出现巨大风险而导致企业破产清算。实践中,杭州、绍兴、宁波、台州等地的专业出口代理外贸公司,出现了各级国税局的稽查中因触犯"24号通知"而承受巨额罚款,使公司陷入破产、停业或转业等非常被动的局面。正是基于上述原因,笔者试图在现行法律环境下,通过对目前出口代理业务运作风险的分析,以期规范市场上运作的"假自营,真代理"的业务模式,从外贸公司的角度出发,寻求在降低外贸公司出口代理业务法律风险方面提出相应对策。

【关键词】 外贸公司;出口代理;法律风险;国税发〔2006〕24号通知

一、现行法律环境下的外贸出口代理业务

(一)出口代理业务简介

外贸出口业务一般包含自营出口和代理出口两种模式,自1991年9月29日《关于对外贸易代理制的暂行规定》的发布以及1994年《对外贸易法》的颁行,为外贸代理出口设置了法律意义上的规制体系以来,特别是2004年新修订了《对外贸易法》后,宁波外贸公司业务在近几年来出现了代理出口为主、自营出口为辅的局面。

自营出口业务的法律关系比较简单,即外贸公司存在两个买卖关系,外贸公司与国内供货商签订《购销合同》,适用国内《合同法》;与外商签订《出口合同》,适用国内《合同法》、《国际货物买卖统一法公约》等涉外法。而出口代理业务法律关系较为复杂,相应的法规会涉及《关于对外贸易代理制的暂行规定》、《对外贸易法》、《合同法》等。

出口代理,即国内企业或个人委托外贸代理公司出口销售产品的行为,此模式下外商由供货商指定,产品也由供货商生产或提供,货物运输、仓储等也可能由供货商完成。外贸公司仅负责出口操作、报关,及收汇、核销手续,出口退税由外贸公司在当地主管税务部门办理,外贸公司在收到外汇货款扣除代理费后,将余款交给供货商。

但是,目前的出口代理业务已经不是真正意义上的"代理"。自国税发〔2006〕24号通知发布后,目前较多存在的是供货商与外贸公司同时签订《出口代理协议》和《购销协议》情况下的出口代理业务。这种代理模式下,供货商向外贸公司开具增值税发票,由外贸公司负责办理出口产品的外汇核销、出口退税等出口操作手续。

(二)签订《购销合同》的情形下外贸代理业务的开展

根据国税发〔2006〕24号通知第二条第(三)、(五)款规定,自营业务应当签订购销合同,

作者简介:史晓沪,浙江和义律师事务所高级合伙人,浙江省国际经济法研究会理事。

且不能在合同中约定外贸公司不承担货物质量、结汇或退税风险，不承担未按期结汇导致不能核销及不能退税的责任。

很明显，上述通知明显违反了《合同法》规定的合同当事人在不违反法律禁止性条款下订立合同的意思自治原则。近几年的外贸实践中，税务局相关批复的效力，要远远大于《对外贸易法》，形成了部门规章大于国家法律的怪现象。①

不过幸亏国税总局的通知对出口代理业务的继续开展尚留有余地，即第五条中规定了出口代理业务中最重要的质量、收汇和核销三个方面的例外情形。② 因此，在合同中明确供货商和外贸公司之间的风险承担，特别是质量、结汇、索赔风险承担，外贸公司仍可通过适当的贸易模式设置以防范和规避法律风险。

二、现行出口代理业务法律环境下外贸公司存在的风险

现行出口代理模式下，外贸公司仅收取代理费，但却承担了巨大的风险。虽然基于外商由供货商指定、货物由供货商生产等原因，供货商一般愿意承担基于未能收汇、外商质量索赔和退运、不能核销和出口退税的风险。但现实情形下，由于法律和出口业务的特殊性，极易出现外贸公司"对外未收汇，对内却要付款"、"对外承担质量责任，对内却无法向供货商主张"，以及未能及时核销面临补税或行政处罚等风险，而且这种风险相比收取的代理费往往是巨大的。在实践中，外贸公司面临的风险主要存在以下几种情形：

（一）外商因产品质量原因向外贸公司索赔或退货，但外贸公司较难向供货商追偿

出口代理业务模式下，出口合同系外贸公司与外商签订，提单上的发货人一般也系外贸公司。所以，由于出口产品质量问题，外商对外贸公司提出索赔或退货的争议并不鲜见。针对这一问题，外贸公司通常的做法是在《购销合同》中约定"产品质量负责到国外目的港"，"外商对货物提出索赔或退货，责任由供货商承担"等条款，试图通过这种约定将外商索赔的风险"转嫁"给国内供货商。

但是，通常情形下，供货商会以各种理由否认质量问题，外贸公司以货物质量问题起诉要求供货商承担责任被法院支持的难度较大。关于出口货物质量问题，以下两种情形较为常见：

1. 外商以质量问题为由将货物退回后，国内供货商否认产品的"同一性"，即，否认外商向外贸公司提出索赔的产品系外贸公司根据《购销合同》向其采购的产品。

由于目前的代理业务挂"买卖"之名、行"代理"之实，外贸公司在货物出口之前一般不检验产品质量，更不会对货物与供货商"封样"③保存。此情形下，外贸公司仅凭外商的索赔文件很难证明外商索赔的货物与其向供货商采购的货物是同一货物且系供货商提供或生产。再者，由于外商退货时往往已更换了集装箱，对货物进行了少量使用，货物退回时集装箱号

---

① 刘来平代表：《关于废止国税发〔2006〕24 号通知等不合理限制出口退税规定的议案》。百度文库，2009－03－12。
② 国税发〔2006〕24 号通知第二条第（五）款规定，出口企业以自营名义出口，但不承担出口货物的质量、结汇或退税风险的，即出口货物发生质量问题不承担外方的索赔责任（合同中有约定质量责任承担者除外）；不承担未按期结汇导致不能核销的责任（合同中有约定结汇责任承担者除外）；不承担因申报出口退税的资料、单证等出现问题造成不能退税的责任的。"封样"，即货物出口前在供货商与外贸公司确认下将货物样品封存，以方便外贸公司基于"封样"产品引发外商质量索赔时，向供货商追偿责任。目前外贸环境下，由于成本、费用及产品的特殊性等原因，出口产品"封样"保存的非常少。

码、铅封号码、外包装可能已发生变化，如果不是特定物产品，则外贸公司难以证明退回的货物就是供货商提供的货物。

2.外商退货或要求索赔，国内供货商以《购销合同》与《出口合同》质量标准要求不一致为由拒绝承担责任。

目前出口业务操作模式下，外商通常以 P/I（PROFORMAINVOICE，即形式发票）或传真件合同的模式与外贸公司确认出口货物买卖关系，而货物质量标准在 P/I 中并不显示，很多情形下外贸公司并不了解产品的质量标准。此情形下，由于操作模式原因，《出口合同》与《购销合同》在翻译和理解上的偏差，都容易造成外贸公司只能依照《购销合同》，而不能以外商依据《出口合同》提出索赔的事实为依据向供货商追偿。

（二）外商收到货物后外贸公司基于各种原因未能收汇，但供货商基于《购销合同》或货物已出口的事实，要求外贸公司承担付款责任

在实务中，外贸公司常常试图通过《出口代理协议》或《购销合同》中合同条款的特别约定来避免承担无法结汇的风险，但由于业务模式设置不完善、合同条款通常约定不明确等原因，也较难得到法院的支持。

结汇风险通常情形主要有以下三种：

1.外贸公司为了能争取到业务，通常迁就供货商，口头约定、不签订《出口代理协议》或者虽然签订了，但是业务模式和收汇条款设置的不够严谨，供货商凭增值税发票、收货单或货物出口报关单等单据要求外贸公司支付货款。

此情形下，外贸公司通常出于核销、退税等原因已将增值税发票予以抵扣，或者虽然没有抵扣，但是由于外贸公司签收了货物，《购销合同》对应的出口报关单上的出口商为外贸公司，法院一般会认定买卖事实而判决外贸公司支付货款。

2.外贸公司通常在《出口代理协议》中约定"对外结汇后付款"或"收到外商付款后支付货款"，并以此作为不支付货款的抗辩理由。但是由于支付货款时买卖合同的主要义务，上述约定在法律上可理解外贸公司顺利结汇则应在结汇后立即付款，但如不能结汇，则应在合理时间内付款。因此，也较难作为买方最终拒付货款的合理抗辩。

3.外贸公司在《出口代理协议》中直接约定"国内供货商承担不能结汇的风险"，或"如外商未付款，外贸公司将不用支付货款"。但是，这样的条款一旦争议被提起诉讼，也可能由于国内供货商主张买卖合同显失公平而被法院撤销或变更，除非外贸公司通过举证证明双方从事的是出口代理业务，双方是出口代理法律关系，而不是货物买卖合同法律关系。但是，外贸公司可能面临"假自营"、"真代理"而被行政处罚的风险。

（三）供货商无法或拒绝交付外贸公司增值税发票、出口退税的资料、单证等原因出现的不能核销、不能出口退税责任

目前，部分出口代理业务外贸公司通常只负责签写必要的报关、报检文件，出口货物的运输、仓储、订舱等均由供货商负责。此情形下用于核销和出口退税的部分单据如出口收汇核销单、出口报关单、提单、场站收据等均由供货商掌管。如果供货商无法开具或拒绝开具增值税发票，或者报关、报检资料出现差错，则可能造成外贸公司不能办理核销和退税手续，而遭受补税、被行政处罚。但根据国税发〔2006〕24 号通知的规定，该责任不能转嫁供货商，外贸公司也只能追究供货商违约责任，但很多时候因责任约定不明而较难主张。

三、现行出口代理业务法律环境下外贸公司风险的防范

（一）出口代理业务模式的设置

目前外贸业出口代理业务，外贸公司与供货商即签订《出口代理合同》，同时签订《购销合同》。但是，诚如前文所述，根据国税发〔2006〕24号通知第三条的规定，出口的同一批货物既签订购货合同，又签订代理出口合同（或协议）的，将追回退税或不予退税。虽然不少企业采用"出口合作协议"等名称，但是仍难逃避"代理"之嫌，存有被行政处罚风险。

所以，我们建议外贸公司可以通过出口代理业务模式的重新设置，达到出口代理业务"实至名归"的效果。

1. 由外贸公司与供货商签订一年期《采购出口总协议》，每一单具体业务双方签订《采购合同》，约定在《采购出口总协议》的有效期内双方签订的《采购合同》、《补充协议》、《对账单》等所有协议、函件均为自动受《采购出口总协议》约束。此情形下，可以通过《采购出口总协议》就双方在行代理之实的业务中对双方的权利义务进行约定，而每一单《采购合同》仅在外贸公司认为风险较小的情形下，如已全额收汇、货物出运的情形下与供货商签订，且《采购合同》通常只对价款进行约定。此情形下外贸公司可以视业务进展决定是否与供货商签订《采购合同》，如一旦有争议，则较主动。

2.《采购出口总协议》约定外贸公司与供货商之间的买卖关系以《采购合同》签订之日或出口报关单的出口日期为成立日期。此情形下，如果货物在出口前外贸公司已全额收汇，则可签订《采购合同》约定付款和开票日期，此时外贸公司收汇已无风险；如货物出口报关前尚未收汇或全额收汇，则双方不签订《采购合同》，而以出口报关之日为买卖关系的成立之日，此情形下货物已出口，货物收汇的风险可以通过《采购出口总协议》中双方的约定由供货商承担，外贸公司收汇风险亦可规避。

3.《采购出口总协议》可约定供货商负责将《采购合同》项下的货物运输、仓储并交付给出口货物报关单对于的提单上的收货人，由此产生的费用和风险由供货商承担。此情形下，出口货物在交付给收货人之前的所有运输、仓储、灭失等风险均由供货商承担，外贸公司在物流、仓储、报关等环节的风险将随之减少。

4.《采购出口总协议》可约定《采购合同》签订之前或出口货物报关单签发日前，外贸公司虽收到每一单供货商的货物，但如该单货物最终未出口或《采购合同》未签订，则外贸公司无需向供货商支付货款，供货商仍享有该货物所有权，外贸公司需将该货物返还给供货商。此情形下，供货商虽向外贸公司交付了货物，但是买卖关系仍然未成立，免除了外贸公司因为收到货物但货物无法出口而向供货商付款的责任。

（二）《采购出口总协议》关键合同条款的设置

1. 质量条款设定

可约定，外贸公司向供货商依据每一单《采购合同》采购的货物质量验收以出口货物报关单相对应的提单上的收货人在收到货物后最终无异议方为验收合格，若货物出运后出口货物报关单对应提单上的收货人提出任何质量异议，并导致出口货物报关单相对应的提单上的收货人不付款、部分付款、延迟付款或索赔，致使外贸公司遭受的相关损失由供货商承担。

此情形下，虽然一定程度上来说仍然无法完全避免货物质量的"同一性"，但是可以将整

个出口代理环节串通起来。从出口货物的报关单确定收货人,而同样,基于收货人的索赔确定出口货物,进而确定供货商为出口报关单对于提单上货物质量问题的承担者。

2. 收汇条款设定

可约定,《采购合同》履行中外贸公司收到出口报关单对应的提单上的收货人或其指定的付款人支付的货款后支付给供货商。供货商承担外贸公司不能收到出口货物报关单上对应的提单上的收货人的货款产生的一切责任和后果。如出口货物报关单对应提单上的收货人未付款或未全额付款,外贸公司亦无须向供货商支付该《采购合同》项下相对应的全部货款或部分货款。

此情形下,明确约定如果外贸公司未收到外商全部或部分货款,亦无需向供货商支付《采购合同》项下的货款,既不违反国税发〔2006〕24号通知的规定,又可规避"对外未收汇,对内却要付款"的风险。

结 语

综上所述,虽然在目前的法律环境下,外贸公司在从事出口代理业务时风险巨大,其承担的风险与收益不成正比,国税发〔2006〕24号通知本身就缺乏合理合法性,理应做相应的修改或废止。但是,在合理的法律关系的设定和业务模式的规范下,外贸公司出口代理操作相应的风险也可以大幅地降低。虽不能还出口代理业务以其本来之应有模式,但也可让外贸公司在夹缝中得以求生存,确保出口代理业务的正常开展。

"网络传播"与"发行"之辨

丁　晔

【摘要】　"发行权"是我国《著作权法》赋予著作权人的一项重要"专有权利",而受"发行权"控制的自然是"发行"行为。随着越来越多的作品被置于网络之中进行传播,许多人使用"网络发行"一词对此进行描述,特别是我国两高《关于办理侵犯知识产权刑事案件具体应用法律若干问题的解释》将"网络发行"等同于"发行",使得"发行"的法律概念显得更加模糊不清。在此,有必要对网络中所谓的"发行"进行界定,以还发行权的本来面目。

【关键词】　发行权;网络传播;复制发行

随着计算机网络的迅猛发展,信息传播的速度、质量和范围都是前所未有的,数字技术已成燎原之势,正像尼葛洛庞蒂(Negroponte)所宣称的那样,我们的生存已经"数字化"了。[1]数字技术的发展使得作品传播的途径发生了根本的变化,网络传播方式正渐渐被人们所接受。所谓网络传播就是指通过计算机网络把信息从一个地方传送到另一个地方。这种新型的传播方式与传统的方式相比,它最大特点就是互动性,即公众可在自己制定的地点和时间获取作品或信息。随着网络传播方式的兴起,如何将传统权利和新型的传播行为结合,并将网络传播行为纳入著作权法保护体系中来,这已成为了理论界和实务界探讨的一个重要议题。

一、各国著作权法对"网络传播"保护的不同立法例

数字化网络传输具有"世界性"和交互性的特点,会对版权人的利益产生重大的影响。网络的出现对于著作权人而言是一把双刃剑。一方面,因为网络具有交互式和便捷式的特性,著作权人希望自己的作品借助网络进行传播,从而获取更大的利益;另一方面,也正因为网络的这种特性,他们又担心无法控制作品在网络空间的使用,使他们遭受到更大的损失。为了应对这次变革,1996 年底世界知识产权组织制定了两个新的条约,最终从著作权的国际保护层面将网络传输行为纳入了著作权法保护的范畴。根据世界知识产权组织的两个条约,各国纷纷组织专家研究网络空间的著作权保护问题,虽然立法模式有所区别,但网络传播行为已经成为著作权法保护的一个部分。

（一）伞形解决方案

世界知识产权组织于 1996 年 12 月 2 日至 20 日在日内瓦主持召开了一次关于版权和邻接权若干问题的外交会议并通过了《世界知识产权组织版权条约》(WCT)和《世界知识产权组织表演和录音制品条约》(WPPT)两个条约,这两个条约中对于就是否选择扩大一项现有权利内容来控制网络传播行为,还是增加一项新的网络传播权利来控制该行为作出了说

作者简介:丁晔,法学硕士,杭州市中级人民法院法官。

明。WCT 第 8 条的规定①并没有明确地将"网络传输行为"认定为向公众发行或向公众传播或是其他任何的行为,而是采取了一种中性的,纯法律特征的描述。它的本意是在条约中澄清网络传输行为的特征,消除各国理解上的分歧,该条约认为只要使著作权人能够达到控制"网络传输行为"的目的,各国无论是用"发行权"控制或者是"向公众传播权"控制网络传输行为都是允许的。换言之,"伞形解决方案"的目的就在于尽可能的保护各国家立法的自由,让各国结合本国原有法律制度来制定相关的保护规定。

(二)伞形解决方案下的各国立法例分析

在 WCT 和 WPPT 两个条约制定后,各国根据本国立法的特点,对控制"网络传播行为"的专有权利采取了不同的规定,从世界范围看,主要有两种模式:

第一种是以美国为代表的扩大解释的立法模式:将网络传播行为置于发行权的控制之下。美国在 1998 年 10 月 28 日通过的《数字化时代版权法》(DMCA)中,就现有的版权法如何适应网络环境进行了许多重大修改和补充,但却没有就版权人的网络传输行为的控制作出任何的规定。这说明美国法律认为没有必要就作品在网络上传播规定新的权利,现有的发行权、公开表演权和公开展览权三个权利已经足够对网络传输行为进行控制,这种观点已经为美国社会所普遍接受,并成为主流的观点。

第二种是大部分国家所采取的形式,即增加一种专有权利对网络传播行为进行控制。对于大多数国家来说,本国法律既没有美国法律的弹性,又不便于进行彻底的改革,为此,在不改变现有传播权设置的前提下,再针对网络传播行为增加一种传播权就成为最现实的选择。如欧盟则对著作权人的传播权作大刀阔斧的改革和重组,对传播权作一次彻底的梳理,以期既革除以往的弊端,又顺应发展的潮流。[2]《信息社会版权指令》于 2001 年 5 月通过,其第 3 条第(1)款规定:成员国应规定作者享有授权或禁止任何通过有线或无线的方式向公众传播其作品的专有权,包括将其作品向公众提供,使公众中的成员国在其个人选择的地点和时间获得这些作品。该指令规定了一种"公众传播权",以协调联盟成员国对网络传播的立场。我国 2001 年《著作权法》修正案也采用了增添的办法处理网络环境下的传播权问题,其中第 10 条第(1)款第 12 项规定:"信息网络传播权,即以有线或者无线的方式向公众提供作品,使公众可以在其个人选定的时间和地点获得作品的权利。"这条规定将国际公约中的"向公众传播权"细化为了"信息网络传播权",更便于实务操作。

二、"网络传播"与"发行"的关系探究

我国《著作权法》2001 年修订后,在第 10 条第(2)款中规定了发行权即以出售或者赠与方式向公众提供作品的原件或者复制件的权利,该规定明确了发行权控制的行为应是移转作品原件或复制件所有权的行为,这里显然排除了通过网络传播作品的行为。但是《关于办理侵犯知识产权刑事案件具体应用法律若干问题的解释(一)》明确规定:通过信息网络向公众传播他人作品,应当视为刑法第 217 条规定的"复制发行"。此外,最近刚出台的《关于办

---

① WCT 第 8 条:在不损害《伯尔尼公约》第 11 条第(1)款第(Ⅱ)目、第 11 条之二第(1)款第(Ⅰ)和(Ⅱ)目、第 11 条之三第(1)款第(Ⅱ)目、第 14 条第(1)款第(Ⅱ)目和第 14 条之二第(1)款的规定的情况下,文学和艺术作品的作者应享有专有权,以授权将其作品以有线或无线方式向公众传播,包括将其作品向公众提供,使公众中的成员在其个人选定的地点和时间可获得这些作品。

理侵犯知识产权刑事案件适用法律若干问题的意见》第 13 条①更明确地将网络传播认定为发行行为,这似乎表明发行权扩大解释在我国有其适用的可能。

（一）发行权的扩大解释——以美国版权法为例

1995 年美国信息基础设施专门工作组下属的知识产权工作组公布了题为《知识产权和国家信息基础设施》的报告（又称白皮书）。白皮书指出:根据版权法第 106 条第（3）款的规定,发行权应解释为:包括传输,此种传输是指发行作品的复制品（例如向计算机的内存发行）,无论是从逻辑上还是从法律上来看,传输都是发行的一种方式[3]。白皮书还认为“没有理由区别对待以传输方式向公众发行和以其他传统方式发行”,因为“无论通过哪一种发行手段,消费者都会获得作品的复制件”,因此,白皮书建议“修改著作权法,明确承认作品的复制件可以通过传输向社会公众发行,而且该传输行使了著作权人的排他性权利”,[4]并将美国著作权法第 1 条第（3）款“发行权”作如下修改:“著作权所有者享有通过出售或所有权转移的其他方式,或者通过出租,或出借或者通过网络传输向公众发行有著作权作品的复制件或录音制品”。[4]但是 1998 年美国通过的“千禧年数字化版权法案”完全没有涉及对“发行权”的修改。这似乎意味着否定了白皮书的意见,但是发行权是否适用于网络环境,美国法律确是没有得出结论。而在实际操作中,虽然《白皮书》因其他方面的缺陷被国会否决,但美国法院和学术界均普遍认为通过网络提供作品构成版权法意义上的“发行”行为,受“发行权”的控制。如美国最高法院在 2001 年在对 New York Tmies Co. v. Tasini 案做出的判决中,就确认了未经许可将作者的文章置于 Lexis 数据库中,使公众能够在线浏览或下载的为构成了对作品的“发行”、侵犯了版权人的“发行权”。[5]

发行权扩大解释之所以能在美国适用,有其深层次原因:

1. 美国版权法之所以能用发行权来控制网络传播行为,主要是由于美国法律本身具备的开放性和灵活性的特点。美国《版权法》第 106 条第（3）款授予版权权利人“以销售或其他转移所有权的方式,或者以出租、租赁或者借阅的方式向公众发行享有版权保护的作品的复制件”的权利。从美国版权法对发行权的定义,美国版权法中发行权控制的发行行为的方式不仅包括移转所有权,也包括出租、租赁、借阅的方式,甚至可以隐含着“计算机网络的传播行为”,所以在现行美国版权法的规定下,对于“发行”的解释并不像国际公约或者其他国家立法规定的那样必须要求“以移转所有权的方式进行”,这种弹性的立法为美国版权法用“发行权”控制“网络传播行为”做好了铺垫。

2. 从网络传播行为的自身功能和结果来看,网络传播行为与发行行为极为相似。著作权人自己实行或者授权他人实行发行行为的目的是希望通过传播行为将自己的作品提供给大众,使作品进入流通领域而获取报酬。在进入网络时代后,人们获取作品的手段变得多元化,而作者发行作品的手段也变得不再单一,通过网络传播销售自己的作品而获取报酬也变为了一种可能,这与实物销售的功能是相同的。另外,从结果上看,通过传统的发行行为,大众得到的是作品的纸质复制件,而通过网络传输行为,大众得到的是一份数字环境下作品的复制件,因此,通过网络传播作品和通过其传统的形式传播作品没有什么区别,最终的结果

---

① 《关于办理侵犯知识产权刑事案件适用法律若干问题的意见》第 13 条:以营利为目的,未经著作权人许可,通过信息网络向公众传播他人文字作品、音乐、电影、电视、美术、摄影、录像作品、录音录像制品、计算机软件及其他作品,具有下列情形之一的,属于《刑法》第 217 条规定的“其他严重情节”。

都是使公众得到作品,既然结果相同,而且传播的过程也相似,用发行权控制网络传播行为应是可以被接受的。

3. 每当由于新技术的发展导致人们不能确定现有权利的范围时,就会有人提出引入一项新权利。这种想法是可以理解的,但是却很危险;增加新的权利以后,将会导致权利的重叠,从而对法律的透明度产生负面影响;而且,技术的发展会迅速地使这种新权利过时。[6] 所以对于在新技术下出现的"网络传播行为",美国立法者就认为应采取谨慎的态度,尽量避免设立一项新的权利。发行权是已被承认的权利,并且控制的行为与网络传输行为的功能相一致,所以优先考虑将"发行权"的范围扩张至网络环境似乎已是顺理成章之事了。

综上,发行权的扩大解释在美国有了可适用的余地,而且美国也确实是在适用发行权的扩大解释,但是这种发行权的扩大解释仅仅适用于美国,在我国是决然没有适用的余地。

(二)发行权扩大解释在我国适用之否定

虽然发行权适用于网络传播行为在美国有其可行性,但是"网络发行"的适用终究有其局限性,并且在传统发行权理论没有修改的情况下,对于"网络发行"的适用必须谨慎。特别是在我国《著作权法》已经规定"信息网络传播权"的情况下,"网络发行"已不可能适用于我国。

1. 国际公约和各国立法的支持

虽然在各国立法中,只有美国法律承认发行权控制网络传播行为的地位,但是有人提出在《世界知识产权组织版权条约》中对于如何控制网络传播行为采取了伞形解决方案,这从一个侧面反映了世界知识产权组织对何种权利控制网络传播行为还没有定论。确实,因为网络传播行为的特殊性,世界知识产权组织允许各国根据自身的现状进行立法。但是,《世界知识产权组织版权条约》第8条明确规定了发行权是通过销售或其他所有权转让形式向公众提供其作品原件或复制件的专有权利,即明确承认了移转所有权是构成发行行为的要件,所以,从《世界知识产权组织版权条约》总的立法思路来说,其还是倾向于将网络传播行为排除于发行权控制的范围之外。另外,除美国立法外,各国立法基本都只将移转作品原件和复制件所有权的行为视为发行行为。如英国《版权法》规定:"发行"系指"将先前未投放流通领域的复制件投入流通领域";[7] 我国台湾地区"著作权法"也规定:"发行指权利人散布能满足公众合理需要之重制物",而"散布"又被定义为"不问有偿或无偿,将著作之原件或重制物提供公众交易或流通。";① 再者,有些立法明确强调了"发行"与"网络传播"之间,以及相应的"发行权"与"网络传播权"之间的区别,如欧盟在2001年通过的《版权与相关权指令》中不仅以不同的条文分别规定了"向公众提供权"(即"网络传播权")和"发行权",还在"前序"部分明确指出:"向公众提供权……不应适用其他任何行为"。② 澳大利亚在对《版权法修正案(数字议程)》的立法报告中也指出:新的"向公众传播权"并不适用于以有形载体形式进行的"发行",如对书籍纸质复制件的"发行"。③ 可见,国际公约和大部分国家的立法都倾向于把网络传播行为排除于发行权的控制而希望另设一项专有权利对其进行控制。

2. 与传统理论相矛盾

传统理论认为发行行为必须是移转作品原件或复制件所有权的行为。对比传统理论,

---

① 参见我国台湾地区"著作权法"第28条。

② Directive 2001/29/EC of the European Parliament and of the Council of 22 May 2001 on the harmonisation of certain aspects of copyright and related rights in the information society,Article 3,4,Recitals para. 23,24.

③ Attorney-General's Department,Copyright Amendment(Digital Agenda) Act2000 Fact Sheet(2000),p. 3.

网络传播行为的结果和传统的发行行为相同,即让公众获得了作品,故有人认为发行权适用于网络传播行为是可行的。确实,这两种行为最终的结果都是使公众拥有了一份作品,但是公众通过网络传播行为得到的并不是作品的复制件或原件,而仅仅是一份被复制的作品。在前面的论述中,我们已经提及,要成为发行权保护的客体,该作品必须首先被附于有形载体之上,发行权控制的行为是移转该作品以及物质载体的行为,而作品复制件就是物质载体及依附其上的作品的统称。所以,如果移转的仅仅是作品,就不是发行权所控制的行为。在网络环境中,通过网络传播使公众获得的仅仅是作品,作品的物质载体是不可能被公众所获得的,除非将作品和附有该作品的硬盘一起移转,该行为才属于发行行为,当然,这就与网络传播行为无关了,也就不在讨论的范围之内了。综上,网络传输行为与传统理论中的发行行为的行为方式是截然不同的,所以,用发行权控制网络传播行为是不可行的。

3. 美国法律适用发行权扩大解释存在的缺陷

通观各国立法,除美国用发行权控制网络传播行为外,大多数国家都是在"发行权"之外又设立了专门的权利,虽然这些权利的名称不同,如在我国为"信息网络传播权"、在我国台湾地区为"公开传输权",但是他们都控制着网络传播行为。那么为什么只有美国采取了用发行权控制网络传播行为呢?这与美国法律自身的结构有关。美国版权法在对发行权进行定义时,并没有像其他国家一样,将移转方式仅限定于移转所有权,而是将移转占有也包括在内,如果再深入一步,美国版权法的这一条文可以理解为包括任何形式的移转作品,无论是通过有形或者无形的方式。美国法律这种开放式的立法方式使得美国法律没有必要再去设计一项专门的权利去控制新技术下的行为。但是,和美国法律不同,各国法律在对于发行权进行定义时,都已经将发行定义为"将作品的原件或复制件提供给公众",发行权已没有了扩张的空间,所以大部分国家都设立了专门的权利对网络传播行为进行控制。只有美国的特殊法律结构才给发行权扩张适用于网络提供了可能性。

但是,美国版权法中发行权的扩大适用也逐渐暴露出其弊端。在 Capitol Records Inc. v. Thomas, 2008 U. S. Dist. LEXIS 106225(D. Minn. , Dec. 23, 2008)案件中,法庭就发行行为的构成展开了讨论。原告是唱片公司,该公司拥有唱片版权上的专有权利。在 2006年4月19日,原告对被告 Jammie Thomas 提出诉讼,认为被告通过一种叫做 Kazaa 的网络点对点文件共享应用程序非法下载和发行唱片,依据版权法被告的这种行为侵犯了原告唱片的版权。这个案件的审判在 2007年10月2日开始,在第 15 号陪审团指示中,法庭指示:在没有经过版权人的允许,制作唱片在点对点网络上进行电子式发行的行为是侵犯了版权人的发行权这一专有权利,而不管是否实施了现实的发行行为。陪审团发现 Thomas 已经故意侵犯了原告的发行权,需赔偿原告因每项故意侵犯造成法定损失 9250 美元。基于在给陪审团第 15 号指令当中存在法律上的错误,被告对新的审判提起动议,Thomas 认为:只是作品可以被公众得到并不构成发行,当被告实际地将占有、所有的作品的复制件或者唱片转移给公众,才构成发行。"发行"在普通字典中的含义必然是需要将占有或者所有权从一个人处转移到另外人处,即发行的构成必须是在公众实际得到作品后,而将作品置于公众可能得到作品的点对点网络中的行为并不构成对发行权的侵犯。Thomas 以此作为抗辩理由,要求新的判决。而法院也采纳了他的理由,最终给予了他新的判决。①

---

① Capitol Records Inc. v. Thomas, 2008 U. S. Dist. LEXIS106225(D. Minn. , Dec. 23, 2008)

从该案中,我们不难看出,美国对发行权的扩大解释已经碰到了困难。在传统发行权理论中,发行行为的构成要件之一就是将作品的原件或复印件置于公众能够获得的地方,而无论公众是否最终获得。但是美国法院对于该案的判决却完全颠覆了传统理论,认为在网络传播过程中,只有公众实际获得作品才构成对发行权的侵犯。如果该判决获得承认,那么美国网络侵权事件将会急剧增加,因为在公众从网络获得作品之前,作品的传播者并未构成侵权,而即使有公众获得了作品,权利人也很难进行取证。所以,如果美国法律坚持将发行权做扩大解释,并且遵循该案的判决结果,美国版权人的权利将会遭到重创。

4.我国已设立信息网络传播权对网络传播行为进行控制

2001 年,我国新修订的著作权法在第 10 条第 12 项增加规定了作者享有信息网络传播权,①同时在第 37 条和第 41 条也赋予表演者和录音、录像制作者享有通过信息网络向公众传播其表演和录音、录像制品并获得报酬的权利。② 至此,在世界知识产权组织和国外积极立法的基础上,我国以法律的形式确定了用"信息网络传播权"控制"网络传播行为"。这是一个积极的信号,填补了之前我国对网络传播行为控制的立法空白,但同时也切断了发行权适用于网络传播行为的可能性。

《著作权法》第 10 条为著作权人规定了 17 项"专有权利",使著作权人可以相应地阻止他人未经许可实施 17 种行为。从立法和法律解释的常识和逻辑出发,不同的"专有权利"应当控制不同的行为。如果认为"网络传播"也构成受"发行权"控制的"发行"行为,那么就会使"信息网络传播权"彻底丧失其存在的意义,从而完全违背了立法的本意。因此,我国信息网络传播权的设立就彻底排除了发行权控制网络传播行为的可能性。

三、我国现行法律下"发行"概念亟待统一

我国《著作权法》于 2001 年修法后,在其第 10 条第(6)款对发行权作出了规定,认为发行权控制的是以出售或者赠与方式向公众提供作品的原件或者复制件的行为。《著作权法》在修改后以明确的方式确认了发行权的概念和发行方式:即以移转作品所有权的方式向大众提供作品。但是,《著作权法》第 57 条③和《互联网出版管理暂行规定》第 5 条④的规定却使著作权法第 10 条的规定变得无法确定,因为这两条的规定很容易使人误认为"登载在互联网上或者通过互联网发送到用户端,供公众浏览、阅读、使用或者下载的非转移物质载体的在线传播行为"也是著作权意义上的"发行"。此外,最高法院、最高人民检察院出台的《关于办理侵犯知识产权刑事案件具体应用法律若干问题的解释》(以下简称《知识产权刑事案件的司法解释》)和《关于办理侵犯知识产权刑事案件适用法律若干问题的意见》(以下简称《办理知识产权刑事案件的意见》)将网上传播行为完全等同于"发行",使得"发行"之概念变

---

① 《著作权法》第 10 条第 12 项:信息网络传播权,以有线或无线的方式向公众提供其作品,使公众可以在其个人选定的时间和地点获得作品的权利。

② 《著作权法》第 36 条第 6 项:表演者对其表演享有下列权利:(六)许可他人通过信息网络向公众传播其表演,并获得报酬。第 41 条第 1 款:录音录像制作者对其制作的录音录像制品,享有许可他人复制、发行、通过信息网络向公众传播并获得报酬的权利。

③ 《著作权法》第 57 条:本法第 2 条所称的出版指作品的复制、发行。

④ 《互联网出版管理暂行规定》第 5 条:本规定所称互联网出版,是指互联网信息服务提供者将自己创作或他人创作的作品经过选择和编辑加工,登载在互联网上或者通过互联网发送到用户端,供公众浏览、阅读、使用或者下载的在线传播行为。

得更加模糊。

(一)两例相反之判决

在"华夏电影发行公司诉华网汇通技术服务公司和湖南在线网络传播公司侵犯电影发行权案"的案件中,华夏电影发行公司依法取得了美国电影《终结者3》在中国地区的"独家发行权",而华网汇通技术服务公司和湖南在线网络传播公司未经许可即将《终结者3》上传至网站上供用户有偿下载。华夏电影发行公司即以两家公司侵犯"独家发行权"为由提起诉讼。法院审理后认为:华夏电影发行公司对影片《终结者3》享有独家发行权,仅能就侵犯该权利的行为提出主张,而"通过网络擅自上传影片的行为,并未落入发行权控制的范畴"据此驳回了原告的诉讼请求。① 对于该案件的判决应该是没有争议的,因为原告对该部电影仅享有发行权,而我国《著作权法》规定网络传播行为应由信息网络传播权控制。

但是,在对"复制微软 Windows XP 计算机并传至网络供用户下载"的案件中,虎丘区法院又认定被告的网络传播行为构成"发行"。在 2006 年 12 月至 2008 年 8 月期间,成都共软网络科技有限公司出于营利目的,由被告人孙显忠指示被告人张天平和被告人洪磊、梁焯勇合作,在未经微软公司许可的情况下,复制微软 Windows XP 计算机软件后制作多款"番茄花园"版软件,并以修改浏览器主页、默认搜索页面、捆绑其他公司软件等形式,在"番茄花园"版软件中分别加载百度时代网络技术(北京)有限公司、北京阿里巴巴信息技术有限公司、北京搜狗科技发展有限公司、网际快车信息技术有限公司等多家单位的商业插件,通过互联网在"番茄花园"网站、"热度"网站发布供公众下载 10 余万次。法院认为:根据最高人民法院、最高人民检察院《知识产权刑事案件的司法解释(一)》第 11 条第 3 款的规定,行为人通过信息网络向公众传播他人文字作品、音乐、电影、电视、录像作品、计算机软件及其他作品的行为,应当视为刑法第 217 条规定的"发行"行为。据此,本案被告单位及各被告人通过互联网发布涉案"番茄花园"版 Windows 系列软件供不特定社会公众下载,无论其是否收取下载费用,都应当视为刑法第 217 条规定的"发行行为"。②

以上的案例反映了我国司法实践中对于发行权判决的不同标准:即在民事领域,网络传播行为被排除于发行权的控制范围之外;而在刑事领域,采用了美国法关于发行权扩大解释的规定,破坏了法律适用的稳定性和一致性。

(二)刑事领域"发行"之含义应与著作权法相统一

近年来,未经许可通过网络传播作品的案件呈上升趋势,并给著作权人的合法利益造成了严重威胁。然而《刑法》中却没有将"以营利为目的,未经许可通过网络传播作品"界定为犯罪。为了弥补这个漏洞,最高院和最高检颁布了两次《知识产权刑事案件的司法解释》和一次《办理知识产权刑事案件的意见》,虽然对打击犯罪起到了一定的效果,但是其法理上存在的错误却给司法实践带来了巨大的困难。

《知识产权刑事案件的司法解释(一)》明确规定③:通过信息网络向公众传播他人作品,

① 参见北京市朝阳区人民法院民事判决书(2004)朝民初字第 1151 号。

② 参见苏州市虎丘区人民法院刑事判决书(2009)虎知刑初字第 001 号。

③ 我国最高人民法院、最高人民检察院于 2004 年联合发布的《关于办理侵犯知识产权刑事案件具体应用法律若干问题的解释(一)》第 11 条第 3 款规定:通过信息网络向公众传播他人作品的行为,应当视为《刑法》第 217 条规定的"复制发行"。而《刑法》第 217 条则规定:以营利为目的,未经著作权人许可,复制发行其文字作品、音乐、电影、电视、录像作品、计算机软件及其他作品,且违法所得数额较大或者有其他严重情节的,即构成刑事犯罪。

应当视为刑法第 217 条规定的"复制发行"。然而,这一解释却是缺乏法律依据的。虽然该条司法解释是将"通过信息网络向公众传播他人作品"视为"复制发行",而不是"发行",但如果单纯地复制作品,而不是通过网络向公众提供作品的复制件,在效果上不可能等同于"通过信息网络向公众传播他人作品"。所以该条司法解释的真实目的是将"通过信息网络向公众传播他人作品的行为"视为"发行"或至少是"复制"与"发行"的结合,而不是单纯的"复制"。[8]而"通过网络传播作品"与"发行作品"在著作权意义上是根本不同的两种行为。按照"罪刑法定"原则,只有在法律有明文规定时才能认定一种行为构成犯罪。所以,"通过网络传播作品"的行为根本不能适用《刑法》第 217 条关于"复制发行"的规定,该解释并未从根本上起到弥补法律漏洞的作用。

2007 年 4 月 5 日,最高人民法院、最高人民检察院出台《知识产权刑事案件的司法解释(二)》,其中,第 1 条①规定将复制品数量合计在 500 张(份)定为属于《刑法》217 条规定的"有其他严重情节",将复制品数量在 2500 张(份)以上的,定为属于《刑法》第 217 条规定的"有其他特别严重情节"。对于在传统环境中的发行行为,如大街上销售盗版书籍或光盘而言,500 张或 2500 张是"数"得出来的。那么对于将作品置于网络中供用户在线欣赏或下载的行为,如何计算其"复制品数量"呢?最高人民法院、最高人民检察院、公安部于 2011 年 1 月发布的《办理知识产权刑事案件的意见》第 13 条的规定似乎对这个问题有了自己的解答:其中规定传播他人作品的实际被点击数达到五万次以上的属于《刑法》第 217 条的其他严重情节,即认为可以通过"数"作品点击数量来计算复制品发行的数量。但用户的点击情况是十分复杂的。如果网站提供作品的在线欣赏,而用户选择在线欣赏而不下载作品,这一过程只会在其内存中对作品片断形成时间极为短暂的"临时复制件"。而在我国,"临时复制件"并不被视为著作权意义上的复制件。同时,在下载的过程中也有可能因为网络堵塞而未能完成下载,或者中途主动放弃下载。在这两种情况下,在用户本地硬盘上都没有产生新的作品复制件。因此,用点击数来判断侵权复制品的数量也是行不通的。那么法院又该如何计算复制品数量呢?这又是两高的司法解释将"通过网络传播作品"视为"复制发行"所带来的无法解决的难题。

2011 年 1 月发布的《办理知识产权刑事案件的意见》在两高司法解释的基础之上,将"网络传播行为"与"发行行为"完全等同起来,并详细地规定了"网上发行"的复制件的计算方式,如计算传播他人作品的数量;传播他人作品的实际被点击数;或是计算注册会员人数。②该《办理知识产权刑事案件的意见》的出台使得发行权在刑事领域和民事领域的解释出现了巨大的分歧:刑事领域的发行权采美国式的扩大解释,而民事领域的发行权却采通说的狭义

① 《关于办理侵犯知识产权刑事案件具体应用法律若干问题的解释(二)》第 1 条:以营利为目的,未经著作权人许可,复制发行其文字作品、音乐、电影、电视、录像作品、计算机软件及其他作品,复制品数量合计在 500 张(份)以上的,属于《刑法》第 217 条规定的"有其他严重情节";复制品数量在 2500 张(份)以上的,属于《刑法》第 217 条规定的"有其他特别严重情节"。

② 以营利为目的,未经著作权人许可,通过信息网络向公众传播他人文字作品、音乐、电影、电视、美术、摄影、录像作品、录音录像制品、计算机软件及其他作品,具有下列情形之一的,属于《刑法》第 217 条规定的"其他严重情节":(一)非法经营数额在 5 万元以上的;(二)传播他人作品的数量合计在 500 件(部)以上的;(三)传播他人作品的实际被点击数达到 5 万次以上的;(四)以会员制方式传播他人作品,注册会员达到 1000 人以上的;(五)数额或者数量虽未达到第(一)至第(四)项规定标准,但分别达到其中两项以上标准一半以上的;(六)其他严重情节的情形。实施前款规定的行为,数额或者数量达到前款第(一)项至第(五)项规定标准 5 倍以上的,属于《刑法》第 217 条规定的"其他特别严重情节"。

解释,如果不将两者进行统一,则会出现法律审判实务中的尴尬及学理讨论中的迷茫。

"发行权"的概念最早出现于民事领域,将其应用于刑事领域是因为关于侵犯发行权的案例逐渐增多,立法机关考虑到对于发行权应该给予刑法的立体保护。而且,从发行权的本质分析,其当然属于民事领域的法律概念。所以,刑事领域的发行权概念应和著作权法上的发行权概念相一致,即发行权控制的仅为移转作品原件和复制件所有权的行为,而网络传播行为不应包括在内。根据罪刑法定原则,两高的司法解释和意见中关于侵犯发行权的规定将无法对侵犯网络传播行为的犯罪进行规制。因此,为了遏制日益严重的侵犯网络传播权的现象,理清网络传播和发行行为的关系,应将《知识产权刑事案件的解释》中关于网络传播构成发行的规定改为实施未经授权的网络传播行为构成侵犯网络传播权的犯罪。这既还原了发行权的本来面目,又通过司法解释形成了对网络传播权的立体保护。

参考文献:

[1]尼葛洛庞蒂著.数字化生存.海口:海南出版社,1997:2.

[2]薛虹著.数字技术的知识产权保护.北京:知识产权出版社,2002:94.

[3](匈)米哈依·菲彻尔著.版权法与因特网(上)(郭寿康、万勇、相靖译).北京:中国大百科全书出版社,2009:268.

[4]王迁.论网络环境中发行权的适用.知识产权,2001(4).

[5]王迁.论网络环境中的"首次销售原则"中 New York Times Co. v. Tasin, i 533 U. S. 483 at.504 (2001),法学,2006(3).

[6](匈)米哈伊.菲切尔著.版权法与因特网(上)(郭寿康、万勇、相靖译).北京:中国大百科全书出版社,2009,289.

[7]王迁.论著作权法中"发行"行为的界定———兼评"全球首宗 BT 刑事犯罪案".华东政法学院学报,2006(3).

[8]王迁.论著作权意义上的"发行"———兼评两高对《刑法》"复制发行"的两次司法解释.知识产权,18(1).

中编　海洋法治与发展

海洋经济战略下台州模式造船业
可持续发展法律问题研究

金彭年　登　峰　等

【摘要】　浙江台州地区造船产业凭借得天独厚的优势,其具有的灵活快捷、机动性强、低成本等特色而被学界称为"台州模式"。台州造船业在金融危机爆发前曾一度非常辉煌。金融危机带来的巨大打击使人们冷静下来对造船业中存在的问题进行思考。本文主要从法律角度,围绕融资、造船主体和船舶产供销三个问题对台州造船业的发展现状进行了讨论,并针对存在的问题提出了相应的建议,为我国从造船大国迈向造船强国提供法律保障。

【关键词】　台州模式;新兴造船;造船融资;船舶抵押;造船主体;挂靠造船;船舶碳关税

引　言

（一）研究背景

1. 我国造船业基本情况

2007 至 2009 年的环球金融危机给全球造船业带来巨大的负面影响。中国造船业在 2009 年之后的后金融危机时期也遭到极大打击。2012 年,在党中央、国务院的高度关心下,随着《海洋工程装备科研项目指南（2012）》等文件的相继出台,我国船舶行业应对金融危机导致的国际市场萧条的挑战的信心不断增强。学术界和实践中的各社会主体吸取经验教训,不但努力克服各种困难,应对各项挑战,更是在推进产业转型升级,充分利用危机实现自身发展方面苦下功夫。2012 年我国造船业整体上保持住了各项经济指标平稳,国际市场份额不变。但金融危机的滞后影响全面显现,造船业中仍然存在交船难、接单难和盈利难的问题。① 2013 年,随着全球造船市场趋于回暖,中国造船业也逐渐恢复。2013 年第一季度,全国承接新船订单大幅增长,但是造船完工量却未能实现同步增长,仍然保持下降趋势（见表 1）。总体而言,我国造船业已度过寒冬时期,逐渐走向暖冬时期,但是生产经营形式却更加严峻。

2. 台州市造船业基本情况

台州造船业萌芽于 20 世纪 90 年代初,随着台州市渔业经济的发展而不断发展壮大。进

本文系 2012 年浙江省科技厅重点软科学研究项目发展海洋经济战略下台州模式造船业可持续发展法律问题研究（课题编号 2012C25097）和浙江大学光华法学院海洋法治课题成果。课题组负责人为金彭年、登峰,课题组成员有林申、肖淋、胡馨、张晶、武鑫、任楚蓉、严晓颖等。

① 参见《2012 年中国船舶行业经济运行主要特点分析》,中商情报网,http://www.askci.com/news/201301/31/3115245428882.shtml,2013 年 1 月 15 日访问。

入新世纪后,在政府的重点扶持下,台州造船业蓬勃发展,在 2009 年后金融危机时期到来前,曾长期处于非常辉煌的状态,对台州市经济建设乃至浙江省经济建设作出了巨大的贡献。

俗话说,靠山吃山,靠海吃海,作为一个沿海城市,当地居民的生活与海洋息息相关。造船业是海洋经济的基础产业,台州市具有发展造船产业多项优势。一方面,其坐落于浙东沿海地区,三面环山,一面通海,海岸线绵长,港湾众多,具有建造千吨级、万吨级至十万吨级的大型船舶。另一方面,台州地区民营经济活跃,不但能有效解决船舶建造中融资难的问题,还能在一定程度上节约造船成本。在金融危机爆发之前,全球船舶市场对船舶的需求较大,台州造船业一度出现船舶供不应求的状态,在不愁船舶没人要的情况下,大量的闲散资金流向船舶建造业。在欣欣向荣的发展状态下,台州造船业中存在一些问题难免被忽视,因而难以有效抵挡金融危机带来的打击。

表 1　2010－2013 年台州造船业形势分析

指标		2010 年①	2011 年②	2012 年③	2013 年 1～3 月④
造船完工量	万载重吨	6560	7665	6021	945
	同比	54.6%	16.9%	−21.4%	−15.6%
新接订单量	万载重吨	7523	3622	2041	957
	同比	190%	−51.9%	−43.6%	71.1%
手持订单量	万载重吨	19590	14991	10965	10700
	同比	4.1%	−23.5%	−28.7%	−24.6%

台州造船业的劣势主要体现为两个方面:一是造船企业自身的综合实力与创新能力不足,台州造船业主要从事中小型船舶建造,虽然有建造大型船舶的天然场地条件,但在技术实力方面仍然有缺陷,相关的配套设备研发制造能力与造船能力不匹配;二是缺乏相关法律法规规定,台州造船业所具有的优势促成了独具特色的台州造船模式,该造船模式以挂靠造船与民间集资为特点,在船舶供不应求时,人们纷纷投资船舶建造,并能船舶顺利转让后从中分得可观的赢利,几乎没有人对挂靠造船的合法性提出质疑,而当金融危机爆发,弃单毁单现象频发,给台州造船业带来重大打击时,人们的前期投资得不到回报,甚至可能连自身的投入都不能收回来,在纠纷不断发生时,人们才开始反思这一造船模式的合理性和合法性。法律具有滞后性,不可能完全准确预测到未来可能发生的事情。挂靠现象在多个生产经营领域均有出现,而法律法规、政府规章没有对其进行统一的定性,更不用说出台统一的法规对挂靠现象中不同主体之间的法律关系进行调整。在造船业中,挂靠现象是在 21 世纪以后才出现,目前已有的民事、行政法律法规也不能满足现实的需要。

随着全球造船业的整体复苏,台州造船业也在逐渐恢复。经历过危机后,人们痛定思痛,就造船业的转型升级进行全面的思考。在我国努力建设法治国家,法治社会的大背景

---

① 参见《2010 年全国船舶工业经济运行情况》,中国船舶工业行业协会,http://www.cansi.org.cn/cansi_jjyx/171045.htm,2013 年 1 月 15 日访问。

② 参见《2011 年船舶工业经济运行分析》,中国船舶工业行业协会,http://www.cansi.org.cn/cansi_jjyx/209646.htm,2013 年 1 月 15 日访问。

③ 参见《2012 年船舶工业经济运行分析》,中国船舶工业行业协会,http://www.cansi.org.cn/cansi_jjyx/251267.htm,2013 年 1 月 15 日访问。

④ 参见《2013 年 1～3 月船舶工业经济运行情况》,中国船舶工业行业协会,http://www.cansi.org.cn/cansi_jjyx/260259.htm,2013 年 1 月 15 日访问。

下,对造船业转型升级的思考必然包括完善法制,增强法律法规执行力等法律问题。作为一种新型的造船模式,台州造船模式已经展现出了其巨大的优势,也在危机中暴露出了一定的劣势。存在即是合理的,任何新事物的出现、萌芽、成熟都会不断受到挫折的磨炼,都需要经过长期的努力才能真正适应社会的需求,在社会中找到合适的位置,台州造船模式也是如此。

(二)提出问题

本文从融资、相关主体和产供销三个角度对台州造船业发展现状进行了研究。融资是船舶建造必须具备的资金基础,而融资难是我国造船业长久没有得到有效解决的难题,台州造船业也不例外。目前在台州造船业中存在着多种融资模式,但是由于缺乏相应的法律规定和造船业本身还处于发展阶段等原因,这一些融资模式多少都存在一些法律困境,如定造方不能及时支付造船款导致船舶建造不能顺利进行,进而可能引发船舶建造合同解除并可能导致"一船二卖"的情形。再如建造中船舶抵押融资模式中,现有法律对相关概念的规定不明确,在一定程度上导致在实践中难以操作。

民间集资和挂靠造船是台州造船业形成全球范围内独一无二的台州造船模式的原因。独具特色的多级合伙投资造船和以造船场地租赁和融资租赁为主要挂靠方式的挂靠造船模式使原本牵涉面较广的造船业涉及更多的主体。金融危机爆发后,受影响的范围因此也更广。多级合伙投资能够快速聚集民间空余资金支持船舶建造,但是其中涉及多个合伙协议,各合伙人只能对其所在的合伙体的整体出资进行监管,无法对最终的用于船舶建造的整体出资的使用状况进行监管,因而在船舶建成并转让后就船舶实际的盈亏状况容易发生纠纷。在挂靠造船中,比较多见的纠纷时挂靠人以被挂靠人名义与第三人签订船舶建造合同时,合同真正的主体应当为挂靠人还是被挂靠人,发生纠纷时适格的法律主体应当是哪一位。当第三人将被挂靠人告上法庭时,被挂靠人通常会以其不是合同真正的履行人进行抗辩。

船舶产供销中也存在着多个法律问题。目前我国对船舶建造合同的法律定性还没有统一,学界对这一问题也存在较大分歧。而该合同的法律定性直接影响着定造方和造船厂的权利享有。若将其定性为买卖合同,则定造方不享有任意解除权,相应的在双方当事人没有明确约定情况下,造船厂也不享有船舶留置权。若将其定性为承揽合同,则定造方享有合同的任意解除权,在金融危机爆发后,台州造船业所面临的多毁单现象正是定造方享有任意解除权的后果。对建造中船舶的所有权归属问题目前法律也没有明确规定,建造中船舶所有权的归属于建造中船舶融资问题直接相关。另外,船舶建造合同履行过程中也存在较多法律问题。如船舶质量问题引发的纠纷,船舶留置权的行使,以及后履行抗辩权的行使等。

一、船舶建造融资问题

(一)船舶建造融资的概念与特点

1. 船舶建造融资的概念

船舶是一项大型准不动产,其建造不但需要极其精细的技术,还需要巨额的资金支持。资金和技术在船舶建造中处于同等重要的地位。作为造船业的强有力后盾,融资模式是否高效便捷以及融资渠道畅通与否对船舶建造至关重要。正如上文所述,台州造船模式以民间集资为重要特点,大量闲散的民间资金纷纷流向造船业是台州造船业在金融危机爆发前所具有的蓬勃发展状态的重要原因之一。换言之,融资不但对单艘船舶建造具有重要影响,甚至可能左右某一地区整个造船业的发展。然而现行法律制度不健全、融资模式单一、融资渠道不畅、解决担保问题的措施不当、风险防范措施不到位等多项原因的存在,使船舶融资成为制约当前船舶和航运产业发展的瓶颈之一。融资难一直是船舶建造业发展的重要阻碍,在金融危机爆发后,这一阻碍更加突显,但是仍未得到相关部门应有的重视。

融资是指货币资金的持有者与需求者之间直接或间接进行的资金融通过程。船舶建造融资则是指为实现船舶建造目的而开展的资金融通活动。根据分类标准的不同,船舶建造融资可分为不同的种类。以融资来源为标准,可将船舶建造融资分为内源融资和外源融资;以融资目的为标准,可将融资分为用于建设基础设施和技术升级的融资、用于购买原材料和日常经营支出的融资和用于满足促进销售而派生的资金需求的融资。

2.船舶建造融资的特点

第一,独特性。船舶建造融资的独特性主要表现在两个方面:一是独特的融资运作方式,船舶建造过程周期长、技术复杂,资金占用大,同时船舶兼具动产和不动产的性质和特点,因此,其融资运作方式也具有相应的特点;二是独特的融资目的,船舶建造融资是以建造船舶而目的而开展的融资活动,因此该融资具有一定的专项性,具有专款专用的特点。

第二,多样性。多样的融资方式和模式可以提高融资的活跃性和确保融资渠道的畅通。多样化的船舶建造融资不但体现在船舶建造的前期融资中,还可以体现在船舶建造的各个不同阶段。资金需求量的差异,融资环境的不同都会对融资方式和融资模式产生影响。因此,发展多样化的融资方式可以为造船业营造良好的发展环境。而船舶建造的相关主体则应当时刻注意审时度势,灵活运用多种融资模式,彻底扫除融资难给船舶建造带来的阻碍。

第三,高风险性。高投入、高利润必然伴随着高风险。船舶建造业是资金、技术、信息密集型产业,涉及多方利益主体。随着经济全球化进程的不断加快和全球化程度的不断加深,船舶建造业受国际、国内船舶市场影响明显。本次金融危机给台州造船业带来的巨大打击便是一个现实的例子,在资金高度密集时给予重重的一击,导致资金大量溃散,引发各类纠纷,给社会带来极大的不稳定因素。

第四,国际性。船舶有国籍,但是其不限制船舶的建造地点,因此船东、造船厂可能具有不同的国籍,这就可能导致船舶建造融资的涉外性。例如一家法国的银行通过在香港的分行向一家由希腊船东控制并管理的在马耳他注册的船东提供美元的贷款,购买在中国建造的船舶,贷款文件适用英国法律,抵押在马耳他完成,担保由希腊公司提供。

(二)我国船舶建造融资现状

近几年来,中国造船业随着航运市场的发展也获得了极大的发展,已成为全球三大造船国之一。与此同时,中国的船舶融资市场规模也在日趋扩大。

1.台州造船业主要融资方式

台州地区船舶建造融资方式主要有以下六种:

第一,订造方付款。订造方付款是船舶建造融资的基础融资方式。一般只有在定造方付款不足以满足船舶建造的资金需求时才会引起其他融资方式。为保障船舶建造的顺利进行,造船企业在合同中一般会要求订造方按照船舶建造进程分段支付款项。在船舶开始着手建造前,订造方一般会支付一定比例的款项,作为船舶建造的启动资金。船舶开始建造后到船舶下水并完成交付的整个过程中,订造方再按照一定的节点进行分期支付款项(各节点如表2所示)。

第二,银行贷款。以向银行贷款的方式进行融资可分为信用贷款和担保贷款两种。信用贷款的条件较严格,一般只有与银行关系较紧密,曾多次建立合作关系并且自身信誉较好的造船企业才能适用,不具有普适性。担保贷款是主要的银行贷款融资方式,包括抵押贷款,保证贷款等。船舶抵押权历来是学界重点关注的法律问题。在船舶建造中,有权船舶处分权的权利人将建造中的船舶抵押给银行等金融机构,从而向金融进行融资,用于支持该船舶的建造。① 与信用贷款相比,担保贷款显然更加高效便捷。我国《海商法》第十四条对船舶抵押权进行了明确规定,同时交通运输部海事局还发布了《建造中船舶抵押权登记暂行办法》,对船舶抵押权制度进行了更细致的规定,使其更具可操作性。各地区地方政府也纷纷出台相关规范性文件,结合本地区特点充分落实法律法规中关于船舶抵押权制度的规定。然而现阶段船舶抵押权制度的实施在实践中仍然存在一些问题,如金融危机的爆发和对造船业的打击使台州地区部分造船企业对银行缺乏信心,部分造船企业拒绝以这种方式进行船舶建造,银行业缺乏相关人才,对造船业的风险缺乏足够的认识,使该制度无法实现其应有的目的。

表 2　造船企业在各节点的融资情况

资金	签约至开工	开工至上船台	上船台至下水	下水至交船
	一般来说,签约和开工两个时点按合约总共支付船价40%~50%	一般来说,上船台时按合约支付船价的20%	一般来说,下水时,按合约支付船价20%	交船前后,仍有20%的尾款要等到双方约定条件满足后才交给造船企业
资金收付特点	预付主机和发电机20%的预付款	支付购买钢材和其他辅材款项	上船台后一个月支付主机80%剩余款和发电机剩余款,此阶段大量进口设备并支付其中大部分款项	此阶段船厂需要支付的款项很小
资金缺口情况	历时1年以上,不产生资金缺口(在市场行情好时,必须提前订购主机和发电机)	历时约4个月,此阶段可能产生较小的资金缺口,约占总价的10%	历时约4个月,本阶段在建船舶总价值达到造价的90%左右,但下水前船厂累计收到60%,产生近30%的资金缺口	历时约3个月

第三,民间融资。民间融资包括发行企业股票或债券等有价证券、中长期票据以及民间借贷等多种形式。在民营经济较发达地区,民间资本是船舶建造融资的重要来源。有数据显示,民间借贷发生额中有80%用于生产经营活动。造船业以其灵活的组织形式为民间资本实现再投资提供了良好的机会,满足投资者的需求。[1]在浙江沿海和福建地区,这种民间融资方式较流行。一方面这些地区本身民营经济就较发达,另一方面,造船业投资高回报率也吸引着民间资本的聚集和流入。金融危机爆发前,船舶建造呈现良好的发展前景,高额的利润诱引民间空余资本大量涌入造船业。在台州地区,民间融资还表现为个人合伙投资造船。合伙人通过签订合伙协议,为实现建造船舶的目的,约定各自的出资份额。由于船舶建造通常需要大笔的资金,即使是小型船舶也不例外,因此在普通的个人合伙出资造船之外,

---

① 见浙江省人民政府于2009年4月28日发布的《浙江省建造中船舶抵押管理暂行办法》第2条。

台州地区还存在多级合伙出资造船的现象,即上一层合伙人约定各自的出资份额后,再通过与该合伙协议外的第三人签订新的合伙协议的方式,将自己的出资义务分摊给第三人,甚至更多人。这种多级合伙投资的方式,可以在短时间内汇集大量的民间资本。在船舶供不应求的背景下,这一种融资方式能够有效满足快速建造船舶的需求。这一融资方式法律关系较复杂,涉及多方法律主体,社会影响广泛,因而发生纠纷导致社会不稳定的风险较高。

第四,同业拆借。同业拆借是指银行、信托公司等金融机构之间发生的一种短期融资行为。根据法律规定,这一融资方式应当仅限于金融机构之间。我国已建立了由中国人民银行统一监管的同业拆借市场,非金融机构和其他组织不得从事该活动。同时,我国法律目前也禁止企业相互之间进行借贷。然而在台州造船业中却存在类似于同业拆借的融资现象。一方面,船舶建造是一个相对长期的过程,而且每个阶段都需要一定的资金支持,因此容易出现资金短缺的情况。另一方面,当地民营资本的发达和活跃为其介入造船业提供了有利条件,当地民营企业与造船业之间形成互利互惠的关系,民营企业也借贷方式向部分造船企业提供资金,确保船舶建造顺利进行,造船企业则按照约定向民营企业支付利息,使民营企业的资金能实现再利用和创收,同时也正是因为当地国有造船企业实在凤毛麟角,难以在造船业中发挥出领导作用,对造船业中融资难问题的解决也无法起到应有的作用。2010 年 5 月,浙江省高院发布了一份指导意见,认为对中小企业的民间融资需要结合实际准确定性和处理,必须从有利于企业生存发展、保障员工生计和维护社会和谐稳定的角度出发处理相关纠纷;企业间自由资金的临时调剂行为,可不作无效借款合同处理。① 换言之,中小民营企业相互之间进行短期的资金借贷可以进行。这一规定为台州造船企业拓宽了融资渠道,为企业之间的临时拆借行为拓展了一定空间。

第五,赊购造船材料。船舶原材料和造船设备支出在船舶建造支出中占较大比例。若出现预算不足,资金周转缓慢等融资跟不上船舶建造的进程的情况,为保证船舶建造能顺利开展,造船企业会选择向原材料供应商赊购原材料或设备的方式解决困境。一般情况下,购买方赊购后当资金周转过来时再向卖方支付款项和相应的利息。但是在造船业中,赊购融资方式有两个特点:一是还本付息发生在船舶建成转让获得收益后,即原材料或设备供应商以提供原材料或设备的方式介入船舶建造活动,当船舶建成并顺利获得收益时,其才可以收回本金,还可以按照约定获得一定的利益;二是这一种融资方式不像借贷融资一样需要提供一定的担保,因此,供应商需要面临较大的风险,每年海事法院受理的数量众多的涉及船舶物料或设备合同的海事纠纷案件就可以说明这一点。由于供应商是在船舶建造过程中介入,因此,此类纠纷通常会涉及船舶所有权和原材料或设备所有权的分离问题。针对此类纠纷,需要解决的不仅是如何协调好造船企业和供应商之间的利益关系问题,更重要的是解决纠纷尚未发生时如何平衡两者所面临的利益风险问题,改变目前供应方承担所有风险而造船企业无需承担任何风险的情况。

第六,挂靠方支付。挂靠造船是台州造船模式的重要特点之一。我国法律规定船舶建造企业必须具备相应的资质才能从事造船活动。造船业的良好发展态势以及台州地区丰富的民间资本,使许多不具备造船资质的企业、组织或个人都想进入该行业,挂靠造船模式就

---

① 《浙江省高级人民法院关于为中小企业创业创新发展提供司法保障的指导意见》第三部分:正确认定中小企业民间融资行为的性质和效力……企业之间自有资金的临时调剂行为,可不作无效借款合同处理。

是在这一背景下产生。挂靠造船主要有三种模式,不同模式中挂靠方支付的融资方式也有不同体现。(1)租金。造船场地是船舶建造不可或缺的设备。具备相应条件的造船场地才能确保船舶建造得以顺利进行,同时也是造船企业申请获得造船许可证的重要衡量标准。出租造船场地能给造船企业带来大笔的收入,从而为船舶建造提供足够的资金支持。对挂靠方而言,租赁到相应的场地能够使其在没有造船许可证的情况下开展造船活动,从造船业中获得利益。2010年以前,造船业行情较好时,造船场地也随之水涨船高。且不论挂靠现象是否合法,单就造船场地租赁而言,其在台州挂靠造船模式中出现频率较高,是挂靠造船的重要途径,而且其能在一定程度上推动资金的流动。(2)个人投资。个人合伙投资造船是台州市民营企业、其他组织以及自然人个人介入船舶建造活动的重要途径。正如上文中所述,台州市造船业中有独具特色的多级合伙投资造船。各主体以投资船舶建造为目的而汇集资金,在签订合伙协议后形成合伙体。该合伙体可以以租赁造船场地等挂靠方式自己从事船舶建造,也可以和造船企业签订协议,以"资金-技术"的合作模式开展船舶建造活动,合伙体提供资金,造船厂提供技术,船舶建成后按照约定分享收益。(3)船厂建设款。台州造船业中存在一种类似于融资租赁的挂靠造船模式。挂靠人向造船厂租赁造船场地,但是该造船场地需要挂靠人自己出资建设,双方约定该造船场地的建设由挂靠人承担建设费用,并在建成后可免费使用一定期限,期限截止后该新建的造船场地所有权和使用权收归被挂靠人。同时挂靠人使用该造船场地所建造的船舶的检验、登记等相关手续可以以被挂靠人的名义进行办理。如在汪某诉三门某船舶制造有限公司一案中,挂靠人与被挂靠人约定由被挂靠人提供土地给挂靠人建造四个万吨级船台,挂靠人可以在船台建成后免费使用经营五年,五年后船台包括船台上的其他设备的所有权均转移给被挂靠人,然而由于被挂靠人所提供的土地中有两个船台的土地属于公共绿化用地和广场用地,按照法律规定不得擅自改变用途,即挂靠人无法在这一片土地上建造船台,基于这一点原因,整个合同因履行不能而被法院确认为无效合同。①

2.台州造船业融资法律困境

(1)订造方未能按时付款

船舶建造过程中,订造方负担有按照约定定期支付造船款的义务。但是实践中经常出现订造方未能按时付款的情况,因而可能导致一系列的纠纷发生。当这一类情况发生时,造船企业要么自行垫付相应款项,或者寻求其他的融资渠道确保船舶建造顺利进行,待船舶建成后再与订造方进行结算,要么行使船舶建造合同解除权。造船企业所享有的合同解除权主要来自合同约定或法律规定。我国合同法规定当合同一方的违约行为致使合同目的无法实现,达到根本违约的程度时,另一方当事人可行使解除权。因此,当合同没有明确约定造船企业的合同解除权时,造船企业还面临着判断订造方的迟延付款是否达到根本违约的程度。船舶建造是一项大型却又精细的生产经营活动,为维护社会稳定,当发生纠纷时,审判机关一般会倾向于维持合同的有效性,不会轻易判定解除合同。对于造船企业自身而言,尽可能的维护合同的顺利履行也比解除原有合同,建立新合同更经济。合同解除权行使条件是否满足以及谨慎选择真正行使该项权利需要造船企业进行全面考量,不仅要考虑订造方拖欠款的数目大小,还要结合合同订立的背景、目的、订造方主观过错、订造方实际经济情况

---

① 宁波海事法院(2010)甬海法台商初字第11号.

以及合同解除后导致的损害程度等多方面因素进行考虑。

在实践中,造船企业行使合同解除权不是一蹴而就的事情,可能需要一段时间的协商处理。但是为确保船舶建造活动的顺利进行,部分造船企业在原有合同还未解除的情况下就与新的船东签订船舶建造合同,此时就可能发生"一船二卖"的情况。若原有合同能顺利解除,则情况相对简单,若原有合同最终未能顺利解除,就会发生船舶所有权归属的纠纷。现实生活中的一物二卖主要牵涉到同一标的物的不同买受人之间的利益协调与平衡问题,救济途径上可以划分为债法的事后补偿性救济和物权法的事前预防性救济,前者如我国合同法规定的损害赔偿请求权、解除权、撤销权等,后者主要包括预登记、优先权、转交付等制度。[2]

(2)建造中船舶抵押融资

建造中船舶是指已安放龙骨或处于相似建造阶段的船舶。[①] 我国《海商法》和《物权法》都对建造中船舶的抵押权进行了规定。同时海事局于2009年出台了《暂行办法》对船舶抵押权制度进行了更加细致更具可操作性的规定。建造中船舶抵押权涉及物权法、海商法、担保法等多个法律,虽然目前有关部门对相关法律法规不断进行完善,但是仍然存在着阻碍其真正发挥作用的问题。一方面,部分造船企业对船舶抵押融资方式还采取较谨慎的观望态度,另一方面,金融机构对造船业不够了解,缺乏能够深入造船业的金融人才,尤其是在金融危机爆发后,金融机构存在盲目规避风险的情况。[3]因此,对建造中船舶的抵押融资问题需要加强理论探讨,推动其发展成熟,为我国造船业提供有效的融资渠道。具体而言,建造中船舶抵押融资存在以下问题:

第一,主体问题。我国法律规定,建造中船舶抵押权的权利人局限于"具备贷款发放资格的金融机构",其他不具备贷款发放资格的金融机构不具有抵押权资格,因此在一定程度上限制了造船企业的融资范围。同时,我国法律对抵押人的要求是:"独立拥有被抵押船舶所有权",是"满足国家或有关主管部门资质要求的造船企业"。[②] 但是实践中,除当事人之间合同明确约定外,在建船舶的所有权归属问题还未有统一意见,而抵押权作为私法上的权利,其设定和行使应当遵循意思自治原则,如此规定难免限制了当事人的意思自治。

第二,抵押权具体标的不确定。《暂行办法》对在建船舶的价值评估程序作出了一些规定,其中存在一些问题。该《暂行办法》中规定要求抵押权登记设立时在建船舶的价值要高于其所抵押的债权,依此类推,在已设定抵押权的在建船舶上设立新的抵押权时,其所抵押的所有债权额度总和要低于其最新抵押权登记时的船舶价值,但这一思想在《物权法》中已不被采纳。事实上,债权人是否接受抵押所考虑的因素并不只是该在建船舶的价值,还需要考量债务人的信用等,总体而言,法律对这一问题不应做过多干涉,而应当按照意思自治原则多给当事人一些自主决定的空间。

第三,建造中船舶抵押权与船舶抵押权之间的衔接问题。船舶在建造过程中设立的在

---

① 《〈中华人民共和国船舶登记条例〉若干问题的说明》第2条(八):"建造中的船舶",是指已安放龙骨或处于相似建造阶段的船舶。该类船舶申请船舶所有权登记,仅需船舶所有人提供购船发票或船舶建造合同。

② 《建造中船舶抵押权登记暂行办法》第4条:申请办理建造中船舶抵押权登记应当满足以下条件:(一)抵押人为满足国家或有关主管部门资质要求的船舶建造企业;(二)抵押权人为具备发放贷款资格的金融机构;(三)抵押人独立拥有被抵押船舶的所有权;(四)作为抵押物的建造中船舶,如为分段建造的,应该已经完成至少一个以上的船舶分段并处于建造阶段;如为整体建造的,应该已经安放龙骨并处于建造阶段;(五)作为抵押物的建造中船舶价值由具备资产评估资格的资产评估机构评估,并经抵押人、抵押权人书面确认;(六)建造中船舶抵押担保的债权不得超过其申请抵押权登记时的评估价值;(七)不存在法律、法规禁止设置抵押权的其他情况。

建船舶抵押权可能会在船舶建造完成后还没有实现,此时应当如何保护各方当事人的利益需要对各方法律关系进行梳理。船舶建造完成后,船舶已不能再被定性为在建船舶,相应的建造中船舶抵押权也应当不复存在。为保护抵押权人的优先受偿等权益,必须在建造完成的船舶上设立抵押权。按照《船舶登记条例》的规定,在这种情况下设立船舶抵押权必须首先注销原有的在建船舶抵押权登记,只有前一个权利首先归于消灭后一个权利才得以设立。且不说其中可能蕴含的风险,单就登记机关的工作和当事人而言也是费时费力的。

(3)民间融资合法性与规范性

长期以来,我国民间融资一直是以"灰色金融"和"地下金融"的面目出现,相关配套法律法规较少,民间融资处于盲目和无序的状态,很多问题都不规范。[4]一方面,民间融资很大部分是以当事人相互之间的信任为基础,因此操作上缺乏书面的证据,大多采用口头方式建立借贷关系,甚至对借款的利率、借款期限、违约责任等事项都没有明确约定,纠纷发生后当事人无法提供足够的证据证明自己的主张。另一方面是民间借贷当事人担保意识相对较薄弱,因而借款方通常承担较大的风险。不规范的民间融资方式在一定程度上影响了台州造船业的发展。

台州造船业中的多级合伙造船模式有利于造船企业快速汇集资金,能在一定程度上有效解决融资难问题。但是金融危机爆发后,这种融资模式中的缺点也暴露了出来。例如多级合伙融资结构的拆分。多级合伙投资涉及多个合伙协议和合伙体。按照合同相对性原则,有的投资人仅属于某一合伙体,而有的合伙人则可能是多个合伙协议的当事人。而所有投资人的投资在船舶建造活动中是以一个整体的形式进行使用。因此,当纠纷发生时,各主体的诉讼主体地位和责任主体的确定等问题都相应会变得较复杂。

(三)完善船舶建造融资相关建议

1.加大政策扶植

政府的政策支持主要体现在帮助企业实现技术革新,促进产业提升,鼓励生产高科技含量、高附加值的船舶,朝大型化、规模化、集团化、品牌化方向发展。通过推行相关政府规章制度,为造船业提供良好的融资环境。整合现有的商业性资金,并加大财政支持,建立健全以政府信用和企业信用评级为基础的船舶建造融资中介服务和申报机制。实施税收优惠政策,在造船业逐步从金融危机的打击中缓过来的阶段,可学习俄罗斯、韩国和日本的做法,结合具体国情实施灵活的税收政策。同时,各职能部门要在自己的职能范围内发挥主动性,由政府出资,引导金融机构、企业及社会其他力量积极参与,以合作洽谈会等方式引导投资者对造船业的认识和了解。[5]各地海事部门应结合实务,展开调研,认真研究考察各种融资方式在当地造船业中的施行情况。合理引导民间融资理性流向造船业。加强政府监管,维护金融秩序和社会稳定,尤其是对隐蔽性较强,人情味较重的民间借贷融资方式,政府可以鼓励金融机构组成自律组织,并与自律组织一起对民间融资进行监管。

2.完善船舶建造融资法律体系

正如上文中所述,我国目前对船舶建造融资的法律规定还较不完善,同时已有的法律在实践中可操作性不高。在《海商法》中增加船舶所有权转移的规定,即除当事人约定之外,船舶所有权可以工程进度和船东支付款项的情况分阶段转移。这样可以在一定程度上抑制定造方拖延支付造船款的情况发生。同时根据建造中船舶不同阶段的船舶所有权情况确定建造中船舶抵押权的设定主体。只要享有建造中船舶部分所有权的主体都应当有与金融机构约定在建船舶融资抵押的资格。若船舶建成后，之前设定的抵押权没有实现的可自动转变为船舶抵押权。整合《合同法》《海商法》、最高院的司法解释，以及如税务总局、交通运输部出台的管理办法等与船舶融资租赁有关的法律法规，制定统一的《融资租赁法》。在该法还未出台前，建议先出台《民间融资管理办法》，统一民间融资监管的大政方针、程序等，并授权各省级金融监管机构根据本地区具体情况出台变通性规定。并修订《银行业监督管理法》，[6]利用银行监管部门的专业优势，明确该部门在民间融资的认定、引导、业务等方面的职责。

3. 创新金融服务

创新信贷产品，密切政策性银行、商业银行与造船企业之间的沟通交流，明确造船业的信贷需求。适当放宽船舶建造行业的贷款条件，鼓励有条件的商业银行建立船舶信贷部，重点解决中小型造船企业的融资难问题。加大船舶融资租赁的宣传力度，加深造船企业对融资租赁模式的了解；加快推进船舶融资租赁机构的专业化建设，使船舶建造融资租赁业务得以顺利开展；为融资租赁机构提供政策支持，推动我国融资租赁市场的发展。

二、台州造船业主体法律问题研究

（一）台州造船模式简介

1. 挂靠造船

类似建筑工程，船舶建造也是个大工程。每一艘船舶的建造都涉及大笔的人力物力，而且船舶作为水上交通的基本工具，其安全性是船舶建造以及使用过程中的重要问题之一，因此，我国法律法规对船舶建造资质进行了规定。未取得相应资质的企业无法获得相关部门的审批，从而无法开工造船，同时缺乏相应资质的企业或其他组织所建造的船舶无法通过后期的检验，也不能获得相应的证书。这一背景给挂靠造船提供了现实条件。结合台州市本身的地理优势和经济发展特点，台州挂靠造船模式应运而生。挂靠造船是指挂靠人与被挂靠人签订协议，由挂靠人向被挂靠人支付相应费用，从而借用被挂靠人的造船资质进行船舶建造的合同。从实践中看，挂靠造船具有如下几个方面的特点：

首先，挂靠人向被挂靠人支付挂靠费。挂靠费是挂靠现象中不可或缺的必备要件，其至有学者和司法工作者将被挂靠人是否收取挂靠费作为判定挂靠存在的标准。[7]挂靠费的支付是挂靠关系中挂靠人的主要义务。通过支付挂靠费，挂靠人可以从被挂靠人处借用或租赁造船资质，获得被挂靠人在安全管理方面的服务，以及协议中约定的其他权利的享有。根据挂靠模式的不同，挂靠费的表现形式也各有不同，可能表现为租赁船台的租赁费，也可能表现为挂靠人承建的船台等。被挂靠人在挂靠关系中享有的权利主要就是挂靠费的收取。

其次，挂靠人自主生产。正如上文所述，被挂靠人在挂靠关系中所有的权利主要就在于收取挂靠费。船舶建造由挂靠人自主完成。挂靠人自主购买工具、设备、船舶零件，自主招募工人进行船舶建造，自主决定与第三人签订船舶买卖合同，对船舶所有权进行处分。在这一整个过程中，被挂靠人并不介入。按照有关船舶安全性以及防止污染方面的规则要求船舶的建造必须由具有安全管理资格的企业进行管理，因此，在大多数挂靠造船案例中，挂靠人与被挂靠人或者书面或者口头约定被挂靠人应负责船舶建造的营运安全管理，与其他领域的挂靠现象一样，在实践中这一部分约定通常流于形式。[8]总体而言，在船舶建造甚至船舶出售过程中，挂靠人独自进行控制和管理，被挂靠人不参与其中。

再次，挂靠内容主要为造船资质的借用。挂靠人支付挂靠费的唯一目的就在于获得建造船舶的资质,使建造出来的船舶能够有资格申请相关的检验和获批相应的证书,从而能够顺利转让,或进行营运。被挂靠人在挂靠协议中最主要的义务也在于资质的出借或出租。[9] 该出借或出租不同于转让,挂靠人只是暂时的借用或租用该资质建造船舶,如果其想继续建造另外一艘船舶,就需要支付另外一笔挂靠费,重新向被挂靠人借用或租用造船资质。

按照表现形式的不同,台州市挂靠造船主要有以下两种模式:

首先,船台租赁。船舶是一种大型的不动产,其建造需要特定的场地和设备,如船台、龙门吊等。这一些设施由于费用高昂,一般只有专门从事造船业务的船舶建造企业拥有,而且根据建造船舶类型的不同,船台等设施也各有差异,如主要从事小型船舶建造的造船厂可能就缺乏建造大型船舶的船台,如果其想建造一艘大型船舶,可能就需要向大型造船企业租赁船舶。从这个意义上说,船台大小事实上与企业所拥有的造船资质的高低挂钩。① 挂靠人向被挂靠人支付租金,获得船台的使用权。在适用船台的同时,可能还会涉及电、氧气等原料的使用,这一部分费用一般由挂靠人自主承担,属于挂靠费之外的费用。船台属于不动产,其出租能够给所有人带来较大的收益,因而船台租赁是台州市挂靠造船中较普遍的一种类型。

其次,船台承建。船台承建是指挂靠人与被挂靠人签订协议,由被挂靠人提供场地,挂靠人负责建造船台,在船台建成后,挂靠人可以在一定年限内免费使用该场地,约定期间满后,船台由被挂靠人无偿获得的挂靠方式。这种挂靠类型类似于融资租赁,一方面,挂靠人可以利用自身所具有的融资方面的优势来弥补造船资质缺乏方面的不足,另一方面,被挂靠人可以以此来节省建造船台的成本,并发展扩大企业的规模。在这一类型中,被挂靠人提供的土地性质对于挂靠人与被挂靠人内部协议的效力有决定性影响。正如上文中所述的汪某诉三门某船舶制造有限公司一案中,最终因土地属于不得擅自改变用途的公共绿化用地和广场用地而使合同最终被认定为无效合同。②

2.合作造船

合作造船是指自然人、法人或者其他经济组织签订协议,约定出资,由造船企业建造船舶,在船舶建造过程中以及建成并转让后共同管理,共同出资,共担风险,共享收益的船舶建造模式。③ 这一造船模式涉及的法律关系主要有出资人之间的共同出资协议以及出资人与造船企业之间的船舶建造协议。合作造船的优点在于能够快速聚集民间闲散资金,有效解决船舶建造中融资难的问题。台州市是我国民营经济先发地区之一,民营经济是其经济快速发展的强大推动力量,因而民间资本数量可观。在造船业大好的发展形势,高额的利润引诱下,民间资本自然的流向造船业。在各出资人按照合伙协议的约定出资后,有的直接与船舶建造企业签订船舶建造合同,而有的则以挂靠的方式挂靠在造船企业名下从事船舶建造。有人提出将台州造船模式称为挂靠造船模式,鉴于后一种情况的存在,合作造船模式并不完全属于挂靠造船模式。

合作造船中的出资人可以是自然人,法人,也可以是其他的经济组织。各出资人在合伙协议中约定出资份额。船舶属于大型的准不动产,其建造涉及大笔资金,动辄上百万,这也是船舶建造中融资难问题得以出现的根本原因之一。而对个人尤其是自然人而言,上百万

---

① 船舶修理企业生产条件基本要求及评价方法(网上征求意见稿),2009:9-10.
② 宁波海事法院(2010)甬海法台商初字第 11 号.
③ 宁波海事法院台州法庭.新兴造船业若干法律问题研究——以台州地区为蓝本,调研报告,2011:37.

的出资份额也是不小的负担。所以在合伙出资协议中有两种较常见的情况，一种情况是各出资人之间只有一份合伙协议，但该协议的主体众多，如在李某等 12 人诉林某合伙建造船舶合同纠纷一案中，原被告之间通过合伙协议将 1650 万元的出资份额分为 50 万元到 445 万元数额不等的多个份额；[①] 另一种情况是多级合伙出资，第一层合伙人签订合伙造船合同，约定各自的出资份额。在此基础上，各合伙人通过与该合伙关系之外的第三人或者更多主体签订合伙合同，将其出资份额分摊到各第二层合伙人中，减轻自己的出资压力，并迅速筹集资金。由此往下，形成第二层、第三层合伙关系。这一系列的合伙关系涉及多个合伙协议。第一层合伙协议的主体同时也是第二层合伙协议的主体，第二层合伙中的合伙协议的主体同时也是第三层合伙中合伙协议的主体。这两种情况都是通过增加出资人的数量从而减轻单个出资人的资本压力，将上百万的出资份额分割为几十万，也只有这样才能实现快速聚集造船资金的目标。

（二）台州造船模式中相关主体法律关系

1. 内部关系

台州造船模式中相关主体之间的内部关系主要有两种：一是挂靠人与被挂靠人之间的内部挂靠协议；二是约定合伙出资的合伙人之间的合伙协议。基于意思自治原则，当事人有权自主约定合同权利义务，同时在发生纠纷时，法院可以按照合同相对性原则的规定作出处理。在挂靠人与被挂靠人之间的内部协议中，有关挂靠费、船舶证书办理及其他登记手续的纠纷较少，常见的还在于船台租赁合同纠纷。船舶建造是一个相对长期的过程，这一段时间内可能会遇上定造方延期付款等意外事件，导致船舶建造期限的延长，挂靠方租赁船台的时间也会相应延长，另外还存在挂靠方分期支付船台租赁费的情形，因此，就船台租赁延长期限的认定以及船台租赁费数额的确定等问题的争议都是司法实践中经常出现的纠纷。在合伙出资中，内部协议之间的纠纷主要在于船舶转让后获得赢利的分配，尤其是在金融危机爆发后，定造方毁单情况较多，船舶无法顺利交付和转让，投资人的投资难以收回，利益的争夺更容易导致合伙协议中合伙人之间的纠纷。针对这类案件，同样也必须按照合同相对性原则确定责任主体，按照当事人的履行情况来判定是否存在违约行为。

2. 外部关系

按照挂靠造船模式和合作造船模式的不同情况，外部关系也可以分为两种：

（1）挂靠人、被挂靠人与第三人之间的关系

船舶建造完成后，通常会转让给挂靠协议之外的第三人。有的挂靠人会以自己的名义与第三人签订船舶建造合同或船舶买卖合同。这种情况下若发生纠纷，法院也只需要按照合同相对性原则来审查双方当事人是否按照合同约定履行各自义务，是否存在违约行为即可。而有的挂靠人则会以被挂靠人的名义与第三人签订合同，在这一合同中，被挂靠人仅仅在合同文本中出现，实际上不参与合同的履行，因此当合同履行发生纠纷时，按照合同相对性原则，第三人通常会选择将被挂靠人作为被告，而被挂靠人则会辩称其不是真正的合同履行人，不是适格的被告。对于此类合同，笔者认为可将其定性为效力涉及第三人利益的合同，因为其符合效力涉及第三人的合同的构成要件。效力涉及第三人利益的合同是指根据合同当事人的约定或者法律规定，合同的效力突破了合同当事人之间的相对性而及于合同

---

① 宁波海事法院（2010）甬海法台商初字第 3 号.

主体之外的第三人的合同类型。[10]具体可分为第三人利益合同和第三人给付合同。[11]该类合同除了应当具备一般的合同成立和生效要件外,还应当具备如下构成要件:

首先,合同主体仅限于签订合同的当事人。第三人是独立于合同之外的法律主体。合同自成立到终止是一个动态的过程,基于意思自治原则,合同当事人随时可以对合同的内容进行更改。合同变更仅限于当事人之间权利义务内容的更改,而不能变更合同主体,否则就会发生合同转让的法律效果,原有的合同效力终止,新的当事人之间成立新合同。换言之,在效力涉及第三人的合同中,第三人可能在合同发展的各个阶段根据当事人的意思自治和相互之间的合意而出现,但是第三人永远不可能取代合同的当事人而成为合同主体。[12]第三人对相对于该合同的主体而言的,其不能参与合同的订立。不管其是否与该合同的当事人之间是否签订有另外的合同,就该合同而言,其不能参与订立,而且只能按照该合同当事人之间的约定享有权利或承担义务。

其次,涉及第三人的效力来源于合同当事人之间的约定或者法律的明确规定。[13]债的相对性原则是合同法的重要原则。在合同法中,债的相对性原则体现为合同相对性原则。合同效力涉及第三人利益事实上是对该原则的突破,是该原则在经历了长期的具体实践中产生的例外情况,也是该原则与合同法的根本原则意思自治原则想妥协的结果。如果没有合同当事人的合意或者法律的明确规定,第三人无法介入该合同。

在挂靠人以被挂靠人名义与第三人签订的合同中,挂靠人不是合同的主体,而是独立于合同之外的第三人。同时,该类合同效力及于第三人的原因在于合同主体被挂靠人与第三人之间的约定。一方面,挂靠人以被挂靠人的名义与第三人签订合同时,无论是挂靠人、被挂靠人还是第三人,都清楚明白的知晓该合同中约定的权利义务的享有者和履行人是挂靠人和第三人,另一方面,对于这一事实,他们不仅自己清楚知晓,他们还清楚其他两方当事人是清楚这一事实的,在这一情况下,他们都没有提出反对意见,而是选择继续签订和履行合同。换言之,被挂靠人与第三人默示约定了由挂靠人来享有合同权利,履行合同义务。该类合同实质上是第三人利益合同和第三人给付合同的综合体。

(2)多级合伙中各主体之间的关系

正如上文所述,在多级合伙中虽然存在多个合伙出资协议,但是各协议的中的出资人所交付的资本的目的是一致的,即用于船舶建造。基于目的的一致性,不同协议的合伙人之相互之间具有经济利益上的联系,船舶建造活动产生的收益或者损失最终都会按照各合伙协议的约定分摊到各合伙人头上。第一层合伙体是多级合伙中各合伙人所有出资的直接管理者,因此他们对资金的管理利用关系着所有合伙人的利益。根据合同相对性原则,相对于第一层合伙体的合伙协议而言,其他合伙协议的当事人均是第三人,为维护自己的权利,这些第三人应当具有如下权利:

首先,对第一层合伙体中合伙人的合伙行为的监督权。平等原则是民法的基本原则。在合伙造船中,虽然各出资人是不同合伙协议的当事人,但是其在本质上仍然是民事主体,具有平等的法律地位。毋庸置疑,出资人对自己的那部分出资的使用状况有进行监督的权利。所有出资人的出资最后构成了一个整体,在实际使用过程中难以区分各个出资人的出资的实际使用状况,因而各合伙人对自己出资部分的监督权在实践中难以操作。同理,第二层级及以下的合伙体对本合伙体的出资的监督管理在实践中也难以操作。就像股东对公司的经营管理进行监督的形式进行管理一样,在多级合伙造船模式中,第一层合伙体以外的第三方合伙体和第三人应当具有对整体出资使用状况的监督权,才能充分保证维护其权益。

其次,为维护自身权利向法院提起诉讼的权利。诉权是民事主体在自身权利遭受侵害时寻求司法救济必备的基本权利。关于诉讼主体是否适格的争议在台州造船模式纠纷的案例中较常见。台州造船模式涉及多方面主体和多个协议,其中内部和外部多个法律关系综合交错,因而在纠纷发生时,确定适格的诉讼主体也是个复杂的法律问题。诉讼主体适格是指对于具体的诉讼,民事主体能够作为当事人起诉或应诉,并受本案判决拘束的这么一种法律上的权能或地位,这种权能或地位又被称为"诉讼实施权"。[14]适格的当事人除了应当具备相应的民事权利能力与民事行为能力外,还应当就该纠纷具有请求司法救济的利益。根据合同相对性原则,基于违约行为而引发的纠纷而引起的诉讼,只能由该合同主体作为原被告。

(三)保护相关主体权益的建议

1. 挂靠造船合法化

通过上述分析,笔者认为将挂靠造船模式合法化更有利于保护台州造船模式中各主体的法律权利:

首先,挂靠造船模式在实践中有生存的土壤和发展的空间。在金融危机爆发之前,船舶建造业还未遭受重大打击时,挂靠造船模式为台州造船业的发展提供了较大的支持,尤其是在融资方面。目前船舶建造业的萧条源于船舶需求量骤减,是金融危机对船舶运输业的负面影响导致的,是全球范围内普遍的现象,而不是台州造船业独有的,因此,挂靠造船模式不是台州造船业遭受金融危机打击的原因。挂靠现象在交通运输业等领域发展的时间较长,在船舶建造业中的兴起还是进入新世纪以后出现的新现象。新事物的出现必然基于现实的需求。综观其他领域的挂靠现象,尽管缺乏法律层面的规定,但是不断有政府部门出台相关规定对禁止该类行为。① 但是在不断进行专项整治、打击的背景下,挂靠现象仍然屡禁不绝,根本原因就在于挂靠能给各方当事人带来利益,甚至能在一定程度上推动相关产业的发展。因此,除非能够斩断相关利益链,使其中符合行业资质要求的被挂靠人或者挂靠人无法从挂靠中获得利益,才有可能真正禁止挂靠现象的发生。

挂靠造船在台州地区兴起,除了台州本身的地理、经济环境优势等原因外,还有一个重要原因:向政府部门申请获得造船许可所需要的成本。船舶建造是一项大型而精细的生产活动,以规定资质的方式禁止不具备船舶建造条件的企业或者其他组织、个人从事船舶建造活动确实能够在一定程度上保障船舶的质量和安全性。但是在市场经济模式多样化的今天,以一刀切的方式进行管理已经无法满足现实的需求。不可否认,在实践中确实存在具备建造更高级别船舶技术的中小型企业,但是因为资金、企业规模等原因的限制而无法申请获得船舶建造的资质,因而通过挂靠的方式建造更高级别的船舶,还能使这部分中小型企业以付诸实践的方式提高造船水平,从而推动整个船舶建造业的发展。

其次,将挂靠造船合法化符合挂靠现象的发展趋势。一方面,如上文中所述,各个领域的挂靠现象屡禁不止,目前法制空缺,现实中矛盾纠纷不断,要处理好这一问题意味着国家

---

① 《国内水路运输经营资质管理规定》第 4 条:从事国内水路运输的企业和个人,应当依照本规定达到并保持相应的经营资质条件,并在核定的经营范围内从事水路运输经营活动,不得转让或者变相转让水路运输经营资质。第 35 条:本规定下列用语的定义:(一)不得转让或者变相转让水路运输经营资质,是指国内水路运输经营者不得以任何方式允许他人以其名义从事或者变相从事国内水路运输经营活动;(二)自有并经营的适航船舶,是指取得船舶所有权登记且由船舶所有人经营并处于适航状态的船舶,其中船舶属共有的,经营人所占该船舶共有份额的比例应当不低于 50%。

政府需要以更创新的方式来管理和调整挂靠现象涉及的法律关系。自挂靠现象出现以来，我国政府一贯的做法的给予打击和禁止，在"堵"的方式无法实现预期目的时，转而采取"疏"的方式可能反而会获取意想不到的效果。将挂靠现象合法化，明确规定被挂靠人，挂靠人与第三人的权利义务，在行政司法实践中严格按照法律规定确定各方当事人的权利义务，同时减少部分投机者钻法律空子以牟取不合法利益的机会。另一方面，在机动车挂靠经营领域，已经出现了合法挂靠的情况。在出租车经营中，存在政府强制个人出租车挂靠出租车经营企业经营的现象，利用出租车企业管理个人出租车的营运，[15]这不但能扩大就业，促进经济发展，还能在一定程度上减轻政府的管理压力。同时基于挂靠现象屡禁不止的现实状况，将挂靠造船合法化才能更好地保护第三人的利益。

2. 准确定性挂靠费

要实现挂靠造船模式合法化，首先应当明确挂靠费的法律性质。在目前船舶挂靠纠纷中，无论被挂靠企业是否参与诉讼，基本上都持有相同的观点：其与挂靠人之间属于内部挂靠关系，因而与挂靠人和第三人之间因履行合同而导致的纠纷没有关系。之所以会产生这种观点，根本原因就在于大部分被挂靠企业认为挂靠人所支付的挂靠费属于"服务费"，即在船舶建造过程中其协助挂靠人办理各项行政手续所收取的费用。基于这一定性，被挂靠人在收取挂靠费后，只需要履行协助挂靠人所建造的船舶办理相关行政手续即可。挂靠人之所以需要被挂靠人协助进行申办相关手续，是基于被挂靠人具有依照法律规定按照正当程序获得的行政许可。行政许可的意义在于证明受许可人有足够的能力从事相关活动和保障该活动以及活动成果具有正当性，合法性，不会给社会造成损害。从这个意义上说，尽管依照内部挂靠协议的约定，被挂靠人的义务可能仅局限于协助办理相关行政手续，但是事实上其还负担着更多的义务，即保证在其名下进行的船舶建造活动的顺利进行。所以，总体而言，挂靠费的意义不仅仅是协助办理手续的服务费，更应当是一种综合管理费，换言之，被挂靠人应当对挂靠人进行船舶建造和转让活动进行监督管理，尤其是当挂靠人以被挂靠人的名义与第三人签订合同时，被挂靠人应当尽到必须的注意义务，确保该合同能够顺利履行。

3. 增强被挂靠人的法律义务

对于被挂靠人而言，协助挂靠人申请办理相关船舶行政手续是以其所已经获得的行政许可为前提的，因此，只要船舶建造企业具备相关的造船资质，其便能以较小的代价办理相关船舶检验、登记等行政手续。在船舶建造的内部挂靠协议中，被挂靠人所得到的利益实质上是大于其所付出的代价的。这是被挂靠人乐意借企业名义，出租船舶建造资质的重要原因。因此，无论是从被挂靠企业按照行政许可所应当负担的担保义务的角度来说，还是从增加被挂靠人的被挂靠成本，削弱被挂靠人的被挂靠意图，从而更好的减少挂靠现象的角度来说，增强被挂靠人的法律责任是规范挂靠造船活动所必需的。

（1）监督义务

首先，被挂靠人应当有监督船舶建造活动的义务。无论是在合作造船还是挂靠造船活动中，船舶建造都是以被挂靠人具备相应的造船资质为基础的。正如上文中所述，被挂靠企业所具有的确保船舶建造质量和安全性是其获得行政许可的前提。所以，尽管船舶建造活动是由挂靠人独立进行，但是被挂靠企业还是应当对其进行监督。事实上，在部分内部挂靠协议中有关于被挂靠人对船舶建造活动的安保义务的内容，但是由于船舶建造中的投资和船舶转让后的收益都与被挂靠企业无关等原因，这些安保义务往往流于形式，挂靠人的船舶建造活动独立于被挂靠企业。

挂靠人之所以要采取挂靠方式从事船舶建造活动,是因为利益的驱使和其自身硬件或软件方面的缺失无法符合造船资质条件双方面的原因导致的。既然其存在硬件或者软件方面的弱点,需要借助被挂靠人的资质予以弥补,这种弥补必然不能局限于做表面功夫,而应当落到实处,即利用被挂靠企业的被政府承认的符合法律法规要求的船舶建造技术和能力用于监督挂靠人的船舶建造活动。

其次,监督挂靠人的合同履行情况。当挂靠人以自己的名义与第三人建立合同关系时,若发生纠纷,则按照合同意思自治原则和合同相对性原则,比较容易确定纠纷当事方的权利义务和责任。当挂靠人以被挂靠人名义与第三人建立合同关系时,挂靠人的行为与代理行为存在较多的相似之处,因此在某些方面可参考代理行为的规定。正如案例一中法院判决中所陈述的,被挂靠人事实上是自愿就挂靠人的行为向第三人承担法律后果。为维护自身的权益,监督挂靠人的实际履行合同的情况事实上应当是被挂靠人的一项权利。而以法律法规的方式将这一义务确定下来,不但能促使被挂靠企业重视挂靠人的实际履行合同,在发生纠纷时,还有助于法官审查被挂靠企业是否履行了其应负的监督义务,从而确定责任归属。

(2)对第三人承担完全责任

在挂靠造船模式中,挂靠人以被挂靠人名义与第三人签订合同,从一方发出要约,合同成立至合同履行完成的整个过程中,被挂靠人、挂靠人和第三人从始至终都知道合同的实际履行人是挂靠人,被挂靠人不参与合同的实际履行。这是挂靠造船模式中挂靠人的行为不能被定性为代理的根本原因。在交通运输挂靠经营中,因车辆实际所有人原因导致交通事故时,法院通常会判决被挂靠人与挂靠人对乘客的损失承担连带责任。但在挂靠造船中,笔者认为若挂靠人以被挂靠人名义与第三人签订合同,并在实际旅行中违反合同约定导致第三人遭受损失的,应当由被挂靠人向第三人承担全部责任。

首先,由被挂靠人向第三人承担责任有法律依据。本文将挂靠造船中挂靠人以被挂靠人名义与第三人签订的合同定性为涉他合同。涉他合同是合同相对性原则的例外。我国《合同法》承认涉他合同的存在,但是对合同当事人的违约行为,仍然按照合同相对性原则进行处理。因此,当被挂靠人与第三人是合同的当事人,且在双方均知晓合同实际履行人为挂靠人的情况下,被挂靠人自愿就挂靠人的行为向第三人承担责任,因此,若发生纠纷,第三人缺乏以挂靠人为被告的法律依据,仅能按照合同相对性原则的规定以被挂靠人为被告,并要求被挂靠人承担违约责任。

其次,被挂靠人具有足够的经济实力向第三人承担违约责任。被挂靠人作为船舶建造企业除了具备建造船舶的相应资质外,一般还具备较雄厚的经济实力,毕竟船舶建造是一项资金需求量较大的生产活动,缺乏经济支撑必然难以持续。因此,在发生法律纠纷时,要求被挂靠人向第三人承担责任有利于受损害方尽快得到救济。

最后,由被挂靠人承担责任可以增加被挂靠人的被挂靠成本,增加其行为选择的预期性。不可否认,在法律法规明确要求船舶建造应当具备相应资质的情况下,本来船舶建造只是船东和船厂之间的关系,现在加入了挂靠人,使原本简单的法律关系变得复杂,增加了行政机关、司法机关等部门的工作压力,更重要的是在挂靠目前普遍被禁止,且缺乏法律规定的情况下,容易导致纠纷发生,社会秩序不稳定。所以,在挂靠无法根本禁止的背景下,笔者认为挂靠造船模式应当合法化,但可通过采取措施逐步减少其发生。一方面,尽管被挂靠人经济实力雄厚,能够负担起对第三人损失的赔偿,但是这种赔偿本质上还是被挂靠人遭受的损失。另一方面,被挂靠人可按照与挂靠人之间的内部协定向挂靠人追偿,但是这种追偿很可能使被挂靠人面临新的诉讼,甚至可能面临无法实现的风险。因此,由被挂靠人向第三人承担全部责任可促使船舶建造厂进行理性选择。

三、船舶建造产供销法律问题

(一)船舶建造合同的法律属性

1. 船舶建造合同的定义和特点

船舶建造合同是指船舶建造方(造船厂)按照约定的船舶技术规格、工艺要求、质量条件、工期等要求建造船舶,同时船舶定造方依约支付价款的协议。[①] 其一般包括船舶建造合同文本、技术规格书、设备厂商表、总布置图等多份文件。台州地区的船舶建造合同条款详见表3所示。[②]

表3 台州船舶建造合同条款

不同条款				相同条款			
合同签订时标的物状态	合同名称表述	主要建造物料提供	标的物所有权转移时间	价款支付	技术规格	船舶监造	建造场地、机器和人员等
订单船(合同签订后,再开工建造)	情形:①船舶加工承揽合同;②船舶买卖合同;③船舶建造合同;④船舶建造买卖合同。	船东或船厂	情形:①"在建船舶"所有权一直为船东所有,不发生转移。②交接前转移所有权,比如试航成功后转移所有权,或按付款进度连续性转移;③交船时转移所有权;	分期付款[③]	双方协商约定,船厂严格按约定施工,即使大部分完工,也可约定进行调整。	造船过程中,船东可以派驻监造代表,即使大部分已完工	船厂提供
合同签订前,已开工并建造了小部分							
合同签订前,大部分已完工	船厂						

---

① 宁波海事法院台州法庭,新兴造船业若干法律问题研究——以台州地区为蓝本,调研报告,2011,36.
② 宁波海事法院台州法庭,新兴造船业若干法律问题研究——以台州地区为蓝本,调研报告,2011,37.
③ 一般情况下,由于造船投资金额大,实践中船东一次性付款情形很少,故下文不做分析。

从上表中可以看出，船舶建造合同表现形式复杂多样，主体之间对权利义务约定的不同使合同呈现出不同的法律特征。也正是基于当事人之间约定的不规范性，使船舶建造合同兼具买卖合同和承揽合同的特征。[16]

2.船舶建造合同的法律性质

目前各国的立法和司法实践对船舶建造合同的法律定性主要有三种：

第一，买卖合同。以英国为代表的英美法系国家认为船舶建造合同应当被定性为买卖合同，适用买卖合同的法律规定。在司法实践中，英国将船舶建造合同认定为货物买卖合同，但是同时也不否认该合同具有承揽合同的特点，涉及具体争议时也不排除适用有关承揽合同的理论来解决争议。

第二，承揽合同。以日本为代表的大陆法系国家认为船舶建造合同应定性为承揽合同，适用有关承揽合同的法律规定。我国《合同法》规定定作人为履行支付义务的，承揽人可对其完成的工作成果享有留置权。在《海商法》关于船舶留置权的规定中也做出了相似规定。① 同时在我国的司法实践中，也有法院在审判时明确指出船舶建造合同双方当事人之间是承揽合同关系。②

第三，混合合同。有学者认为对船舶建造合同的法律定性应当分阶段进行，船舶建造过程中其应被定性为加工承揽合同，而建造完成后的交付阶段则应被定性为买卖合同。[17]

事实上，造船业具有一定的特殊性。一方面，其是海洋经济的基础产业，对航运业、海洋开发、国防建设以及钢铁、石化、电子信息等产业的发展和具有较大的影响，并且由于其涉及多方面的法律主体，因而牵涉利益广泛。上述三种观点各有依据，但是若以一刀切的方式对船舶建造合同进行定性难免有失偏颇。正如台州地区船舶建造合同中所体现的，当事人对合同条款的约定对合同定性有较大影响。若将船舶建造合同统一认定为承揽合同，则定作人享有任意解除权，造船厂就会面临较大的风险，而且定作人对建造中的船舶也享有所有权，若其延付或拒付造船款，造船企业只能以行使留置权的方式保护自己的权利，不能对建造中的船舶进行处分，因而就会陷入非常被动的境地。若统一将之定性为买卖合同，船舶建造完成并交付前由造船厂享有所有权，当由定造方提供主要物料时，定造方就会面临较大的风险。总体而言，对船舶建造合同的法律定性应当结合具体情况，依照已有的法律规定，充分发挥审判人员的自由裁量权，尽量平衡双方当事人的风险负担。

3.船舶建造合同法律属性的确定规则

对船舶建造合同的法律定性可从以下几个方面着手：

首先，严格遵循意思自治原则。意思自治原则是私法领域最重要的根本原则之一。在合同签订时，双方当事人可对建造船舶的物料提供、价款支付、船舶所有权等问题进行约定。根据当事人约定内容的不同，船舶建造合同可能呈现不同性质的合同的特点。同时，双方当事人也可以在合同中明确约定合同的法律性质，以及若发生纠纷，按照何种合同的相关法律规定进行处理。当然，在当事人约定合同法律性质时，合同文本名称应当与合同内容相一致，否则还是应当按照合同具体内容来确定法律属性。

其次，严格遵循合同法的规定。《合同法》第61条规定当事人在合同中约定不明确的，

---

① 《中华人民共和国海商法》第25条第2款规定："前款所称船舶留置权，是指造船人、修船人在合同另一方未履行合同时，可以留置所占有的船舶，以保证造船费用或者修船费用得以偿还的权利。"《合同法》第264条规定："定作人未向承揽人支付报酬或者物料费等价款的，承揽人对完成的工作成果享有留置权，但当事人另有约定的除外。"

② 广州海事法院，(2004)广海法初字第362号.

可以以补充协议的方式进行明确,若无法达成补充协议的,则根据合同内容或交易习惯来确定。① 因此,当事人可事后达成补充协议约定船舶建造合同的法律属性。若双方当事人无法就合同法律属性达成合意的,审判人员可依照合同条款内容和实际履行情况推定当事人的意思表示,从当事人双方履行合同的目的在于交付工作成果还是转移所有权着手确定合同法律属性。若按照此种方法仍然无法确定合同法律属性的,应按照无名合同的规定进行处理,②而不限制于买卖合同和承揽合同。

(二)建造中船舶的所有权

1.建造中船舶的定义

船舶从着手建造到完工、登记需要经历较长时间,而且正在建造中的船舶具有较高的价值,相关当事人可将建造中船舶进行抵押而进行船舶建造融资。因此将"船舶"与"建造中船舶"两个概念进行区分非常有必要。《1967年建造中船舶权利登记公约》第五条规定"即将建造或正在建造的船舶上的物权、抵押权和质权,经申请可以进行登记"。其中第四条对建造中船舶登记条件进行了明确规定。该规定从侧面反映出建造中船舶应当"已经在船舶下水地点安置龙骨或已完成类似的建造工程"。③ 我国《海商法》第3条对船舶进行了定义④,建造中船舶显然不符合该定义。海事局1994年发布的《〈中华人民共和国船舶登记条例〉若干问题的说明》中第八条明确规定:"建造中的船舶",是指以安放龙骨或处于相似建造阶段的船舶。结合造船实践中,船舶建造的开工时间一般为数控切割下料时间,因此,可将建造中船舶的定义概括为"从数控切割下料开始,处于造船人占有之下的并能被明确识别的用于或将要用于建造某一特定船舶的物料设备的总称"。

2.建造中船舶的所有权归属

建造中船舶所有权的归属与建造中船舶抵押权等密切相关。所有权的基本权能之一就是对建造中船舶的处分权。我国法律规定建造中船舶抵押权的设定主体必须对建造中船舶有独立的所有权,因此在目前造船业融资难问题尚未得到有效解决的情况下,明确建造中船舶所有权归能推动建造中船舶抵押融资制度的发展。同时其还与船舶建造合同的法律定性,纠纷发生后责任主体的确定等问题都有密切联系。因此,明确建造中船舶的所有权归属具有较大的实践意义。在实践中,基于建造中船舶的巨大价值以及其背后所隐含的复杂的法律关系,相关当事人一般会就所有权归属问题作出约定,但是仍然存在没有约定或约定不明的情况。若发生此类情况,可从以下几个方面入手解决:

第一,"主要建造物料标准"。即按照定造方和造船厂所提供的物料价值的大小来确定建造中船舶的所有权人。物料是建造中船舶得以产生的不可或缺的物质,巧妇难为无米之炊,没有物料的投入,光有人力和设备无法开展船舶建造活动,自然也不会有建造中船舶的

---

① 《合同法》第61条:合同生效后,当事人就质量、价款或者报酬、履行地点等内容没有约定或者约定不明确的,可以协议补充;不能达成补充协议的,按照合同有关条款或者交易习惯确定。

② 《合同法》第124条:本法分则或者其他法律没有明文规定的合同,适用本法总则的规定,并可以参照本法分则或者其他法律最相类似的规定。

③ 《1967年建造中船舶权利登记公约》第4条:当建造一艘特定船舶的合同已经生效或者建造者声明已决定以其自己的资金建造这样一艘船舶时,有关即将建造或正在建造的船舶权利的登记应予允许。但是,国内法可将在船舶下水地点已安置龙骨或已完成类似的建造工程作为登记条件。

④ 《中华人民共和国海商法》第3条:本法所称船舶,是指海船和其他海上移动式装置,但是用于军事的、政府公务的船舶和20总吨以下的小型船艇除外。

所有权归属判断问题。定造方提供了全部或主要物料的,则所有权因归于定造方,反之则由造船厂享有所有权。物料价值可能会随着市场波动而波动,因此,当事人双方可以协商约定物料价值的判断标准,或者直接以合同签订时的市场价格为准。

第二,"加工显著增值标准"。物料是支撑建造中船舶的物质基础。船舶的价值不是所有物料的总和,其中还包括知识产权,人力劳动等多方面的投入。因此,在评价定造方和造船厂为建造中船舶价值做出的贡献时,还应当考虑造船厂对建造中船舶的增值做出的贡献。即若造船厂不是建造中船舶的主要物料提供者,但是其对物料的有效利用,使建造中船舶的价值远远大于定造方所提供的主要物料的价值时,建造中船舶的所有权可能归于造船厂。至于加工所增加的价值是否明显超过建造物料的价值,应以船舶完工时的市场价格与建造物料采购合同签订时物料市场价格的两倍进行比较,看前者是否明显大于后者,从而判断是否符合"加工显著增值标准"。

第三,"保留所有权买卖的物料剔除标准"。就定造方和造船厂为船舶建造提供的物料可能存在赊购的情形。在这种情况下,该物料的所有人既非造船厂,也不是定造方,而是物料供应商。因此,即使该物料由定造方或造船厂出面提供,仍然不能作为判断建造中船舶所有权判断的依据。若该物料在船舶建造过程中已经得到使用,则可根据添附规则来区分定造方和造船厂对建造中船舶已有价值的贡献大小,并进而确定建造中船舶所有权归属。

3. 建造中船舶的风险负担

建造中船舶的风险负担是指因无法预见、不可避免的原因导致建造中船舶毁损、灭失风险由谁负担的问题。一般情况下,合同当事人为保险起见都会对风险负担进行约定。若没有约定,则风险负担应当随建造中船舶或者船舶所有权的转移变更负担主体。若双方当事人约定,或者因为其他原因导致所有权在船舶交付前就发生变化的,则会出现所有权人和建造中船舶占有人分离的情况。此时,造船厂仍然负有一定的注意义务,应谨慎保管建造中的船舶,无论风险事故是否发生,因其保管不善而造成毁、灭失,其都应当在其过错范围内承担损害赔偿责任。

(三)船舶建造合同中的违约与防范

1. 船舶质量纠纷

从船舶开始建造到船舶质量保证期届满期间,按照发展阶段的不同,关于船舶质量的纠纷内容也各有不同。1. 船舶建造过程中,当事人围绕造船工艺或造船人实际使用的船用材料、机器和设备是否符合船舶建造合同的约定发生的争议;2. 船舶建造完成后,当事人就船舶的各项技术指标诸如船速、适航条件、载重量、燃油消耗率、船舶强度、噪音和震动指数等是否符合合同约定发生的争议;3. 船舶实际交付后至质量保证期届满前,当事人围绕船舶工艺、机器和设备等发生的争议;4. 船舶质量保质期届满后发生的质量争议。[①]

第一,在船舶建造过程中,造船所用的材料和机器设备本身存在质量问题。造船材料和机器设备即可能由定造方提供,也可能是造船厂提供。无论是哪一方提供,若存在质量问题但在造船过程中仍然投入了使用,势必会引发纠纷。针对这一问题,可分两种情况讨论。若是定造方为节省开支,自己提供材料或设备,而该材料或设备存在质量问题的,造船厂作为

---

① 《关于我省船舶建造、买卖合同纠纷案件的调查与思考》,台州海事审判网,http://www.tzhssp.cn/tzhssp/ShowID.asp?ID=96,2013 年 3 月 20 日访问。

具备专业造船技术的专业人员,应当负担有提醒义务,并享有拒绝将其投入使用的权利,因此所造成损失应由定造方承担责任。若是由造船厂提供的材料或设备存在质量问题的,则相应的也有造船厂承担责任。

第二,造船厂所建造的船舶本身就有许多硬性指标要求,同时在造船过程中,造船厂需要遵循技术规范。这一些指标和技术规范可能会随着技术的发展而不断发生变化,这会导致三个问题:一是造船厂履约成本增大;二是造船厂可能无法在合同约定期限内交付船舶;三是导致定造方与造船厂之间签订的船舶建造合同内容的变化,如造船厂按照合同约定履行义务时可能会出现建造完成的船舶不符合新的规则要求而无法获得船级认证的情况。另外双方当事人对技术指标的认识不同也容易引发纠纷。针对这一些问题,双方当事人在签订合同时,除了要严格遵循相关国际条约、国内法和政府规章的规定外,还应随着时间的推移不断地对合同进行修订,力求合同条款符合最新的造船规范。

第三,由海事主管机关颁发的船舶检验证书、适航证书、载重线证书等都具有证明新建船舶不存在质量问题的效力。但是这种证明效力并不是绝对的,若当事人能提供确切证据可以将之推翻。为保证所建造的船舶的质量,我国对船舶建造和检验都规定了严格的实体和程序规则,要求只有在注册资金、生产场所、加工设备、技术人员等生产条件与能力水平方面均符合规定标准的船舶建造企业才可能获得船舶建造许可。在台州挂靠造船模式中,挂靠人本身并不符合上述要求,但其与被挂靠人签订协议,选择支付挂靠费的方式换取符合相应要求的造船厂协助其进行船舶建造。这种情况下,被挂靠的造船厂和相关船舶检验机关更应当严格按照规定对船舶的建造质量进行检验。

2. 船舶留置权

我国《海商法》第 25 条对造船厂的船舶留置权做出了规定。[①] 按照该规定,造船厂享有船舶留置权需具备三个要件:造船厂合法占有船舶;定造方未履行到期债务;该船舶与造船人和定造方之间的船舶建造合同中约定建造的船舶。船舶留置权能有效保障造船厂的权益,确保其在船舶建造过程中投入的大量资金的安全性。

在具体实践中,若双方当事人在合同中明确约定不适用船舶留置权的,则应当遵循当事人的意思自治。另外,除了要满足上述三个要件外,还应当结合船舶建造合同的法律属性区别适用:若船舶建造合同被定性为买卖合同时,在船舶交付前造船厂为船舶所有权人,其无法以船舶留置权的方式要求船东履行债务,因而也就不享有船舶留置权,如果双方当事人约定在交付前便转移船舶所有权的,造船厂仍享有船舶留置权;若船舶建造合同被定性为承揽合同时,按照《合同法》对承揽合同的规定[②],可首先按照上文中对建造中船舶所有权的认定规则确定所有权人,并在此基础上判断造船厂是否享有船舶留置权;若船舶建造合同被定性为无名合同的,同样也需要以造船人是否对建造中船舶或船舶享有所有权来确定其是否享有船舶留置权。

在挂靠造船模式中,船舶留置权主体的判断情况又更复杂一些,除了要按照船舶建造合同法律性质确定船舶所有权人是定造方还是造船方,还需要区分造船方为挂靠人还是被挂

---

① 《中华人民共和国海商法》第25条:船舶优先权先于船舶留置权受偿,船舶抵押权后于船舶留置权受偿。前款所称船舶留置权,是指造船人、修船人在合同另一方未履行合同时,可以留置所占有的船舶,以保证造船费用或者修船费用得以偿还的权利。船舶留置权在造船人、修船人不再占有所造或所修的船舶时消灭。

② 《中华人民共和国合同法》第264条:定作人未向承揽人支付报酬或者物料费等价款的,承揽人对完成的工作成果享有留置权,但当事人另有约定的除外。

靠人。若挂靠人以自己的名义与定造方签订船舶建造合同,则只需要按照上述方式确定挂靠人是否对建造中船舶或建造完成的船舶享有所有权即可确定其对该建造中船舶或建造完成的船舶是否享有船舶留置权。若挂靠人以被挂靠人的名义与定造方签订船舶建造合同,则应当仍然以被挂靠人的名义来确定是否享有船舶留置权,即若确定被挂靠人对涉案船舶不享有所有权的,其就可以通过留置船舶的方式要求定造方履行义务,尽管该船舶留置权的实际享有者是挂靠人,但是在法律层面上,该船舶留置权应当属于被挂靠人。

3.任意解除权

船舶建造工程浩大,涉及主体繁多,除了定造方与造船厂之间的船舶建造合同关系外,还涉及多方法律关系,并且在实践中,造船厂通常会出于多种原因而在船舶建造活动中投入大量资金。因此,一般情况下,造船厂不会选择解除船舶建造合同。而定造方提出解除合同的情况相对较常见,尤其是在金融危机爆发后,毁单现象频发。关于定造方的任意解除权有以下几种不同情况:

第一,无论是当事人明确约定还是法院事后审查推定,若船舶建造合同被定性为买卖合同,除双方当事人有明确约定外,定造方应当不享有任意解除权;

第二,若船舶建造合同被定性为承揽合同,则按照我国《合同法》的规定,定造方作为承揽合同中的定作人享有任意解除权。[①] 但对其行使任意解除权给造船厂造成的损失承担赔偿责任。

第三,若船舶建造合同被定性为无名合同,对定造方的任意解除权判定应当给予限制。一方面,船舶建造是一项综合性的活动,涉及多个行业,在漫长的建造过程中,在每一个步骤都可能与多个不同行业的企业建立联系,覆盖了众多高、精、尖技术领域,同时,其本身具有投入高、回报慢的特点,在建造过程中赋予定造方任意解除权,很可能会导致船舶建造活动延期,甚至可能半途而废,前期投入严重亏损的情况。另一方面,在船舶建造过程中,无论是定造方还是造船企业都可能投入大量的资金,同时船舶建造过程中有大量的劳动力投入,再加上多元化的融资,形成牵一发而动全身的局面,定造方对船舶建造合同的任意解除权就像是一颗隐形的炸弹,很容易引发社会的不稳定,除非定造方能顺利找到新的船东。另外船舶或许是当今各行各业中最大、最重的单个机电产品,是一个技术复杂、造价昂贵的水上可移动建筑物,已完工未下水的船舶,暂留在船台上不处置则需支付巨额的船台租金,马上就地拆解则需支付巨额的拆解费用,而且拆解也需要较长时间占用船台并支付租金;已下水的船舶还涉及船舶配员、排污、航道等各方面的行政管理,船舶的上述特点决定了对船舶的处置受到一定限制,由于建造中船舶的所有权不一定归属船东,如果赋予船东任意解除权,可以随意弃船,可能会带来船舶处置方面的问题。综上,如果赋予船东随时解除船舶建造合同的权利,将极大影响造船行业的发展,也不利于社会的稳定。

4.后履行抗辩权

后履行抗辩权是指在双务合同中,后履行义务的当事人在先履行义务的当事人未履行或未按照约定履行其合同义务时,可拒绝履行自身义务的权利。《合同法》第 67 条对后履行抗辩权进行了明确规定。[②] 后履行抗辩权有以下几个要件:合同当事人互负义务;先履行义

---

① 《中华人民共和国合同法》第 268 条:定作人可以随时解除承揽合同,造成承揽人损失的,应当赔偿损失。

② 《合同法》第 67 条:当事人互负债务,有先后顺序,先履行一方未履行的,后履行一方有权拒绝其履行要求。先履行一方履行债务不符合约定的,后履行一方有权拒绝其相应的履行要求。

务当事人未能按照合同约定履行义务；权利主体为后履行义务当事人。

（1）先履行义务当事人的判断

在船舶建造合同中，若双方当事人对合同义务履行先后有明确约定，则先履行义务人和后履行义务人比较容易区分。但若双方当事人约定不明确，可能就难以确定先履行义务人。如双方约定的交船时间不是某一日，而是一个期间，而定造方付清船款的时间确是这一期间内的某一日，那该如何确定履行义务的先后？在实践中，双方当事人还经常会约定在船舶下水前某一段时间内给付造船款，事实上船舶下水的时间非常不确定，因而定造方付款义务的履行时间也相应不确定了。对于这一些情况，应当综合考虑双方所履行的义务的目的和相互之间的牵连性，尤其是在建造过程中，定造方通常是按一定节点支付造船款，若没有造船款，船舶建造活动就难以维系，因而在定造方迟延支付时，造船厂就有后履行抗辩权，同样若前一阶段的造船义务尚未完成，定造方同样享有后履行抗辩权，拒绝支付造船款。当然实践中的情况肯定非常错综复杂，因而需要造船厂通过多元化融资来支持船舶建造活动。

（2）未能按合同约定履行义务的理解

先履行义务人未按照合同约定履行义务的情况可分为三种：不履行义务，只履行了部分义务，履行义务的方式不符合合同约定。这三种未按合同约定履行义务可能导致违约和不违约两种后果。若先履行义务人未按合同约定履行义务只是导致轻微的违约情况，对后履行义务人享有权利和履行义务没有实质影响，并且对合同利益的影响也极小的，则为保障合同履行的经济性，不主张后履行义务人行使抗辩权。若当事人未履行义务或履行义务的内容和方式导致根本违约的，则后履行义务可以以行使后履行抗辩权的方式中止自己义务的履行，也可以请求解除该船舶建造合同。

我国合同法没有明确规定"根本违约"，而是采用"不能实现合同目的"这一表述。① 对于"不能实现合同目的"的理解和判断事实上也是一个难题。在司法实践中，首先应当对"合同目的"进行判断。合同目的应当是双方当事人在签订合同时共同期望达到的结果，而非单个当事人的订约动机。[18] 例如在船舶建造合同中，定造方订立该合同的动机可能是建造船舶供自己使用，也可能是用于转卖，而造船厂的订约动机则在于从船舶建造活动中获得利益。但是合同的履行目的是同一的，即建造一艘符合合同约定的船舶。因此，在船舶建造合同中，当事人的违约行为导致合同目的不同实现的情况就是合同约定的船舶无法建成。在判断合同目的不能实现时应当综合考量守约方在多大程度上丧失了其所合理预期的合同履行利益和损失在多大程度上可以补救及违约方采取补救措施的可信度等多方面因素。

（四）船舶建造与碳关税

随着经济的不断发展，与之不相适应的是全球环境面临不断恶化的困境。2008 年 10 月召开的国际海事组织海洋环境保护委员会首次提出了 EEDI（指根据 CO_2 排放量和货运能力的比值来表示的船舶能效）这一概念，对未来新造船舶提出了新的要求。"绿色船舶"概念在人们环境保护意识不断增强的情况下应运而生。其要求通过应用绿色技术最大程度上实现船舶的节能减碳，对所有排放的废气、废液、固体废弃物的排放都要经过一定的处理，达标

---

① 《中华人民共和国合同法》第 94 条规定：有下列情形之一的，当事人可以解除合同：（一）因不可抗力致使不能实现合同目的；（二）在履行期限届满之前，当事人一方明确表示或者以自己的行为表明不履行主要债务；（三）当事人一方迟延履行主要债务，经催告后在合理期限内仍未履行；（四）当事人一方迟延履行债务或者有其他违约行为致使不能实现合同目的；（五）法律规定的其他情形。

后才能排放。[19] 由此,对船舶征收"碳关税"也越来越成为争论的焦点,"要不要征收碳关税","碳关税是否符合 WTO 规则","征收碳关税是为了保护环境亦或是新一轮的绿色壁垒"等一系列问题还未能有统一的答案,但是可以预测到的是,减少船舶碳排放量将成为全球船舶建造业新的竞争焦点。目前就如何控制温室气体排放问题存在两种截然不同的观点:一是以欧盟、英国为代表的部分国家要求"平等适用",他们认为所有的国家都应当一同承担减排义务,采取"平等适用"原则可以有效防止"碳泄露",防止其国内产业丧失竞争优势;二是以中国为代表的大多数国家坚持的"共同但有区别的责任"原则,各国发展情况各不相同,若采用"平等适用"原则,则可能部分国家承担过重的减排义务,而导致实质上无法达到减排目的,因而采用"共同但有区别的责任"原则更有利于达到减少全球温室气体排放的目的。在这一大背景下,我国造船业主体应当从以下几个方面来采取相应对策:

1. 反对个别国家的单边行动,力求在 WTO 多边体制下充分磋商

WTO 最伟大的一个创造就是建立了多边的争端解决机制,将国与国之间矛盾的解决置于多国有效的监督之下。根据 2008 年《利伯曼-沃纳法案》的规定,美国国内生产商每年在生产产品的过程中如果所导致的碳排放少于 1 万吨二氧化碳当量的非氢氟烃温室气体,那么它们就无需遵守美国的排污权交易机制,而进口产品即便每年所导致的碳排放少于 1 万吨二氧化碳当量的非氢氟烃温室气体,也需要遵守相应的规定。显然,进口产品比国内产品处于更加不利的地位[20]。

诸如此种单边行为公然违反 WTO 最基本的原则,有违其他各国的利益。因此,在"船舶碳关税"的制度设计上,不能仅仅从本国的利益出发,而要充分考虑各国的国情和利益,尽可能地做到公平、合理、灵活。中国在磋商过程中,要力求掌握规则制定的话语权,如此,才能充分代表广大发展中国家的利益。

2. 制定《造船法》及配套法规

制定《造船法》及配套法规,完善船舶建造、登记、报检相关立法,使造船业的产业政策迈向法制化的道路,为造船企业的繁荣与发展创造良好的国内法治环境。我国现有的《船企评价标准》还是规范船舶生产企业的一个最基础的标准,而且目前距离颁布的时间已经过去将近 5 年的时间,势必要在此基础上进行修正,以更严格的标准引导船舶生产企业向着更加规范、更加有序的方向发展,也引导各船舶生产企业向着更高的目标迈进,促进整个船舶工业水平的提升。中国长期以来存在着"产品高价,资源低价,环境无价"的观念,环境立法和管制也相对落后,而西方发达国家早已完成了工业化,对环境的标准也较高,并且有许多相关的经验教训,因此借鉴发达国家的有益经验不失为一个好方法。

3. 船舶行业管理部门和船检部门严格执行行业标准

船舶行业管理部门和船检部门严格执行行业标准,全面开展行业管理工作,为造船质量创造良好的监管环境。台州船检对船企质量监管这块管理较严,因此台州船在业界拥有良好的口碑,台州建造的船舶在它省都能够得到当地检验机构的认可。船检部门主要负责船舶产品的检验,船舶行业管理部门主要负责船舶生产企业的监督管理。船检技术部门一方面全面提高造船质量,杜绝低标准船舶进入水运市场,减少事故隐患;另一方面给个体船厂提供技术支持,增强个体造船厂的市场竞争力,引导其良性发展。浙江省温州地区在全省范围内率先出台了《温州市船舶制造企业整治评估标准》,与此同时成立了温州市第一家船舶建造监理公司,规定只有监理公司参与监督的船舶才准予建造。台州和温州地区的做法都

值得我们参考借鉴。当然,政府部门在促进产业发展的过程中要找准自身的定位,适度放权,做好市场的监管者,从管理型政府向服务型政府转变。

4.造船主体紧跟 IMO 发展动态,形成绿色船舶自有技术

在船舶建造过程中,涉及多方主体,其中最主要的主体是两方,即买方——船东和卖方——船厂(包括实际造船人)。要实现造船的预定目标、推动企业的快速发展,这两方主体在其中无疑起着举足轻重的作用。

船舶行业历来是技术密集型行业,标准永远在不断提升,每次技术标准的变化必定对相关行业带来冲击。因此,中国造船界须时刻关注国际海事规则新动向,并及早应对。目前我国建造的船舶主要用于出口,但由于部分船东法律意识淡薄或者缺乏相应的法律知识,常常在与外国船东的商事交往中处于不利的境地。杨良宜老先生在他的《船舶融资与抵押》一书中提到出现这种现象的关键点在于中方相关主体对国际商务中通行的"游戏规则"的认识、掌握不够。因此,船企及船东应加强法律知识的学习,力争传统造船业向现代制造业转变,船老大向现代企业家转变。

EEDI 的标准要求我国船企找到自身与 IMO 要求的差距,以此为契机提高船舶建造过程中的科技含量,积极进行自主研发,变被动为主动优化产业。加大资金投入用于改进技术,在造船关键技术上形成具有知识产权的自有技术,为发展绿色船舶提供技术支撑。我国现有的《船企评价标准》还是规范船舶生产企业的一个最基础的标准,除了严格按照《船企评价标准》贯彻执行外,还要积极加大技术改进方面的资金投入,向"绿色船舶"的方向迈进。

5.利用好清洁发展机制,促进国内高耗能产业的转型

清洁发展机制是《京都议定书》确定的,为发达国家实现承诺提供了另一种可行的途径。其主要内容是发达国家通过提供资金和技术的方式,与发展中国家开展项目级的合作,通过项目所实现的"经核证的减排量",用于发达国家缔约方完成在议定书第三条下关于减少本国温室气体排放的承诺①。目前,我国产业发展还处于"高污染、高投入、高消耗"的初级阶段。我们应充分利用清洁发展机制这一"双赢"的机制,引进西方发达国家的资金和技术,并完善我国的环境立法,转变我国工业的生产方式,从"高污染、高投入、高消耗"走向"清洁、集约、可持续"的发展道路。

结　语

随着海洋经济对一国综合国力的影响不断增强,各国越来越重视发展海洋经济,作为沿海大国的我国也不例外。近年来,我国政府不断出台各项法规政策,大力支持海洋经济的发展。浙江省作为经济较发达的东部沿海省份,更是成为率先发展海洋经济的重点区域。在经济发展的现实需求以及政府政策指导下,我省以舟山、台州等沿海地区为发展海洋经济的重点示范区。

基于独具地方特色的台州造船模式,台州造船业在金融危机爆发前曾一度非常辉煌。金融危机带来的巨大打击使人们冷静下来对造船业中存在的问题进行思考。本文主要从法律角度,围绕融资、造船主体和船舶产供销三个问题对台州造船业的发展现状进行了讨论,

---

① 见"我为什么旗帜鲜明地支持全球贸易碳关税",http://blog.sina.com.cn/s/blog_68384abf0100j1ow.html,2011年3月11日访问。

并针对存在的问题提出了相应的建议。

融资是船舶建造重要的前提条件。建造一艘船舶需要大量人力物力,充沛的资金能够在船舶建造过程中保障人力物力的及时供应。基于船舶建造过程的复杂性,船舶建造融资存在运作方式独特,融资模式多样,高风险且国际性等特点。目前台州地区船舶建造融资模式主要有六种:订造方付款,银行贷款,民间融资,同业拆借,赊购造船材料,挂靠方支付。其中民间集资是支撑台州造船业的特色融资模式。与普通的民间合伙投资不同的是,台州造船业中的民间融资还存在一种多级合伙投资模式,因而其中的法律关系更加复杂。目前主要存在的法律困境有三个方面:订造方迟延付款,船舶建造过程较漫长,这其中订造方自身原因,市场环境变化等多方面原因可能导致订造方无法及时支付造船款,从而导致船舶建造进程拖延,而若造船厂转而寻找新的订造方,则也需要经过较长时间,无法及时弥补前一订造方迟延付款带来的损失;建造中船舶抵押融资制度不完善,目前我国《海商法》《物权法》以及《建造中船舶抵押权登记暂行办法》等规定对"建造中船舶抵押权"的主体,抵押标的没有做出明确规定,同时船舶建造完成后"建造中船舶抵押权"与"船舶抵押权"两者之间的衔接转换问题也没有能够进行有效调整,致使船舶建造完成后相关当事人的权利无法得到有效保护;民间融资的合法性和规范性存在争议,民间融资是台州造船模式中较具地方特色的融资方式,目前法律对其没有进行明确规定,既无严厉禁止,也未出台法规调整,由于民间融资多以当事人相互之间的信任为基础,采用口头约定的方式,因而发生纠纷时也缺乏相应证据,在这样混乱的情况下,通过民间融资的方式支撑一艘船舶的建造缺乏稳定性。经过讨论,本文认为可从加大政策扶植,完善船舶建造融资法律体系和创新金融服务三个角度出发解决问题。

船舶建造涉及多方法律主体:供应商,订造方,金融机构等融资主体,具备造船资质的船舶建造企业等。台州造船模式以挂靠造船为特点,通过与具备船舶建造资质的造船企业签订内部挂靠协议,以借用造船企业的名义或者租赁船台的方式从事船舶建造活动。这一种船舶建造方式以挂靠人向被挂靠人支付挂靠费,挂靠人自主生产,挂靠内容为借用造船资质为特点,以租赁船台、承建船台为主要模式。挂靠造船中主要存在两层法律关系,一是内部关系:挂靠人与被挂靠人之间的内部挂靠协议;二是外部关系:挂靠人、被挂靠人与第三人之间的关系。就船舶建造中的相关主体的权利保护问题而言,主要存在的问题有两个方面:一是合伙投资模式中,复杂的合伙投资协议关系使部分合伙人对投资的实际使用情况以及船舶建造的盈亏缺乏准确了解和监管;二是在挂靠造船中,挂靠人与被挂靠人之间内部协议履行以及两者与第三人之间的合同履行问题。本文认为针对这些问题,一方面可以通过将挂靠造船模式合法化,建立健全相关法律法规,将这一造船模式纳入法律调整的范围,从而使各相关主体在从事船舶建造活动过程中能够明确自身享有的权利和应承担的义务,以及违约行为可能带来的法律责任;另一方面明确挂靠费的法律性质,被挂靠人船舶建造企业在收取挂靠人支付的挂靠费后,就应当承担起获批造船资质所带来的相应义务;同时,应当增强被挂靠人的法律义务,台州造船模式中许多纠纷发生后,被挂靠人以其与挂靠人之间签订了内部协议,并未实质参与船舶建造过程为由而对第三方当事人不承担违约责任,事实上,被挂靠人在出借造船资质就负担有与造船资质相对应的义务,如监督船舶建造过程,对第三人承担义务等,而且也只有通过这种方式增强被挂靠人的被挂靠成本,才能真正使挂靠造船现象得到有效管理。

　　船舶产供销中存在的问题主要是船舶建造合同的法律定性,建造船舶所有权归属问题,以及合同履行过程中相关主体的权利义务明确。船舶建造合同表现形式多样,有的学者认为其应当定性为买卖合同,有的认为应当是承揽合同,还有的认为应当分阶段定性,船舶建造过程中定性为承揽合同,建成交付阶段则应当认定为买卖合同,本文认为应当严格按照《合同法》的规定,依照当事人之间的合意来确定,有明确约定的依约定,没有明确约定的则从合同内容来判断,约定的合同内容与名称有冲突的,则还是以合同内容为准。建造中船舶的所有权问题也颇有争议,建造中船舶也是一项较大的资产,其所有权与抵押权等相关,直接关系到船舶建造的融资问题,在实践中,若当事人没有明确约定所有权归属,本文认为可以按三个标准来判断:主要建造物料标准;加工显著增值标准;保留所有权买卖的物料剔除标准。在船舶产供销过程中,还存在船舶质量问题纠纷,船舶留置权,合同任意解除权等问题,对这一些问题,本文认为一方面要严格遵循意思自治原则,以当事人合意为基础,另一方面,还需要结合台州造船业本身的特殊性以及相关主体在实践中的实际履行合同的情况进行风险和利益平衡。

参考文献:

[1]王忱忱.出口船舶融资的信贷非均衡研究.江苏科技大学硕士学位论文,2011:31.

[2]马新彦.一物二卖的救济与防范.http://www.civillaw.com.cn/wqf/weizhang.asp?id=22137,2012-04-01.

[3]王新,王园园.船舶企业建造中船舶抵押融资模式研究.船舶工程,2003,25(6):2.

[4]李炜.关于制定民间融资法规的思考.当代经济,2006(10):90.

[5]郑晶.嘉兴多举措应对造船业"熊市".嘉兴日报,2011-12-07(003).

[6]王从容、李宁.民间融资合法性、金融监管与制度创新.江西社会科学,2010(3):92.

[7]徐尔双.道路交通事故中车辆挂靠单位的民事责任——兼说最高人民法院征求意见稿中挂靠经营的连带责任.//全国法院第十九届学术讨论会论文集.2007:278.

[8]徐明.转包和挂靠在建筑市场上的法律风险.中国城市经济,2010(5):242.

[9]李井构.《韩国商法上表见责任制度研究》.北京:法律出版社,1999:468.

[10]沈向华.效力涉及第三人的合同研究.南京师范大学硕士学位论文,2004:6.

[11]陈银华、颜健.试论涉他合同的一般理论.时代经贸:学术版,2007,5(1):31.

[12]陈登鹏.合同第三人理论研究.安徽大学硕士学位论文,2007:12.

[13]李锡鹤.民法原理论稿.北京:法律出版社,2009:217.

[14]李祖军.民事诉讼法—诉讼主体篇.厦门:厦门大学出版社,2010:122.

[15]徐尔双.道路交通事故中车辆挂靠单位的民事责任——兼说最高人民法院征求意见稿中挂靠经营的连带责任.//全国法院第十九届学术讨论会论文集.2007:278.

[16]单红军,于诗卉.非单一性:船舶建造合同法律属性之特征.中国海商法年刊,2010:81.

[17]林新华.船舶建造合同中建造方的风险及防范.重庆工商大学学报(社会科学版),2011,28(4):75.

[18]温志芳,籍雁东.试论合同目的的具体适用与法律意义.忻州师范学院学报,2006(6):122.

[19]丁全智.船舶全寿期绿色技术若干问题的研究.哈尔滨工程大学优秀硕士论文,2011.

[20]王慧.美国气候安全法中的碳关税条款及其对我国的影响-兼论我国的诉讼对策.法商研究,2010(5):21-29.

海洋经济时代下新兴造船业主体法律问题研究

登　峰　张　晶

【摘要】 适逢国务院正式批复《浙江海洋经济发展示范区规划》并决定在温州市设立金融综合改革实验区,这为我国新兴造船业的发展提供了机遇。在造船主体方面,挂靠造船或者是合作造船仍占有相当比例,所涉主体间权利义务界定模糊,在实践中极易产生纠纷。因此,理清造船过程中主体各方的法律地位和权利义务关系无疑对现实生活中纠纷的解决意义重大。笔者深入新兴造船业的典型代表地区台州调研,意从法律层面为我国的造船业发展提供些许意见与建议,为我国从造船大国迈向造船强国提供法律保障。

【关键词】 新兴造船;造船主体;挂靠造船

一、机遇与挑战并存的新兴造船业

众所周知,浙江是"中国制造"的王国,造船业则是这个制造王国里冒出的又一个新兴产业。2012 年 3 月 28 日,国务院常务会议决定在温州市设立金融综合改革实验区。[1]不仅是对温州地区,这对于整个浙江省的民营经济来说都无异于拂过一阵春风,对于大部分资金来源为民营资本的造船业来说也能够更加规范有序地发展,促进船舶建造市场的规范管理和持续快速发展。

同时,我国的造船业也面临着严峻的挑战:

船舶建造的周期一般较长,如无土地所有权或使用权作保障,企业必将产生短期行为,缺乏对船舶建造所需硬件设施、设备进行投入和技术改造的积极性,从而无法保证船舶正常生产和建造质量。随着社会分工的日益加剧,船舶建造过程中的外包现象也越来越常见,由于缺乏对外包工程的有效管理和监督,导致许多船舶的质量得不到保证。

从客观上来看,民营造船使整个造船市场处于较为混乱的无序状态。据统计表明,2006年由个体、合伙或挂靠造船引起的纠纷约占所有纠纷总和的百分之四十,而到了 2008 年竟达到一半之多。①这不仅扰乱了船舶建造行业的正常经营秩序,也给人民群众的生命财产安全带来巨大的安全隐患,并且在实际生活中容易引发纠纷,亟待规范管理。

(一)台州新兴造船业发展轨迹

新兴造船业最具有典型性的是台州地区,台州造船业的突出特点是民间集资和挂靠造

作者简介:登峰,宁波海事法院海事审判庭庭长,硕士;张晶,浙江大学光华法学院国际法学硕士。本文系 2012 年浙江省科技厅重点软科学研究项目发展海洋经济战略下台州模式造船业可持续发展法律问题研究(课题编号 2012C25097)和浙江大学光华法学院海洋法治课题成果。

① 参见"我省船舶建造及其纠纷的调查报告——兼析金融危机对我省船舶建造业的影响",http://www.nbhsfy.cn/info_bg.jsp? aid=14351,2012 年 4 月 7 日访问。

船想结合的行业运营模式,主要表现为下一层级的合伙集资人将资金逐级向上汇拢,并由最终的合伙集资人出面造船,由于这些人往往不具备造船资质,因此通过一定方式挂靠在其他造船企业名下建造船舶。这种多层级的合伙体挂靠造船模式被称为"台州模式"。

（二）台州新兴造船业发展的优势及瓶颈

1. 优势条件

对于新兴造船业,台州无疑具有得天独厚的优势。其一,台州地理条件优越,海岸线占全省的三分之一。辖区内大小港口众多,水上运输发达。其二,改革开放以来,民营船厂迅速发展,船舶远销国内并扩大出口,自国家到省、市,都高度重视船舶工业的发展。其三,台州市船舶修造企业中民营企业占主导地位,企业的运作机制灵活,管理层次少,配套能力较强。其四,台州造船业部分领域技术领先,如台州市宏冠造船有限公司拥有吸沙船关键技术的专利。

2. 发展瓶颈

在椒江,在滩涂上建造一个几万吨的船坞,大概耗资 1000 万元左右,每个月的租金可以达到 70～100 万元,一年就可以将投资成本收回了。正是在这种利益的驱动下,台州形成了"办厂的不造船,造船的不办厂"的潜规则。[2] 在这当中,大多数造船厂无法取得海域或者土地权证,只能以租借滩涂的方式造船,即所谓的"滩涂造船"或"草根造船",导致整个造船业市场秩序较为混乱。

2008 年爆发的金融危机使国际造船业严重受挫,撤单现象屡见不鲜,造船企业造成了船东的事件时常上演,不少船企面临严重资金困难。在这种严峻的形势下,以浙江省台州市为代表的我国造船业实现了逆风飞扬。这主要得益于我国造船企业资金来源中,民营资本占大多数,但正因为如此,涉及的利益非常广泛,如果不能很好地解决纠纷,势必会引发群体性矛盾。

二、海洋经济时代下台州新兴造船业主体的特点

在船舶建造过程中,涉及多方主体:船舶建造单位（船厂）、船舶设计单位、船舶配套企业、船舶检验单位（船级社）、船东、劳务公司等,其中最主要的主体是两方,即买方——船东和卖方——船厂（包括实际造船人）。要实现造船的预定目标、推动企业的快速发展,这两方主体在其中无疑起着举足轻重的作用。

（一）造船挂靠的总体特征

本文的造船是指新造船舶,虽然行政法规或部门规章未规定谁有权新造船舶,但从整个造船过程看,审图、报检和制作证书均要求由相应资质的造船企业来完成,可见在行政管理规范中,新造船舶的主体是有资质的造船企业。

挂靠是一个较具有中国特色的词汇,它不是从来就有的,而是我国经济体制改革以来,在理论界和司法界出现的一个新名词,它广泛存在于许多领域。因为现行有效的法律和行政法规未对挂靠进行立法界定。由于目前关于挂靠的研究成果主要集中在建筑行业、药品行业、机动车运营、船舶运营等领域,而这些域与船舶建造领域出现的挂靠现象有诸多相似之处,因此笔者参考了这些领域关于挂靠问题的研究文献。

结合对各行业挂靠经营的分析和挂靠造船独有的特征,笔者认为挂靠造船是指自然人、个人合伙体、法人或其他经济组织借用有资质或较高资质的造船企业的名义和资质新造船

舶并支付一定费用的行为。自然人、个人合伙体、法人或其他经济组织为挂靠人,有资质或较高资质的造船企业为被挂靠人。借用名义和资质的方式包括借用资质向法定相关部门报检,船舶证书记载的造船单位登记为被借用名义和资质的造船企业等。

皖船办〔2009〕17 号关于清理整顿挂靠造船规范船舶建造检验的通知,[①]规定:对未取得船舶生产企业等级评价合格资质的造船厂(点)挂靠合格船厂进行修造船舶的,船检、渔检部门一律立即停止对新开工船舶的审批和检验。该规定亦从侧面肯定了上述结论。笔者于调研中发现,凡是明确确认其接受挂靠经营的临海市造船企业均确认挂靠人挂靠造船需缴纳费用,并认可其向挂靠人提供安全管理服务。但就审判实际中了解的情况看,上述安全管理往往流于口头形式,并未在经营实际中加以贯彻。

(二)台州造船业的突出特点

鉴于台州地区民间资本的丰厚和活跃,台州地区经商的传统及现有投资渠道的狭窄,结合造船行业资金密集型的性质,台州地区的造船企业有自己造船方面的特色。台州造船业的突出特点是民间集资和挂靠造船相结合的行业运营模式,主要表现为下一层级的合伙集资人将资金逐级向上汇拢,并由最终的合伙集资人出面造船,由于这些人往往不具备造船资质,因此通过一定方式挂靠在其他造船企业名下建造船舶。这种多层级的合伙体挂靠造船模式被称为"台州模式"。本文选取了台州造船实践中一些典型性案例加以分析,以期提出具有可行性的参考建议,服务我国船舶建造工业和海洋经济的发展。

台州造的船 80% 销往国外,20% 销往国内。台州造船业内的潜规则:办厂的不造船,造船的不办厂[②],分工自然而然形成:船企负责建造船坞,取得造船资质,然后出租船坞;造船的人造船即可。

1. 主体特色

在 2008 年金融危机以前,造船行业处于卖方市场,但凡能够造出合格船舶的,都能赚取不菲利润。这就使众多民事主体想进入造船行业。但因在行政管理上,只有符合要求的船舶企业才能启动造船程序,这就造成众多民事主体挂靠有资质的船舶企业进行造船。在这些挂靠人中,有自然人或个人合伙体,有自然人和法人的合伙或联营体,也有没有造船资质或造船能力有限的法人。这里要着重介绍的是多层次合伙体。

虽台州系中小型造船基地,但造船所需资金量仍非常大,动则需要上千万资金的投入。与之相反,造船企业或想进入造船行业的自然人及各经济体面临筹集资金不易的局面,如银行贷款不易,在建船舶的抵押借款虽有规定但具体实施限制多,民间借贷利息高企等。台州的自然人和各经济体想出了一种司法实践中称为多层次合伙的办法来解决上述困难。

在张妙顺与王海君合伙建造船舶合同纠纷上诉案[③]中就出现了多层次合伙体,在第一层合伙人名下每人又有若干名小股东构成第二层合伙人。本案中王海君与他人合伙建造船舶,经徐岳士牵线,张妙顺取得王海君名下的造船投资指标 30 万元。法院经审理认为:张妙顺取得王海君的造船投资指标并实际支付了投资款,双方之间的造船投资关系成立。张妙

---

① 参见"关于清理整顿挂靠造船规范船舶建造检验的通知",http://www. ahjt. gov. cn/Html/Inform_Post/2009-7/23/16_59_37_954. html,2012 年 2 月 9 日访问。

② 参见"寒流来袭浙江民营造船冰火两重天",http://www. zgsyb. com/GB/Article/ShowArticle. asp? ArticleID=31538,2012 年 12 月 9 日访问。

③ 参见"(2011)浙海终字第 86 号"一案。

顺、王海君均确认徐岳士仅是牵线作用,故张妙顺与徐岳士之间没有发生投资关系。因此,遇到多层次合伙案件的关键点在于理清各方的权利义务关系。

从被挂靠人的角度观察台州挂靠造船,笔者发现,参与调研的临海市造船企业中确认自己接受挂靠的企业,除一家以挂靠费及出租船台费为最重要收入来源外,其余企业基本以订单造船为主,接受挂靠造船为辅。在认为自己不接受挂靠的造船企业中,部分是从行政主管单位取缔挂靠造船的角度出发来否认其有接受挂靠行为,并建议挂靠造船更名为合作造船,但有些造船企业确实是不接受挂靠的。该类造船企业不局限于资金和技术雄厚的企业,有些企业对自己现阶段发展定位明确,与大型企业进行差异化竞争,订单量也不错,故也不接受挂靠造船。

2.内容特色

(1)挂靠协议

挂靠人和被挂靠人往往通过签订书面协议的方式对双方间的权利义务作出明确约定。临海市所有确认接受挂靠造船的企业均表示其会与挂靠人签订挂靠协议。当然,上述结论也不是必然的,审判实际中,有些当事人仅口头约定挂靠,约定的权利义务也不是十分明晰,这种情况在造船行业不景气的情况下容易为纠纷打下伏笔。

挂靠协议中,挂靠人和被挂靠人的约定与前文挂靠造船特征的阐述基本一致,如被挂靠人同意挂靠人将其实际建造的船舶以被挂靠人的名义报检及办理各项船舶证书,挂靠人向被挂靠人缴纳管理费等。

另外,挂靠人和被挂靠人在挂靠协议中约定被挂靠人的安全管理责任也是比较普遍的协议内容。临海市各承认接受挂靠的造船企业全部书面确认其提供安全管理服务,有一家企业更认为其还提供质量检查服务。虽然因为挂靠人的独立经营,被挂靠人很难对挂靠人造船过程中的质量进行管理检验,但该约定至少表明被挂靠人对挂靠人造船过程中的质量把关是一个共识问题。这种共识将对被挂靠人承担挂靠造船过程中的某些侵权之债产生影响。

(2)内部承包协议

此类挂靠的操作方式一般是自然人、个体工商户、合伙体、无资质或资质等级较低的造船企业依赖自己的人脉关系或特殊渠道与船舶定造方达成造船合意后,寻找一符合定造方要求资质的造船企业,由该造船企业与定造方签订造船合同。被挂靠企业任命或聘用挂靠人为其员工,并委以某船造船负责人的职务,双方一签订内部承包合同,合同内容与挂靠协议基本一致。相比用挂靠协议达到借用资质目的的挂靠而言,内部承包型挂靠显然更具隐蔽性,在审判实践中也比较难以发现。

(三)挂靠关系表现形式

1.船台租赁(包括租赁加工车间等造船场地)

临海市各造船企业中确认其接受挂靠的企业全部向挂靠人提供船台租赁服务,可见船台租赁在挂靠中的普遍性。船台租赁协议的内容就是被挂靠人向挂靠人出租船台,挂靠人按期支付租金。

与船台租赁相关还有龙门吊租赁。有些挂靠人在向被挂靠人租赁船台的同时一并租赁该船台上的龙门吊,龙门吊租费在船台租金中计算。但有些挂靠人自购龙门吊作业,甚至有些挂靠人和被挂靠人约定挂靠经营结束后,被挂靠人取得挂靠人自购的龙门吊所有权,龙门吊款项充抵船台租赁费。另外,因为挂靠人在被挂靠人提供的船台造船,使用被挂靠人的电、氧气、乙炔气等比较方便,所以在船台租赁的相关诉讼中,被挂靠人还会要求被挂靠人支付该类费用。

2.承建船台

承建船台比较特殊,有点类似融资租赁,举个案例来说明何谓承建船台。原告汪日龙因与被告三门圣跃船舶制造有限公司海事海商纠纷一案中,原、被告曾约定:被告免租金提供给原告被告船厂内4个万吨级船台的土地,由原告投资建设,该船台建成后,由原告经营造船业,时限为五年,五年后原告投资在被告船厂的设施、设备、场地等无偿归被告所有,并且5年内被告不享有原告船台分红。虽上述约定因特殊原因未实际履行,但该约定可看出民事主体在承建船台模式上的优势互补,即三门圣跃船舶制造有限公司利用了汪日龙资金优势,汪日龙又借用了三门圣跃船舶制造有限公司土地优势。从上面的案例可以看出,承建船台是指挂靠人在被挂靠人提供的土地上投资建设船台,双方约定挂靠人在一定期限内免费使用船台,期限届满后,船台无偿归被挂靠人所有的模式。

3.合作造船

通常意义上的合作造船指由自然人、个人合伙体、法人或其他经济组织出资,造船企业负责船舶建造,船舶建成交付后双方按约定分享收益。在金小海、浙江宏盛造船有限公司与福建省泉州顺达船务有限公司为船舶建造合同欠款纠纷一案[①]中,金小海与浙江宏盛造船有限公司即采取了该种合作模式。从本文挂靠造船定义来说,该合作造船模式非挂靠造船,因在船舶建造过程中,造船企业是实实在在负责船舶建造工程的。

在调研过程中,有造船企业建议能否将挂靠造船改名为合作造船,以此来避开造船管理部门的监管。合作字面含义是指个人与个人、群体与群体之间为达到共同目的,彼此相互配合的一种联合行动、方式。从这个意义来讲,合伙、作为股东投资公司或两个主体间相互配合工作而不形成联合体等均可用合作来表示。但笔者认为不论何种形式,双方的联合定位为合作的最低标准应是双方对合作经营项目共担风险,共享利益。在挂靠造船中,造船所获利润或经营亏损均由挂靠人最后享有或承担,被挂靠人的获利与造船盈亏没有关系。故笔者认为挂靠造船不能用合作造船来代替。

三、新兴造船业主体各方的法律问题

(一)台州挂靠造船产生的原因

造船资源有限是引发造船挂靠的直接原因。船坞和码头是最重要的造船资源,因为一个船坞投资高达数亿,属于国家固定资产重大投资,建新船坞需要由国家发改委审批。为了尽快扩大船坞规模,有的民营造船厂便打起了擦边球,将大项目分拆成几个小项目过关,这使得民营船厂受到的限制较小,发展壮大的速度也更快。现存部分台州民营造船厂管理方式落后、资金投入不足、生产条件简陋、技术人才缺乏挂靠在其他船厂的名下造船。

此外,台州民营经济比较发达,民间资本比较丰厚。逐利是资本的本质特征,而船舶在2008年金融危机以前是利润丰厚的行业,这就使众多资本渴望进入造船行业。在这种情形下,法律需要因势利导,利用法律的价值评价作用协调各方当事人的利益,促使资本投资有

---

① 参见"(2010)甬台法海初字第58号"一案。

序有效进行。

（二）造船主体的权利纠纷和法律关系

1. 挂靠协议的效力

对于挂靠现象是否应当合法化这一问题，不同的学者持有不同的观点。曹宇军认为挂靠施工具有极大的危害性：（1）工程的质量、进度及安全难以保证，但凡出现事故的项目大都存在"挂靠施工"现象；（2）容易造成投资失控、甚至卷款潜逃等问题的发生；（3）"挂靠施工"没有法律保证，从而导致了大量的社会矛盾。[3]因此虽然挂靠现象目前完全消除并不可能，但应当逐步进行清理。

通过与其他行业挂靠经营想比较，有学者认为挂靠人和被挂靠人签订的挂靠协议无效，理由主要有以下几点：

（1）建筑行业的挂靠经营属于资质和资质等级的借权行为，违反了建筑行业特许经营的规定，应属无效。其适用的法律是《中华人民共和国建筑法》第 26 条①、《最高人民法院关于审理建设工程施工合同纠纷案件适用法律问题的解释》第 1 条②的规定和《中华人民共和国合同法》第 52 条第五项。

（2）船舶航运行业存在的挂靠经营触犯了《中华人民共和国船舶登记条例》第 51 条的规定③，也违反了《国内水路运输经营资质管理规定》第 4 条的规定④，从而可以根据《中华人民共和国合同法》第 52 条第五项的规定，认定挂靠协议无效。

诚然也有学者对此持相反的观点。张宏安在《是否将挂靠现象合法化》一文中明确表明了自身观点，他认为应当将挂靠现象合法化，其建议：一是凡是合作单位必须在当地政府主管部门注册，纳入正常的管理轨道，政府行政主管部门要明确合作单位的要求和条件，设立门槛。二是要明确政府主管部门和合作双方的责任和义务，实施规范化管理。三是对于有能力搞合作施工的自然人，政府主管部门应该组织培训，使他们具备合作施工的资格。[4]

笔者认为，挂靠造船协议或是内部承包协议是当事人真实意思的表示，不违反法律强制性规定，该协议应是有效的。在司法实践中，依据《最高人民法院关于适用〈中华人民共和国合同法〉若干问题的解释（一）》第 4 条规定⑤，一般也认为挂靠造船中挂靠人和被挂靠人间签订的挂靠协议有效。

2. 造船主体间的权利义务

根据我国《企业法人登记条例》及《公司法》有关规定，企业法人的财产，是其对外承担民事责任的物质基础。船东挂靠于有资质的船厂进行船舶建造，但是船厂不享有对挂靠船船东生产的船舶的所有权，因此无需承担相应民事责任。

挂靠人接受被挂靠人的监督和管理，工商登记、税务登记、车辆运营证等皆登记在挂靠人名下，对外已经具备了充分的表见代理的特征。挂靠人与被挂靠人之间的协议属于内部约定，对第三人并没有效力。

笔者认为，船舶挂靠建造的现象在台州地区非常普遍，我们不能一概地认定双方的挂靠

---

① 参见"《中华人民共和国建筑法》第 26 条"。
② 参见"《最高人民法院关于审理建设工程施工合同纠纷案件适用法律问题的解释》第 1 条"。
③ 参见"《中华人民共和国船舶登记条例》第 51 条"。
④ 参见"《国内水路运输经营资质管理规定》第 4 条"。
⑤ 参见"《最高人民法院关于适用〈中华人民共和国合同法〉若干问题的解释（一）》第 4 条"。

关系,而应具体问题具体分析。我国目前处于经济转型期,国家也是鼓励和支持多种经营方式的。从挂靠这种模式来看,虽然它产生于特定时期,并在该时期起到了非常巨大的作用。但是,挂靠模式并没有随着特定时期的结束而结束,在日常经营中仍属于一种较为常见的现象。既然挂靠模式在生产经营中广泛存在,这说明这种模式仍有其存在的土壤。从法院的相关判决来看,对于挂靠产生的纠纷也呈现出逐年上升的趋势,因此要引起有关部门的足够重视。非常重要的一点是,不但要看挂靠行为是否违反了相关法律法规的规定,对于合同本身的有效性也要加以考虑。

不同于建筑行业和船舶航运业的挂靠经营,挂靠造船并无相关禁止性规定,船检等造船行政主管部门清理整顿挂靠造船时依据的也只是《船舶生产企业生产条件基本要求及评价方法》①等非法律法规的规定,仅从生产设施、生产设备、计量检测、人员和管理状况五大方面规定了船舶建造企业的基本生产条件要求。② 挂靠造船中,在建船舶是事实存在的,且被挂靠人作为外观造船方和当然的船舶质量安全管理方,也需对其资质借用承担外观责任和实际责任,而有资质的造船企业一般经济实力雄厚,故挂靠造船中即使产生纠纷,各利益相关方也能得到救济。

四、海洋经济时代下我国造船业主体的应对对策

(一)相关立法机关制定《造船法》及配套法规

日本与韩国都非常重视造船业的法律规制,先后制定了一系列的法律为本国造船业保驾护航:日本相继制定了《造船法》、《临时船舶建造调整法》、《小型船造船业法》、《造船业基础整备事业协会法》,在特定时期还颁布了《中小企业事业转换对策临时调整法》、《特定不景气产业安定临时措施》。[5]韩国也相继制定了《造船工业奖励法》、《造船工业振兴法》、《海运造船综合发展法》、《造船法》、《韩国造船工业合理化法》。[6]

我国现有的《船企评价标准》还是规范船舶生产企业的一个最基础的标准,而且目前距离颁布的时间已经过去将近5年的时间,势必要在此基础上进行修正。制定《造船法》及配套法规,逐渐以完善的法律法规替代标准工作,使造船业的产业政策迈向法制化的道路,为造船企业的繁荣与发展创造良好的国内法制环境。

造船业的横向宏观关联性极强,船舶又是一个航行于全国乃至于世界海域内的流动性物件,所以《造船法》必须站在国家利益基础上,遵循统一的立法宗旨,由国家立法。此外,应尽早出台《船舶法》的配套法律法规,完善船舶建造、登记、报检相关立法,以此来彻底消除滩涂造船这一不规范的市场行为。

(二)船舶行业管理部门和船检部门严格执行行业标准

船舶行业管理部门和船检部门严格执行行业标准,全面开展行业管理工作,为造船质量创造良好的监管环境。台州船检对船企质量监管这块管理较严,因此台州船在业界拥有良好的口碑,台州建造的船舶在它省都能够得到当地检验机构的认可。浙江省温州地区在全省范围内率先出台了《温州市船舶制造企业整治评估标准》,与此同时成立了温州市第一家

---

① 参见"船舶生产企业生产条件基本要求及评价方法",http://www.shipbuilding.com.cn/2007/0723/579.html,2012年7月14日访问。

② 参见"船企评价标准出台船舶行业准入管理走向规范",http://news.qq.com/a/20070410/000905.htm,2012年3月29日访问。

船舶建造监理公司,规定只有监理公司参与监督的船舶才准予建造。

台州和温州地区的做法都值得我们参考借鉴,从具体措施来看,可以采取以下举措来进一步规范:一是通过建立船舶生产市场的准入制度,逐步建立起统一的船舶工业行业管理体系,实施对船舶工业发展的宏观调控,促进船舶工业整体水平的提高;二是明确船舶工业行业主管部门和船检、渔检、登记、交通、公安等管理部门在保障船舶质量方面的责任,建立各部门权责明确、统一协调、相互配合的监督机制;三是明确法定条件和标准,限制不具备条件和能力的企业进入造船市场,从源头上控制船舶安全隐患,保障船舶航运安全和人民生命财产安全。四是尽快构建船舶的"造、检、航"全过程安全管理协调机制,进一步加强地方管理机构的管理职能。

(三)船企及船东自觉学习造船业的相关法律法规和行业标准

由于船舶生产是直接关系公共利益的特定行业,船舶是直接关系公共安全、生命财产安全的重要产品,因此,船舶生产企业必须持有法人经营执照,对于目前仍持有非法人营业执照的船舶生产企业,须尽快重新申请变更为法人营业执照,并以此为契机提高船舶建造过程中的科技含量,积极进行自主研发,变被动为主动优化产业。

船舶生产企业和船东是我国船舶建造主体中最基础的组成部分。目前我国建造的船舶主要用于出口,但由于部分船东法律意识淡薄或者缺乏相应的法律知识,常常在与外国船东的商事交往中处于不利的境地,吃亏、败诉乃至受骗的涉外案件不断发生。杨良宜老先生在他的《船舶融资与抵押》一书中提到出现这种现象的关键点在于中方相关主体对国际商务中通行的'游戏规则'的认识、掌握不够。因此,船企及船东应加强法律知识的学习,力争传统造船业向现代制造业转变,船老大向现代企业家转变。

参考文献:

[1]沈洪溥.温州金融改革后的转型之道.东方早报,2012-03-30,第 A23 版.

[2]宋丽.草根造船沉浮录.世界博览,2009(2):23.

[3]曹宇军.违规挂靠施工的原因剖析与对策.科技信息,2011(16):695.

[4]张宏安.是否将挂靠现象合法化——大连建筑业总分包挂靠现象调研分析.施工企业管理,2010(1):65.

[5]钮晓峰.中日韩造船业政策环境比较研究.社科纵横,2011(6):120.

[6]谢伟.韩国造船工业是如何发展起来的.造船技术,1998(10):1-2.

台州模式造船业供产销若干法律问题研究

登 峰 武 鑫

【摘要】 台州地区造船产业凭借得天独厚的优势,其具有的灵活快捷、机动性强、低成本等特色的"台州模式"代表了新兴造船业下全国造船业未来的发展趋势。台州模式所涉及的法律关系相对复杂,利益主体众多,社会影响广泛,所以本文以台州模式为蓝本,分析、归纳与新兴造船业相关的供产销法律问题,并提出参考性建议,在纵观国内造船业的法律规则基础上,强调船舶建造合同的法律属性确定规则必须在充分尊重当事人合意的基础上才能维护双方的利益最大化。

【关键词】 在建船舶;船舶建造合同;台州模式;上海格式

引 言

金融危机以后,我国船舶工业经济运行较为平稳,但受国际航运市场持续低迷的影响,新船成交量萎缩的局面仍未能得到改善,企业生产经营面临的诸多困难依然存在。在重重逆境中,台州地区造船产业凭借得天独厚的优势,其具有的灵活快捷、机动性强、低成本等特色的"台州模式"逆风飞扬,在全省乃至全国的船舶建造产业中独树一帜,占领举足轻重的地位。因此,台州造船业代表了新兴造船业下全国造船业未来的发展趋势。台州模式所涉及的法律关系相对复杂,利益主体众多,社会影响广泛,所以本文以台州模式为蓝本,分析、归纳与新兴造船业相关的供产销法律问题,并提出参考性建议,力求为我国迈向造船强国的目标早日实现贡献绵薄之力。

一、台州模式造船业法律问题的相关概念辨析

(一)"台州模式"产生的背景

台州是中国黄金海岸线上一个新兴的组合式港口城市,其造船产业具有得天独厚的优势:第一,台州造船历史悠久;第二,台州地理条件优越;第三,活跃的民营经济体制成为台州经济发展的强大推动力;第四,船舶远销国内并扩大出口,自国家到省、市,都高度重视船舶工业的发展;第五,高度的私有化使得台州拥有雄厚的民间资本和发达的金融放贷业务;第六,台州市民营造船企业在国内的小型船舶市场竞争中处于领先地位[①]。但台州造船业也存在如下缺陷:民营船企规模较小,资金基础相对薄弱,很难获得银行的融资贷款;前几年台

作者简介:登峰,宁波海事法院海事审判庭庭长,硕士;武鑫,浙江大学国际法学硕士。本文系 2012 年浙江省科技厅重点软科学研究项目发展海洋经济战略下台州模式造船业可持续发展法律问题研究(课题编号 2012C25097)和浙江大学光华法学院海洋法治课题成果。

① 台州市统计局:《台州造船业现状及发展研究》,台州网,http://www.zjtz.gov.cn/zwgk/xxgk/028/05/0517/201012/t20101214_73893.shtml,2012 年 1 月 6 日访问。

州沿海沿江诸多地区掀起的船舶工业投资热潮,使得造船业产能过剩,综合实力与创新能力显不足,弃单毁单等现象严重;受 2008 年金融危机的影响,台州造船产业开始减速,新船价格普遍下降,原材料和劳动力价格上涨,造船成本大幅增加,综合实力较弱的很多中小船企亏损严重;大部分企业缺乏应对国际新标准、新规则的有力措施,导致很多船企普遍不敢接国外订单,开始拓展做国内市场①。

在此大背景下,近几年台州造船业出现了民间集资和挂靠造船相结合的行业运营模式,主要表现为下一层级的合伙集资人将资金逐级向上汇拢,并由最终的合伙集资人出面造船,由于这些人往往不具备造船资质,因此通过一定方式挂靠在其他造船企业名下建造船舶。这种多层级的合伙体挂靠造船的模式被称为"台州模式",其所涉及的法律关系相对复杂,利益主体众多,社会影响广泛。但因此模式灵活快捷、机动性强,具有低成本优势,也代表了新兴造船业下全国造船业未来的发展趋势。

(二)"在建船舶"的涵义及渊源

各国立法和国际公约中鲜少有"在建船舶"的明确定义。《1967 年建造中船舶权利登记公约》规定,各成员国的国内法可将"在建船舶"限定为在船舶下水地点已安置龙骨或已完成类似的建造工程,或限定在位于船厂辖区内,并已用标志或其他方法清楚标明将要安装在该船上的材料、机器和设备。[1]该条款从登记条件出发来界定在建船舶。在我国国内法中,仅有 1995 年 1 月 1 日起施行的《〈中华人民共和国船舶登记条例〉若干问题的说明》中将"建造中的船舶"定义为已安放龙骨或处于相似建造阶段的船舶。而《中华人民共和国海商法》并没有"在建船舶"的规定,因为"在建船舶"不属于《海商法》第 3 条②所指船舶。该条款所指的船舶系投入运营使用的"活船",而"在建船舶"只是一些用于或将要用于建造某一特定船舶的物料设备,尚未登记,没有投入运营,属于民法一般意义上的动产,被称为"死船"。因此,《海商法》中有关船舶所有权的规定均不能适用于"在建船舶"。

随着船舶工业技术的发达,现代的造船工艺基本上都采用计算机放样,数控切割下料。虽然世界造船模式逐步由整体制造模式向分段制造模式、分道制造模式、集成制造模式、敏捷制造模式演变,但从时间上来衡量,"在建船舶"的存在应以建造船舶工程开工时间为起点,即以数控切割下料时间为初始点。而其存在的终结点应该是其建造完毕成为一艘船舶时为止。另外,建造船舶所需的材料设备必须被明确识别用于建造某一特定船舶,而且应处在造船人的占有之下,因为造船人有可能同时建造多艘船舶,而在台州模式中就有船东提供给造船人建造船舶所用的材料设备的情形,此时只要那些材料设备不能加以区别用于建造某一特定船舶和未被交付转移给造船人,就应被排除在"在建船舶"之外。

根据以上分析并结合上述国际公约和国内法,笔者认为"在建船舶"的概念应为"从数控切割下料开始直至建造完毕成为一艘船舶为止,处于造船人占有之下的并能被明确识别的用于或将要用于建造某一特定船舶所用的物料设备的总称"。

(三)"船舶建造合同"的定义

船舶建造合同,简称造船合同,指船舶建造方按照约定条件建造船舶并最终将建造完成

---

① 《造船业多年未见的"订单荒"再袭台州》,中国船舶网,http://www.chinaship.cn/zclt/201108/t20110831_64848.htm,2012 年 1 月 8 日访问。

② 《中华人民共和国海商法》第 3 条规定:本法所称船舶,是指海船和其他海上移动式装置,但是用于军事的、政府公务的船舶和 20 总吨以下的小型船艇除外。前款所称船舶,包括船舶属具。

的船舶交付船舶定造方,船舶定造方支付价款的协议。合同的一方当事人为船舶建造方,通常为船厂;另一方当事人为船舶定造方,通常为船东。本文所探讨的船舶建造合同主要指民用的船舶建造合同,其与一般商品、货物合同相比具有周期长、金额大、技术强、过程复杂等特点。

笔者认为,合同签订时已完工的商品船,由于船舶技术规格系船厂自己确定,建造物料也由船厂提供,船东不参与监造,此时双方当事人签订的合同,应直接归为买卖合同一类,而不应属于船舶建造合同的范围。另外,在台州模式的典型挂靠造船情况下,挂靠人不仅是船东,还是实际的船舶建造者,并提供了全部或主要的建造物料,对外只是借用被挂靠人的名义进行报检或审批等,被挂靠人除了对安全生产和船舶建造质量进行监督管理并从中收取一定挂靠费外,不参与实际建造。因此,挂靠人与被挂靠方签订的"船舶建造合同",也不应属于前述船舶建造合同的范围。

二、台州模式造船业供产销法律问题的争议及规制建议

(一)船舶建造合同的法律属性及确定规则

造船是一项纷繁复杂的系统工程,船舶建造合同则亦是一个复杂的协议文书系统,若不谨慎对待,将给各造船主体带来难以弥补的巨大损失。各国立法和司法实践对其法律属性认定各不相同,国内理论界对在建船舶问题的研究还处于起步阶段,此问题也一直是各界学者争论不休的问题,总结出来主要存在有以下三种观点:第一,认为船舶建造合同属于买卖合同;第二,认为船舶建造合同属于承揽合同;第三,认为船舶建造合同同时具有承揽和买卖合同的双重特征,应同时适用买卖合同和承揽合同的法律规定。

笔者从台州地区各造船企业的船舶建造合同样本中分析发现,在当事人约定由船厂提供建造物料,标的物所有权自交船时转移的情况下,船舶建造合同呈现出买卖合同的特征;而船舶设计图纸和技术规格由船东和船厂协商确定,船东可以派员监督、检查造船过程等,又反映出船东密切关注的是船舶建造过程本身,而不像买卖合同那样仅关注标的物所有权的转移,体现出了浓重的承揽合同的特征。因此,船舶建造合同的法律属性具有非单一性特点,不能简单归类为买卖合同或承揽合同,而是与造船有关的合同簇群。由于船舶建造合同呈现出的复杂性与多样性的特点,笔者认为,船舶建造合同的法律属性不能简单加以类型化,具体操作中可采用以下方法进行判断:

第一,私法领域最重要的就是意思自治原则,如果将船舶建造合同一律认定为买卖合同或承揽合同,忽略了合同双方当事人有约定的情形,如果双方当事人对船舶建造合同的法律属性有明确约定的,首先应依照其约定。因此,若当事人对合同属性有明确约定,并且船舶建造合同的文本名称与合同的内容及权利义务特征相一致,当事人约定的各权利义务之间不存在相互矛盾,则应依照其约定确定船舶建造合同的法律属性。

第二,如果当事人无明确约定时,依据《合同法》第 61 条"合同生效后,当事人就质量、价款或者报酬、履行地点等内容没有约定或者约定不明确的,可以协议补充;不能达成补充协议的,按照合同有关条款或者交易习惯确定"之规定,双方当事人可以就合同的法律属性进行协议补充,不能达成补充协议的,可以按照合同有关条款或者交易习惯进行确定。其中,按照合同有关条款确定,可以借助物料的提供、船舶的设计、船舶建造过程的监督检查等因素,推定出当事人的意思表示,区分合同的主要目的及特征是交付工作成果还是转移所有

权,从而确定船舶建造合同的法律属性是承揽合同还是买卖合同。比如,对于商品船而言,由于合同签订时船舶建造已完工,船舶的技术规格在建造前并非由双方协商确定,而是由船厂确定,物料设备也由船厂提供,船东不参与监造,此时船舶建造合同的法律属性应认定为船舶买卖合同。

第三,上述两种方法均不能确定当事人的意思表示时,或者当事人关于合同属性的约定与合同的内容不一致,或者当事人约定的权利义务之间相互矛盾时,应将船舶建造合同认定为《合同法》十五类有名合同之外的无名合同。若双方当事人将合同的文本明确表述为"船舶建造买卖合同",但同时又约定由船东提供主要建造物料,并约定船舶所有权自交接时转移,此时该合同的法律属性仍应认定为无名合同,而非买卖合同。在认定船舶建造合同为无名合同的情形下,针对具体争议类型,按照《合同法》第124条之规定,对于《合同法》分则或者其他法律没有明文规定的无名合同,适用《合同法》总则的规定,并可以参照《合同法》分则或者其他法律最相类似的规定,而不能一概准用买卖合同或承揽合同的规定。

(二)常用的标准船舶建造合同

在国际船舶建造业中,由于建造一艘船舶需要涉及诸如船舶设计、船舶规格、船舶价格、交付与支付方式、法律责任等纷繁的问题,因此往往有一系列的船舶建造标准格式合同供合同双方借鉴使用,然后再在这些标准船舶建造合同的基础上根据当事人自己的实际需要进行修改。在当今世界的造船业和航运业,每个造船主体都非常看重并争先选用由自己预先拟定的标准合同文本。也可以说,谁在这方面占得先机,谁就掌握了谈判交易主动权,从而能更好地维护自己的优势和利益。目前国际上通行的船舶建造合同主要有四种:西欧造船国家协会制定的《AWES标准船舶建造合同》[①]、日本船东协会制定的《SAJ标准船舶建造合同》[②]、美国海运部制定的《MARAD标准船舶建造合同》[③]、波罗的海国际海事公会制定的《BIMCO标准船舶建造合同》[④]。四者各有侧重的利益点,基本上都在维护其造船大国地位。所以大多数造船厂一般都不愿采用其参加的贸易协会提供的标准格式合同以外的合同。

值得注意的是,2011年中国海事仲裁委员会制订了"上海格式"标准新船舶建造合同[⑤],即吸收了国际造船合同的长处,同时与时俱进的考虑船舶科技的发展及海事领域推出的新标准和规范,结合目前我国本土中小造船企业的实际现状,力求平衡合同各方利益,有效填补了我国拥有国家级船舶建造标准合同的空白,打破了我国造船界一直沿用国外通用船舶建造合同和国际航运及造船规则标准话语权被西方发达国家垄断的局面。笔者认为,在台州的众多造船主体一般没有自己的船舶建造合同,或者是简单拼凑有关通用合同的条款,其中疏漏难免,容易发生争议,不利于自己权益的维护,特别是在当前航运市场低迷、造船新接订单大幅骤减的危机下,订立一份规范的造船合同,防范潜在的法律风险异常重要。"上海

---

① Association of Western European Shipbuilders(AWES),是由西欧造船协会制定的船舶建造合同。

② Shipbuilding Association of Japan(SAJ),是由日本造船协会制定的船舶建造合同,是目前国际上使用率最高的标准格式合同文本。

③ The Maritime Subsidy Board of The United States Department of Commerce Maritime Administration Form(MARAD),是由美国商业部海事署海事基金会制定的船舶建造合同。

④ The Baltic and International Maritime Council(BIMCO),是由波罗的海国际海事公会制定的船舶建造合同。

⑤ 《标准新造船合同(上海格式)》,http://www.cmac-sh.org/ht/newhetong.htm,中国海事仲裁委员会,2012年3月12日访问。

格式"正是迎合了他们的迫切需求,具有深远的意义。

(三)船舶建造质量的纠纷

一般而言,台州模式下船舶建造合同的船舶建造质量纠纷问题主要划分为:(1)船舶建造过程中,当事人围绕造船工艺或造船人实际使用的船用材料、机器和设备是否符合船舶建造合同的约定发生的争议;(2)船舶建造完成后,当事人就船舶的各项技术指标诸如船速、适航条件、载重量、燃油消耗率、船舶强度、噪音和震动指数等是否符合合同约定发生的争议;(3)船舶实际交付后至质量保证期届满前,当事人围绕船舶工艺、机器和设备等发生的争议;(4)船舶质量保质期届满后发生的质量争议。① 笔者对其中几个主要问题提出以下探讨:

第一,在实际船舶建造中,并不都是由船厂为船舶提供所有的船用材料或机器设备。除了船上的小器具物品,船东考虑到成本或易于检查等因素,会自己提供船舶的材料或机器设备,由建造方在其厂区内保管并安装在船上。船东提供机器设备的种类和范围在不同的船舶建造合同下会有所不同,一般包括如专门的货物装卸设备、航行和通讯设备等。[2] 在此情形下,若这些材料和机器设备本身就存在质量问题,当船舶建造完成后发现船舶缺陷主要原因是由于船东所提供的材料造成的等情形发生,就引起了纠纷。因此,当事人在船舶建造合同中事先约定尤为重要。当船厂接收了船东提供的材料和机器设备后,发现有质量问题,可以拒绝安装在船舶上,并要求更换或使用替代品,造成的交船迟延损失由船东负责。船厂在合同中可以设定质量瑕疵担保条款,确保船东担保所提供材料设备的可靠安全性。

第二,船舶建造合同具有自身的特殊性。首先,船舶建造规范的国际公约如《国际载重线公约》(LOADLINE)、《国际吨位丈量公约》(TONNAGE)、《国际海上人命安全公约》(SO-LAS)等,对船舶本身都提出了硬性的要求。一旦船舶未达到绿色、安全的技术标准,违反强制性入级规则,船厂所建造的船舶将无法获得相关合格证书。其次,造船技术规范经常会发生变化,对船厂提出了更高的要求。船厂在每一个环节上都要遵循规范的变更,势必会造成履约成本在增加,加上由于造船技术规范的经常修改,船厂可能会延误交船日期,处于诉讼不利的地位。当双方对造船技术规范无法达成一致的合同修改意见时,船厂继续履行原合同义务,很可能导致船舶建造完成,也无法获得船级认证,无法正常营运,造成巨大的损失。再次,各项技术指标也因船舶的特殊性和双方认知的差异性而引起争议。综上,笔者建议船舶建造合同当事人在严格遵守国际公约、规则和国内强制法规定的同时,在合同订立时应力求合同条款符合最新的造船规范,明确关键词定义,可设置最低下限,设立船厂瑕疵担保义务等,使船舶具有实际利用价值,达到合同订立的目的。

第三,船舶检验证书、适航证书、载重线证书、吨位证书、防止油污证书等法律文件,是我国国家海事主管机关为保证船舶建造质量,根据相关法律对船舶建造及检验的严格规定,依其职权实施的行政许可行为。其获得都必须经船舶检验机构进行法定检验和监督管理,并由在注册资金、生产场所、加工设备、技术人员等生产条件与能力水平方面均符合规定标准的船舶建造企业提出申请。因此,这些法律文件具有效力先定性、确定力、拘束力和执行力等行政行为的基本特征属性[3],在其指向的法律事实范围内,可以证明新建船舶不存在质量问题,除非有相反证据予以推翻。

---

① 《关于我省船舶建造、买卖合同纠纷案件的调查与思考》,台州海事审判网,http://www.tzhssp.cn/tzhssp/ShowID.asp?ID=96,2012年3月20日访问。

结　语

本文从台州模式供产销这一大方面入手,以船舶建造合同法律性质的分类为主线,结合台州模式造船业中具有普遍代表性的法律争议点加以分析和界定,希望能对台州造船业中出现的问题提供解决之道,有利于船舶法律理论体系的完善和健全。笔者最后想再次强调,具体到某一类型的船舶建造合同而言,它的法律性质并不是固定不变的,其法律性质随着造船主体的活动赋予和改变,造船主体的交易方式、采用的合同文本及其他主要因素,都会改变原来船舶建造合同的法律属性。因此,笔者认为在分析船舶建造合同的法律性质时应从实际出发,尊重当事人的意思自治,才能得出正确的结论。

参考文献：

[1]胡正良.国际海事条约汇编.大连:大连海事大学出版社,1999:23.

[2]王振波.国际船舶建造合同中建造方的救济研究.大连海事大学硕士学位论文,2008:30.

[3]罗豪才.行政法学.北京:北京大学出版社,1997:112.

论船舶建造银行融资法律问题

任楚蓉

【摘要】 2011年2月底,浙江省人民政府提交的《浙江海洋经济发展示范区规划》获得国务院正式批复,浙江海洋经济发展示范区建设上升为国家战略。在海洋经济产业链中,造船业可谓是"皇冠上的明珠",而金融业作为支撑造船业的坚强后盾,更是占据了举足轻重的地位。作为法律和金融的交叉领域,本文阐述了我国船舶建造银行融资现状,再从政策性贷款和商业银行贷款两方面介绍了船舶建造融资面临的法律困境,最后提出破解我国船舶建造融资难题的若干建议。
【关键词】 新兴造船业;造船融资;船舶抵押

一、我国船舶建造银行融资现状

过去的几年是中国造船业有史以来发展最为迅猛的时期,不仅国有的主力造船企业大力扩张产能,民营造船企业也如雨后春笋蓬勃发展。在船舶建造领域,几乎没有船东会全部以自有资金用于造船,外源融资①对造船业的意义巨大。总体上来说,我国造船企业还是以中小型规模的企业为主,除部分大型国有造船企业可以获得出口信贷担保支持,民营造船企业难以得到有效的造船融资支持,以民营造船业较为发达的浙江温州和台州地区为例,民营造船企业80％以上的资金为企业自有资金和民间借贷资金,银行信贷资金比重小。造船企业是个周期性很强的行业,现阶段全球航运业和船舶制造正处于处于产能过剩的阶段,受持续的经济危机影响,造船行业还比较低迷,马太效应②也会加重企业对资金的渴求,融资难问题在未来一定时期内仍要持续。

在国内银行融资方面,国家开发银行、中国进出口银行、中国银行、建设银行、工商银行、交通银行等都在积极开拓船舶融资业务。特别是中国银行、中国进出口银行和中国工商银行可谓"三足鼎立",占据了船舶融资市场大约75％的巨大份额。银行作为专业性金融机构,其投融资业务对以造船业为代表的一系列资金密集型产业的发展可谓意义重大。银行贷款可以分成政策性贷款和商业银行贷款。以各国的进出口银行为主的政策性贷款实质上是政

作者简介:任楚蓉,浙江大学光华法学院国际法学硕士。本文系2012年浙江省科技厅重点软科学研究项目发展海洋经济战略下台州模式造船业可持续发展法律问题研究(课题编号2012C25097)和浙江大学光华法学院海洋法治课题成果。

① 外源融资:相对于内源融资而言,是指吸收其他经济主体的储蓄,以转化为自己投资的过程。包括:银行贷款、发行股票、企业债券、商业行用和融资租赁等。参见"MBA智库百科",http://wiki.mbalib.com/wiki/％E5％A4％96％E6％BA％90％E8％9E％8D％E8％B5％84,2013年3月29日访问。

② 马太效应:是指"强者愈强,弱者愈弱"的现象,广泛应用于社会学、金融学等领域。它是与新古典增长理论的"趋同假说"相反的一种观点,认为由于制度、人才等经济因素,弱小者得不到好的资源,比强大者更缺乏发展机遇,导致发展过程中两者差距愈来愈大的现象。

府为大型造船企业提供的具有优惠性质的低于市场利率的贷款。出口信用保险就是一种较好的支持造船企业融资的政策性金融手段。利用出口信贷为造船企业融资可能会违反《补贴与反补贴协议》，如果我国的造船企业遭到外国的船舶倾销调查，对我国造船行业的发展和外交都是不利的，而出口信用的另一项重要工具——出口信用保险，则是世界贸易组织允许成员国政府使用的为数不多的鼓励出口的金融工具之一，通过保险人承担保单列明的商业风险和政治风险，使被保险人得以使造船企业规避延期付款的风险，也能使银行规避收回贷款本金和利息的风险。[1]商业银行贷款主要包括信用贷款和担保贷款两类。前者多由银行向与之存在合作关系且信誉度较好的部分造船企业提供，条件严格，实例不多。也就是说前者主要面向部分国有大型造船企业，真正缺钱的民营中小型造船企业也通常得不到其融资支持。后者的适用范围相对较广，形式多样，如抵押贷款、保证贷款等。①

二、船舶建造银行融资的法律困境

目前我国船舶工业正处于快速发展阶段，船舶产业的发展需要更多的优惠信贷和担保，造船设施的建设，以及船厂的顺利运转都需要巨额的资金投入。如上所述，银行信贷包括政策性信贷和商业银行信贷。这两者现阶段都存在一些问题。国家的政策性贷款，定位于服务对国民经济有重大影响的产业和项目建设，实质上是政府为扶植本国的造船企业实行的一种优惠贷款办法。政府通过提供的低于市场利率的长期贷款，对船舶行业提供数额大，期限长，资金充足的贷款支持，是促进船舶产业发展的重要融资渠道。

（一）政策性贷款

对于政策性贷款而言，一是其对象范围狭隘。一般仅针对大型造船企业，而这些企业由于资信较高，也较容易获得商业银行贷款的支持，相应的，中小型造船企业基本上被排除在政策性贷款之外。二是贷款提供方多以中国进出口银行这一家银行为主，风险日益集中。三是政策性贷款虽扶植力度大，但现在船舶买卖属于典型的买方市场，特别是针对船舶出口的买方信贷业务在实务中仍存在很多政策和操作上的障碍。例如，如果是除中国进出口银行以外的银行办理出口信贷业务，则需要向中国出口信用保险公司进行投保。根据规定，中国出口信用保险公司审批权限为3000万美元，3000万美元至1亿美元须报财政部审批，1亿美元以上要报国务院审批。[2]因此，在实践中，由于包括外汇在内的政策上的种种限制导致很多船舶建造出口项目流失，不利于我国造船企业走出去。

（二）商业银行贷款

对于商业银行贷款而言，由于现行法律制度不健全、融资模式单一、融资渠道不畅、解决担保问题的措施不当、风险防范措施不到位、信贷政策不够灵活、造船行业风险高又缺乏有效抵押物，商业银行大多不愿进入造船领域。2001年《新巴塞尔协议》要求银行业的资本占风险总资产的比例保持在8%，在信用风险方面，新协议提出了标准方法和基于内部评级的基础方法和高级方法，强调了最低资本要求、外部监管、市场约束的作用，以适应不断变化发展的金融市场的客观要求。[3]《新巴塞尔协议》改变了我国商业银行只注重资产规模而不注重资产质量的观念，各家商业银行都采取了普遍的措施提高自身的资产质量，通过财务分

---

① 参见"台州造船业存在的问题及对策研究"，http://wenku.baidu.com/view/ad791468561252d380eb6e97.html，2012年4月16日访问。

析,加强风险控制,相对于中长期贷款更愿意提供短期的金融支持。在接受企业贷款申请时,商业银行要进行客户信用评价,并对客户的盈利能力、现金回收能力和偿债能力等方面做出客观、公正和准确的评价[3],具体来说,一方面由于船舶市场波动太大、资金占用周期长,银行出于风险防范的考虑,均采取"审慎"原则;另一方面,航运金融对于中国而言又是一个新课题,相关方关系复杂,涉及注册、关税、保险、银行、买卖双方等诸多方面,进展颇为困难。[4]我国的造船企业的大部分资产都集中在土地、厂房、机械设备和船台上,固定资产存在明显的专用性,流动性差,其资产负债率也普遍较高,而银行处于风险考虑对动产抵押贷款的条件控制相当严格。2006 年造船企业总体的资产负债率为 84.4%,2007 年这一数据为85.2%①。目前,很多中小型的造船企业的土地问题大部分未落实,加上造船基地位于滩涂,通用性不强。主要资产为船台等基础设施和龙门吊等设备,可抵押资产少。这都使得我国的商业银行对于造船企业的信用评价更加谨慎,对造船业信贷业务开展比较少,对造船业的市场行情、技术水平、国际法规、造船过程的风险特点以及风险防范管理方法都不是很熟悉。在各类银行贷款模式中,建造中船舶抵押融资最具代表性和研讨价值。一般认为,建造中船舶抵押融资是船舶所有人(造船企业、船东或者其他主体)将建造中的船舶作为抵押物抵押给抵押权人(银行等金融机构)进行融资的行为。② 同其他融资方式相比,建造中船舶抵押融资有着就地取材、高效便捷的先天优势。我国《海商法》第十四条正式设立了建造中船舶抵押权,从立法的高度为建造中船舶抵押融资模式的全面推行奠定了基础。2009 年 6 月 9 日,交通运输部海事局发布实施了《建造中船舶抵押权登记暂行办法》,围绕建造中船舶抵押权登记事宜作出明文规定,使建造中船舶抵押融资从单纯的学理和法律上的可能转变为现实。③ 山东、辽宁、浙江、安徽等省市也已先后出台了本地区建造中船舶抵押融资管理方面的规范性文件,有力地充实了此类船舶建造融资方式的制度基础。但是,受金融危机和业务经验等综合因素影响,实务中造船企业和商业银行对建造中船舶抵押融资这一新型融资模式所持的态度仍有所保留。

三、完善我国船舶建造银行融资相关建议

(一)政府部门要发挥主动性,完善融资配套措施

政府的航运管理部门应积极为航运企业和金融机构牵线搭桥,在船舶建造业集中的地区,政府可以出一定的资金,引导金融机构参与,召开合作洽谈会、举办研讨会等方式,加强政策性银行,各商业银行与造船企业的沟通,以了解船舶企业的真正信贷需求,拓宽船厂的资金来源,减轻政策性银行的信贷风险,同时加深投资者对水运行业的了解。[5]政府的土地管理部门应尽快落实造船企业的用地指标,解决造船企业无有效土地抵押的问题,拓宽融资渠道,也避免因用地指标未落实,导致企业违法用地而产生的政策风险。在造船业比较发达的地区,专门规划造船基地或者造船工业园区,消除造船企业顾虑,使其土地可长期利用,手续合法规范。各地的海事部门应结合各地实务,展开调研,不断探索,主动接触、论证并操作各种模式的船舶建造融资方式,比如认真研究船舶抵押或船坞、场地等抵押贷款业务的可行

---

① 中国船舶工业年鉴编辑委员会:《中国船舶工业年鉴 2009》,船舶年鉴编辑部 2009 年版,第 24 页。
② 参见浙江省人民政府于 2009 年 4 月 28 日发布的《浙江省建造中船舶抵押管理暂行办法》第 2 条。
③ 1995 年 1 月 1 日起施行的《中华人民共和国船舶登记条例》未就建造中船舶抵押登记作出相应规定。

性。在实践中有效促进新的融资模式的发展和完善,协调有关银行在造船企业承接造船订单时及时介入,通过信用担保或以建造中船舶抵押等形式,帮助企业解决担保难与流动资金短缺问题,实行专款专用、封闭运行、监督使用。各相关部门都应发展新的思路,不断创新、拓宽渠道。

(二)完善船舶抵押权相关立法

基于立法现状和船舶建造融资的实际,不妨就地取材,暂且将建造中船舶抵押纳入固定担保的范围,权利客体由当事方协商确定,抵押担保的债权数额以建造中船舶的即时评估价值为限,并可根据船舶建造进度不定期动态追加,以利于实务操作。① 完善建造中船舶抵押权制度,将有力控制投资者投资造船业的风险,有助于造船企业或者船东向外寻求第三方融资。我国《海商法》第 14 条第 1 款规定:建造中的船舶可以设定船舶抵押权。而依据《担保法》第 34 条第 2 项,交通运输工具的所有权人是适格的抵押人,而在前述的所有权依分期付款而分阶段转移的方式下,建造中船舶的所有权并不是一直属于造船企业,造船企业仅有权就船东还未付款的相应阶段的工程设定抵押。已经论述过《建造中船舶抵押权暂行办法》将那些约定所有权属于船东即定作人的造船合同排除在外是不合适的。所以作为定作人的船东,只要享有相应的所有权,也可以作为设立建造中船舶抵押权的主体。建议将《海商法》第 14 条第 1 款修改为:建造中的船舶可由依据造船合同对其享有所有权的当事人设定船舶抵押权。同时增加一条规定:在建造中船舶申请抵押登记时的评估价值不必大于所担保的债权;建造中船舶抵押权在船舶建造完毕后如未实现,自动转变为船舶抵押权。

(三)创新银行金融服务

在政策性银行方面,根据我国船舶产业政策性金融的现状,下一步的发展方向应该为:首先,与商业银行加强合作。在为造船企业提供造船项目信贷时,商业银行可以进行相关的担保。为此,造船企业应该将建造中船舶的相关权益转让给该商业银行,例如建造中船舶抵押权等。与此同时,聘请顾问公司为船舶建造项目进行全方位的监督和管理,特别是要监督船舶实际建造进度,确保银行贷款真正用于该船舶建造。在这些措施的保护下,商业银行的风险可以得到有效控制,政策性银行承担的集中风险也可得到分散。其次,创新信贷产品,推广为船舶制造提供的"一站式"信贷融资服务。目前,中国进出口银行为船舶产业提供的融资产品主要有出口卖方信贷和对外担保等方式,而买方信贷则由于船舶进口商所在地域等因素相对较少。故可增加买方信贷的提供力度,使用买方信贷与卖方信贷相结合的"一站式"融资方式,在造船企业交船前,由政策性银行提供出口卖方信贷,满足船舶制造加工期间对资金的需求,同时为进口方提供其所需要的履约和预付款等保函服务,保证造船企业有能力履约和预付款的安全;在交船后,政策性银行再根据船东的需要及担保情况为船东或船东银行提供买方信贷;同时为造船企业继续提供卖方信贷,使造船企业和船东都能得到全方位的融资服务。按照国际上的延付 12 年、年利率为浮动商业参考利率的船舶出口信贷条件,提供贷款;鼓励企业创造条件,使用国内银行的外汇贷款。在商业银行方面,要加强对中小型造船企业的融资服务。适当放宽船舶建造行业的贷款条件;制定适合船舶建造行业的特

---

① 有观点主张,为了提升金融机构参与建造中船舶抵押融资的积极性,同时也为了减少抵押人的损失,保护其合法权益,应允许以法定方式之外的其他方式来实现建造中船舶的抵押权。参见蒋跃川,李琳,郭萍:《建造中船舶抵押面临的法律问题及对策》,载于《中国海商法年刊》2009 年版,第 59 页。

别的评级方法;积极实行建造中船舶抵押融资担保。在人才方面,培养专业的船舶建造贷款的高端人才,有条件的银行要成立船舶信贷部,重点解决中小型造船企业的融资难问题。加强和企业的交流,对于船东迟延付款和推迟交船的情况,要适当给予造船企业的贷款延期支持。对于符合条件的大型造船企业要提供买方或者卖方信贷,支持其发放债券等。商业银行还应积极开展金融创新,探索信托等新兴方式,例如在海域使用权问题上,可以实行海域使用权证可以抵押贷款的政策。

(四)发展出口信用保险

我国加入 WTO 后,利用政策性的出口信贷为船舶企业提供融资,可能会违反《补贴与反补贴协议》的规定,而违反的后果则是外国对我国船舶企业的反倾销诉讼与调查,这对我国船舶产业的发展显然是不利的。《补贴与反补贴措施协议定》中还规定"一国政府或该政府控制的特殊机构提供的出口信贷担保或保险计划、针对出口产品成本增加或外汇风险计划的保险或担保计划,保险费率不足以弥补长期营业成本和计划的亏损"则属于禁止性出口补贴。换言之,只要出口信用保险机构能够在一定时期内维持盈亏平衡,出口信用保险就可以实施。[6]因此,出口信用保险逐渐成为了当前各国政府支持出口,保障国内企业降低融资难度和收款安全的有效措施和手段,目前全世界共有 70 多个国家正在实行这项制度。船舶产业的出口信用保险的机制为,通过保险人承担船舶企业的市场风险、商业风险和系统风险等,使被保险人得以使船舶企业规避延期付款的风险,也能使商业银行规避难以收回贷款本金和利息的风险。由于船舶企业资产量大,被保额度和风险与一般保险业务相比普遍较大,商业保险公司在该领域的业务量非常少,中国出口信用保险公司是提供和受理船舶企业出口信用保险的主力。目前中国出口信用保险公司提供的业务主要集中在中长期业务上,而由于中长期业务确实更有利于发挥出口信用的作用,所以下一步的发展方向应当是继续巩固和拓展中长期保险业务:第一,中长期出口信用保险。该业务有利于降低由于对船舶企业缺乏了解而对银行信贷决策的影响,从而使造船企业的信用级别得到提高,尤其有利于降低中小船舶企业从商业银行贷款的难度,也为船舶企业获得出口信贷方面的优惠条件创造便利。第二,融资担保。该业务是中国出口信用保险公司直接向为船舶企业发放贷款的商业银行提供的担保,保证在贷款发生损失时将由中国出口信用保险公司予以赔偿,而且提供贷款的商业银行可以获得全额赔偿,因此该业务同样缓解了由于对船舶企业缺乏了解而对商业银行信贷决策的影响。第三,信用保险项目融资。该业务则主要是通过对中国进出口银行的贷款提供风险保障,支持中国进出口银行满足船舶企业的融资需求,一方面转嫁贷款风险,增加船舶企业的收款安全性,提高其还款能力,另一方面降低提供贷款的商业银行的信贷风险,有效提升船舶企业的融资能力。

参考文献:

[1]王忱忱.出口船舶融资的信贷非均衡研究.江苏科技大学硕士学位论文,2011:55.

[2]曹清.助力造船企业走出浅滩.中国外汇,2011(9):28.

[3]唐国储,李选举.新巴塞尔协议的风险新理念与我国国有商业银行全面风险管理体系的构建.金融研究,2003(1):46—54.

[4]蔡宇宸.船舶产业基金——船舶融资方式的创新.中国造船,2011(4):230.

[5]郑晶.嘉兴多举措应对造船业"熊市".嘉兴日报,2011-12-07,第3版.

[6]马荣花.《补贴与反补贴措施协议定》与出口信贷.对外经济贸易大学硕士学位论文,2006.

海洋经济时代新兴造船业
呼唤绿色船舶转型升级

金彭年　张　晶

【摘要】　在新兴造船业机遇与挑战并存的海洋世纪,适逢浙江省委、省政府对战略性新兴产业的重大支持以及国务院正式批复《浙江海洋经济发展示范区规划》并决定在温州市设立金融综合改革实验区,这为我国新兴造船业的发展提供了机遇。与此同时,国际海事组织相继出台的造船新标准也给我国技术环节相对薄弱的造船业带来了不小的冲击。文中笔者阐述了我国造船业发展的历史轨迹和海洋经济时代下新兴造船业主体方面的特点,并以低碳经济下船舶减排为切入点,列举大量造船业国际标准及国内标准及国际上各方对船舶减排统一标准制定的态度,明确提出海洋经济时代下我国造船业主体的应对对策,从我国政府及造船主体两个角度就中国构建造船业相关法律制度提出若干建议。

【关键词】　新兴造船业;绿色船舶;船舶碳关税

一、机遇与挑战并存的新兴造船业

(一)充满机遇的新兴造船业

在全球90%左右的贸易都通过海上运输来完成的海洋世界,浙江迎来全新的机遇——浙江海洋经济发展示范区列入国家战略。随着国务院正式批复《浙江海洋经济发展示范区规划》,海洋经济成为我国当前经济发展的战略重点和热点。为促进海洋经济的协调、可持续发展,海洋经济中的船舶工业自然也成为发展海洋经济的制高点。造船业可以说是船舶工业中非常重要的一个组成部分,约占整个船舶工业总产值的四分之三①,因此,大力发展船舶建造工业对于发展我省海洋经济具有举足轻重的作用。

2012年3月28日,国务院常务会议决定在温州市设立金融综合改革实验区[1]。这对于整个浙江省的民营经济来说都无异于拂过一阵春风。一直以来,民间金融都滞后于实体经济发展的需求,此次改革有利于引导民间资源合理配置,服务实体经济,帮助浙江省实现经济转型,对于大部分资金来源为民营资本的造船业来说也能够更加规范有序地发展,促进船舶建造市场的规范管理和持续快速发展。为此,台州市制定了《关于促进海洋经济科学发展的政策意见》,引导产业投资基金、股权投资基金等加大对海洋工程及船舶制造企业、海洋运

作者简介:金彭年,中国国际私法学会副会长,享受国务院政府特殊津贴,浙江大学光华法学院教授,法学博士;张晶,浙江大学光华法学院法学硕士。本文系2012年浙江省科技厅重点软科学研究项目发展海洋经济战略下台州模式造船业可持续发展法律问题研究(课题编号2012C25097)和浙江大学光华法学院海洋法治课题成果。

①　参见"我省船舶建造及其纠纷的调查报告——兼析金融危机对我省船舶建造业的影响",http://www.nbhsfy.cn/info_bg.jsp? aid=14351,2013年4月7日访问。

输企业等的投资力度,支持金融租赁公司联合当地金融机构、船舶制造企业,积极开展船舶租赁融资业务。宁波市则出台了《关于加快我市融资租赁业发展的若干意见》,要以融资租赁业发展带动船舶制造业发展,实现产业联动。①

据英国 ICAP Shipping Research 航运研究公司调查,以中国为主,造船业将在 2013 年迎接"转折点":一些中大型造船厂接连获得订单②。根据浙江省委、省政府的最新规划,到 2015 年,浙江省战略性新兴产业增加值将达到 5000 亿元左右,占生产总值的 12% 左右。大力发展包括海洋工程装备及高端船舶等在内的海洋战略性新兴产业,提升船舶制造业的整体实力,加快浙江船舶产业转型升级。这些都标志着浙江造船业面临新的发展机遇,迎来了一个崭新的时代。发挥传统产业块状经济优势,大力发展战略性新兴产业,成为处在十字路口的浙江经济转型升级的战略选择。

(二)充满挑战的新兴造船业

我国在加入世贸组织后,全球经济贸易一体化的趋势日趋明显,造船行业也驶向了高速运行的轨道。众所周知,浙江是"中国制造"的王国,浙江省的民营资本非常充足,因此民营企业成为了浙江省造船工业的主力军。2002 年以来,船价飙升迅速,敏锐的民营企业家看重了造船业这块肥肉,投入了大量的民营资本进行船舶建造,但是造船的设备、技术都相对薄弱,这对于船舶质量的提升是非常不利的,容易形成安全隐患,更不利于整个造船业的长远发展。

近年来我国中小型造船企业数量剧增,但是水平比较低,科技含量不高,有相当一部分船企不符合生产硬件标准,扰乱了船舶建造行业的正常经营秩序,也给人民群众的生命财产安全带来巨大的安全隐患,并且在实际生活中容易引发纠纷,亟待规范管理。可以说,在通往造船强国的这条大道上,我国造船相关法律规范的缺失以及发展新兴造船业遇到的严峻挑战成为我国造船业转型升级的障碍。

目前国际海事组织(IMO)和业界有关组织讨论、研究和酝酿的有关新标准主要有以下几项:国际拆船公约(2009 年香港国际安全与无害环境拆船公约)、压载水公约、协调后的共同结构规范、氮氧化物和硫氧化物排放新标准、涂层性能标准、船舶能效设计指数等[2]。此外,国际海事组织(IMO)对散货船做出要求双层壳体的决定对我国造船业提出了更高的要求。一旦这些标准得以实施,我国的新兴造船业势必要受到重大的冲击。

二、新兴造船业主体面临的国际新形势

(一)低碳浪潮冲击船舶制造业

浏览近年来大大小小的国际国内新闻、期刊,我们发现,"节能减碳"正成为广大官员、学者口中新的宠儿,发展低碳经济越来越为广大国家所认可。碳排放过量直接导致的后果是全球气候变暖,也许你还能记得这样一幕:2009 年 12 月 7 日,哥本哈根联合国气候变化大会上,一名斐济代表在谈到因海平面上升而面临消失危险的太平洋岛国时泪洒会场③。提倡绿

---

① 参见"浙江造船业加快转型升级",http://news.steelhome.cn/2012/11/09/n2415022,2013 年 7 月 5 日访问。

② 参见"2013 年全球造船业迈入新格局",http://http://news.machine365.com/content/2013/0110/396817.html,2013 年 5 月 13 日访问。

③ 参见"气候大会现场斐济代表声泪俱下呼吁关注岛国",http://www.chinanews.com/tp/news/2009/12-08/2005409.shtml,2013 年 3 月 9 日访问。

色清洁、可持续发展的低碳时代已经到来,有学者预言未来四十年将是低碳经济蓬勃发展的时期。低碳经济将引领世界未来经济发展方向,以低碳经济为核心的第四次产业革命已经到来。

1997 年 MARPOL 公约缔约国大会上,IMO 通过了一项决议:与 UNFCCC 合作,研究船舶二氧化碳排放问题。在这之后,IMO 一直寻求船舶温室气体减排措施。各国节能减排和绿色技术决定其未来国际竞争力[3]。据悉,虽然被认为是最清洁的运输方式,船舶行业也是温室气体排放的主要来源之一,在节能减碳面前难辞其咎。现在,造船业无法躲避冲击,被纳入节能减排"黑名单"。具体到船舶建造,主要包括船舶建造期间消耗的电量、钢材切割、所需的蒸汽量而导致温室气体的排放[4]。作为低碳经济的重要组成部分,船舶温室气体(GHG)减排是大势所趋,采取船舶建造节能减排技术,有效减少船舶建造过程中的碳排放刻不容缓。

低碳经济进入到新世纪以来处于全球大发展的重要历史时期,全球制造业节能减排也被摆到了非常突出的位子。就以国内建造最多的 18 万吨散货船为例,建造该种船型的钢材用量大约为 2.4 万吨,而生产一吨钢材所排放的二氧化碳约为 2.786 吨,因此建造一艘船舶大约会排放 6.6864 万吨二氧化碳。无疑,我国作为造船大国所受到的冲击和影响是巨大的。由此我们可以看到,采取船舶建造节能减排技术,有效减少船舶建造过程中的碳排放刻不容缓。中国船级社总裁李科浚深刻而又精辟地指出:"对中国而言,'碳'战争是一场没有退路的'争夺战',一场不容错过的'机遇战',一场践行科学发展观的'持久战'[5]。"

(二)催生"EEDI"和"绿色船舶"

2008 年 10 月召开的国际海事组织海洋环境保护委员会(MEPC)第 58 次会议上由巴西第一次提出的 EEDI(Energy Efficiency Design Index)概念迅速成为海事各方关注的焦点[6]。EEDI 是由新造船 CO_2 设计指数转变而来,其转变原因是从船舶能效水平角度提出标准更符合 IMO 的国际角色。EEDI 公式是根据 CO_2 排放量和货运能力的比值来表示的船舶能效。2009 年 7 月,国际海事组织(IMO)制定了《新船能效设计指数(EEDI)计算方法临时导则》和《能效设计指数自愿验证临时导则》[7]并以通函方式散发,虽然目前处于自愿试用阶段,但这对未来新造船舶从设计到建造都提出了新的要求,指明了未来发展方向,势必对我国的造船业产生深远的影响。

在船舶减排面临前所未有挑战的情况下,为了尽可能地减少船舶在生命周期内(包括设计、建造、营运、拆解)对海洋、大气造成的污染,"绿色船舶"的概念应运而生。目前国际上对绿色船舶尚无统一而明确的定义,但显然绿色船舶的着力点在"绿色",通过应用绿色技术最大程度上实现船舶的节能减碳。其要求对所有排放的废气、废液、固体废弃物的排放都要经过一定的处理,达标后才能排放[8]。显而易见,这对我国船舶建造业来说是一项严峻的挑战。在低碳经济时代下,"绿色船舶"将成为低碳经济时代开拓船舶市场的最大筹码是不容置疑的。丹麦提出"未来绿色船舶"计划[9]让我们看到绿色船舶的步伐正在加快,日本、韩国等国家也在积极研究 IMO 新标准和新规范,我国也应做好相应的技术准备,将绿色船舶作为抢占未来船舶市场的着眼点。

除了建造船舶的硬性指标外,以欧盟为代表的发达国家更直言要对船舶等高耗能的产品征收"碳关税"。"碳关税"成为当下流行词,对"到底要不要征收碳关税","碳关税是否符合 WTO 规则","征收碳关税是为了保护环境亦或是新一轮的绿色壁垒"等一系列的问题的解答莫衷一是。从船舶建造环节控制温室气体的排放是船舶减排的根本途径。目前我国的船舶工业标准中没有对温室气体排放做限制性要求,在这方面有待于进一步加强。

三、围绕"船舶碳关税"展开的激烈论战

国际海事组织海洋环境保护委员会(MEPC)同意采取两步走的方法讨论温室气体排放问题[10],第一步是从技术层面入手,第二步包括"平等适用"或者"共同但有区别的原则"的适用。对于到底使用何种原则,各个国家莫衷一是,以下是两种截然不同的态度。除了建造船舶的硬性指标外,以欧盟为代表的发达国家更直言要对船舶等高耗能的产品征收"碳关税"。

(一)以欧盟、英国为代表的部分国家要求"平等适用"

欧盟等发达国家已将"船舶碳关税"提上议事日程。欧盟提出"领先的发展中国家"(advanced developing countries)的概念,强调海洋运输的额减排目标应纳入哥本哈根会议。英国也准备将海洋运输纳入气候变化法案。欧盟甚至对IMO实施压力,如果不尽快推出全球性的减排措施,将实施单边行动。单边行动的实施不乏先例,美国的90油污法案就是一个实例。日本制定了《低碳社会行动计划》,将低碳经济作为未来发展方向及政府长远发展目标;2007年美国参议院提出《低碳经济法案》,2009年又通过了《清洁能源安全法案》[11];欧盟自2005年开始实行"碳排放权交易制度",美国也有类似的"二氧化碳总量控制与交易制度"。

在2008年4月召开的MEPC第57次会议上,IMO企图跳出《京都议定书》的框架,打破"共同但有区别的责任"原则。虽然船舶温室气体(GHG)减排短期看带来严重冲击,提高了船舶的建造标准,导致成本增加,使我国船企面临严峻考验,但是从长远看具有积极意义,在保护全球环境的同时能够推动造船业的良性发展。

由此来看,EEDI目的是为了遵循《联合国气候框架公约》中所确定的工业化国家削减排放温室气体的义务。然而,现在这些国家已经不满足于在国内施展拳脚,转而将触角伸向了其他国家,要求其他国家一同来承担减排的"义务"。他们所持的理由主要有以下三点:一是为了有效防止"碳泄漏";二是为了防止丧失其国内产业的全球竞争优势;三是出于经济政治政策的考虑。①

(二)以中国为代表的大多数国家坚持"共同但有区别的责任"原则

我国向MEPC提交的提案中强调:IMO不应在条件尚未成熟的情况下要求全球船舶强制无差别排放,否则一半的现有船舶无法满足新公式的要求。[12]另外,日本、丹麦、挪威、荷兰等大多数国家在此问题上与我国达成共识,都认为应经过广泛适用和实验后进一步完善公式的相关参数。

EEDI对船舶的设计提出了更高要求,一旦IMO强制执行后,我国造船业面临巨大挑战,只有不断改进才能使我国建造的船舶进入国际市场。同日本等造船先进国家相比,我国对EEDI的研究起步较晚,因此应加大力度以应对措施的强制执行,以免措手不及而痛失国

---

① Paul-Erik Veel. Carbon tariff and the WTO: an evaluation of feasible policies. Oxford University Press, September, 2009.

际市场。

中国在国际社会上一直坚持《京都议定书》确定的减排措施,坚持"共同但有区别的原则"。

(三)笔者对"船舶碳关税"的态度

通过双方对 EEDI 适用原则的论战,笔者认为,随着各国经济发展的变化,应对各国的发展状况及发展程度做一个重新评估。对上述减排义务的分配,也应该重新划定。比如中国目前的经济发展全世界有目共睹,作为最大的发展中国家,中国应承担起应有的责任,为广大发展中国家起好带头作用,为人类共同的美好家园献出自己的一份力,同时有利于促进中国的产业调整。但是,中国毕竟还处于工业化的初级阶段,"高污染、高消耗、高投入"仍是中国制造业的常态。如果以发达国家的环境标准来要求我国,我国相关产业必将面临严重的困难。因此,我们始终要坚持"共同但有区别的责任"原则,量力而行、循序渐进地推进国内 EEDI 能效标准,以适应国际节能减碳大环境。对于 EEDI,广大发展中国家可以采用"逐步推进"的方法,力争得到国际、国内更多的资金和技术支持,为我国造船业向低碳方向发展预留空间。

美国是唯一一个没有签署《京都议定书》的工业化国家。用中国一句老话来讲,就是"对别人马克思主义,对自己自由主义"。发达国家与广大发展中国家就好比厨师与食客的关系,在国际分工中发展中国家是加工制造业的而主要承担者,而很大一部分产品最终为发达国家所消费,显然,让厨师而非食客承担责任是不合理的。[13]

我国为了应对未来 EEDI 强制实施带来的挑战,工业和信息化部牵头建立 IMO 造船新规范标准应对机制,成立由相关单位组成的领导小组,并着手组织有关企业有针对性地开展攻关,尽快提高我国绿色环保船舶的设计建造能力。[14]

四、"船舶碳关税"符合 WTO 原则和人类发展需要

(一)"船舶碳关税"符合 WTO 原则

WTO 发布的一份报告称:"只要起草得当,理论上可以使这样的税收符合 WTO 法律,但很难证明它并非一个幌子,目的是对国际贸易进行非法限制[15]。"可见,WTO 对"碳关税"所持的态度是模棱两可的。

一般认为,GATT 第 20 条"一般例外"的(b)款和(g)款为"船舶碳关税"的征收提供了理论依据。(b)款的内容为保障人类、动植物的生命或健康所必需的措施,(g)款的内容为国内限制生产与消费的措施相配合,为有效保护可能用竭的天然资源的有关措施。

"船舶碳关税"是否满足(b)、(g)两个条款呢?在"美国标准汽油案"中,专家小组就曾指出,旨在减少因使用汽油所造成的空气污染的政策属于第 20 条(b)款规定的以保障人类、动植物生命或健康为目的的政策[16]。不言而喻,船舶碳排放量的减少有利于缓解大气压力,能够有效缓解全球气候变暖,从而有利于保障人类、动植物的生命和健康安全。但有一点要值得注意的是,征收"船舶碳关税"的措施是否为保障人类、动植物生命或健康所"必需"的措施呢?这里的关键词是"必需",要回答这个问题,我们就要考虑是否还有其他更好的替代性措施。要实现促进减排这个目的,除了征收"船舶碳关税",还有禁止进口、征收惩罚性关税、反倾销税或反补贴税等。[16]毫无疑问,这些措施非但没有程度更低,反而存在着更严重的贸易保护倾向。在"巴西翻新轮胎案"中,上诉机构总结道,在判断某一措施是否"必需"时,须

考虑若干相关因素,特别是所涉利益或价值的重要性、措施对达到政策目标的贡献程度和对贸易的限制。[17]虽然不能给"必需"下一个明确的定义,但总体来说,"船舶碳关税"不失为一种较为良好的措施来减少船舶碳排放。

我们再来看(g)款。(g)款包含两个非常重要的因素:一是与国内限制生产与消费的措施相配合;二是为有效保护可能用竭的天然资源。以美国为例,其国内的确有相关的配套措施。2009年6月,美国众议院通过《美国清洁能源和安全法案》[18],"总量控制与交易"这一市场机制将是其控制温室气体排放的主要手段。再者,在WTO争端解决实践中,美国标准汽油案专家组报告已将清洁的空气认定为可能用竭的自然资源。既然清洁的空气属于可能用竭的自然资源,那么适宜人类生存的气温同样应该被认定为可能用竭的自然资源。

满足了(b)款和(g)款,我们不能忽视第20条还有一个大前提,即"本协定的规定不得解释为组织缔约国采用或实施以下措施,但对情况相同的各国,实施的措施不得构成武断的或不合理的差别待遇,或构成对国际贸易的变相限制"。这是为了防止对例外条款的滥用,导致贸易自由化的初衷被破坏殆尽。即要想使"船舶碳关税"符合这个大前提,必须遵循"非歧视待遇原则",这涉及具体措施的设计。在这个问题上,笔者不便在此班门弄斧,留待专家们深入研究。正如上文所提到的那样,"只要起草得当,理论上可以使这样的税收符合WTO法律"。

(二)"船舶碳关税"符合人类发展需要

中国常驻WTO代表团副代表张向晨在发表"碳关税是否符合WTO规则"的主题发言时这样讲到:"世贸组织是一个贸易组织,但是在它的宣言里也提到了发展和环境的问题,要求各个成员按照可持续发展的目标,考虑对世界资源的最佳利用,寻求保护和维护环境,也就是实现贸易、发展和环境的'三赢'。"[19]

贸易与环境并不是必然对立的,但在现实生活中两者的矛盾却愈演愈烈。在现实的国际关系中,贸易与环境的冲突,更准确地说,是以自由贸易为基本原则的国际贸易体制与国际环境条约、国内环境政策的冲突,更多地表现为发展中国家的贸易需求与发达国家的环境政策的冲突[20]。究其原因,主要是发展中国家尚处于工业化的起步阶段,许多还属于粗放型的经济模式,并且国内相关的环境法律法规尚不健全,相比已完成工业化的发达国家更为严格的环境标准显然处于下风,且各方面的技术条件也不成熟。

虽然我们不能对发展中国家过于苛责,但这并不代表"船舶碳关税"就没有施行的意义。从长远的发展趋势来看,"船舶碳关税"终将在造船行业普遍施行。因为抑制气候变暖是一个全球性的问题,没有广大发展中国家的积极参与是不可能实现的,只能让发达国家做出的努力付诸东流。基于目前发展中国家的发展需要,对"船舶碳关税"的征收可以稳步推进,给广大发展中国家必要的缓冲期。

五、海洋经济时代下我国造船业主体的对策

(一)反对个别国家的单边行动,力求在WTO多边体制下充分磋商

笔者虽然支持征收"船舶碳关税",但极力反对个别国家的单边行动。WTO最伟大的一个创造就是建立了多边的争端解决机制,将国与国之间矛盾的解决置于多国有效的监督之下。根据2008年《利伯曼-沃纳法案》的规定,美国国内生产商每年在生产产品的过程中如

果所导致的碳排放少于 1 万吨二氧化碳当量的非氢氟烃温室气体,那么它们就无需遵守美国的排污权交易机制,而进口产品即便每年所导致的碳排放少于 1 万吨二氧化碳当量的非氢氟烃温室气体,也需要遵守相应的规定。显然,进口产品比国内产品处于更加不利的地位[21]。

诸如此种单边行为公然违反 WTO 最基本的原则,有违其他各国的利益。因此,在"船舶碳关税"的制度设计上,不能仅仅从本国的利益出发,而要充分考虑各国的国情和利益,尽可能地做到公平、合理、灵活。中国在磋商过程中,要力求掌握规则制定的话语权,如此,才能充分代表广大发展中国家的利益。

(二)制定《造船法》及配套法规

制定《造船法》及配套法规,完善船舶建造、登记、报检相关立法,使造船业的产业政策迈向法制化的道路,为造船企业的繁荣与发展创造良好的国内法治环境。日本与韩国都非常重视造船业的法律规制,先后制定了一系列的法律为本国造船业保驾护航:日本相继制定了《造船法》、《临时船舶建造调整法》、《小型船造船业法》、《造船业基础整备事业协会法》,在特定时期还颁布了《中小企业事业转换对策临时调整法》、《特定不景气产业安定临时措施》。[22]韩国也相继制定了《造船工业奖励法》、《造船工业振兴法》、《海运造船综合发展法》、《造船法》、《韩国造船工业合理化法》。[23]

我国现有的《船企评价标准》还是规范船舶生产企业的一个最基础的标准,而且目前距离颁布的时间已经过去将近 5 年的时间,势必要在此基础上进行修正,以更严格的标准引导船舶生产企业向着更加规范、更加有序的方向发展,也引导各船舶生产企业向着更高的目标迈进,促进整个船舶工业水平的提升。中国长期以来存在着"产品高价,资源低价,环境无价"的观念,环境立法和管制也相对落后,而西方发达国家早已完成了工业化,对环境的标准也较高,并且有许多相关的经验教训,因此借鉴发达国家的有益经验不失为一个好方法。

(三)船舶行业管理部门和船检部门严格执行行业标准

船舶行业管理部门和船检部门严格执行行业标准,全面开展行业管理工作,为造船质量创造良好的监管环境。台州船检对船企质量监管这块管理较严,因此台州船在业界拥有良好的口碑,台州建造的船舶在它省都能够得到当地检验机构的认可。船检部门主要负责船舶产品的检验,船舶行业管理部门主要负责船舶生产企业的监督管理。船检技术部门一方面全面提高造船质量,杜绝低标准船舶进入水运市场,减少事故隐患;另一方面给个体船厂提供技术支持,增强个体造船厂的市场竞争力,引导其良性发展。浙江省温州地区在全省范围内率先出台了《温州市船舶制造企业整治评估标准》,与此同时成立了温州市第一家船舶建造监理公司,规定只有监理公司参与监督的船舶才准予建造。台州和温州地区的做法都值得我们参考借鉴。当然,政府部门在促进产业发展的过程中要找准自身的定位,适度放权,做好市场的监管者,从管理型政府向服务型政府转变。

(四)造船主体紧跟 IMO 发展动态,形成绿色船舶自有技术

在船舶建造过程中,涉及多方主体:船舶建造单位(船厂)、船舶设计单位、船舶配套企业、船舶检验单位(船级社)、船东、劳务公司等,其中最主要的主体是两方,即买方——船东和卖方——船厂(包括实际造船人)。要实现造船的预定目标、推动企业的快速发展,这两方主体在其中无疑起着举足轻重的作用。

船舶行业历来是技术密集型行业,标准永远在不断提升,每次技术标准的变化必定对相关行业带来冲击。因此,中国造船界须时刻关注国际海事规则新动向,并及早应对。船舶生产企业和船东是我国船舶建造主体中最基础的组成部分。目前我国建造的船舶主要用于出口,但由于部分船东法律意识淡薄或者缺乏相应的法律知识,常常在与外国船东的商事交往中处于不利的境地,吃亏、败诉乃至受骗的涉外案件不断发生。杨良宜老先生在他的《船舶融资与抵押》一书中提到出现这种现象的关键点在于中方相关主体对国际商务中通行的'游戏规则'的认识、掌握不够。因此,船企及船东应加强法律知识的学习,力争传统造船业向现代制造业转变,船老大向现代企业家转变。

EEDI 的标准要求我国船企找到自身与 IMO 要求的差距,以此为契机提高船舶建造过程中的科技含量,积极进行自主研发,变被动为主动优化产业。加大资金投入用于改进技术,在造船关键技术上形成具有知识产权的自有技术,为发展绿色船舶提供技术支撑。我国现有的《船企评价标准》还是规范船舶生产企业的一个最基础的标准,除了严格按照《船企评价标准》贯彻执行外,还要积极加大技术改进方面的资金投入,向"绿色船舶"的方向迈进。

(五)利用好清洁发展机制,促进国内高耗能产业的转型

笔者非常推崇"清洁发展机制"这一灵活的减排机制。清洁发展机制是《京都议定书》确定的,为发达国家实现承诺提供了另一种可行的途径。其主要内容是发达国家通过提供资金和技术的方式,与发展中国家开展项目级的合作,通过项目所实现的"经核证的减排量",用于发达国家缔约方完成在议定书第三条下关于减少本国温室气体排放的承诺[1]。

表1 2008 年中美日三国能源消耗与 GDP 的关系[1]

GDP	世界占比(%)	煤炭消耗量(亿吨)	世界占比(%)	石油消耗量(亿吨)	世界占比(%)	温室气体排放(亿吨)	占世界占比(%)
中国	4	27.4	42.6	3.9	10	60.18	20.6
美国	28	10.4	16.2	8.8	22.5	59.03	20.2
日本	11	1.9	3.5	2.2	5.6	12.47	4.3

由上表可见,我国产业发展还处于"高污染、高投入、高消耗"的初级阶段。我们应充分利用清洁发展机制这一"双赢"的机制,引进西方发达国家的资金和技术,并完善我国的环境立法,转变我国工业的生产方式,从"高污染、高投入、高消耗"走向"清洁、集约、可持续"的发展道路。《京都议定书》的第一期承诺即将在 2012 年到期,我们应牢牢把握住时机,尽快促进我国相关产业的发展升级。

结 语

"十二五"时期,我国的船舶建造将进入由大到强转变的关键阶段。我国工业与信息化

---

① 参见"我为什么旗帜鲜明地支持全球贸易碳关税",http://blog.sina.com.cn/s/blog_68384abf0100j1ow.html,2013 年 3 月 11 日访问。

部发布的《船舶工业"十二五"发展规划》[①]提出我国到 2015 年成为世界造船强国的目标,要将环渤海湾、长江三角洲和珠江三角洲造船基地打造成为世界级的造船基地。这不仅仅是造船人的梦想,也是国家对造船业的殷切期望。我国船舶管理部门已经意识到目前我国造船业普遍存在的法治环境不完善和技术含量不高等问题,并且已经采取相应的措施,中国由造船大国迈向造船强国指日可待。

有效减少或控制船舶温室气体排放对海洋环境的保护具有重大意义,这也是国际海事组织今后一项重大的工作议题,发达国家与发展中国家应携手合作才能在新兴造船业节能减排问题上取得良好的进展。"船舶碳关税"能从侧面促进国内各大船舶生产企业转变企业的发展方式和企业的优化升级。中国应承担起一个世界上最大的发展中国家应该承担的责任。虽然目前"船舶碳关税"要立即上马还有一段路要走,但中方应未雨绸缪,顺应低碳经济的发展浪潮,加快促进产业优化升级脚步。作为一个造船大国,我国有责任也有义务顺应当前船舶 GHG 减排趋势,展现出我国应对的积极态势,保持我国造船业的国际竞争力,不要让 EEDI 对我国船舶制造业形成技术壁垒。值得一提的是,2013 年 8 月 3 日,为促进中国船舶工业转型升级和持续健康发展,国务院印发《船舶工业加快结构调整促进转型升级实施方案(2013—2015 年)》,为我国船舶企业未来的发展指明了方向。笔者期待让法律的完善和科技的革新为中国造船业插上腾飞的翅膀,面临挑战未雨绸缪、抢占先机,叩开造船强国的大门,实现由造船大国向造船强国的华丽转身。

参考文献:

[1]沈洪溥.温州金融改革后的转型之道.东方早报,2013-03-30,第 A23 版.

[2]牛序谋."亲"环境,造船企业未来绿色定生死.中国船舶报,2013-02-23,第 3 版.

[3]张丽瑛.船舶能效设计指数及其未来对船舶业的影响.中国水运,2011(1):1.

[4]李碧英,陈实.船舶碳足迹计算.中国船检,2010(10):49.

[5]Yang Peiju. Low-carbon competition——An interview of CCS President Mr. Li Kejun. China Ship Survey,2009(8):112.

[6]Wang Fenliang. Emission Reduction from Shipping in EEDI Time. China Ship Survey,2009(8):118.

[7]赵远哲.低碳时代呼唤"绿色船舶".中国海事,2010(2):20.

[8]丁全智.船舶全寿期绿色技术若干问题的研究.哈尔滨工程大学优秀硕士论文,2011:1.

[9]王传荣.丹麦各界联合打造绿色船舶.船舶物资与市场,2009(6):8.

[10]程楠,李军.船舶减排的标准之困.中国船检,2009(6):91.

[11]杨培举.低碳博弈的时代.中国船检,2009(9):18.

[12]王分良.EEDI 时代的船舶减排.中国船检,2009(8):63.

[13]郭海鹏."低碳经济"下的中国海运业.中国船检,2009(5):85.

[14]彭传圣,李庆祥.船舶能效设计指数与我国船舶的关系.水运管理,2010(6):15.

[15]苑茂佳.WTO 框架下"碳关税"条款刍议.法学杂志,2010(8):139-141.

[16]宋俊荣.在 WTO 框架下对进口内涵碳产品征收碳税的可行性探讨.特区经济,2010(1):14.

[17]李晓玲,陈雨松."碳关税"与 WTO 规则相符性研究.国际经济合作,2010(3):80.

[18]American Clean Energy and Security Act of 2009,H. R. 2454,Aug17,2009.

---

① 参见"我国发布《船舶工业'十二五'发展规划》",http://news. xinhuanet. com/fortune/2012-03/12/c_111642457. htm,2013 年 3 月 12 日访问。

[19]张向晨.碳关税是否符合 WTO 规则.WTO 经济导刊,2009(12):87.

[20]李仁真,秦天宝,李勋.WTO 与环境保护.长沙:湖南科学技术出版社,2006:11.

[21]王慧.美国气候安全法中的碳关税条款及其对我国的影响——兼论我国的诉讼对策.法商研究,2010 (5):21—29.

[22]钮晓峰.中日韩造船业政策环境比较研究.社科纵横,2011(6):120.

[23]谢伟.韩国造船工业是如何发展起来的.造船技术,1998(10):1—2.

台州模式挂靠造船中合同第三人权利保护问题研究

严晓莹

【摘要】 船舶建造业是支撑海洋经济蓬勃发展的重要基础产业。浙江省台州市是我国中小型船舶的重要建造基地。悠久的船舶建造历史、得天独厚的地理环境以及丰厚的民间闲散资金，促生了独具地方特色的台州造船模式。这一造船模式以民间集资和挂靠造船为特征。与传统的造船模式相比，台州造船模式因为新增了挂靠人以及挂靠人与被挂靠人之间的内部挂靠协议而呈现更复杂的法律关系。在关于挂靠的法律法规确实的背景下，理顺台州造船模式中各主体之间的法律关系，维护各主体的合法权益等问题越来越受到人们的关注。本文主要从合同相对性原则以及两个案例入手探讨了台州挂靠造船模式中第三人权利保护问题。这里的第三人是指挂靠造船模式中，与挂靠人或被挂靠人签订合同的挂靠协议之外的第三人。在挂靠造船中，挂靠人通常以被挂靠人的名义与第三人签订合同，当因违约而发生纠纷时，按照合同相对性原则，第三人应当以被挂靠人为被告提起诉讼，但是被挂靠人通常会以其不是合同的实际履行人进行辩护。针对这一些情况，笔者认为可将挂靠造船合法化，在纠纷的处理中严格贯彻合同相对性原则，这样第三人的权利才能真正得到保护。

【关键词】 挂靠造船；合同相对性原则；合同第三人

台州造船业自 20 世纪 90 年代初开始萌芽，随着国家船舶业整体的发展，在政府的大力支持下，在短短的十几年内有了长足的发展。2003 年，台州市已经有 37 家规模以上企业，完成工业总产值占当年全市完成工业总产值的 1.5%。随着《台州市船舶工业发展规划》等政策的出台，台州市造船业发展速度不断加快，短短五年时间内，规模以上企业达到 93 家，与 2003 年相比同比增加了 151%，相应的完成工业总产值增加了 11.5 倍。[1] 2008 年金融危机爆发，给世界范围内的造船业都带来了一阵至今还未消散的寒流。中国造船业也未能幸免，台州造船业也遭受了不小的打击。这个曾经一度是全球最大的中小型船舶制造基地面临着多方面的危机和挑战，交船难、订单荒，投入的资金无法得到回收，纠纷频发，相关当事人的合法权益得不到保障。

台州造船模式为台州市乃至浙江省的经济发展做出了巨大的贡献。然而作为一种新型造船新模式，其在发展过程中遇到了较大的阻力，其中一个就是缺乏法制的保障。目前，关于造船合同的属性上没有统一的意见，而挂靠造船中涉及船东、挂靠人、被挂靠人等多方面的法律主体，因此，一艘以挂靠方式建造的船舶的诞生背后隐藏着极其复杂的法律关系。相

作者简介：严晓莹，浙江大学光华法学院国际法学硕士。本文系 2012 年浙江省科技厅重点软科学研究项目发展海洋经济战略下台州模式造船业可持续发展法律问题研究（课题编号 2012C25097）和浙江大学光华法学院海洋法治课题成果。

关当事人以签订合同的方式相互建立联系,形成法律关系。因而研究挂靠造船合同中不同主体法律地位有利于缓解现有的混乱状况,恢复正常生产秩序。

一、台州挂靠造船模式中合同相对性原则的体现

(一)挂靠造船的定义和类型

1. 挂靠造船的定义

我国法律法规对船舶建造资质进行了规定,未取得相应资质的企业无法获得相关部门的审批,从而无法开工造船,同时缺乏相应资质的企业或其他组织所建造的船舶无法通过后期的检验,也不能获得相应的证书。这一背景给挂靠造船的产生提供了现实条件。结合台州市本身的地理优势和经济发展特点,台州挂靠造船模式应运而生。挂靠造船可以定义为:挂靠人与被挂靠人签订协议,由挂靠人向被挂靠人支付相应费用,从而借用被挂靠人的造船资质进行船舶建造的合同。从实践中看,挂靠造船具有如下几个方面的特点:

首先,挂靠人向被挂靠人支付挂靠费。有学者和司法工作者将被挂靠人是否收取挂靠费作为判定挂靠存在的标准。[2] 根据挂靠模式的不同,挂靠费的表现形式也各有不同,可能表现为租赁船台的租赁费,也可能表现为挂靠人承建的船台等。

其次,挂靠人自主生产。挂靠人自主购买工具、设备、船舶零件,自主招募工人进行船舶建造,自主决定与第三人签订船舶买卖合同,对船舶所有权进行处分。在这一整个过程中,被挂靠人并不介入。按照有关船舶安全性以及防止污染方面的规则要求船舶的建造必须由具有安全管理资格的企业进行管理,因此,在大多数挂靠造船案例中,挂靠人与被挂靠人或者书面或者口头约定被挂靠人应负责船舶建造的营运安全管理,与其他领域的挂靠现象一样,在实践中这一部分约定通常流于形式。[3]

再次,挂靠内容主要为造船资质的借用。被挂靠人在挂靠协议中最主要的义务也在于资质的出借或出租。[4] 该出借或出租不同于转让,挂靠人只是暂时的借用或租用该资质建造船舶,如果其想继续建造另外一艘船舶,就需要支付另外一笔挂靠费,重新向被挂靠人借用或租用造船资质。

2. 挂靠造船的类型

按照表现形式的不同,台州市挂靠造船主要有以下两种模式:

首先,船台租赁。船舶是一种大型的不动产,其建造需要特定的场地和设备,如船台、龙门吊等。这一些设施由于费用高昂,一般只有专门从事造船业务的船舶建造企业拥有,而且根据建造船舶类型的不同,船台等设施也各有差异。事实上,船台大小与企业所拥有的造船资质的高低挂钩。① 挂靠人向被挂靠人支付租金,获得船台的使用权。

其次,船台承建。船台承建是指挂靠人与被挂靠人签订协议,由被挂靠人提供场地,挂靠人负责建造船台,在船台建成后,挂靠人可以在一定年限内免费使用该场地,约定期间满后,船台由被挂靠人无偿获得的挂靠方式。这种挂靠类型类似于融资租赁,一方面,挂靠人可以利用自身所具有的融资方面的优势来弥补造船资质缺乏方面的不足;另一方面,被挂靠人可以以此来节省建造船台的成本,并发展扩大企业的规模。在这一类型中,被挂靠人提供

---

① 船舶修理企业生产条件基本要求及评价方法(网上征求意见稿),2009:9—10.

的土地性质对于挂靠人与被挂靠人内部协议的效力有决定性影响。①

（二）挂靠造船中合同相对性原则的体现

1. 挂靠人与被挂靠人之间

挂靠人与被挂靠人之间的法律关系较清楚，一方面挂靠人负担给付金钱的义务，享有借用被挂靠人船舶建造资质的权利；另一方面，被挂靠人享有收取金钱的权利，负担出借相应造船资质，以自己的名义为挂靠人与第三人签订合同，协助挂靠人办理船舶有关证件等义务，以及确保船舶的质量等的附随义务。基于其合同主体明确，法律关系简单，若发生纠纷，诉只需按合同相对性原则的规定确定诉讼主体即可。

2. 挂靠人、被挂靠人与第三人

挂靠人借用被挂靠人的资质有多种表现形式，如以被挂靠人的名义与第三人签订船舶建造合同，以被挂靠人名义向第三人购买船舶建造物料或有关设备等。若挂靠人以自己的名义与第三人签订合同，双方在签订合同时都非常明确该合同的双方主体，并且其是基于相信对方当事人具备履行合同的能力而签订该合同。因此若发生纠纷并向法院提起诉讼，毫无疑问应当按照合同相对性原则的规定以对方当事人为被告。②

但是，在挂靠人以被挂靠人名义和第三人签订合同的情况下，无论挂靠人是出于何种目的与第三人签订合同，合同的实际履约人与合同主体并不一致，这就可能导致合同主体不确定的情况发生，并且存在纠纷发生后如何确定诉讼主体的问题。在这一情况下，若仍然坚持按照合同相对性原则的规定，以被挂靠人为被告就可能有失妥当。假如挂靠人借用被挂靠人名义与第三人签订合同，该合同必然具备相应的形式要件，如被挂靠人的盖章，法定代理人的签名等。仅就合同本身而言，合同主体可明确确定为被挂靠人与第三人。因此，根据合同相对性原则，若发生纠纷，相关的责任主体和诉讼主体也应当局限于合同主体。但合同实质上的履行主体并不是被挂靠人，而是挂靠人。即若第三人权益受到违约行为的损害而向法院提起诉讼，根据合同约定一概以被挂靠人为被告，而被挂靠人不是实际履行人，在实践中与第三人可能不存在任何往来，那么即使得到法院的支持并获得胜诉，也很有可能导致被挂靠人与挂靠人之间的新的纠纷。但若一概以实际履行人即挂靠人为被告，则有违反合同相对性规则的嫌疑。虽然随着时间的推移，合同相对性原则存在突破的情况，但是其在合同法仍然占据主体位置，突破情况只是该原则的例外。因此，在被挂靠人与第三人违约纠纷中，如何确定诉讼主体应当具体问题具体分析。

二、台州造船模式中第三人权利保护实证研究

（一）案情简介

1. 温岭市江南渔轮厂诉温岭市兴源船舶修造有限公司海事海商纠纷案③

陈云某等人与被告签订挂靠协议，挂靠在被告名下造船并借助被告名义与原告签订了三份船台租赁协议，分别约定租赁船台的时间、租金等。陈云某等人借助被告的名义在原告所有的船台上建造了两艘船舶。后因原告工作人员失误，被告向原告支付的实际船台租金

---

① 宁波海事法院（2010）甬海法台商初字第 11 号。
② 宁波海事法院（2009）甬海法台商初字第 8 号。
③ 宁波海事法院（2009）甬海法台商初字第 148 号。

数额少于合同约定,双方发生纠纷。原告向法院提起诉讼。被告在庭审中辩称,其与原告之间的所签订的船台租赁合同,实际上是陈云某等人以其名义签订的,并且实际履约人为陈云某等人,并不是被告,因此与船台租赁合同有关的责任应当由真正的船台使用人承担,而非被告,即被告企业并不具有适格的诉讼主体资格。原告主张,虽然陈云某等人挂靠在被告名下造船,但是涉案的船台租用协议均以被告名义签订,并加盖被告的公章,故被告作为本案诉讼主体适格。

2. 宁波凯瑞海运公司诉临海市航畅船舶制造公司、台州市东升海运有限公司船舶买卖合同违约赔偿纠纷案①

2007 年 9 月,东升公司、周某与航畅公司签订《租用船台协议书》,租用航畅公司 7 号船台及相关造船设施,挂靠航畅公司进行造船。

2008 年 10 月,凯瑞公司与东升公司签订《船舶买卖协议》,约定将东升公司在航畅公司所属 7 号船台上建造的船舶出卖给海云公司。航畅公司出具了一份《证明书》,确认涉案船舶系东升公司委托航畅公司并使用其 7 号船台正在建造中,东升公司有权出卖该船舶,航畅公司保证按时提供申领各类船舶证书所需的有关文件、证明等材料,配合东升公司、海云公司申领到有关当局的各类船舶证书。

2008 年 12 月,为方便办理船舶检验、登记证书,凯瑞公司与航畅公司签订了《船舶建造合同》。

后因被告两公司未能按照约定交齐资料并协助原告办理船舶检验证书,原告向法院提起诉讼。原告凯瑞公司认为基于上述签订的一系列协议书与合同等文件,其与航畅公司之间存在船舶建造合同关系,而被告航畅公司辩称,之所以与凯瑞公司签订《船舶建造合同》是为了便于将船舶登记到凯瑞公司名下,其与凯瑞公司不存在相应的法律关系。

(二)争议焦点与法院判决

案例一的争议焦点为被告诉讼主体资格问题。被告在庭审中辩称涉案的船台租赁协议实际履行人为陈云某等人。其并不享有协议中所约定的权利,也不负担相关义务,因此其与原告之间实质上并没有任何关系。就该纠纷导致相关责任应当由陈云某等人承担,因而对其作为被告的诉讼主体资格有异议。而原告则主张,虽然陈云某等人是挂靠在被告名下造船,但是与原告签订船台租赁协议的却是被告,而且协议中加盖了被告的公章,因而被告具有适格的诉讼主体资格。

法庭认为从形式上看,涉案的三份船台租用协议均由兴源公司法定代理人汪某签名,其中第一、二份协议还加盖了该公司的公章,第三份协议上有陈云某作为被告代表的签名,从内容上看,三份协议的首部均载明甲方为原告江南渔轮厂,乙方为被告兴源公司,因此足以认定该三份协议当事人为原、被告双方。被告之所以会以自己的名义与原告签订三份协议,正是基于其与陈云某等人之间的挂靠协议,即其主观上容许陈云某等人以其名义与第三人签订协议,对于第三人而言,其是自愿为陈云某等人的履约行为承担责任的。因此,被告以个人挂靠造船及实际履约事实为由主张诉讼主体资格不适格的理由不充分。

案例二的争议焦点与案例一类似,也是被告对自身与第三人之间是否存在真实的合同关系有异议。原告凯瑞公司主张其与被告航畅公司之间存在真实的船舶建造合同关系,理

---

① 宁波海事法院(2009)甬海法台商初字第 22 号。

由是凯瑞公司与航畅公司之间签订的《船舶建造合同》与上述的船台租赁协议一样，由航畅公司以自己的名义与凯瑞公司之间签订，且该合同相应的成立要件。而被告航畅公司则诉称该合同内容并不真实，因而其与凯瑞公司之间不存在真是的船舶建造合同关系。

在案例二中，法庭认为凯瑞公司与航畅公司在 2008 年签订的《船舶建造合同》内容明显是虚假的，只是为了方便办理船舶检验，登记手续而出具。因此对凯瑞公司主张两者之间存在真实的船舶建造关系，要求按照该《船舶建造合同》来确定该合同双方当事人的权利和义务的请求不予支持。

（三）不同判决中蕴含的法理

法院对两案中涉案合同做出截然相反的判决认定，最根本的原因应当在于两者具有不同的法律性质。经过分析，笔者认为案例一中被挂靠人兴源公司与第三人江南渔轮厂之间的合同应当被定性为效力涉及第三人利益的合同，而案例二中被挂靠人航畅公司与第三人凯瑞公司之间的合同则应当是无效合同。

1. 效力涉及第三人利益的合同

效力涉及第三人利益的合同是指根据合同当事人的约定或者法律规定，合同的效力突破了合同当事人之间的相对性而及于合同主体之外的第三人的合同类型。[5]具体可分为第三人利益合同和第三人给付合同。[6]该类合同除了应当具备一般的合同成立和生效要件外，还应当具备如下构成要件：

首先，合同主体仅限于签订合同的当事人。第三人是独立于合同之外的法律主体。在效力涉及第三人的合同中，第三人可能在合同发展的各个阶段根据当事人的意思自治和相互之间的合意而出现，但是第三人永远不可能取代合同的当事人而成为合同主体。[7]不管其是否与该合同的当事人之间是否签订有另外的合同，就该合同而言，其不能参与订立，而且只能按照该合同当事人之间的约定享有权利或承担义务。

其次，涉及第三人的效力来源于合同当事人之间的约定或者法律的明确规定。[8]合同效力涉及第三人利益事实上是对合同相对性原则的突破，是该原则在经历了长期的具体实践中产生的例外情况，也是该原则与合同法的根本原则意思自治原则想妥协的结果。如果没有合同当事人的合意或者法律的明确规定，第三人无法介入该合同。

案例一中的船台租赁协议是台州造船模式中典型的挂靠人借用被挂靠人的资质与第三人签订合同。这一类型的合同具有两个特点，而这两个特点恰好使其符合了上述效力涉及第三人利益的合同的构成要件：

第一，在被挂靠人与第三人签订的合同中，挂靠人不是合同的主体，而是独立于合同之外的第三人。兴源公司与江南渔轮厂签订的三份船台租赁协议中，无论是合同内容的约定还是合同文本中的落款，签名盖章都仅限于兴源公司与江南渔轮厂，挂靠人陈云某等人并没有介入其中。

第二，该类合同效力及于第三人的原因在于合同主体被挂靠人与第三人之间的约定。挂靠造船是台州造船模式的重要特点。一方面，挂靠人以被挂靠人的名义与第三人签订合同时，无论是挂靠人、被挂靠人还是第三人，都清楚明白的知晓该合同中约定的权利义务的享有者和履行人是挂靠人和第三人；另一方面，对于这一事实，他们不仅自己清楚知晓，他们还清楚其他两方当事人是清楚这一事实的，在这一情况下，他们都没有提出反对意见，而是选择继续签订和履行合同。换言之，被挂靠人与第三人默示约定了由挂靠人来享有合同权利,履行合同义务。该类合同实质上是第三人利益合同和第三人给付合同的综合体。

2.合同相对性原则的适用

我国《合同法》第64条、第65条以及第121条对合同相对性原则进行了明确规定。案例一中法院的判决与合同法的规定一致,是对合同相对性原则的贯彻。

首先,法官从合同内容和形式两个方面来审查合同的效力。从形式上看,三份船台租赁协议中均有兴源公司法定代表人的签名,并且第一、二份中还加盖了公司的公章,在第三份协议中有陈云某作为兴源公司代表的签名。法定代表人具有代表企业开展民事活动的权利,民事活动所产生的权利和义务均由该企业享有和负担。陈云某作为兴源公司的代表签署了第三份协议,这一行为的法律效力和法定代表人签署协议的法律效力相同。从内容上看,协议首部载明的合同相对方均为兴源公司和江南渔轮厂,并没有提到挂靠人陈云某等人也为合同的当事人。因此,该合同具备了主体明确,意思表示一致且真实等合同成立和生效要件,是一份具有法律效力的合同。

其次,在事实上,法庭审查认为陈云某等人与兴源公司之间的内部挂靠关系并不影响其与江南渔轮厂之间的合同关系的成立和生效。一方面,对被告兴源公司而言,其在与陈云某等人签订内部挂靠协议时就应当了解到出借企业名义可能带来的法律后果。作为平等的民事主体,其有完全的自主选择能力来选择是否准予陈云某等人对外使用其名义。当其选择了给予挂靠人以其名义对外开展活动时,就产生了被挂靠人自愿就挂靠人的行为向第三人承担责任的法律后果。因而在挂靠人使用其名义对外开展活动时,其应当负担相应的注意义务,加强对挂靠人行为的监督,尽量避免违约或侵权行为的发生。另一方面,对原告江南渔轮厂而言,与其签订合同并建立法律关系的仅仅只有兴源公司而已,并不涉及他人。

按照合同法的规定,第三人没有按照约定向债权人履行合同的,债务人应当向债权人承担违约责任。因此,法院驳回了被告兴源公司关于诉讼主体不适格的主张,并在最终的判决中判定由兴源公司向原告江南渔轮厂承担违约责任。

3.无效合同

案例二中被挂靠人航畅公司与凯瑞公司之间签订的《船舶建造协议》具有如下两个特点:

第一,其是被挂靠人自主决定以自己的名义和第三人签订的合同。与案例一中的三份船台租赁协议不同的是,案例二中的《船舶建造协议》与挂靠人无关。其既不是挂靠人以被挂靠人的名义和第三人签订的合同,合同的实际履行人也不是挂靠人。

第二,该合同中双方约定的权利、义务内容不真实。该案中东升公司以自己的名义与凯瑞公司签订船舶买卖合同,将船舶所有权转让给凯瑞公司。双方当事人在签订合同时虽然就合同内容达成了合意,但是同时他们还达成了一项没有在合同上以书面形式表现出来的合意,即合同中约定的权利义务并不会实际发生。该合同的签订是航畅公司履行其与挂靠人东升公司之间的内部挂靠协议和其对凯瑞公司出具的《证明书》中约定的义务的工具,仅仅是为方便船舶登记手续顺利完成而签订的法律文书。

根据合同法关于合同生效要件的规定,合同双方当事人意思表示真实是合同不可或缺的生效要件。因此,基于合同中所约定的权利、义务内容事实上根本不存在,而且双方当事人在签订合同时也没有要实际去享有这些权利和履行这些义务的意思表示,该合同事实上是不具备生效要件的,因而是一份无效合同。因此,法院支持了航畅公司的主张,判决航畅

公司和凯瑞公司之间不存在船舶建造关系

三、启示和建议

(一)挂靠造船合法化

通过上述分析,笔者认为将挂靠造船模式合法化更有利于保护两类合同第三人的利益:

首先,挂靠造船模式在实践中有生存的土壤和发展的空间。挂靠造船模式曾为台州造船业发展提供较大支持,综观其他领域的挂靠现象,尽管缺乏法律层面的规定,但是不断有政府部门出台相关规定对禁止该类行为。[①] 但是挂靠现象仍然屡禁不绝,根本原因就在于利益驱使,因此,除非能够斩断相关利益链,使相关当事人无法从挂靠中获得利益,才有可能真正禁止挂靠现象的发生。

其次,将挂靠造船合法化符合挂靠现象的发展趋势。一方面,目前各个领域的挂靠现象屡禁不止,相关法制空缺,现实中矛盾纠纷不断,我国政府一贯的做法是给予打击和禁止,在"堵"的方式无法实现预期目的时,转而采取"疏"的方式可能反而会获取意想不到的效果。将挂靠现象合法化,在行政司法实践中严格按照法律规定确定各方当事人的权利、义务,同时减少部分投机者钻法律空子以牟取不合法利益的机会。另一方面,在机动车挂靠经营领域,已经出现了合法挂靠的情况。[2]这不但能扩大就业,促进经济发展,还能在一定程度上减轻政府的管理压力。同时基于挂靠现象屡禁不止的现实状况,将挂靠造船合法化才能更好地保护第三人的利益。

(二)准确定性挂靠费

要实现挂靠造船模式合法化,首先应当明确挂靠费的法律性质。在目前船舶挂靠纠纷中,无论被挂靠企业是否参与诉讼,基本上都认为挂靠人所支付的挂靠费属于"服务费",即在船舶建造过程中其协助挂靠人办理各项行政手续所收取的费用。基于这一定性,被挂靠人在收取挂靠费后,只需要协助挂靠人办理船舶建造相关行政手续即可。然而行政许可的意义在于证明受许可人有足够的能力从事相关活动和保障该活动以及活动成果具有正当性、合法性,不会给社会造成损害。从这个意义上说,被挂靠人的义务不仅仅局限于协助办理相关行政手续,应当包括保证在其名下进行的船舶建造活动的顺利进行,如应当对挂靠人进行船舶建造和转让活动进行监督管理,尤其是当挂靠人以被挂靠人的名义与第三人签订合同时,被挂靠人应当尽到必须的注意义务,确保该合同能够顺利履行。所以,总体而言,挂靠费的意义不仅仅是协助办理手续的服务费,更应当是一种综合管理费。

(三)增强被挂靠人的法律义务

1. 监督义务

首先,被挂靠人应当有监督船舶建造活动的义务。挂靠人因为存在硬件或软件方面的缺陷而无法从事船舶建造活动,其选择通过挂靠的方式,借助被挂靠人来弥补这些缺陷,而这种弥补应当落到实处,即利用被挂靠企业的被政府承认的符合法律法规要求的船舶建造

---

① 《国内水路运输经营资质管理规定》第4条:从事国内水路运输的企业和个人,应当依照本规定达到并保持相应的经营资质条件,并在核定的经营范围内从事水路运输经营活动,不得转让或者变相转让水路运输经营资质。第35条:本规定下列用语的定义:(一)不得转让或者变相转让水路运输经营资质,是指国内水路运输经营者不得以任何方式允许他人以其名义从事或者变相从事国内水路运输经营活动;(二)自有并经营的适航船舶,是指取得船舶所有权登记且由船舶所有人经营并处于适航状态的船舶,其中船舶属共有的,经营人所占该船舶共有份额的比例应当不低于50%。

技术和能力用于监督挂靠人的船舶建造活动。事实上,在部分内部挂靠协议中有关于被挂靠人对船舶建造活动的安保义务的内容,但是由于船舶建造中的投资和船舶转让后的收益都与被挂靠企业无关等原因,这些安保义务往往流于形式,挂靠人的船舶建造活动独立于被挂靠企业。

其次,监督挂靠人的合同履行情况。当挂靠人以被挂靠人名义与第三人建立合同关系时,正如案例一中法院判决中所陈述的,被挂靠人事实上是自愿就挂靠人的行为向第三人承担法律后果。为维护自身的权益,监督挂靠人的实际履行合同的情况事实上应当是被挂靠人的一项权利。而以法律法规的方式将这一义务确定下来,不但能促使被挂靠企业重视挂靠人的实际履行合同情况,在发生纠纷时,还有助于法官审查和确定责任归属。

2. 对第三人承担完全责任

在交通运输挂靠经营中,因车辆实际所有人原因导致交通事故时,法院通常会判决被挂靠人与挂靠人对乘客的损失承担连带责任。但在挂靠造船中,笔者认为若挂靠人以被挂靠人名义与第三人签订合同,并在实际旅行中违反合同约定导致第三人遭受损失的,应当由被挂靠人向第三人承担全部责任。

首先,由被挂靠人向第三人承担责任有法律依据。本文将挂靠造船中挂靠人以被挂靠人名义与第三人签订的合同定性为涉他合同。我国《合同法》承认涉他合同的存在,但是对合同当事人的违约行为,仍然按照合同相对性原则进行处理。因此,正如案例一中法院的判决所呈现的,被挂靠人自愿就挂靠人的行为向第三人承担责任,当发生纠纷时,第三人缺乏以挂靠人为被告的法律依据,仅能按照合同相对性原则的规定以被挂靠人为被告,并要求被挂靠人承担违约责任。

其次,被挂靠人具有足够的经济实力向第三人承担违约责任。被挂靠人作为船舶建造企业除了具备建造船舶的相应资质外,一般还具备较雄厚的经济实力。因此,在发生法律纠纷时,要求被挂靠人向第三人承担责任有利于受损害方尽快得到救济。

最后,由被挂靠人承担责任可以增加被挂靠人的被挂靠成本,增加其行为选择的预期性。不可否认,挂靠造船模式使船舶建造相关法律关系变得更复杂,在一定程度上增加了行政机关,司法机关等部门的工作压力,在目前挂靠现象普遍被禁止,且缺乏法律规定的情况下,容易导致纠纷发生,社会秩序不稳定。要求被挂靠人承担完全责任会促使被挂靠人更加理性的进行选择。

合同相对性原则是处理台州造船模式中各种合同纠纷的基本原则。但是由于台州造船模式的复杂性,各主体相互之间的权利、义务关系错综复杂,经常会出现某一合同的履行对合同之外第三人的利益有直接影响的情况。因此,保护好第三人的权益非常重要。本文主要对挂靠造船模式中,挂靠协议之外的与被挂靠人签订合同的第三人法律地位问题进行讨论。文章首先对合同相对性原则在台州挂靠造船模式中的具体体现进行了分析,接着通过两个案例的对比分析,了解目前司法实践中对挂靠造船模式中合同第三人权利受侵害时的具体操作方式以及相应的法律依据,从中获得启示并提出建议。经过对两个案例的讨论,本人认为在解决台州造船模式的合同纠纷时,最根本的在于坚持合同相对性原则。与此同时,将挂靠造船模式合法化,制定相应的法律法规,比严格禁止挂靠造船更有利于管理这一现象,维护各当事人的利益。另外,通过制定法律法规,增强被挂靠人与挂靠人的挂靠责任,增加其挂靠成本,可引导相关民事主体自主选择放弃通过挂靠的方式从事船舶建造活动,减少挂靠现象的发生几率。通过这一些方式,可从根源上理顺挂靠造船模式中的相关法律关系,从而使其中合同第三人的权利得到有效保护。

参考文献:

[1]于祥明.上半年船舶工业利润总额 64 亿元同比增长 151%. http://www. ce. cn/cysc/jtys/haiyun/
　　200708/03/t20070803_12410636. shtml,2013 年 3 月 10 日访问.
[2]徐尔双.道路交通事故中车辆挂靠单位的民事责任——兼说最高人民法院征求意见稿中挂靠经营的连
　　带责任.//全国法院第十九届学术讨论会论文集.2007:278.
[3]徐明.转包和挂靠在建筑市场上的法律风险.中国城市经济,2010(5):242.
[4]李井构.韩国商法上表见责任制度研究.北京:法律出版社,1999:468.
[5]沈向华.效力涉及第三人的合同研究.南京师范大学硕士学位论文,2004:6.
[6]陈银华,颜健.试论涉他合同的一般理论.时代经贸(学术版),2007,5(1):31.
[7]陈登鹏.合同第三人理论研究.安徽大学硕士学位论文,2007:12.
[8]李锡鹤,民法原理论稿,北京:法律出版社,2009:217.

国际船舶融资租赁法律问题初探

张 俊

【摘要】 在我国造船业和国际航运业的发展的同时,许多造船企业以及航运公司遇到了自身发展所需要的资金不足的情况,越来越多的造船企业和航运公司开始寻求新的融资融物的方式以解决资金带来的束缚。正是因为在这样的背景之下,国际船舶融资租赁在我国开始被造船企业和航运公司用以解决资金问题,并解决融资方式单一的困境。但是国际船舶融资租赁在我国没有相应的立法用以规范船舶融资租赁的相关的内容,这样的法律环境对国际船舶融资租赁在我国的进一步发展产生诸多的不利影响。笔者将在文中对以下问题进行探讨,希望提出一些关于完善国际船舶融资租赁立法的建议:(1)国际船舶融资租赁当中的船舶登记制度如何完善。(2)国际船舶融资租赁当中各方当事人的权利与义务,以及权益遭到损害时的救济手段。(3)船舶碰撞产生的责任承担问题。

【关键词】 国际船舶融资租赁;船舶登记;责任承担

一、国际船舶融资租赁问题由来

(一)国际船舶融资租赁的定义

我国《金融租赁公司管理办法》第 3 条对融资租赁的定义是:"出租人根据承租人对租赁物和供货人的选择和认可,将其从供货人处取得租赁物按合同约定出租给承租人占有、使用,向承租人收取租金的交易活动。"在国际船舶融资租赁关系中,出租人、承租人、供货人处于不同的国家,船舶承租人按自己的要求自行选择船舶的制造商和不同类型、不同技术要求、不同价位的船舶,并且由出租人向船舶的制造商支付对价,购买此特定船舶的融资租赁方式。船舶出租人将购得的船舶以光船的形式出租给承租人,承租人向出租人支付租金。待租赁期限届满时,船舶的所有权在出租人向承租人收取相应的形式对价后由出租人转移给承租人。这项交易的实质是在租赁期限内承租人实现对所租船舶的用益物权,在期限届满后实现对船舶的所有权,是一种理想的融资融物的形式。

但是学界和实务界对国际船舶融资租赁关系当中三方主体的国籍如何界定才能构成的"国际"船舶融资租赁存在很大的争议,使得国际船舶融资租赁的概念没有一个确定的版本。笔者认为一项业务只要有一方当事人处于不同的国家时那么这项业务就是具有"国际性"的,是传统的国际贸易的范畴。

但是一项融资租赁业务有三个主体和两份合同组成。在这三个主体中,只要出租人所

作者简介:张俊,法律硕士,浙江六和律师事务所律师。本文系 2012 年浙江省科技厅重点软科学研究项目发展海洋经济战略下台州模式造船业可持续发展法律问题研究(课题编号 2012C25097)和浙江大学光华法学院海洋法治课题成果。

在国与承租人所在国不是同一个,那么这样的合同是具有"国际性",学界对于这个观点是明确的。但是,如果三方当中,供货方位于一个国家,出租方和承租方位于同一个国家,这时的融资租赁合同是否能够具有"国际性"?学界对于这个问题的分歧比较大。

有学者认为,在融资租赁法律关系的三方当事人中只要有一方和另外两方不在同一国家时,此项融资租赁关系就具有"国际性"。据此供货方处在一个国家,而出租人和承租人在另一个国家时这样的融资租赁业务就具有了"国际性"。

如果抛开主体,而把焦点放在国际融资租赁的两份合同上,这两份合同分别是船舶制造商和船舶出租人之间的船舶的买卖合同以及船舶出租人和船舶承租人之间的融资租赁合同。如果将供货方在其他国家就认为具有国际性,也就是买卖合同具有国际性整个融资租赁就具有国际性,这样的观点笔者认为是不严谨的。因为一项融资租赁业务虽然有两份合同,但是其实这两份合同相互独立地组成了一项业务。因为买卖合同在供货方和出租方完成了货物的交接后这项合同就终止了,但是租赁合同是贯穿于整个业务。买卖合同与融资租赁合同相比较而言,所处的应该是相对低的地位。因此这种观点的实质是国内融资租赁,只是这项融资租赁包含了一项国外采购合同而已。

所以,笔者认为另一种观点,即只有当出租人和承租人分别位于不同的国家,这样形成的融资租赁法律关系才具有所谓的"国际性"。《国际融资租赁公约》第 3 条规定:"在出租人与承租人营业地在不同国家时,本公约适用……"从中可以看出,必须是出租人与承租人在不同国家是适用公约的前提条件。

(二)国际船舶融资租赁的构成

1. 国际船舶融资租赁的主体

国际船舶融资租赁的主体应该是处于不同国家的船舶的出租人、船舶的承租人,以及船舶的供货商(至于供货商与出租人和承租人任何一方处于一个国家还是单独位于第 3 方都不影响国家船舶融资租赁法律关系的"国际性")。在实践中,船舶基金以及专门从事船舶融资租赁业务的融资租赁公司往往是船舶融资租赁业务中的出租人;而承租人大部分都是从事航运业务的船舶公司。船舶承租人在租赁期满后往往向出租人支付形式对价后以求实现对船舶的所有权。而船舶的供货商往往都是造船厂,因为他们需要建造符合承租人要求的船舶。

2. 国际船舶融资租赁的客体

因为船舶融资租赁的标的物是"船舶",海商法对船舶做了特定化,并不是所有的船舶都能够成为船舶融资租赁的客体。并且国际船舶融资租赁业务所覆盖的范围往往是两个国家以上,所以要综合地分析各国的海商法,对"船舶"进行准确定义。我国《海商法》第 3 条规定:船舶"是指海船和其他海上移动式装置,但是用于军事的、政府公务的船舶和 20 总吨以下的小型船艇除外"。还应该具备以下的特征:(1)必须用于商业用途,不包括军用以及政府用船。(2)具有航海能力,如英国《1894 年海商法》(Merchant Shipping Act 1894)第 742 条规定:"船舶是指所有可能用于海上航行的运载装置,但以橹棹作为动力机械的船舶除外。"(3)船舶的吨位必须达到一定的标准,如希腊《海商法典》第 1 条规定:"本法中的船舶是指利用自身推进方式,以航海为目的,且净登记吨位不少于 10 吨的任何运输工具。"(4)海商法一般还将一些不具备船舶外形的航运工具作为自身的调整范围。(5)船舶在不同的海商法国家的规定范围往往不尽相同。

我国对于船舶的规定与世界的通用规定相同步,将船舶只限定于商业用途,将军用和政府公务的船舶排除在一般定义的船舶之外。在船舶碰撞制度上,依据《海商法》第165条第2款的规定:"与本法第3条所指船舶碰撞的任何其他非用于军事的或者政府公务的船艇。"我国的《海商法》把军事和政府公务用船排除在海难被救助人的范围之外,但是可以作为救助主体。综上所述,本文中的"船舶"就是《海商法》第3条定义的船舶范围,不包括军事的、政府的船舶和总吨位20吨以下的小型船舶在内的。

3.国际船舶融资租赁的内容

融资租赁业务当中的船舶买卖合同和船舶租赁租赁合同,是相互独立的,但是不能忽视它们之间的依赖性。

三方当事人在两份合同中彼此之间的权利和义务之间并不对等,具体表现在以下几个方面:(1)出租人与出卖人之间的买卖合同是独立的,在没有经过承租人的同意后,不能因为买卖合同的变更而影响与承租人之间的合同。(2)在交付船舶方面,船舶买方应向船舶承租人交付船舶,而非向作为船舶买方的船舶出租人交付船舶。(3)在船舶卖方履行合同义务方面,船舶卖方不履行船舶买卖合同义务时,船舶承租人可以直接对其行使索赔权利。(4)在船舶瑕疵担保责任上,船舶不符合约定或者不符合使用目的,船舶出租人虽为船舶所有人,但一般不承担责任,即船舶承租人一般不能因船舶瑕疵而拒付租金。

二、出租人与承租人的权利义务以及侵权后的救济手段

(一)承租人的占有收益权

《国际融资租赁公约》规定了承租人享有"平静占有权"。这是公约规定的强制保障的权利。我国的《合同法》规定了融资租赁业务的出租人只是保留标的物所有权,承租人拥有对租赁物的选择权与实际使用权。作为融资租赁业务中实际经营人,只有承租人掌握了船舶的使用权,融物的目的才能达到,融资租赁业务才有存在的意义。我国《合同法》是我国融资租赁业务所遵循的基本法,而《海商法》与《国际融资租赁公约》作为补充都对承租人的占有、适用与收益权做出规定。

(二)承租人保管船舶的义务

《国际融资租赁公约》规定:"当租赁协议终止时,承租人除非行使购买权或行使另一租期的租赁协议而持有设备的权利,否则应以前款规定状态把设备退还给出租人。"在我国的《合同法》当中也同时规定了,承租人在融资租赁期间有义务保管租赁物。因为在船舶的整个融资租赁期间,船舶一直处于承租人的监管之下,作为船舶所有人的出租人不能随时监管船舶并知道船舶的动向。虽然承租人对船舶有经营权,但是承租人毕竟不是真正的所有人,所以可以理解为其拥有广义的用益物权,那么对租赁的船舶就必须严格保管,不能随意处置。

(三)出租人不承担货物的瑕疵担保义务

在一般的租赁法律关系中,出租人要确保出租给承租人的货物不存在瑕疵,如果货物存在瑕疵,那么出租人要承担违约责任。但是在船舶融资租赁法律关系中,瑕疵担保责任是由供货方即船舶制造商承担,而出租人不承担此项责任。《国际融资租赁公约》第8条规定:"除本公约另有规定或租赁协议另有约定,出租人不应对承租人承担设备方面的任何责任,只要承租人不是依赖出租人的技能和判断以及由出租人干预对供货人的选择或对设备的指定受到损失。"我国《合同法》第224条规定:"租赁物不符合约定或者不符合使用目的的,出

租人不承担责任,但承租人依赖出租人的技能确定租赁物或者出租人干预选择租赁物的除外。"可以看出,我国对出租人的瑕疵担保责任与公约是一致的。

在融资租赁业务中体现的合同相对性的例外,在融资租赁合同中,要求供货商对承租人直接承担瑕疵担保责任,打破了合同的相对性原则。因为在融资租赁合同中,承租人自己选择货物,对货物比较了解并且最终是否购买是由承租人自己决定。供货人不仅要对购买人即出租人承担瑕疵担保责任,同时还要对承租人承担瑕疵担保责任。在船舶因为瑕疵对承租人的利益产生利益损害时,承租人有权依据融资租赁合同要求船舶的供货人对其承担相应的赔偿责任。

(四)国际船舶融资租赁中的救济手段

1. 船舶出租人因供货商未及时交付船舶的救济手段

在船舶融资租赁关系中,融资租赁合同是整个交易的中心。如果供货人在买卖环节违约,就有可能造成融资租赁合同中出租人的违约。在《国际融资租赁公约》第 12 条第 1 款规定:因为供货人的原因不交付或者迟延交付或者货物不符合约定时,承租人可以拒收货物或者终止融资租赁协议,并且出租人还应当对承租人作出相应的补偿,但前提是出租人应该对自己不能及时交付货物采取补救措施。在出租人采取了补救措施后承租人不能直接终止合同。按照国际的传统做法以及我国《合同法》的相关的规定,在国际船舶融资租赁中如果因为供货商的根本违约造成融资租赁合同最终不能实现,承租人有权终止合同;但是如果供货商不是根本违约,那么应该要求出租人首先采取补救措施,在不能补救的前提之下,承租人才能终止合同。

2. 承租人违约时出租人的救济手段

在现实中因为航运业存在巨大的营业风险,如果承租人违约,出租人有什么样的手段用于救济自己的受损权利?依据《国际融资租赁公约》第 13 条规定如果承租人不是根本违约,出租人可以主张继续收取租金、利息以及损害赔偿;但是如果是根本违约的,出租人在收取上诉款项的同时,可以要求加速支付未到期的租金或终止协议。如果违约可以补救,出租人应该给予承租人一定的补救机会。依据我国《合同法》第 248 条规定承租人不按期支付租金的,出租人可以要求出租人提前支付全部租金或者提前收回租赁物。

经过对比可见,我国的合同法对于承租人的违约不分根本违约或者部分违约,出租人都要催告承租人并给承租人一个合理期限。在公约中,区分了根本违约和部分违约,只有在承租人根本违约的前提之下,才可以要求加速支付租金或者终止合同,这样规定可以使得出租人根据不同的情况采取不同的补救措施。如果按照我国的《合同法》,承租人在根本违约致使合同不能履行的情况之下,出租人再给承租人一定的补救期限,这样对于出租人自身利益的保护是不利的,会影响出租人资金的周转和正常交易的进行。但是出于我国实际国情,因为我国的航运企业缺少资金才会选择融资租赁的形式解决资金问题,同时可以帮助其拓展业务规模,如果按照公约的规定直接行使加速支付权或者终止合同,很有可能会让航运企业陷入困境,不利于我国船舶和航运业的发展。

三、国际船舶融资租赁的登记制度

(一)国际船舶融资租赁登记的必要性

船舶登记的意义是确认实体权利或者对抗第三人。国际船舶的融资租赁业务基本都是出租人将船以光船租赁的形式租给承租人,但是从实质上来说船舶的融资租赁业务和光船租赁业务还是有天壤之别的。船舶融资租赁合同是非继续性契约,光船租赁合同是继续性契约。我国的《合同法》与《国际融资租赁公约》的规定都体现了我国船舶融资租赁和光船租赁的不同。融资租赁业务与光船租赁业务相比,其物权属性更加明显。在融资租赁期间,出租人只具备事实上的担保物权,不具备其他一切所有权。

在船舶承租人的破产情况之下,我们发现船舶融资租赁与光船租赁之间的登记效力的不同,因为此时的船舶融资租赁按照光船租赁进行登记,那么对抗性是不足的。在光船租赁中,出租人破产是承租人解除租赁合同的条件之一,破产管理人可以申请船舶所有权的注销登记。但是依照当今的法理,当出租人破产时破产管理人没有解除契约的权利以着重保护承租人的权利。其次,关于融资租赁业务当中是根本禁止"中途解约"的,但是如果按照光船租赁登记制度,只要承租人认为船舶存在严重的缺陷,并以此为由向登记机关主张注销登记,这样就完全与船舶融资租赁的不能因为租赁物的质量瑕疵而主张中途解除合同的本质特征相违背。如果注销登记后,出租人因为融资租赁权的丧失而丧失对抗第三人的效力,因此其要承担注销登记以后产生的一系列责任,特别是船舶侵权责任。

从以上的结论我们可以看出,因为混淆了融资租赁登记与光船租赁登记制度的差别,出租人极容易遭受损失。为此,我国应该尽快地建立起完善的船舶融资租赁的登记制度,并且对船舶所有权登记和抵押登记进行完善。

(二)国际船舶融资租赁中船舶登记的效力

我国的《海商法》以及《船舶登记条例》对于船舶的登记的效力做出了相同的规定,即船舶所有权的取得和变更,抵押权的设定、变更以及消灭均应登记,未经登记不得对抗第三人。《物权法》也有相同的规定。按照我国以上三部法律法规的内容,笔者可以得出结论,我国的船舶登记制度是以登记对抗主义为原则的。按照我国的相关规定,船舶的出租人在将船舶购进时进行船舶所有权登记是必需的,但是船舶的承租人是否需要登记以及如何登记呢?由于国际船舶融资租赁的出租人和承租人分别处于不同的国家,这时登记就会引出的"双重国籍登记"问题。所谓"双重国籍登记"问题是指,出租人为了取得船舶的所有权以及为了使船舶取得"国籍",必须在购买时在本国进行一次所有权的登记;当船舶被承租人租入其所在国以后,为了交易的安全以及遵守本国政府的相关的规定,承租人会将船舶在承租人所在国进行登记,这时就出现一艘船舶存在"双重登记"的问题。

"双重登记"致使一艘船舶有了两份登记证书。出租人在其所在国进行的第一次登记取得的是"所有权登记证书"。第二份证书是"租赁船舶登记证书",是指在承租人将船舶租入其所在国时将船舶原国籍的相关内容、所雇用船员的基本情况、以及船舶所产生的责任的划分等事项进行的登记。"所有权登记证书"不能被终止,船舶的国籍应该是出租人对船舶进行所有权登记的所在国,该船舶上事先设定的债权不会因为船舶在其他国家被第二次登记而丧失效力。

但是中国并不承认双重国籍的存在,根据我国《海商法》第5条的规定:"船舶经依法登记取得中华人民共和国国籍,有权悬挂中华人民共和国国旗航行……"《中华人民共和国船舶登记条例》第4条规定:"船舶不具有双重国籍。凡在外国登记的船舶,没有中止或者注销原登记国国籍的,不得取得中国国籍。"光船租赁当中,位于我国的承租人必须持光船租赁合同和原船籍港船舶登记机关出具的中止或者注销船舶原登记国国籍的证明文件,或者在我国的登记机关办理临时国籍登记时立即中止或注销原国籍。但是考虑到船舶融资租赁与光船租赁的不同,笔者将在下文中提出进行船舶融资租赁登记的设想。

（三）对国际船舶融资租赁登记模式的构想

为了能让我国的国际船舶融资租赁业务能够依据其自身的设立登记制度,笔者提出以下几点设想。

首先,应当在不违反一艘船舶只有一个国籍的前提之下,将船舶的所有权登记和融资租赁登记进行分离。出租人希望能在充分保护其对船舶所有权的国家进行登记;而承租人因为想要自己利用船舶达到利益的最大化,会选择自己满意的允许自己悬挂其国国旗的船旗国进行融资租赁的登记。所以在这样的前提之下,应当保留所有权登记,只是将所有权登记国国旗在进行融资租赁登记的时候进行中止或者封存。所有权产生的法律关系依原所有权登记国法律调整,融资租赁等私权利法律关系以及船舶公法关系则依船旗国法律调整。

其次,应当对船舶的所有权以及抵押权分别进行登记。在船舶融资租赁中,船舶的实际经营管理人以及对船舶直接受益的人是承租人,而出租人只是取得了船舶的名义上的所有权,承租人比出租人承担更多的风险与义务。原则上出租人不能随意改变船舶的所有权,如随意将船舶出卖给第三人,也不随意设定抵押权,除非以上两种情况都能在事先得到承租人的书面同意,以此来保护承租人的权利以及融资租赁能够一直顺利地进行。但在船舶的杠杆融资租赁下会出现例外情况。

再次,应该将船舶融资租赁必须进行融资租赁权登记在立法上确定,并规定:未经登记不得对抗第三人。

最后,应该严格限制承租人解除融资租赁合同的权利,明确解除合同的法定事由。《合同法》只是规定了一般合同的几种合同解除事由,但是融资租赁本身具有其自身的特殊性,因此,我们应当结合融资租赁本身的特点,对融资租赁合同的解除做出以下详细规定:(1)融资租赁合同可以在出租人和承租人协商一致的情况之下解除;(2)当出租人未经过承租人书面同意擅自将船舶的所有权转移,使得融资租赁的合同目的不能实现,承租人可以主张解除合同;(3)承租人不能如期支付租金,出租人有权解除合同,但前提是出租人经过催告同时给予一段宽限期,承租人仍然不支付租金。承租人不得以船舶不符合要求为由擅自解除合同,只能要求出租人更换符合要求的船舶。

四、国际船舶融资租赁下船舶碰撞所产生的风险的划分

（一）国际船舶融资租赁条件下船舶碰撞的责任主体

我国《海商法》将船舶碰撞的责任明确由有过错的一方当事人承担,在船舶融资租赁情况下,如果过错方是融资租赁的船舶,在碰撞之下产生的油污的处理、沉船的打捞、船舶的修理等所产生的费用以及相关的责任应该由出租人来承担还是应该由承租人来承担还是需要由双方共同承担,《海商法》中并没有明确对应的规定。

船舶的所有人、光船的承租人、船舶经营人、船舶管理人等雇主因为雇员在职务范围内的过失使得以上主体所拥有的船舶碰撞产生的责任,是否应该对其雇员的过失承担责任,成为碰撞责任主体? 在第二次全国涉外海事商事审判工作会议的《会议纪要》第130条规定:"船舶所有人对船舶碰撞负有责任,船舶被光船租赁且依法登记的除外。船舶经营人或者管理对船舶碰撞有过失的,与船舶所有人或者光船租赁人承担连带责任,但不影响责任主体之

间的追偿。船舶所有人是指依法登记为船舶所有人的人；船舶没有依法登记的，指实际占有船舶的人。"

如果将以上的主体都作为船舶碰撞的责任主体，在实践中对于碰撞所产生的责任的承担既有利也有弊。优点在于如果船舶的所有人是单船公司或者是资金实力不够雄厚的公司，在发生船舶碰撞，需要船舶所有人作为赔偿主体的时候，赔偿的可行性比较小，所以如果将以上主体都作为赔偿主体，被碰撞人可以通过向其他主体主张赔偿。弊端是，因为责任主体众多，会产生各主体以自身没有赔偿能力为由将赔偿责任推卸给其他责任主体。而且因为责任主体众多，被害方如果对以上主体中的一部分或者全部提起诉讼，必然导致诉讼成本增加。如果只将责任主体限定为单一主体时，对于被害方寻找特定的赔偿主体增加了便利；如果责任主体众多时候，各主体为了使自己承担的责任降至最低，那么必然会去购买保险，这样对于各个公司的经营成本来说是一笔额外的资金负担。

在船舶融资租赁的情况下，承租人在碰撞的情况下有可能是碰撞的责任主体也有可能是受害方。如果船舶在航行中被他人船舶碰撞后，应该是出租人还是承租人向侵权人主张赔偿呢？笔者认为应该是承租人向侵权人主张赔偿。因为承租人取得了船舶实际经营权以及收益权，在船舶被他人碰撞的前提之下，承租人有权向碰撞责任人主张赔偿责任。因为在侵害人将船舶碰撞后，形成了侵权人和承租人之特定的债权关系而不是物权关系，根据债的相对性原则，承租人有权对侵权方提出损害赔偿。依据我国《侵权责任法》的相关规定，物品的所有人可以向侵权责任人主张损害赔偿，这里的所有人不能简单地理解为所有权人，而应当将物品的占有人、管理人以及使用人等实际支配物品的人员都作为有权提起侵权赔偿的主体。

（二）船舶碰撞下的油污处理

当船舶发生碰撞以后有可能会造成船舶漏油的环境损害事实，在这样的情况之下是应该由船舶碰撞的责任主体还是发生漏油的责任主体来承担油污的处理，这个问题存在很大争议。

在船舶碰撞发生漏油的事故中，船舶的碰撞会引起碰撞法律关系和船只漏油所产生的油污损害法律关系。因为船舶漏油是船舶碰撞所造成的，所以碰撞是产生油污损害法律关系的原因，但这两个法律关系所应该适用的法律依据是不一样的。船舶的碰撞不会必然造成油污损害责任，因为如果船舶碰撞后船舶泄漏的是淡水或者其他没有污染性的液体，那么应该不会产生油污损害，所以可以看出油污损害是由于所漏的油品自身具有污染性造成。

船舶发生油污的泄漏才造成了油污损害的事实，船舶碰撞会造成的仅是船舶的损坏以及货物的损失，对于这些的损失才适用调整碰撞法律关系的法律法规。

船舶漏油的损失一部分是油品的所有人油品的损失，还有一部分是因为油污损害事实需要赔偿的损失。这两部分损失的主张赔偿的主体以及承担责任的主体是不一样的。《会议纪要》第130条规定，碰撞船舶的所有人应该对漏油油品的所有人的损失承担比例赔偿责任。

2001年的《燃油污染损害民事责任国际公约》在2009年已经对我国生效，在国际海事组织法律委员会对于公约中关于燃油污染的责任归于船舶一方当中的"船舶一方"是船舶的所有人还是船舶的经营人或者其他船舶的实际管理人存在很大的争议。有意见认为应当由船舶的所有权人承担责任，《1969年国际油污损害民事责任公约》1992年议定书和《1996年国际海上运输有害有毒物质损害责任和赔偿公约》都对此做了相同的规定，这样才能保证强制保险有效进行。另一种意见认为，船舶管理人、船舶经营人、光船租赁人作为民事责任人。在现在船舶的经营管理中，船舶的登记所有人往往并不参与船舶的经营管理，由其承担民事责任是不公平的，不符合"谁污染谁赔偿"的原则，应当由实际控制船舶的人来承担燃油污染责任。为了保证索赔者的索赔能够顺利实现，2001 年《燃油污染损害民事责任国家公约》将船舶的登记所有人、船舶经营人和管理人、光船租赁人确定为民事责任人，民事责任人对燃油污染损害承担连带责任。

《国际融资租赁公约》第 8 条第 1 款第 2 项中规定："出租人不应以其出租人身份而对第三人承担由于设备所造成的死亡、人身伤害或者财产损害的责任。"《合同法》第 246 条同样规定："承租人占有租赁物期间，租赁物造成第三人的人身伤害或者财产损害的，出租人不承担责任。"融资租赁法律关系当中，在租赁期满后，船舶的所有权也往往属于承租人，所以在船舶租赁期间所引起的油污损害赔偿的责任也应当由承租人承担。并且根据以上的两项规定，应该将融资租赁的承租人作为油污损害的责任主体之一，可以敦促承租人在使用船舶的时候尽到合理的注意义务，而且可以在发生油污损害事实之后，被侵权人可以尽快地与侵权人即承租人进行赔偿事项的处理，避免出租人将没有实际参与船舶的实际经营与管理作为抗辩事由，在索赔人进行诉讼的时候推卸自己的责任。

在融资租赁关系中，确定责任的情形时，应当把握几点：

第一，明确规则原则。油污损害的责任主体应该对油污损害承担无过错责任。一旦发生油污损害，无论责任主体对事故的发生是否存在过错，都必须对于所产生的损害承担责任，除非有法定的免责事由的存在，法定的免责事由应当按照《国际燃油污染损害民事责任公约》第三条第 3 款的规定。

第二，要分清责任主体。在融资租赁形式之下，发生漏油油污损害的责任主体应该确定为承租人，因为被损害人事实上与承租人形成了实际的侵权之债，应当由船舶的实际占有人即承租人来承担责任。

第三，对责任人的责任范围加以限定。如果发生了漏油事故，根据上一条的规定，承租人将要承担相应的赔偿责任，但是承租人的赔偿责任范围有多大，应该按多少数额进行赔付，应该做相应的规定，不能将承租人的范围无限制地放大。在 OPA90 当中对赔偿的限额做了相关的规定，但是没有对限额的上限做规定。因为在 3000 总吨以上的邮轮，每总吨 1200 美元或总数为 1000 万美元之取大者。这样做的主要目的就是为了能够充分保障赔偿的实现。

第四，必须强制购买保险。因为在保险的规定上 69CLC 当中第七条规定："在缔约国登记的载运 2000 吨以上散装货油的船舶的船舶所有人必须进行保险或取得其财务保证，如银行保证或国际赔偿基金出具的证书等，保证数额按第五条第（一）款中规定的责任限度决定，以便按本公约规定承担其对油污损害所应负的责任。"这样立法的目的就是为了在发生油污损害的时候，被损害人能够及时地获得赔偿以及不会造成出租人和承租人之间推卸责任的事情发生。但是融资租赁毕竟不同于光船租赁，承租人是船舶的时间的经营使用人，所以笔者认为对于承租人可以比照援引 69CLC 对于出租人的规定，强制承租人在租船的时候与出租人一同支付保险费用，这样在发生油污损害的时候，即可以减轻承租人相关的赔付压力而且还不会与现行的相关的制度相违背。

第五,加强对于刑事责任的立法。随着各国对环境保护的重视,加大了对于环境的刑事立法保护。在船舶发生油污损害之后,各国对责任主体除了利用民事和行政处罚手段以外,开始使用刑事法律制度来进行刑事处罚。欧洲议会通过的《船舶造成污染及对违法行为进行处罚的法令》,法令规定:在领水内,不仅故意或轻率行事导致的油污事故应承担刑事责任,而且"严重疏忽"行为导致的油污事故,也要承担刑事责任;在领水之外,《法令》将可以享受《国际防止船舶造成污染公约》附则免责的人限定在船东、船长或船员,而《国际防止船舶造成污染公约》并没有这个限定。我国《环境保护法》第 43 条规定:"违反本法规,造成重大环境污染事故,导致公私财物重大损失或者人身伤亡的严重后果的,对直接责任人员依法追究刑事责任。"因为在融资租赁当中,承运人是实际的船舶使用人与经营人,所以笔者认为承租人应该符合我国《环境保护法》当中"直接责任人"的规定。

(三)船舶打捞的责任主体

当前我国对于沉船沉物打捞没有进行清晰的立法,也没有国际通行的国际公约可以对我国的相关问题进行约束。我国当前只是将关于打捞沉船沉物的相关内容规定在了一些零散的法律法规之中。

在《中华人民共和国海上交通安全法》第 40 条规定,所有人、经营人应当在主管机关限定时间内打捞清除沉船、漂浮物等会对航行造成损害的物体。否则,主管机关有权采取措施强制打捞清除,其全部费用由沉没物、漂浮物的所有人、经营人承担。《内河交通安全管理条例》第 67 条将责任主体和打捞主体都规定为所有人和租赁人。《打捞沉船管理办法》第 5 条规定:"妨碍船舶航行、航道整治或者工程建筑的沉船,有关港(航)务主管机关应当根据具体情况规定申请期限和打捞期限,通知或公告沉船所有人。"因为《海上交通安全法》的效力高于《打捞沉船管理办法》,所以对于我国沉船打捞的主体应该是船舶的所有人和经营人。根据《1986 年联合国船舶登记条件公约》第 2 条规定:"经营人是指所有人或光船承租人,或经正式转让承担所有人或光船承租人的责任的其他任何自然人或法人。"

《沉船打捞清除公约草案》(WRC)规定中沉船沉物的打捞主体是船舶的所有人,即指船舶所有权登记的所有人;如果船舶没有进行登记的,那么在发生沉船事故当中的船舶的实际拥有人为船舶的所有人;当船舶为国家所有并由在该国登记为该船舶经营人的公司运营时,那么该实际经营的公司应该作为船舶的所有人。从以上的论述可知,发生沉船沉物的打捞主体应该是船舶的所有人和经营人,但是在船舶融资租赁的情况之下发生了沉船沉物的事故后负责打捞的主体应该是怎么划分?

在船舶融资租赁的情况之下,船舶的所有权属于船舶出租人,但是船舶的毁损灭失的风险应该由承租人来承担。在船舶毁损灭失的情况之下,承租人应该按照融资租赁合同之中约定的金额来赔偿出租人的损失,这样的情况下视为将船舶的所有权转移给了承租人,或者仍旧按照之前每月支付的租金继续支付给出租人。因此笔者认为,在融资租赁关系中,如果发生了船舶沉没的情形,船舶的承租人应该作为沉船沉物打捞的责任主体,而如果承租人拒绝承担打捞责任的,根据我国的有关法律,船舶的所有人应该作为强制打捞的主体,或者船舶的出租人为了可以转嫁船舶灭失的风险可以为船舶进行投保,在承担了沉船沉物的打捞责任以后向承租人追偿。

在建船舶法律问题研究

方梦圆

【摘要】 改革开放以来,我国造船业发展迅速,随着造船中心的东移、国际海运业的复苏和世界船舶需求量的大量增长,我国日益成为造船大国。即使是在金融危机的压力下,我国造船企业仍然手持大额订单。为了维护船舶建造合同双方当事人的利益,对在建船舶法律问题的研究迫在眉睫。本文将着重讨论船舶建造合同、在建船舶的所有权和抵押权问题。

【关键词】 在建船舶;船舶建造合同;所有权;抵押权

船舶建造业是我国较早进入国际市场并按照国际规则参与竞争的行业。2001年中国加入WTO后,我国船舶工业每年都以惊人的速度增长,国际市场份额迅速上升。2010年我国造船完工6560万载重吨,新接订单7523万载重吨,手持订单19590万载重吨,分别占世界市场的43%、54%、41%,均居世界第一。[①]受金融危机的影响,近年来航运市场较为低迷,但我国2012年的造船完工量、新接订单量以及手持订单量仍旧以42.5%、41.8%、42.2%的比重位居世界第一。[②]由此可见,我国船舶建造业已经成为具有国际竞争力的产业之一。

然而,船舶建造业毕竟是一个高投入高风险的行业,它不仅需要强有力的资金与技术支持,还存在复杂的建造过程,持续时间长,动辄几年。从船东与船厂双方达成意向并签订船舶建造合同开始,到船厂经过复杂的工艺完成船舶建造,船舶经验收交付于船东为止,船舶建造始终处于由材料到设备到机器再到船舶的动态过程中。过程顺利是双方的共同期望,然而在实践中却常常遇到这样或那样的纠纷,这些纠纷主要集中在由于船舶建造合同的法律属性规定不明而引发的所有权归属,以及与此相关的风险负担和抵押问题。这些也是司法实践中常见的难题。

一、船舶建造合同

(一)船舶建造合同的特征

船舶建造合同指的是一方当事人,即船厂,按照合同中约定的条款设计并建造船舶,由另一方当事人,即船东,支付相应价款的合同。船舶建造合同具有以下两个特征:首先,船舶建造合同双方当事人具有形式上的平等和实质上的不平等。主要表现在船厂通常是具有雄厚经济实力的一方,他们掌握技术,有丰富的劳动力;而船东的经济实力较弱,有些甚至是仅有一艘船的单船公司。这种情况主要出现在国内船舶交易中。在出口贸易中刚好相反:国

作者简介:方梦圆,浙江大学光华法学院法律硕士。本文系2012年浙江省科技厅重点软科学研究项目发展海洋经济战略下台州模式造船业可持续发展法律问题研究(课题编号2012C25097)和浙江大学光华法学院海洋法治课题成果。

① http://www.gov.cn/jrzg/2011-05/08/content_1859635.htm.

② http://www.shipol.com.cn/ztlm/cbxyyxfxyscz5/tjsj/251524.htm.

外船商不仅拥有雄厚的经济实力,还有极其丰富的商务谈判以及合同签订的经验,其聘请的技术顾问或设计公司领先于国际水平,我国船厂无法与之抗衡,因此被迫承担较多的责任与风险,处于弱势地位。其次,船舶建造合同不是一个静止的书面契约,而是一个权利义务相结合的动态过程。从合同最开始的谈判与磋商,到双方达成初步合作意向,到合同的订立与履行,甚至履行后的相关后续工作,这一切都属于船舶建造合同的内容,是一个动态的过程。动态过程的特点就是变数较大,所蕴含的风险也较大。这些风险主要体现在世界航运市场的不稳定可能导致的原材料价格上涨以及不利的汇率变动等。

(二)船舶建造合同的违约与救济

随着船舶建造业的日趋红火,船东与船厂对船舶建造合同下双方的权利义务之争愈演愈烈。船东的违约表现在违反支付船价义务和延迟接船。船东违约也许是受全球航运市场持续低迷的影响。工业和信息化部资料显示,2012年1—10月份船舶企业实现利润总额同比下降55.6%,市场加剧萎缩,手持订单大幅减少。到11月底全球手持订单量降到4721艘,2.7亿载重吨,较2011年底下降25%。① 金融危机爆发后,船东的融资能力和支付能力受到了较大程度的打击,市场上船舶价格不断下降,船东即使撤单或弃船之后也能以较低的价格购得相同规格的船舶。此种情况下,船厂的救济办法有以下两种:如果合同双方均为国内主体,可以适用《合同法》第167条的规定,即分期付款的买方未支付到期价款金额达到全部价款的五分之一时,卖方可以要求买方支付全部价款或者解除合同,卖方解除合同的可以向买方要求支付该标的物的使用费。如果合同一方是国外主体,我国船厂就应该在合同签订时即按照国际航运市场状况和汇率变化设计付款比例和付款方式。如果船东不付款或无力付款,船厂有权停止建造并解除合同,期间产生的费用由船东承担。船东延迟接船,或者直接弃船,对船厂造成的损失是巨大的,船台无法空置出来用于下一单的履行,就会影响下一单的交船期限,后果就是面临下一买家的巨额索赔。为了防止船东以质量有缺陷为由延迟接船或拒绝接船,船厂有必要严格按照相关合同和规范建造船舶,保证船舶建造质量。同时在建造过程中召开例会,双方到场,对工作的任何意见都要做到记录备案。如果船东延迟接船确实是因为公司遭遇财务困境,无法履行合同,船厂可以合理行使不安抗辩权,要求船东先行履行付款义务或由信用度较高的第三方进行担保。

船厂的违约主要是船舶建造存在缺陷以及延迟交船。如果船东在接船前发现船舶建造的工艺或选材存在缺陷,应及时通知船厂进行整改,整改的费用由船厂承担,如果船厂因为整改而不能在规定日期前交船,船厂还要承担延迟交船的违约责任。船厂无正当理由不能按照最后交船日期交船,船厂应支付违约金,如果延迟天数超过约定天数,船东有权解除合同,并索取已经支付的船价,要求赔偿损失。当然,船厂延迟交船还可能会因为其他一些不能归责于自己的过失,典型的就是不可抗力。如果出现不可抗力,船厂可适当延期交船,但延期的天数最长不得超过所有这些不可抗力事件所持续的时间之和。

二、在建船舶所有权

在建船舶不仅包括建造中的船舶,还包括建造完毕但未交付的船舶。作为所有权客体的物必须是独立的,特定的。关于独立性,建造人经过其工艺与劳动将材料、机器和设备进

---

① http://www.miit.gov.cn/n11293472/n11293832/n11293907/n11368223/15093173.html

行生产装配,最终建成船舶,具有航行能力,成为一个独立的物体,成为法律上的动产。关于特定性,在建船舶是按照船东的设计和要求进行建造,目的不是供自己使用,而是为他人或卖给特定的第三人,具有特定性。因此,建造完毕的船舶,即使并未交付,也可成为所有权的客体,成立所有权。建造中的船舶也能成立所有权,因为建造中船舶指的是材料、机器、设备和将这些材料、机器、设备转化为船舶的过程,它不是一个独立的物,而是这些材料、机器、设备和各个建造部分的总称。用于建造船舶的材料、机器和设备虽然在形态上是分散的独立的,但他们存在的目的是为了结合成一个特定的物。经过工艺和劳动,它们将由分离或半分离状态逐步成为一个"整体",这个"整体"可以在法律上被拟制成一个统一的财产,因而可以成立所有权。

（一）承揽合同下的所有权

当船舶建造合同为承揽合同时,判断在建船舶的所有权归属,主要看材料是由哪一方提供的,因提供材料的当事人不同,在建船舶所有权归属不同。当定造人提供或者提供主要建造船舶的材料、机器和设备时,在建船舶的所有权应该属于定造人。当承揽人提供主要建造船舶的材料、机器和设备时,在建船舶的所有权应该属于承揽人。这是国际上的一般认定。我国《海商法》以及其他民事法律法规对在建船舶的所有权问题没有直接的规定,但是《海商法》第25条第2款提到了一个"船舶留置权"的概念。"船舶留置权,是指造船人、修船人在合同另一方未履行合同时,可以留置所占有的船舶。"在"船舶留置权"这个概念中,债权人占有的船舶的所有权并不一定属于债务人。然而在造船合同中,船厂得以留置的是在建造中的新船,它正在或刚刚成为法律意义上的"物",排除了债务人是船舶经营人的可能。反过来说,只有债务人是船舶的所有人时,造船人才可留置该船。因此,法律如果赋予了造船人留置权,意味着法律肯定了债务人即船东对在建船舶的所有权。船东如果对在建船舶拥有所有权,这对于船厂而言是极其不利的。因为,一旦适用有关承揽合同的法律,从船舶开始动工或者用于建造船舶的材料、机器和设备一旦被打上标记船东就此享有在建船舶所有权的话,船东若出现重大违约行为如拒付船价等,船厂除了行使留置权外别无他法。但是,留置的船舶对于船厂而言却是一个负担:安置船舶需要额外的保管费,虽然事后可以向船东追偿,但仍然是一项风险。

（二）买卖合同下的所有权问题

当船舶建造合同为买卖合同时,一般情况下,建造船舶所需要的材料、机器和设备由船厂按照合同要求购买,当上述材料、机器和设备到达船厂工厂,被打上标记作为建造船舶专用物时,船厂取得所有权。船舶建造完毕后要出卖给船东,那么船东自何时起拥有船舶所有权?国内国外关于买卖合同下的标的物所有权转移问题基本上持一致意见,即标的物自交付时转移,有约定的从约定。交船时转移所有权,这里的"交船"应该是在建船舶通过试航之后的交船,而不是交船给船东去试航。因为,试航是检验船舶是否符合合同规定,是否具备航行能力的试金石。只有通过试航检验的船舶才能被认为是建造完工的船舶。试航成功就是证明船舶的技术和性能已经无条件地符合合同要求,船舶处于可交付状态。试航成功后,船舶由船厂交给船东,至此转移所有权。

三、在建船舶抵押权

（一）在建船舶抵押权的设立

设立抵押权是一种处分行为,因此在建船舶抵押权的设立人必须是对在建船舶享有处分权的人。如果合同规定在交船前转移所有权,在建船舶所有权自始归于船东。船东因为享有在建船舶的所有权,因而可以成为在建船舶抵押权的设立人。如果合同规定在交船后转移所有权,在建船舶的所有权归于船厂,船厂有权对在建船舶包括被打上所建船舶标记的材料、机器和设备等一同设定抵押权。各国对在建船舶抵押权的设立时间规定不一:有的国家规定在建船舶必须在办理船舶登记手续后,才可设立抵押权,如瑞典。有的国家规定可以进行船舶登记的船舶才能设立抵押权,如挪威。有的国家则认为在建船舶抵押权的设立不附带任何条件,如荷兰。我国对此并没有明文规定,笔者认为,如果船舶被特定放样,说明船厂已经做好了建造船舶的施工准备,第一块钢板被切割,说明船厂已经开始实际施工。至此,船厂或船东为建造船舶已花费了大量的物力,包括材料,机器和设备的购买和劳动支出等,这时设立抵押权不仅具有必要性,而且可以较大程度地保障贷款方的利益,在实践中也具有较强的可操作性。

(二)在建船舶抵押权的效力

在建船舶抵押权的效力及于被设立抵押的船舶的全部。所谓"全部",不仅包括建造船舶的全部成本,也包括用于船舶建造的所有材料、机器和设备的价值总和。如果抵押人侵害了抵押权人的利益,抵押权人可以要求抵押人停止侵害,排除妨害,恢复原状,提供担保或给予损害赔偿等。此为抵押权人的保全权。从条文中可以看出,法律所保障的抵押权人的保全权仅以抵押人为相对人,没有把第三人包括在内。若是第三人对抵押物实施了侵害行为,抵押权人因为不是抵押物的所有权人而无法要求其停止侵害。笔者认为,为了维护抵押权人的利益,不管是抵押人还是第三人,只要存在侵害抵押物的行为,抵押权人均可对其主张保全权。抵押权人还有一个优先受偿权,即抵押权实现时,抵押权人对抵押物的变价所得享有优先受偿的权利。在建船舶抵押权对抵押人的效力主要表现为占有权。抵押权的成立不以抵押物的移转占有为条件,船舶设定抵押后,不需要移转给抵押权人,仍由抵押人占有。在建船舶因其始终处于在建状态,实际占有人只能是船厂。如果船东是在建船舶的抵押人,他对船舶的占有不是实际占有,而是期待占有,但是这种期待是可以在抵押权行使之前转化为实际占有的。

(三)在建船舶抵押权的实现

船舶抵押权的实现又称为船舶抵押权的实行或实施,指的是债务履行期届满,抵押权人未受清偿,抵押权人就船舶变价所得优先受偿。抵押权的实现有四种方式:拍卖、变卖、折价、提起诉讼。法院拍卖是目前实现船舶抵押权的主要途径,因为抵押人如果通过变卖、折价或商业拍卖等途径实现抵押权,需要抵押人的配合,这在船舶抵押出现争议的情况下难以操作。笔者认为,抵押合同双方当事人可以约定另外的方式实现抵押权。如果抵押人在船舶建造过程中违反贷款合同,抵押权人可以继续使用抵押人的材料、机器、设备或劳务直到船舶建造完毕。抵押权人也可以自己雇佣其他劳务,但是抵押人需提供必要的协助。或者直接将船舶建造工作转移给其他船厂,由其他船厂继续船舶的建造工作,过程中做好监督与管理。不管哪种方法,其目的都是为了使抵押权保留到船舶建造完工,使未来物变成现实物,从而获得完满价值。但是,贷款方毕竟对船舶建造和管理缺乏经验,需要支付额外的管理费用,对贷款方而言仍然是一种负担。

(四)在建船舶抵押权的保险保障

在在建船舶上设立抵押权是为了保障债权的实现,然而仅仅依靠抵押权本身并不能完全充分地保护债权。因为抵押权会随着抵押物的灭失而消灭，如果船舶在建造过程中或者下水试航时不慎灭失，在建船舶抵押权就会落空。因此，为了保障债权人的债权，在抵押权之外寻找一种可靠的办法保障在建船舶抵押权的安全是很有必要的。在被抵押船舶上设立保险是目前较为普遍的一种保障债权的方法，其所依据的就是物上代位制度，我国《海商法》第20条规定了保险赔偿的物上代位性。被抵押船舶如果在建造过程中遭遇不测，债权人可以就被抵押船舶所取得的保险赔偿金实现债权。由于在建船舶分为建造中船舶和建造完毕交船前的船舶两个部分，而建造中船舶没有下水，遇到的风险与海上航行无关，因此这段时间为保障船舶抵押权而设立的保险不应该属于海上保险的范畴，而属于工程建设险。当船舶建造完毕下水试航，海上风险随之而来，在建船舶毁损灭失的风险与海上风险相关，此时在建船舶抵押权具备了海上保险的属性。虽然在建船舶包含工程建设险和海上保险两种属性，但在应用中笔者仍然建议将在建船舶保险合同统一看作海上保险合同。因为，不同的保险性质下，所适用的实体法和程序法，包括管辖法院都有可能会不同，在实践中操作会出现混乱。同一份合同下应保持法律适用和管辖法院的前后一致，这样才能提高司法效率。

论我国船舶碰撞损害赔偿责任主体的认定

周　倩

【摘要】　根据目前我国法律的明确规定,船舶碰撞损害赔偿的责任主体仅仅只可能是"船舶所有人"和"依法登记的光船承租人"。然而,随着社会经济的不断进步,海上运输事业的蓬勃发展,船舶运输关系越发显示出复杂多样的态势,同时船舶碰撞所造成的损失也愈加巨大,法律这样的规定亦逐渐显示出其僵化、机械的一面,无法满足日益复杂的海事司法审判实践的需要。本文分析船舶碰撞损害赔偿责任主体认定之必要性,提出在认定责任主体时,应以替代责任原则为法理依据,以管理和控制船舶原则为认定原则,并结合实践中的船舶经营方式对此进行具体分析,进而从附着在船舶上复杂的利益集团中准确甄别出"船舶背后的人"。

【关键词】　船舶碰撞;责任主体;替代责任原则;管理和控制船舶原则

引　言

随着我国社会经济的不断进步,海上运输事业蓬勃发展。在利用船舶创造效益、带动经济的同时,接踵而至的海难事故也给社会带来了巨大的人身和财产损失,船舶碰撞事故就是这之中很重要的一项。

船舶碰撞作为一种典型的海上侵权行为,具有法律关系复杂、事故损失巨大等特点,所以,船舶碰撞损害赔偿责任主体的识别与判定,是在处理船舶碰撞案件时一个必须解决的首要问题。但考察目前我国的法律规定,《海商法》将船舶碰撞损害赔偿的责任主体笼统地指向"船舶",之后最高人民法院出台的司法解释又将其仅仅局限在"船舶所有人"和"依法登记的光船承租人"之内,明显无法满足当前海事司法实践的需要,因此,明确"船舶背后的人"就显得尤为重要。只有明确了"船舶背后的人",纷繁的船舶碰撞法律关系才能够得以厘清,船舶碰撞所导致的损害赔偿责任才能够有所归属,受害人的损害才能够最终得到救济,其重要性不言而喻。

一、认定"船舶背后的人"之必要性分析

（一）我国立法现状及存在的问题

1. 立法现状

1910 年在布鲁塞尔签订的《统一船舶碰撞若干法律规定的国际公约》（以下简称《船舶碰撞公约》）是当前国际社会上与船舶碰撞民事责任有关的唯一现行有效的国际公约,该公

作者简介:周倩,浙江大学光华法学院 2012 级法律硕士研究生。本文系 2012 年浙江省科技厅重点软科学研究项目发展海洋经济战略下台州模式造船业可持续发展法律问题研究（课题编号 2012C25097）和浙江大学光华法学院海洋法治课题成果。

约并未对船舶碰撞的责任主体做出明确的规定,而是做出了"过失船舶承担损害赔偿责任"这样一个笼统的表述,例如第 3 条规定:"如果碰撞是由于一艘船舶的过失所引起,损害赔偿的责任便应由该艘过失船舶承担。"第 4 条第 1 款规定:"如果两艘或两艘以上船舶犯有过失,各船应按其所犯过失程度,按比例分担责任。但如考虑到具体情况,不可能确定各船所犯过失的程度,或者看来过失程度相等,其应负的责任便应平均分担。"

虽然我国直到 1994 年才正式加入《船舶碰撞公约》,但之前在制定《海商法》时却深受该公约的影响,第八章有关船舶碰撞的内容大多移植了《船舶碰撞公约》的规定,比如第 168 条"船舶发生碰撞,是由于一船的过失造成的,由有过失的船舶负赔偿责任"和第 169 条第 1 款"船舶发生碰撞,碰撞的船舶互有过失的,各船按照过失程度的比例负赔偿责任;过失程度相当或者过失程度的比例无法判定的,平均负赔偿责任",这样的表述与《船舶碰撞公约》几乎是完全相同的,都是将船舶碰撞损害赔偿的责任主体指向"船舶"。

但正如有学者指出的那样:"在法律采用船舶负责之类措辞,却又不提供制度上的支持的情况下,船舶成了一个责任中转站,法律将责任加给船舶,法官再透过船舶分配到具体要求的人身上。或者说,船舶成了一根绳子,将多种利益捆绑在一起。但当船舶要出面承担责任时,这根绳子就不得不被解开而将责任落实到人身上。"我国毕竟不是一个承认对物诉讼制度的国家,再加上《民事诉讼法》中必须有明确的被告才能够起诉的规定,在我国现行的法律制度下,"船舶"作为"物"是绝对不可能成为责任主体的,《海商法》将船舶碰撞损害赔偿的责任主体笼统指向"船舶"是立法时的疏忽和漏洞。

最高人民法院近几年相继出台了有关的指导意见和司法解释对漏洞加以弥补,包括2005 年 12 月 26 日印发的《第二次全国涉外商事海事审判工作会议纪要》和 2008 年 4 月 28 日颁布的《关于审理船舶碰撞纠纷案件若干问题的规定》,两者中具备法律效力的是后者,该司法解释第 4 条规定:"船舶碰撞产生的赔偿责任由船舶所有人承担,碰撞船舶在光船租赁期间并经依法登记的,由光船承租人承担。"

2. 存在问题

如前所述,我国目前已初步形成以《船舶碰撞公约》、《海商法》第八章以及《关于审理船舶碰撞纠纷案件若干问题的规定》为主体的认定船舶碰撞损害赔偿责任主体的法律制度,一定程度上也能够满足当前我国处理船舶碰撞案件的需要。但是,以发展的眼光来看,当前规定的局限性也是明显的,与海事司法实践的需要仍有不小的差距。

从宏观上看,船舶碰撞损害赔偿责任主体的立法不够完善和系统化:内容上法律效力不同,适用时易造成理解的不统一;形式上条文分布零散,使用亦不太方便。从微观上看,《关于审理船舶碰撞纠纷案件若干问题的规定》第 4 条"船舶碰撞产生的赔偿责任由船舶所有人承担,碰撞船舶在光船租赁期间并经依法登记的,由光船承租人承担"的表述在一定程度上明确了"船舶背后的人",也的确有助于受害人在寻求救济时确定可诉主体,与《海商法》笼统的规定相比有所进步。但是,将"船舶背后的人"仅仅局限在"船舶所有人"和"依法登记的光船承租人"的范围内,又显然是封闭与僵化的,这种毫无灵活性的规定,不可能穷尽所有的船舶碰撞损害赔偿责任主体,而且条款也没有规定一个用以认定"船舶背后的人"的标准或原则,没有给法律的适用留下一个弹性的空间,无法满足各种船舶碰撞情况下认定损害赔偿责任主体的需要。

（二）海洋经济蓬勃发展

联合国 2001 年首次提出"21 世纪是海洋世纪"的说法，21 世纪将是人类挑战海洋的新世纪，充分开发和综合利用海洋资源将是世界各国进一步发展的必然要求。

中国是一个海陆兼具的国家，海洋资源十分丰富，在发展海洋经济方面有着巨大的资源优势和发展潜力。此外，我国海洋经济的发展目前已正式上升为国家的发展战略：2011 年初，国务院先后批复了《山东半岛蓝色经济区发展规划》和《浙江海洋经济发展示范区规划》，8 月又批复了《广东海洋经济综合试验区发展规划》，这预示着海洋经济正逐步成为未来中国经济增长一股不可忽视且潜力巨大的重要力量。

伴随着海洋经济的蓬勃发展，海上运输事业必然能够获得长足进步，船舶在给人们带来经济增长的同时，也势必会给人们带来巨大的人身和财产损失，日益增多的船舶碰撞事故就是之中很重要的一项。船舶碰撞作为一种海上侵权行为，在当前有如下特点：

1. 船舶运输关系的复杂化

科技的进步和社会化大生产的发展使得海上运输事业的专业分工越来越细致，船舶运输关系也变得越发复杂，因此，附着在船舶上的绝不再仅仅只是一个或两个个体，而往往是一个巨大的利益集团，包括船舶所有人、船舶经营人、船舶管理人、承运人、光船承租人、抵押权人、保险人等，不一而足。那么，在以上这些人中，谁应当成为"船舶背后的人"来承担船舶碰撞的损害赔偿责任呢？我国的现行立法显然无法满足审判实践的需要，亟待进一步完善来调整和平衡船舶碰撞损害赔偿主体之间的关系与利益。

2. 船舶碰撞事故损失巨大

海上航行自古就被认为是一项冒险的事业，气象变幻莫测、海洋风起云涌，还有船舶的缺陷和船员的疏忽过失，都有可能导致船舶碰撞事故的发生。尽管近年来，伴随着航海技术的发展和船员素质的提高，人类抵御自然风险的能力也大大加强，但由于船舶数量增多、航行密度加大、船舶向着大型化和高速化的方向飞速发展、船舶驾驶和操纵的难度也大大增强，船舶碰撞事故反而有增无减，更重要的是，海上运输事业正逐渐成为一个技术密集型和资金密集型的行业，事故一旦发生，其所造成的损失将是古代航海所远远无法比拟的。

因此，明确"船舶背后的人"究竟是谁必须提上日程，以充分发挥法律的指引、预测和评判作用，更好适应海事司法审判实践的需要。

二、我国认定"船舶背后的人"之原则分析

船舶碰撞是一种海上侵权行为，结合我国《侵权责任法》的相关规定和原则，以及我国目前在船舶碰撞损害赔偿责任主体方面的立法现状，同时借鉴国外立法的有关经验，在认定"船舶背后的人"时，笔者认为应遵循以下原则：

（一）法理依据：替代责任原则

船舶碰撞事故的发生可能是由驾驶船舶的过失所引起，如瞭望疏忽或是避险措施不当，也可能是由管理船舶的过失所造成，如船舶不适航，这些过失在绝大多数情况下都不会是船舶所有人或光船承租人这些雇主的过失，而往往是船员的过失。倘若按照侵权责任法"责任自负"的原则，似乎应当由过失船员承担损害赔偿责任，但是，不管是在法学理论界还是司法实务界，船员从不被认为是损害赔偿的责任主体，在我国的海事司法实践中，还从未出现过一例受害人直接起诉过失船员的案件，诉讼都是向船舶所有人或者光船承租人等提起。这

样的做法的确是有船舶碰撞损失巨大,仅凭船员一己之力很难承担这样的考虑,但更为重要的是,船员责任转化为雇主责任是有法律依据和法理基础的。

事实上,船舶碰撞作为一种典型的海上侵权行为,对其责任主体的识别和认定应当符合侵权责任法的相关原理和原则。现代侵权行为法中的确存在"责任自负"的责任形态,即行为人对自己的行为负责,但同时还有另一种很重要的基本责任形态,即替代责任,责任人为行为人的行为负责。替代责任是严格责任的一种形式,只要甲乙之间存在某种关系,同时乙的侵权行为是在该甲乙关系的范围内实施的,那么甲就需要对乙的侵权行为负责。1804年《法国民法典》第1384条第1款"任何人不仅对其自己行为所致的损害,而且对应由其负责的他人的行为或在其管理之下的对象所致的损害,均应负赔偿责任"的规定是对替代责任最为经典的描述,至今仍焕发着鲜活的生命力。

海上运输是一项收益与损失相伴随的活动,船长、船员和其他管理人员受雇主的雇佣,代表雇主管理船舶、驾驶船舶、运营船舶,在通过劳动为雇主带来经济收益的同时,也可能因其自身过失而导致船舶碰撞事故的发生,由此产生相应的损害赔偿责任。依照现代民法所追求的权利与义务相一致的原则,雇主享受了船舶运营所带来的效益,那么就应当承担由此带来的损失,船舶碰撞的损害赔偿责任不应由船长、船员或其他管理人员这些具体的行为人来承担。如同在《德国民法典》起草过程中某些民法学者所指出的那样:"那些为自己的利益雇佣劳动的人应当对雇佣承担风险。"

替代责任理论在很多国家的海事司法实践中都已得到运用,不仅体现在各国民法典中替代责任的规定,更表现在商事或海事法中类似于"船东对船员引起的损害负责任"的表述,例如德国《商法典》第484条规定:"船舶所有人必须对船员或引航员在船上执行其职责期间的过失引起的对第三方的损害,承担赔偿责任。"此外,日本《商法典》第690条、韩国《商法典》第746条等都有相似的规定。值得注意的是,尽管德国、日本和韩国等国《商法典》将"船舶背后的人"仅仅局限在"船舶所有人"上,但如此规定所体现出来的替代责任原则却是值得我们学习的。在我国,《侵权责任法》第34条和第35条的规定,已然体现出替代责任的原则,具有借鉴意义,《关于审理船舶碰撞纠纷案件若干问题的规定》中规定的"船舶所有人"和"经登记的光船承租人"为"船舶背后的人"同样也是以替代责任原则为法理依据的。

因此,"船舶背后的人"的认定须以替代责任原则为其法理依据,责任主体应当为因行为主体过失而导致的船舶碰撞事故承担损害赔偿责任。

(二)认定原则:管理和控制船舶原则

既然"船舶背后的人"是应当为因行为主体过失而导致的船舶碰撞事故承担损害赔偿责任的责任主体,那么,谁能够成为这一责任主体呢?

前文已述,现今的船舶运输法律关系比较复杂,航运发展早期船舶所有人、承运人、船长"二位一体"甚至"三位一体"的航运关系早已不复存在,取而代之的是附着在船舶上庞大的利益集团,所以,简单地将船舶所有人认定为"船舶背后的人"的做法已不再可行,我们需要有一个原则从纷繁复杂的船舶法律关系中准确认定出船舶碰撞损害赔偿的责任主体,管理和控制船舶原则即是一个可行的原则。

1.理论分析

船舶碰撞损害赔偿责任是建立在雇佣关系基础上的一种替代责任,作为责任主体的雇主之所以要雇佣作为行为主体的船长、船员驾驶、管理船舶,目的是在于能够实现对船舶的管理和控制。对船舶的管理和控制一方面是一项权利,船舶所有人、光船承租人等可以基于此根据自己的意志运营船舶,通过船舶运输事业获得经济收益,但另一方面,权利与义务是一致的,权利主体在享有权利的同时,也负担着保证船舶运行安全的义务,如果在其管理和控制之下的船舶因船长、船员的过失发生碰撞,那么按照替代责任原则,管理、控制船舶的人就应当成为责任主体承担损害赔偿责任。也就是说,在船舶碰撞事故发生当时,责任主体与碰撞船舶的关系应表现为责任主体对碰撞船舶的管理和控制,"船舶背后的人"应当是在事故发生时管理和控制船舶的人,正如有学者所指出的那样,"实际的侵权行为人应该是有权控制和管理船舶的人。""识别船舶碰撞责任主体的大原则就是实际控制船舶的人。"

2. 实践基础

(1)国外立法实践之借鉴。认定船舶碰撞损害赔偿责任主体的管理和控制船舶原则也体现在国外的相关立法中。如英国 1995 年《商船航运法》第 187 条第 3 款"本条适用于船舶所有人,也适用于除船舶所有人外对船舶的过失应承担责任的人;如果由于租船合同,光租或任何其他原因,船舶所有人对驾驶、管理船舶不负责任,本条适用于在此期间取代船舶所有人承担责任的承租人或其他人"的规定,明确指出了认定"船舶背后的人"的原则和标准,即"船舶所有人"和"在船舶所有人对驾驶、管理船舶不负责任期间取代船舶所有人承担责任的承租人或其他人",也就是说,在船舶碰撞事故发生当时,谁驾驶、管理船舶,谁就应当对该事故承担责任。

还有加拿大 2001 年的《海事责任法》,第 17 条第 4 款规定:"人的责任:本条所指因疏忽或过失船舶所承担的责任,是指任何对驾驶、管理船舶负有责任的人或者任何对船舶缺陷负有责任的人的责任。"也即,"船舶背后的人"应是"对驾驶、管理船舶负有责任的人或者对船舶缺陷负有责任的人"。

(2)我国《侵权责任法》之原则。对船舶碰撞损害赔偿责任主体的认定还可以借鉴机动车辆损害赔偿责任主体的认定原则,当机动车辆所有权与使用权或是运行权相分离时,应由实际运行机动车辆的人承担损害赔偿责任,"决定车辆所有人承担赔偿责任的根据,在于运行支配与运行利益的归属。车辆所有人因种种原因丧失运行支配与运行利益时,车辆所有人将不承担责任,而由运行支配与运行利益的实际归属者承担责任"。

这一原则在我国现行的《侵权责任法》中亦有所体现,《侵权责任法》第 49 条规定:"因租赁、借用等情形机动车所有人与使用人不是同一人时,发生交通事故后属于该机动车一方责任的,由保险公司在机动车强制保险责任限额范围内予以赔偿。不足部分,由机动车使用人承担赔偿责任;机动车所有人对损害的发生有过错的,承担相应的赔偿责任。"第 52 条规定:"盗窃、抢劫或者抢夺的机动车发生交通事故造成损害的,由盗窃人、抢劫人或者抢夺人承担赔偿责任。保险公司在机动车强制保险责任限额范围内垫付抢救费用的,有权向交通事故责任人追偿。"尽管《侵权责任法》中的上述规定是适用于机动车交通事故责任的特殊规定,但其所体现出来的原则和精神是能够为我们提供借鉴的。

综上所述,管理和控制船舶原则应是认定船舶碰撞损害赔偿责任主体的一个非常重要的原则,在船舶碰撞发生当时,船舶由谁管理和控制,谁就应当成为"船舶背后的人"承担损害赔偿责任。

(三)具体情况具体分析原则

确定"船舶背后的人",除了以替代责任原则为法理依据,以管理、控制船舶原则为认定原则,还应当结合具体案件予以具体分析。同是船舶碰撞事故,不同案件涉及的争议点是不同的,要立足具体的案件事实进行客观分析。下一部分将对此予以具体阐述。

三、认定"船舶背后的人"之具体情况具体分析

在目前的海洋运输事业,船舶经营的方式主要有以下几种:(1)船舶所有人自己经营,以此获得运费收入;(2)船舶所有人将船舶租赁给第三人经营,以此获得租金收入;(3)船舶所有人将船舶交由第三人经营或管理,以此获得运费收入,但同时还需要支付一笔管理费用。以下将具体分析在这三种经营模式下"船舶背后的人"应该是谁。

（一）船舶所有人自己经营,以此获得运费收入

我国目前立法对船舶所有人成为"船舶背后的人"已有规定,最高人民法院《关于审理船舶碰撞纠纷案件若干问题的规定》第 4 条"船舶碰撞产生的赔偿责任由船舶所有人承担"是其明确的法律依据。应该说,船舶所有人承担船舶碰撞的损害赔偿责任原则上是正确的,一般情况下也不会出错,毕竟船舶所有人管理和控制船舶的情形在当前的航运实践中还是比较常见的。船舶所有人配备、保养船舶设备,雇佣、管理船长与船员,一旦事故发生,就基于替代责任原则和管理、控制船舶原则承担损害赔偿责任。

（二）船舶所有人将船舶租赁给第三人经营,以此获得租金收入

《关于审理船舶碰撞纠纷案件若干问题的规定》第 4 条规定:"碰撞船舶在光船租赁期间并经依法登记的,由光船承租人承担。"该规定明确指出"依法登记的光船承租人"是"船舶背后的人",其局限性是明显的。

1. 登记对认定船舶碰撞损害赔偿责任主体的影响

司法解释规定经依法登记的光船承租人可以成为责任主体,是因为在光船租赁期间,尽管船舶所有人对船舶仍保有所有权,但其实际的管理和控制权已转移给光船租赁人,根据权利与义务相一致的原则,与权利相伴的损害赔偿责任也应同时转移。

但该司法解释光船承租人承担损害赔偿责任须"经依法登记"的规定却为司法实践留下了疑虑,未经依法登记的光船承租人是否能够成为"船舶背后的人"承担赔偿责任呢? 有观点认为,这条规定是封闭式条款,使得未经登记的光船承租人在现有法律制度下不能成为碰撞责任的主体。

香港畅鑫船务有限公司诉八马汽船株式会社船舶碰撞损害责任纠纷案是一个在这方面较为典型的案例:2006 年 12 月 16 日,涉案船舶"畅达 217"轮从日照驶往香港,"Cape May"轮从上海驶往宁波,"畅达 217"轮右舷船头在上海长江口水域撞上"Cape May"轮左舷船尾,两轮碰撞位置在碰撞当时属于长江口定线制"B"警戒区内。上海海事法院经公开审理查明:碰撞发生前两轮已形成交叉相遇局面,"Cape May"轮于 20:50 时左右发现"畅达 217"轮在其左舷行使,"畅达 217"轮于 20:57 时发现"Cape May"轮在其右舷行使,到 21:00 两轮之间的距离约为 1 海里,两轮发现对方船舶后,均采取了避让措施,"Cape May"轮连续向右改变航向以避让,"畅达 217"轮于 21:03 时采取左满舵以避让,直至 21:04 时左右两轮碰撞。碰撞事故发生后,两轮均向上海海事局吴淞海事处进行报告,12 月 19 日,"畅达 217"轮靠泊吴淞锚地接受调查,并于 12 月 21 日离开,后到广州进行船舶修理,由此产生修理费 76302 美元,靠泊代理费 33410 美元,船期损失 55000 美元,海事调查费 500 美元,以及燃油损失10000 美元。法院还同时查明:"畅达 217"轮船舶所有人为福州市华隆船务有限公司,华隆

在 2006 年 7 月 28 日将船舶光租给香港畅鑫船务有限公司,并进行了光船租赁登记;"Cape May"轮船舶所有人为日本邮船株式会社,日本邮船株式会社于 2004 年 3 月 22 日与被告签订光船租赁合同,将"Cape May"轮光租给被告,但并未办理光船租赁登记。另外,就同一船舶碰撞事故,本案被告八马汽船株式会社以本案原告香港畅鑫船务有限公司和"畅达 217"轮所有人福州市华隆船务有限公司为被告提起诉讼,要求承担损害赔偿责任。

原告香港畅鑫船务公司认为,被告的"Cape May"轮违反《1972 年国际海上避碰规则》和碰撞发生当地的《长江口船舶定线制》,应承担 80% 的碰撞责任,请求法院判决被告赔偿原告损失;被告八马汽船株式会社则辩称原告的"畅达 217"轮应对该船舶碰撞事故承担主要责任。

上海海事法院经审理后认为,"畅达 217"轮对碰撞事故的发生承担主要责任,"Cape May"轮承担次要责任,最终判决被告对涉案船舶事故造成的原告的损失承担 30% 的责任。原被告双方均未提出上诉。

本案案情其实并不复杂,碰撞双方之间的责任比例也较为清楚,但具有典型意义的是,被告八马汽船株式会社作为未经依法登记的光船承租人是否能取代船舶所有人承担损害赔偿责任。本案的最终判决已经给出了肯定的答案,但上海海事法院(2008)沪海法海初字第 75 号判决书并未对此作出较为详尽的解释,不过,在就本案同一碰撞事实提起的另一诉讼中,上海市高级人民法院在二审判决书中作出了如下的说明:

《船舶登记条例》第 6 条规定:"船舶抵押权、光船租赁权的设定、转移和消灭,应当向船舶登记机关登记;未经登记的,不得对抗第三人。"该规定是指权利人在对船舶营运中产生的合同或侵权纠纷的债权提起诉讼时,船舶所有人不能以未经登记的光船租赁合同为由逃避或不承担民事责任。本案与 75 号案件是同一起船舶碰撞侵权纠纷,碰撞双方均有过失,碰撞双方当事人分别起诉对方承担碰撞侵权责任,被上诉人与上诉人均为侵权行为人和承担碰撞责任的当事人,任何一方起诉追究对方的侵权责任与光船租赁合同的设定、转移和消灭没有关系,而且上诉人并未选择追究船舶所有人日本邮船株式会社的民事责任,也没有要求追加日本邮船株式会社作为碰撞纠纷的当事人,而是选择被上诉人承担侵权赔偿责任,被上诉人亦要求上诉人承担赔偿责任,且被上诉人在一审法院判决其承担涉案碰撞损失后并未提起上诉,故在被上诉人与日本邮船株式会社之间的光租合同真实合法的前提下,该光租合同在境外是否需要登记及登记与否,均不影响被上诉人主张船舶碰撞侵权赔偿和承担责任的主体资格。

上海市高级人民法院的判决很好解释了是否经依法登记并不影响光船承租人成为"船舶背后的人"的观点。确实,船舶被租赁后实际上已处于光船承租人的管理和控制之下,船舶所有人对船舶碰撞事故的发生几乎是毫不知情的,仅因未办理光船租赁登记就要求船舶所有人对碰撞事故负责显然是不合理的,况且,《船舶登记条例》的规定将第三人权利请求能够产生对抗效力的范围限定在"光船租赁权的设定、转移和消灭"内,船舶碰撞作为一种海上侵权行为,无论事故发生当时船舶是否已依法办理光船租赁登记,都不应该影响光船承租人损害赔偿责任的承担。

2. 其他租赁方式下责任主体的认定

《关于审理船舶碰撞纠纷案件若干问题的规定》仅规定光船承租人可以成为"船舶背后的人",但船舶租赁绝不仅仅只有光船租赁这一种形式,还包括有定期租船、航次租船和融资租赁等方式。

（1）在定期租船模式下，船舶所有人任命船长、配备船员，同时负担着船长和船员的工资，以及船舶的给养、维修保养、物料和保险等费用，由于船舶所有人管理、控制船舶，定期租船形式下的船舶所有人是船舶碰撞损害赔偿的责任主体。

（2）在航次租船模式下，船舶所有人按照租船合同规定的航程完成货物运输服务，同时负责船舶的经营管理和航行过程中的一切费用，由于船舶所有人管理、控制船舶，航次租船形式下的船舶所有人是船舶碰撞损害赔偿的责任主体。

（3）所谓船舶融资租赁，是指出租人根据承租人对船舶的特定要求和对船厂的选择，出资向造船厂购买船舶并租给承租人使用，由承租人分期支付租金并最终取得船舶所有权的一种融资模式。

目前我国对船舶在融资租赁期间发生碰撞事故的责任主体并没有明确规定，但结合《合同法》中有关融资租赁合同的规定，以及前文所述认定"船舶背后的人"所应遵循的原则，对这一问题可作如下理解：

《合同法》第 242 条规定："出租人享有租赁物的所有权。"第 246 条规定："承租人占有租赁物期间，租赁物造成第三人的人身伤害或者财产损害的，出租人不承担责任。"根据以上规定，在船舶融资租赁期间，出租人是船舶所有权人，但出租人对在此期间造成的第三人损害不承担责任。事实上，《合同法》的规定是符合认定船舶碰撞损害赔偿主体的原则的，在船舶融资租赁期间，出租人仅享有船舶所有权，而将管理和控制船舶的权利转移给融资租赁人，所以，融资租赁人的地位与光船承租人极为相似，不同的是，融资租赁人比光船承租人享有更多的处分权利，包括船舶的购买选择权，船舶的占有使用权，等等，由于船舶完全处于其管理和控制之下，因此，船舶在融资租赁期间若发生碰撞事故，其责任主体必然应当是融资租赁人。

需要注意的是，我国目前在船舶融资租赁方面还没有关于登记的规定，因此，是否办理登记对融资租赁人承担损害赔偿责任构不成影响，在船舶融资租赁期间若有碰撞事故发生，融资租赁人就是当然的"船舶背后的人"。

（三）船舶所有人将船舶交由第三人经营或管理，以此获得运费收入，但同时还需要支付一笔管理费用

最高人民法院民事庭负责人就《关于审理船舶碰撞纠纷案件若干问题的规定》答记者问时指出："在本司法解释的起草过程中，我们还发现了很多亟须解决的问题，例如，船舶经营人和管理人在船舶碰撞纠纷中的责任问题、船舶碰撞导致油污的赔偿责任问题等。对这些问题，现有法律规定还不够完善、明确，需要作进一步的专项调研，尽快加以明确。"船舶经营人和船舶管理人对碰撞事故损害赔偿是否应承担责任目前在法律上还没有明确的规定，但在海事司法实践中已有相关案例出现。

在张奇诉陈益民等海上人身损害赔偿纠纷案中，原告张奇将船舶所有人陈益民、船舶经营人舟山市泉源海运有限公司和船舶管理人舟山市健伟船舶管理有限公司作为被告同时告上法庭，请求判令三被告连带赔偿原告损失人民币 1121808.33 元。上海海事法院经审理后认为：陈益民作为"华杰 8"轮的船舶所有人应妥善装备船舶，保证船舶适于航行，并在航行过程中谨慎驾驶，保证船舶的安全航行，现原告在涉案碰撞事故中受伤致残，陈益民应对原告的损失承担赔偿责任；泉源公司作为"华杰 8"轮船舶国籍证书中载明的船舶经营人，应对其

经营的船舶进行安全航行的管理,并基于公示的船舶经营人身份对外承担责任,"华杰8"轮为碰撞一方,原告又在涉案碰撞事故中受伤致残,作为对船舶安全航行负有经营管理职责的船舶经营人,泉源公司显然未对其经营的船舶尽到安全管理的职责,应就原告的损失与陈某承担连带赔偿责任;健伟公司根据与陈益民签订的船舶管理协议的约定向陈益民履行合同义务、承担合同责任,并无证据证明健伟公司对涉案碰撞事故造成原告伤残应承担法律或合同约定的责任,故对于原告要求健伟公司承担赔偿责任的诉讼请求,本院不予支持。

应该说,上海海事法院的这一审判结果在认定船舶经营人和船舶管理人是否应成为损害赔偿的责任主体方面,是有借鉴意义的。

1. 船舶经营人

在航运实践中,船舶所有人或光船承租人通过与船舶经营人签订船舶经营合同而将船舶交由其经营,船舶经营人在经营船舶期间,是具有独立地位的航运法律关系主体,虽并不拥有船舶所有权,但能够根据授权对船舶享有事实上的管理和控制权,其地位与船舶所有人或光船承租人相似。因此,根据管理和控制船舶原则,船舶经营人应对船舶碰撞事故的损害赔偿承担责任。

2. 船舶管理人

船舶管理人接受船舶所有人、船舶承租人或船舶经营人的委托,从事与海上运输事业相关的辅助活动,通常不具备独立的经营自主权或决策权,其工作更多的是体现事务性与服务型的特点。因此,船舶管理人并不能实际管理和控制船舶,其所扮演的角色通常是对内承担责任的法律主体,而对外承担责任的则应当是船舶所有人、船舶承租人或船舶经营人。船舶管理人对外不承担赔偿责任的精神在交通部《国内船舶管理业规定》已有所体现,第 16 条"船舶管理经营人应当根据船舶管理合同和国家有关规定,履行有关船舶安全和防止污染的义务。船舶所有人、船舶经营人、船舶承租人有关船舶安全和防止污染的义务,不因将船舶已委托给船舶管理经营人管理而改变"的规定就说明对外的直接责任人应是实际管理和控制船舶的船舶所有人、船舶经营人或船舶承租人。

结 语

随着社会经济的不断进步,海上运输事业的蓬勃发展,船舶运输关系越发显示出复杂多样的态势,同时船舶碰撞所造成的损失也愈加巨大。根据目前我国法律的明确规定,船舶碰撞损害赔偿的责任主体仅仅只可能是"船舶所有人"和"依法登记的光船承租人",无法满足日益复杂的海事司法审判实践的需要。

船舶碰撞是一种海上侵权行为,结合我国《侵权责任法》的相关规定和原则,以及我国目前在船舶碰撞损害赔偿责任主体方面的立法现状,借鉴国外立法的有关经验,在认定"船舶背后的人"时,应以替代责任原则为法理依据,以管理和控制船舶原则为认定原则,同时,注意具体情况具体分析。只有这样,才能真正找到隐藏于船舶背后应当承担损害赔偿责任的人,以实现海洋运输法律关系的利益平衡,进而促进海洋经济的健康发展。

对国际海底区域制度人本化的反思

项雪平

【摘要】 本文从管理局的制度和"区域"及其资源的开发,以及资金安排两方面分别论述《执行协定》对《联合国国际海洋公约》人本价值的影响,探究发展中国家普遍缔约的原因,并对"区域"制度的人本化进程加以展望。

【关键词】 国际海底区域;人体价值;执行协定

引 言

《联合国国际海洋法公约》(下称《公约》)第 136 条规定国际海底区域(下称"区域")及其资源是人类共同继承的财产,使海洋法这一经典的国际法部门成为"以人类为本"的国际法发展的典范。[1]人类共同继承的财产原则确认对"区域"内资源的一切权利属于全人类,由管理局代表全人类行使。这种资源不得让渡。但从"区域"内回收的矿物,可以按照相应的规则、规章和程序予以让渡。①为此目的,《公约》第十一部分进行了一系列的制度设计。然而,由于西方工业国家对《公约》第十一部分及附件三、附件四部分内容的反对,至 1990 年 12 月,在《公约》通过 8 年以后仍然只有 44 个②国家批准,且除了巴西、冰岛外,均为小国、穷国。为促使《公约》这个历经 9 年才诞生的第三次联合国海洋法会议的成果早日生效,并吸引西方工业国家的普遍参加,在两任联合国秘书长主持之下,于 1990 年 7 月至 1994 年 6 月举行了分两个阶段共 15 次的非正式磋商会议,最终形成了《关于执行 1982 年 12 月 10 日〈联合国海洋法公约〉第十一部分的协定》和《关于执行 1982 年 12 月 10 日〈联合国海洋法公约〉第十一部分的协定的决议》。在此基础上,联合国大会第 48 届会议续会于 1994 年 7 月 28 日通过了《关于执行 1982 年 12 月 10 日〈联合国海洋法公约〉第十一部分的协定》(下称《执行协定》),促成了《公约》的普遍接受。至今《公约》已有 164 个缔约国,《执行协定》的缔约国为 143 个②,除美国以外的西方工业国(俗称发达国家,下文均称之为发达国家)均已成为《公约》和《执行协定》的缔约国,"区域"的人本原则在形式上获得了普遍承认,对国际社会具有了普遍效力。

国际法的"以人类为本"的新命题,是指现代国际法的有关原则、规则、规章和制度的建

作者简介:项雪平,杭州师范大学法学院副教授;浙江大学光华法学院博士研究生。

① 参见《公约》第 137 条第 2 款。

② 参见联合国网站,http://www.un.org/Depts/los/reference_files/chronological_lists_of_ratifications.htm♯The United Nations Convention on the Law of the Sea,最后访问时间 2012 年 10 月 19 日。

③ 为行文方便,发展中国家和尚未取得完全独立和其他自治地位的人民统称为发展中国家。事实上后两者尚未取得国际法上国家的主体地位。

立与实施,主要不是为了国家利益或单个人的权益,而是以维护或推进全人类的共同利益为其最高宗旨。[1]这是"人本主义"的价值要求。"区域"及其资源是人类共同继承的财产原则要求其制度的建立和实施必须是为了全人类的共同利益,而不是仅仅为了缔约国的国家利益或勘探开发者的个体利益。它要求"区域"内的活动应为全人类的利益而进行,并特别考虑到发展中国家和尚未取得完全独立和其他自治地位的人民③的利益和需要;对从"区域"内活动取得的收益进行公平的分配。①

《执行协定》在前言中亦重申"区域"及其资源为人类共同继承的财产和《公约》对于维护正义和世界人民的进步的重要性。然而仔细研究《执行协定》的具体制度设计,可以发现《执行协定》以执行之名,行修改之实,其规定的"区域"制度并非一定有利于全人类共同利益的实现,活动所产生的收益减少,收益的分配并不能真正考虑到发展中国家的特别利益和需要,从而使《公约》所追求的人本价值难以实现。《执行协定》对《公约》内容的具体修改主要在附件部分。该附件共分九节。本文将从管理局的制度和"区域"及其资源的开发,以及资金安排两方面分别论述该修改对《公约》人本价值的影响,探究发展中国家普遍缔约的原因,并对"区域"制度的人本化进程加以展望。

一、修改国际海底管理局相关制度对人本价值的负面影响

(一)决策

1.决策机构的组成

《公约》规定大会是管理局的最高机关,有权就管理局权限范围内的任何问题制定一般性政策,②《执行协定》则规定管理局的一般政策由大会会同理事会制订,③这一修改使大会的权力受到理事会的限制,不再是管理局的最高权力机关。这种规定不利于广大发展中国家表达自己的意见和参与决策。因为每一缔约国都是大会的成员且实行一国一票的投票制,而理事会只有 36 个成员且实行分组分配表决权制度④,决策权集中在少数理事会成员国手中。《执行协定》同时规定对同样属于理事会主管范围的任何事项,或对任何行政、预算或财务事项,大会应根据理事的建议作出决定。大会如不接受关于任一事项的建议,应将其交回理事会进一步审议。理事会应参照大会意见重新审议该事项⑤。这在事实上使大会在与理事会发生职能重叠时受制于理事会。若理事会没有及时重新审议,大会就无法做出决定;或理事会虽及时审议,大会还是无法接受,也只能交回理事会而无法自行决定,从而使该事项久拖不决。

2.表决程序

《执行协定》将协商一致作为管理局机关表决的首要原则,改变了《公约》关于大会只有在少数情况下才需要一致表决的规定。理事会对实质问题的表决,《执行协定》弃《公约》针

---

① 参见《公约》第 140 条。

② 参见《公约》第 160 条第款。

③ 参见《执行协定》附件第 3 节第 1 段。

④ 分组分配表决权制度:根据《执行协定》第 3 节第 9 段(a)和第 15 段的规定,理事会成员来源分为四类,主要是保证最大消费国、生产国和投资国的当选,对四组成员分配表决权。

⑤ 参见《执行协定》附件第 3 节第 4 段。

对不同问题分别采用 2/3 多数、3/4 多数和协商一致的三类表决制，^①转而规定除《公约》第 161 条 8 款(d)项规定由理事会协商一致决定者外，其他问题均以出席并参加表决的成员 2/3 多数作出，但须以任一分组没有过半数反对这项决定为条件。在每一分组内，实质问题的决定以简单多数作出^②。这样，任何一个分组的多数票就可以否决理事会对实质问题的决定。当一个国家认为其主要利益受到威胁时，还可能提出推迟作决定，以便进一步磋商。^③ 这又可能导致某一理事会成员国为自己一国利益而非全人类共同的利益而阻挡理事会作出决议，单方提出自己的主张，利用《公约》和《执行协定》对磋商没有次数限制而要求反复磋商，从而达到一国私利。类似的情况在海洋法发展的历史上并不是没有发生过。^④

（二）审查会议

《执行协定》废除了《公约》关于召开首次审查会议的确定时间和会议表决程序的相关规定，转而规定大会可根据理事会的建议行使审查职能^⑤。这一修改虽然是基于商业性开采开始时间的不确定而采取的灵活务实的做法，但其将会议启动程序改为大会在理事会的建议下召开，实际上使理事会掌握了是否召开会议的主动权，而前述已分析理事会的表决程序并不利于广大的发展中国家表达自己的诉求，使发展中国家的特别需要得到考虑。反观被废止的《公约》条款的规定，审查会议的召开由大会直接决定，发展中国家可以利用大会表决的制度优势，提出发展中国家的特别需要。《执行协定》虽然保留了《公约》关于审查会议应确保继续维持人类共同继承财产的原则，确保公平开发"区域"资源使所有国家尤其是发展中国家都得到利益而制定的国际制度的规定^⑥，但由于审查会议召开受制于理事会这种釜底抽薪式的程序规定，维持人类共同继承财产的原则恐怕难以落实，因为程序是实体规定得以有效执行的保障，"皮之不存，毛将焉附"？

（三）财务委员会

《公约》原则性地规定理事会设立附属机关处理财务事项，《执行协定》则在第九节详细地规定了财务委员会的组成，名额分配和职能。在 15 名委员的名额分配上，《执行协定》采用了理事会成员名额分配办法，确保了理事会四个分组国家或向管理局行政预算缴付最高款额的五个国家代表的当选^⑦。缴付款额最高国家代表当选制度简直就是"加权表决制"^⑧的翻版，以成员国的经济实力决定名额分配。肇始于布雷顿森林体系的加权表决制有二战结束前夕的特殊历史背景，且一直被国际社会所诟病，以至于国际货币基金组织(IMF)在晚

---

① 参见 UNCLOS 第 161 条。有观点称之为三级表决制。例如，王宗来：《联合国海洋法公约国际海底部分的主要内容及面临的问题》，《中外法学》1992 年第 1 期。但这些表决权之间并没有效力等级关系，只是不同种类的事项需要达到不同比例的同意，故认为称之为三类表决制更妥。

② 参见《执行协定》附件第 3 节第 5 段。

③ 参见《执行协定》附件第 3 节第 6 段。

④ 例如在第三次联合国海洋法会议结束前夕，美国政府宣布对此前达成的《海洋法公约草案》(非正式案文)保留，并认为第十一部分和附件三"基本上不能接受"，并提出六项修改意见，导致会议议程未能如期结束并达成成果。《公约》通过后，美国不顾自己的签字国身份，另搞一套"小条约"。参见赵理海：《〈联合国海洋法公约〉的批准问题》，《北京大学学报》(哲学社会科学版)1991 年第 4 期。

⑤ 参见《执行协定》附件第 4 节。

⑥ 参见《执行协定》第 4 节，《公约》第 155 条第 2 款的规定。

⑦ 参见《执行协定》第 4 节第 3 段。

⑧ 加权表决制：是指不按传统表决制中的一国一票，而是依据一定标准，如成员国人口，对组织贡献大小、责任大小、利害大小等因素赋予国家表决权的一种制度。张雪慧：《国际组织中的加权表决制浅论》，《中外法学》1997 年第 1 期。

近推行基金份额的改革,①这种改革虽然没有根本性地颠覆"富人俱乐部"的本质而实现主权国家在决策上的真正平等,但至少已经开始朝这个方向前进。而制定于1990年代财务委员会制度,不仅没有顾及这一表决制所造成的主权国家实质不平等,而且没有区别"区域"及其资源是为了全人类共同利益和国际货币基金维持国际汇率稳定二者间不同的目标诉求,全人类的共同利益主张的是国际社会福利,国际汇率的稳定则是为了使参与国际经济活动的个体实现最大的利益。

IMF的改革说明了其追求国际社会实质公平的努力,而本身就是为了全人类的共同利益而设立的海底局的附属机关又怎能如此罔顾应有职责、题中之意呢? 当然我们可以相信这些以个人名义履行职务的委员能以其高度的职业责任感作出独立而公正的判断,提出为了全人类的共同利益的建议,但在其获得提名的决定权掌握在缔约国手中时②,谁能保证自己的建议没有任何的偏袒呢? 而财务委员会的建议则直接影响了大会和理事会有关财务方面的决定③,从这个角度说财务委员会的15名成员直接决定了"区域"财务事项是否为了全人类利益考虑。

二、"区域"资源开发相关制度的修改对人本价值的减损

(一)企业部

企业部是履行管理局的勘探开发职责,进行"区域"内活动以及从事运输、加工和销售从"区域"回收的矿物的活动的管理局机关④。依照《公约》,企业部从管理局处和按附件四第十一条取得执行职务所需的资金,并应按照第一四四条和公约其他有关条款规定得到技术⑤;(对于企业部受让技术,将在技术转让部分论述)对《公约》平行开发制⑥下所确立的保留区域,有权决定自行开发或与其他符合《公约》规定的资格的主体采取联合开发的形式,并在考虑成立这种联合企业时,应提供发展中国家缔约国及其国民有效参加的机会。⑦ 但《执行协定》第二节和第五节的规定对此作了根本性的改变。

1. 资金来源

《执行协定》首先废除了缔约国向企业部一个矿址提供资金的义务⑧,这当然有利于减轻缔约国的费用负担,但也使企业部开采第一个矿址的资金几无来源。因为在海底局还在为自己的行政开支寻求缔约国的承担时,它显然是没有余力向企业部提供资金的,虽然《公约》规定它有这个义务。因此,单靠缔约国的自愿捐款不可能"区域"开发的巨额资金要求。事实上,缔约国提供的资金几乎是企业部开发的唯一资金来源,在《执行协定》废除了缔约国的义务时,企业部独立开采第一个矿址变得不可能,因此《执行协定》规定企业部初期深海底采

---

① 2010年10月20国集团财长和央行行长会议上,各国就国际货币基金组织的份额改革问题达成了共识,商定将在2012年之前向包括新兴国家在内代表性不足的国家转移6％以上的份额。2012年10月14日闭幕的IMF年会资料显示,目前已有75.54％成员批准了该改革方案,但还需美国批准。

② 参见《执行协定》第4节第1段。

③ 参见《执行协定》第3节第7段。

④ 参见《公约》第153条第2款、第170条。

⑤ 参见《公约》第170条第1款、第四款。

⑥ 参见《公约》附件3第8条。

⑦ 参见《公约》附件3第9条。

⑧ 参见《执行协定》附件2第3段。

矿业务应以联合企业的方式进行。

2.活动模式

不仅初期采矿业务应以联合企业的方式进行,对于保留区域,如果企业部在独立于管理局秘书处开始执行其职务后的十五年内,或在将一个区域保留给管理局之日起的十五年内(以较晚者为准),没有提交在该保留区域进行活动的工作计划申请,则提供该保留区域的承包者有权申请该区域的工作计划①。这对于既无资金又无技术的企业部来说,十五年的时间提出工作计划几乎成了不可能完成的任务,这也在事实上给予了承包者开发保留"区域"的权利,使其不仅可以开发合同区域,也可以开发保留区域,这使得为了全人类共同利益目的而保留的由企业部主导的保留区域也成了拥有先进技术和雄厚资金的承包者的利润来源地,企业部在此区域开发中则成为配角。虽然可以要求承包者为全人类利益活动,但对于所回收的矿物,承包者作为追求利益最大化的理性经济人,追求个体利益的最大化显然是其首要目标。

反观《公约》对于保留区域的开发的规定,前已述及,企业部在《公约》的规定下可以采用单独或主动选择联合开发的形式,并促使发展中国家及其国民参加。使发展中国家不仅可以直接从开发活动中获得经济收益,增加财政收入,还能使其国民通过参与开发活动,学习深海开发技术,这二者正是发展中国家所缺少的,却也是"区域"开发的关键。《公约》通过这一规定,促使对"区域"及其资源的活动为了全人类的共同利益和考虑发展中国家的需要的原则的落实,实现其对人本价值的追求。然而在企业部自己都成为需要承包者认可的合伙人,处于被动局面的情况下,针对发展中国家的这些目标显然无法实现,《公约》目的落空。

不仅如此,企业部通过开发活动转来的资金是管理局资金来源之一②,企业部收入的多少直接决定了管理局可支配资金的多少,而管理局分配资金的首要原则便是为全人类的利益③。企业部独立开采或联合开采,在联合企业中处于主动还是被动地位导致的收益变化显然无需赘述,管理局收入的减少成为一个无可争辩的事实。虽说"授人以鱼,莫若授人以渔",但在发展中国家没有能力和技术通过独立开展深海采矿获取收益时,若管理局能够分配来自于区域的收益,对发展中国家不无裨益,可在上述情况之下,发展中国家的希望成了奢望。

(二)技术转让

技术并不是对"区域"内的资源进行开发的活动,但却是与"区域"资源开发密切相关的活动,甚至是能否进行"区域"资源开发的关键。由于发展中国家和企业部缺乏相关的技术,因此《公约》在第 144 条、第 150 条第 1 款(d)项和附件三第 5 条分别规定了对企业部和发展中国家转让技术的规定,这种技术转让虽然是有偿的,但属于带有强制性的义务[2]。《执行协定》第 5 节废除了这种强制性义务,建议企业部和发展中国家按商业条件,从公开市场或通过联合企业安排获取这种技术。但是拥有"区域"资源开发技术的企业,其资金雄厚,往往不会为了区区的技术转让费而放弃技术所带来的垄断优势,所以即使企业部和发展中国家愿意支付对他们来说数额巨大的转让费,也没有市场来源,更何况企业部和发展中国家根本

---

① 参见《执行协定》附件 2 第 5 段。
② 参见《公约》第 171 条。
③ 参见《公约》第 173 条。

就没有能力支付。对于企业部来说，还可以通过在保留区域通过设立联合企业的形式获取技术，虽然这种联合企业如前述所述存在种种不利于企业部发展的弊端。

但对于广大发展中国家及其国民来说，《执行协定》的规定几乎等于完全剥夺了他们获得技术转让的机会。如此规定，使深海采矿的权利在事实上被牢牢地控制在少数甚至是区区几个拥有技术的国家及其实体手中，广大的发展中国家国民虽然是"区域"资源的所有人，但他们根本无法有效实现自己的财产权。

（三）生产政策

《执行协定》第 6 节首先以按照健全的商业原则进行开发取代了《公约》的"区域"资源开发以谋求所有国家特别是发展中国家的全面发展和保护发展中国家，使它们的经济或出口收益遭受不良影响的原则①，同时废除了过渡期内"区域"生产限额的相关规定，要求无区别地待遇对于从"区域"和从其他来源取得的矿物。这种面向市场②指导思想下的做法，表面上看最符合"人类共同继承的财产"原则，公平地对待每一位财产的所有人。然而自由市场公平竞争要求市场主体具有同等竞争能力，该市场实现充分竞争。然而由于拥有资金和技术的"区域"资源开发者仅在少数，发展中国家和他们不具有同样的竞争水平，"区域"开发未实现充分竞争。同时，面对"市场失灵"，各国已纷纷采取法律措施保护弱势竞争者。③

（四）经济援助

《公约》规定建立一种补偿制度，或其他经济调整援助措施，以协助其出口收益或经济因某一受影响矿物的价格或该矿物的出口量降低而遭受严重不良影响的发展中国家④。《执行协定》第七节将补偿制度改为经济援助，由管理局从其经费中超出管理局行政开支所需的部分拨款设立经济援助基金，且只有从承包者（包括企业部）收到的付款和自愿捐款才可用来设立经济援助基金。这一修改，改变了该制度的性质，使其从法律义务变成了道义上的责任，增加了受严重不良影响的发展中国家得到救助的不确定性，并且使经费来源大为减少。

（五）合同的财政条款

《执行协定》第八节简化了《公约》的合同财政制度。《公约》规定承包者在申请阶段、合同生效阶段和商业生产阶段分别缴纳不同数额的费用，并详细地规定了商业市场阶段的缴费办法。《执行协定》废除了合同生效阶段需缴纳的 100 万美元固定年费，将勘探开发阶段的申请费从 50 万美元减为 25 万美元，同时规定商业生产阶段采用固定年费制度，具体数额由理事会确定。商业生产阶段采用由理事会决定的固定年费的方法，具有灵活性，目前尚不能评估该方法对管理者收入的影响，但《执行协定》对另两项费用安排的修改，在大大地减轻了承包者的负担同时，却使管理局的收入实实在在地减少，直接影响了可分配的资金。

三、对发展中国家普遍缔约的原因分析

通过上文分析可知，《执行协定》大大减损了《公约》的人本价值，没有很好地考虑发展中国家的特殊需要和利益。但《执行协定》签署后，加入公约的国家，包括发展中国家和发达国家，大为增加，《公约》和《执行协定》获得了普遍效力。对于发达国家的缔约行为，我们可以

---

① 参见《公约》第 151 条。
② 参见《执行协定》前言。
③ 例如制订《反垄断法》。
④ 参见《公约》第 151 条第 10 款。

理解为由于《执行协定》支持了他们的主张,解除了加入《公约》的后顾之忧后的理性选择。但发展中国家为何也纷纷加入,就值得我们探究。笔者认为,发展中国家缔约,也是基于现实的理性选择的结果。

（一）对利益的综合衡量

与传统的以领海和公海制度为核心的国际海洋法相比,《公约》作为国际海洋"宪法",是一个综合性的国际条约,共 17 章 320 条 9 个附件。除了"区域"制度,还确立了多个新制度,发展了许多已有的制度。其中许多制度也是发展中国家经过反复磋商和积极斗争才争取到的。例如《公约》确立的 12 海里领海宽度就是对传统的 3 海里窄领海宽度的否定,有利于扩大发展中沿海国的主权;新设立的专属经济区制度①是对传统的公海自由的突破,有利于沿海国提出对该区域自然资源的主权权利和享有对有关事项的管辖权。

若《公约》没有及时生效或虽然生效,但缔约国数量较少,那么这些制度也不能得到国际社会的普遍承认。事实上,这一问题在《公约》通过前后就已出现,例如 1980 年 6 月美国颁布《深海硬矿物资源法令》,美国企业可以据此领取勘探深海许可证和进行商业开发并引发其他发达国家效仿,纷纷制定类似的国内法。此外,它们之间还缔结深海采矿的相关条约,例如 1982 年 9 月美、英、法、德四国缔结《关于深海海底多金属结核临时措施协议》、1984 年 8 月美、英、法、德、日本、比利时、荷兰、意大利八国《关于深海海底问题的临时谅解》等。[3] 发展中国家既无法阻止发达国家另搞一套与《公约》"区域"制度相对立的体系,又无法实现《公约》所确立的有利于发展中国家的权利。因此综合考量利益,通过对"区域"利益的让步,获取发达国家广泛参加,击破"小条约"[4]所形成的小联盟,实现《公约》所确立的其他权利,是发展中国家无奈但现实的选择。

（二）费用分担的现实

根据《公约》规定,缔约国需要承担的费用主要包括管理局的行政开支、企业部开发第一个矿址所需的资金和补偿基金的分担。至 1990 年 12 月,《公约》缔约国为仅仅能够承担联合国会费百分之几[5]的小国、弱国,仅靠他们本身根本无力承担这些巨额费用,维持管理局的正常运转。《执行协定》以成本效益为原则决定"区域"制度运行所需设立的所有机关和附属机构及会议的次数、会期长短和时间安排,尽量减少各缔约国的费用。为此目的,管理局各机关和附属机构的设立和运作采取渐进的方式,在公约生效后初期,暂不设立经济规划委员会②。同时,前已述及,缔约国无需为企业部开发第一个矿址提供资金和设立经济援助的基金只能来自于承包者（包括企业部）的付款和自愿捐款。

这些规定,切实地减少了缔约国所需承担的管理局开支的总量。至于管理局的行政开支,到《执行协定》生效之年以后那一年的年底为止,由联合国预算支付;其后,由其成员分摊会费支付,直到管理局从其他来源得到足够的资金来支付这些开支为止。③ 那么在总量减少而缔约国数量增加尤其是发达国家加入的情况下,按联合国会费分摊方式计算,发展中国家所需承担的费用就大大减少,这也是它们经济实力唯一能承受的。

---

① 对于这一点,连至今没有加入《公约》的美国也予以承认,美国也采用 200 海里专属经济区制度。详见 1983 年 3 月 10 日美国总统《关于联合国海洋法公约的声明》。

② 参见《执行协定》附件第 1 节第 1、2、3 段。

③ 参见《执行协定》附件第 1 节第 14 段。

（三）现实利益与未来利益的博弈

第三次联合国海洋法会议设计"区域"制度是基于几个假设前提，包括《公约》一旦生效，深海底的商业性采矿就会开始。然而综合考虑后，证明这些假设是错误的。据海底筹委会技术专家组的预测，深海底商业开采至 2010 年都不太可能发生。① 也就是说至少到 2010 年之前"区域"资源都不可能产生纯收益。既然如此，对于发展中国家来说，来自于"区域"的收益就是未来利益，至少是 20 年以后的利益。同时，由于资金和技术的限制，这种收益还必须倚仗发达国家才能实现。而《公约》一旦生效，他们就能合法地在大陆架、专属经济区进行自然资源的开发和渔业活动。这些活动往往是沿海国的传统产业，能为沿海国带来直接的经济利益，帮助解决他们在经济发展中的资金瓶颈，度过"燃眉之急"。因此，基于现实利益的指日可待和"区域"利益的未来性和不确定，对于在 20 世纪 80 年代开始进行市场化改革的发展中国家来说，对《执行协定》的妥协就是识时务的选择。

四、对"区域"人本化的展望

从文义角度解释，"化"字本身就意味着一个进程动态性，是一个螺旋式发展的过程。虽然《执行协定》对《公约》的人本价值造成了实质性的损害，甚至在近来制定的"区域"规则中，这种损害仍在发生。例如，管理局的《"区域"内多金属硫化物探矿与勘探规章》（2010 年通过）和《富钴结壳探矿与勘探规章（草案）》规定在"区域"从事多金属硫化物和富钴结壳勘探时，可以采用提供保留区或联合企业安排形式。若申请者采用后者，则只需在采矿合同时生效，由企业部获得 20％的股份，其中一半为无偿获得，另一半股份在收回全部投资前申请者不得分享利润；申请者还应提供机会，使企业部可以增购 30％或较少的股份②。国家在实践中倾向于采用联合企业形式[6]。这对"人类共同继承的财产"原则造成进一步的冲击，"平行开发制"本身就是发达国家和发展中国家相互妥协，实现利益微妙平衡的结果。这两个规章的规定，事实上使该制度被弃，发展中国家没法通过企业部对保留区的开发实现利益。而企业部在联合企业中的从属地位对人本价值的负面损害前已述及。这就更加凸显了宣扬人本价值的重要性。在新的历史时期，利用新的契机，我们仍然可以对"区域"的人本化进程作一展望。

（一）国际社会基础的变化

随着经济全球化和人类面临共同问题，全人类的相互依赖程度提高，国际法除了维护国家间的和平共处，还承担构建"和谐世界"的任务。国际法治要求我们实现良法之治。"强行法"的出现表明有些规范是国际社会公认不能损抑的。这就要求国际造法不仅能够反映国家利益，还能反映国际社会整体利益。当国家个体利益和国际社会整体利益发生冲突时，应使前者服从于后者。[7]因此在今后修改《公约》"区域"制度或管理局制订相关的规则时，应始终围绕着"人类共同继承的财产"的原则，区域活动应该是为了全人类共同的利益，实现"区域"良法之治。

---

① 《国际海底资料》（121），p. 19。转引自赵理海：《评联合国秘书长关于国际海底问题的磋商（一）》，《海洋开发与管理》1995 年第 3 期。

② *Regulations for Prospecting and Exploration for Polymetallic Sulphides*，第 16 条、第 19 条，http://www.isa. org. jm/en//mcode. *Regulations for Prospecting and Exploration for Cobalt-rich Ferromanganese Crusts in the Area*，第 12 条、第 16 条，http://www. isa. org. jm/en/sessions/2011/documents.

（二）国内社会基础的变化

在传统社会向现代社会的变迁中，个人生存发生了"基于私人所有权"到"基于社会关联性"的根本变化。国家不仅在民法等部门法规定了财产权的社会义务，还在宪法中规定了财产权的社会义务，从根本法的高度强调私人财产权的行使同时须有助于公共福祉。[8]既然主权国家已经意识到了国内社会基础的变化，对属于私人的财产提出了承担社会责任的要求。那么对"全人类共有"的财产权行使时，我们更应强调它的社会责任，有助于全人类的福祉。

（三）商业性开采的可能性日益加大

时已进入 2012 年，非正式磋商时所称此前不太可能进行商业性开采的 2010 年也早已成为历史。虽然至今没有任何主体在区域开始进行商业性的开采，但原因是多方面的。大多数国家是因为区域开采技术还不够成熟而无法开采。而少数国家，例如美国，因为尚未成为缔约国，其国民担心法律保护力度不足，发生争端时无法运用《公约》、《执行协定》及相关规章保护自己才没有开始开采。但 2012 年 5 月 23 日，美国国会参议院就美国加入《公约》再次举行听证会。[9]

不管它加入的目的是什么，都不能忽视美国既积极参与《公约》、《执行协定》的谈判与制订，又因为国内利益没有完全得到满足而至今没有批准《公约》和《执行协定》[10]所反映出来的态度，防止其在加入之后利用规则"合法"地追求其国家利益而弃全人类利益于不顾，甚至通过修改规则以达到自己的目的。社会建构主义学者玛莎.芬尼莫尔认为国际规范的形成需要经过兴起、普及和内化三个阶段。[11]在"美国价值"主导全球价值体系的今天，通过反思"区域"的人本化，重塑"区域"人本价值，有助于避免重蹈覆辙。

参考文献：

[1]曾令良.现代国际法的人本化发展趋势.中国社会科学,2007(1).

[2]赵理海.评联合国秘书长关于国际海底问题的磋商(二).海洋开发与管理,1995(4).

[3]蓝海昌.〈联合国海洋法公约〉面临的挑战及其前景.武汉大学学报,1992(5).

[4]张克文.评美国总统关于联合国海洋法公约的声明和美国专属经济区公告.法学评论,1985(1).

[5]赵理海.〈联合国海洋法公约〉的批准问题.北京大学学报(哲学社会科学版),1991(4).

[6]周勇.国际海底"人类共同继承财产"原则的困境与原因.国际论坛,2012(1).

[7]古祖雪.国际造法:基本原则及其对国际法的意义.中国社会科学,2012(2):138.

[8]张翔.财产权的社会义务.中国社会科学,2012(9).

[9]周鑫宇.美国为何要加入〈联合国海洋法公约〉.世界态势,2012(12).

[10]沈鹏.二战后国家管辖范围外区域美国外交决策研究—资源与利益的视觉.外交学院博士毕业论文,2009.

[11]宋伟.规范与认同的相互建构:社会建构主义的进展与难题.世界政治与经济,2008(3).

中国东海渔民捕鱼安全问题初探

张晨田

【摘要】 近年来，韩国、日本不断在我国东海海域制造事端，非法干扰我东海渔民正常的捕鱼作业，威胁我国东海渔民的安全。本文在《联合国海洋法公约》规定基础上，对我国与韩国、日本就东海专属经济区划界问题作简要探讨，并提出维护我国东海渔民作业安全的对策，包括采取政治与法律维权措施厘清专属经济区界限、加强渔政与海警执法、教育渔民知法、完善我国海事监管执法机制等，为东海渔民捕鱼安全，为我国实施海洋战略提供坚实的保障。

【关键词】 中国东海；渔民捕鱼；渔业安全

引 言

据媒体报道，2012 年 10 月 16 日下午 3 时 10 分许，韩国木浦海洋警察署所属"3009"舰在全罗南道新安郡黑山面红岛以西北 90 公里海上发现 30 余艘"非法捕捞"的中国渔船。双韩国海警使用镇压装备，将双拖网渔船"鲁营渔"号等两艘 100 吨级的中国渔船阻截，并将船员逮捕。在冲突中，一中国船员张某（44 岁）左胸部不幸被海警发射的橡皮子弹击中。受伤后的张某立即被移送到"3009"舰接受急救后，用直升机再被送往木浦韩国医院。昨日 18 时许，张某因抢救无效身亡。19 日韩海警针对"辽丹渔 23827"号渔船的船长张某等 11 人和"辽丹渔 23828"号船长吴某分别以妨碍特殊公务执行、违反在专属经济区（EEZ）行使主权的相关法律为嫌疑申请了拘捕令。

该事件发生在中日钓鱼岛争执最为激烈的时候，它让每一位中国人的感受十分强烈，中国的邻邦，不管国家大小，他们怎么都在试图欺负中国？从深层次考虑，这不能不说是一种民族遗憾，与中国政府长期以来海洋维权不力有关。2011 年年底，中国海监在中国东海专属经济区苏岩礁附近巡航执法时，与韩国海警发生对峙。苏岩礁位于中国东海，韩国称之为离于岛。苏岩礁位于中国东海大陆架上，在中国专属经济区内。但 2000 年起，韩国不断采取变"礁"为"岛"的动作，试图将苏岩礁及周边水域纳入其专属经济区，先是在礁上建起 15 层高的钢架建筑（如图），还配备直升机停机坪、卫星雷达、灯塔和码头等，并有"研究人员"常驻，取名为"韩国离于岛综合海洋科学基地"。韩国政府还宣布计划今年年底前向联合国大陆架界限委员会提交东海大陆架划界正式文件，申请扩大在东海的专属经济区范围。韩国济州地方议员们还模仿日本，给苏岩礁制定了"离于岛日"。

海权得失虽然不是国家兴衰的唯一决定条件，但是对国家的兴亡起着重要的作用，它影响着国家的主权、领土、综合国力。中国是海陆复合型国家，海洋对中国的可持续发展至关

作者简介：张晨田，浙江省台州市黄岩区人民法院工作，浙江大学光华法学院在职硕士研究生。

重要。近年来,中国海洋领土安全受到严重威胁,特别是日韩两国侵占我国东海岛屿及专属经济区,公然在我海域抓捕作业渔民,因此划定双方专属经济区界限以保护我国渔民正常作业权益显得十分必要。

一、我国东海渔业资源的现状

仅以浙江省为例,浙江毗邻海域面积 26 万平方公里,相当于全省陆域面积的 2.6 倍。浙江有丰富的港、渔、景、岛等海洋资源及其组合优势,海岸线 6696 公里,居全国首位;面积 500 平方米以上的海岛 2878 个,全国第一;近海渔场 22.27 万平方公里,可捕捞量全国第一。

但是近年来东海海洋渔业资源衰退严重,主要表现在上世纪国家投资建设的商品鱼基地、渔民世代赖以生存的水域和一些养殖主要品种生产区域被占用、填埋;陆域环境污染和各类沿海工程建设导致一些传统养殖品种、特有品种的繁育、生产环境遭到破坏,水域逐步丧失渔业功能,生产能力下降,三门湾、乐清湾和象山港等渔业生物资源丰富的港湾环境条件急剧变化,贝类、鱼虾类等海水养殖苗种基地大幅度减少;过度捕捞造成近海和内陆水域渔业资源严重衰退;由于长期采取粗放式、掠夺式捕捞方式,造成传统优质渔业品种资源衰退程度加剧,渔获物的低龄化、小型化、低值化现象严重。① 近海渔民捕捞收获量和经济鱼类数量大幅下降,渔民为了生计不得不远离海岸捕捞,在当前与邻国就专属经济区仍存在争议的背景下,很可能会与海上邻国发生纠纷、冲突,由此对我国切实保护渔民出海捕鱼安全提出严峻的挑战。

二、东海的专属经济区划界问题

中国东海东西宽 150～360 海里,南北长 630 海里,总面积约 30 万平方海里。东海是中、韩、日三国领土环绕的一个半封闭海。东海海底地形与中国大陆一致,由西北向东南逐渐倾斜,直至冲绳海槽。目前中国在东海面临与日、韩两国专属经济区的划界问题。

《联合国海洋法公约》规定,专属经济区是领海以外并邻接领海的一个区域,从测算领海宽度的基线量起不超过 200 海里的海域。从公约的规定可以看出,距离原则是沿海国主张专属经济区的法律根据。按照公约的规定,海岸相向或相邻国家之间的领海划界原则上遵循等距离或中间线原则,但为了达到公平划界目的,在领海划界中需要考虑到历史性所有权以及如海岸地理形状等特殊情况。[1]一般来说,专属经济区的海域面积应与海岸线长度成比例,即海岸线越长,所包含的海域面积应越大,海岸线越短,与之对应的海域面积也应相应减小,否则就会导致不公平。[2]"成比例是与公平原则的适用相联系的,其作用是检验所使用的划界方法及其导致的结果的公平性;即使成比例不近似条约规则或习惯法的地位,但它是一项公平原则。"[3]中间线或等距离线已被实践证明具有明确、简便易行等特点,在很多情况下,以中间线或等距离线作为专属经济区界限都会产生公平结果。

但是在专属经济区划界方面,日本主张的"等距离中间线"则背离了《联合国海洋法公约》的原则。日本明知在钓鱼岛主权问题上中日双方的主张存在严重对立,但日本仍以其单方面划定的所谓"中间线"将钓鱼岛完全包括在日本的"排他性经济水域"之内,而且正因为将钓鱼岛完全包括在内,致使该"中间线"在钓鱼岛西北方向西(即中国方面)推进了数十海

---

① 参见《浙江省重要渔业水域名录编制工作方案》,2011 年。

里。[4]《联合国海洋法公约》规定"不能维持人类居住或其本身的经济生活的岩礁,不应有专属经济区或大陆架"。日本在划定"中间线"时,显然考虑到了钓鱼岛的因素,划出的专属经济区隔断了中国钓鱼岛的领海与中国的专属经济区的联系,显然是不合理的。《联合国海洋法公约》是中日双方都应遵守的国际法准则,中方在划定专属经济区界限时不会考虑钓鱼岛的因素,日方同样应依法办事。中日两国作为海岸相向的近邻,在划定专属经济区时理应以公平合理为指导原则进行协商。

依据联合国海洋法公约的规定,专属经济区均以200海里为权利基础,笔者认为双方权利重叠区域的中间线可作为两国专属经济区的临时界线。因为中日两国海岸线长度差异较大,根据国际司法及仲裁实践,海岸线长度是大陆架和专属经济区划界应该考虑的重要因素。[5]

故中日大陆架和专属经济区的最终界线应该是根据成比例原则(即沿海国经划界获得的海域面积应与本国在划界地区的海岸线长度成比例),对临时界线进行调整后形成的中间线。这样,两国在东海海域的界线就是两条中间线。但这两条中间线与日本提出的中间线有本质的区别。对于专属经济区划界,因为公约仅规定了200海里一个标准,且划界地区存在影响划界的特殊情况,故以调整后的海域中间线为界,显然对双方也是比较公平的。[6]

三、依法维护我国东海渔民作业安全之对策

(一)采取政治与法律维权措施

在国际合作层面上,通过和平发展的道路,加强开展海洋国际合作的能力,和平发展是当今世界的主流,中国在外交政策上,主张顺应世界多极化和经济全球化的历史潮流,积极参与多边外交活动,积极推动建立公正、合理的国际政治经济新秩序。另外,中国海权的发展脱离不开周边环境和国际环境对中国的影响,海外运输、海运中转以及海洋安全维护等传统和非传统的问题也需要其他沿海国家的帮助和合作。[7]所以中国发展海权的过程中要继续通过和平发展的道路,不断改善与周边国家的关系,加强开展海洋国际合作的能力,积极参加海洋国际活动,这既是我国的外交政策,也是符合中国国情。

尽快与周边国家确立各自专属经济区的划界显然有利于东海渔民了解安全的捕鱼区域,避免出现与他国船只发生纠纷的几率,但是,在与韩国、日本等国海洋划界谈判中,必须坚持国家利益最大化这一立足点。目前在东海海洋划界中,我国与日、韩两国的分歧仍然较大。就中、日而言,尽管两国对达成协议前共同开发没有异议,但对共同开发的区域两国却有明显差异。日本仍然企图将中间线作为基础确定共同开发区域。因此,通过谈判、协商的方式,完成东海划界,在目前阶段存在相当大的难度。

由于东海划界问题的复杂性,从我国自身利益出发,我们必须未雨绸缪,做好谈判协商不成,提交国际仲裁的准备。当然,最佳方式仍然是通过谈判、协商达成协议。但如果久拖不决,在韩、日加紧抢夺我国东海大陆架上的自然资源的情形下,考虑到我国的上述优势及海岸线远远长于韩、日两国等有利因素,尽管有一定的风险,提交国际司法诉讼或国际仲裁算得上是一种不错的选择。当然,笔者仍然认为,即使提交国际司法诉讼或国际仲裁,也应该坚持大陆架构和专属经济区分别划界,这样做最符合我国的国家利益。

(二)加强渔政与海警执法

当前在东海海域,海洋利益之争更为激烈,屡屡发生外国船只抓捕我国渔民等非法行

为,我国维护海洋权益的任务更为艰巨。我国当前主要形成了以海洋管理部门、渔政管理部门、海事管理部门、公安边防、海关、国土资源部门等部门分散管理,各自为战,难以发挥整体功能,对突发事件的组织反应能力十分有限。虽然近年我国建立了海警部队,但是从法律层面上确立海警海上执法权的主体地位至今才短短五年,技术装备明显落后,处置海上突发事件的效率较低。

1. 改善设备设施,增强海警硬实力

装备设施是海警执法的重要载体,以现有执法舰艇为基础打理发展执法舰艇建设,有计划有步骤的建造一批大吨位、高航速、长续航的新型执法舰艇,形成以"大舰为依托,中舰为骨干,小舰为补充"的良好局面,充分发挥现代科技手段作用,提高装备设施的科技含量,有警必出,有警必到,切实保障东海渔民捕鱼安全。

2. 加强海警队伍建设,提高海警执法能力

海洋警察是在高危险性的环境下运营高价值的执法船队和复杂的技术设备,还要不断发掘海洋环境特有的潜在危险要素,以便在事前做好预防对策,所以需要在警察专业知识上追加船舶驾驶、轮机管理、船舶电子管理等航海技术,海洋环境科学技术,国际关系处理方法等领域的专业性知识。

第一,加强海洋执法相关教育机构的建设。将分散的海警海巡、缉私警察、渔政、海监等的培训学校、训练基地这样的教育资源统合起来,综合建设使用,在提高效率的基础上加强培训学校、培训基地的师资队伍、教学设施设备建设。

第二,加强执法人员的培训,使培训制度化,要有计划地进行培训,提高海洋执法人员的政治和业务素质,做好行政管理人才的预测培养,有计划地、保质保量地定期培训各种职位的海洋执法人员,努力提高其政治和业务素质。

(三)宣传维护海权,教育渔民知法

加强维权宣传教育,在意识层面上,全面提升全民的海洋主权意识、海洋国土意识、海洋安全意识,首先要求整个国家从战略高度认识海洋,改变过去重陆轻海的错误观念,促使人们不断地了解海洋对国家的作用和海权的战略地位。其次,海洋意识的形成和海洋知识的普及离不开教育的推动,为此,要不断加强关于开发、保护海洋,维护我国海洋权益知识的传播,培养先进的海洋科技人员,积极促进我国海洋文明的发展并营造有利于我国发展的海洋秩序,指导东海渔民依法捕鱼,不擅自闯入他国专属经济区作业,同时对于他国在我国海域非法干扰我国渔民作业的侵犯我国主权行为进行坚决的抵制,通过及时联系海监部门增援,向他国船只喊话声明我国立场等方式捍卫我国海权。

(四)重视东海捕鱼的监督管理

中国对于海洋渔业维权执法能力建设滞后,执法力量和保障能力不足,海上执法部门职责交叉,协调配合不畅。近年来我东海周边国家不断加强对海上交通和通道的控制,摩擦不断加剧。但由于海事监管能力有限,海上应急反应能力不足,目前海事机构尚不能对毗连区与专属经济区海域实施全面有效分类管理,对大范围管辖海域缺乏有效的监管,在人员培训和力量装备上远远不能满足对不同海域实施有效海事监管的要求。

为了改善目前我国对远海管理不到位的情况,海事机构必须尽快建立一支装备精良的机动力量,建立立体海事监管体系,增强边远海域的海事执法能力,以便能对航行于我国管辖的所有海域的船舶实施有效监管,尽快建成全方位覆盖、全天候运行、具备快速反应能力

的现代化海上交通安全保障系统,保障我国渔民在东海捕鱼作业的安全。

对于东海被他国非法侵占的岛屿,我国应当采取军事行动,派遣军舰和其他政府船舶到被外国占领岛屿地区巡航,持续宣示主权,时机成熟时采取军事行动,实施对争议岛礁的实地占领和有效控制,形成法律上的事实。在维护有争议岛礁的主权方面,岛礁主权争端当事国仅有权利主张是不够的,还需对争议岛礁实施一系列显示国家意志的立法、行政管理和司法等多方面的管辖行为。[8]

结　语

综上所述,笔者认为中国的崛起离不开海洋资源的利用、开发。近年来东海渔民捕鱼活动频繁遭到韩国、日本等国船只骚扰甚至以武力抓捕、打击渔民,严重侵犯中国主权和渔民人权。因此,我国应依据《联合国海洋法公约》规定对专属经济区进行划界,严厉打击外国船只在我国海域非法行为。同时宣传维护海权,教育渔民依法捕鱼,加强我国海事监管执法机制的建立完善,为东海渔民捕鱼安全、为我国实施海洋战略提供坚实的保障。

参考文献:

[1]王军敏.历史性捕鱼权在专属经济区划界中的地位和作用.湖北行政学院学报,2009(4):17.

[2]李安民.中日两国专属经济区划界刍议.南京政治学院学报,2005(4):80.

[3]赵理海.海洋法问题研究.北京:北京大学出版社,1996.

[4]桐声.关于中国东海的钓鱼岛、专属经济区和大陆架问题的法律分析.日本学刊,2003(6).

[5]袁古洁.专属经济区划界问题浅析.中外法学,1996(6).

[6]王秀英.论中日东海大陆架和专属经济区划界.理论月刊,2008(9):158.

[7]戴祥玉,巩建华.世界海洋秩序变迁与中国海权建设.辽宁行政学院学报,2012(3):161.

[8]盛红生.论制止危害中国海洋领土安全活动的法律对策.法学杂志,2012(1):94.

中国海域依法管理问题刍议

高　源

【摘要】　中国拥有漫长的海岸线,在沿海水域、南中国海等海洋上有着广泛的战略利益。随着海洋经济的快速发展,政府及海警部队面临如何依法管理我国南海及沿海海域等诸多现实问题。笔者拟在分析海洋管理现状的基础上,提出若干依法管理我国海域的措施与对策。

【关键词】　海洋法治;中国海域;海警部队;环境保护;航空母舰

中国是一个海洋大国,根据《联合国海洋法公约》,我国管辖着近 300 万平方公里的海域,其中具有完全主权的领海和内水面积约 38 万平方公里。这一片蓝色的国土,不仅为国家、人民的生产、生活提供了宝贵的生存空间,也为我国社会经济的持续发展提供了丰富的自然资源。但是,随着沿海大陆架的开发以及海上贸易的发展,领海安全、环境污染、海盗事件等问题亟待依法解决。

一、海域依法管理的现状

(一)我国的海洋立法

在海洋环境保护方面,1974 年,国务院批准发布了《中华人民共和国防止沿海水域污染暂行规定》,1978 年,我国第一次把"国家保护环境和自然资源、防治污染和其他公害"纳入宪法。在我国环境保护的基本法《中华人民共和国环境保护法》(以下简称《环保法》)对海洋环境保护作了原则规定之后,1982 年全国人大常委会通过了《中华人民共和国海洋环境保护法》(以下简称《海环法》),1999 年又进行了修订。为了实施该法的规定,国务院相继发布了《中华人民共和国防止船舶污染海域管理条例》、《中华人民共和国海洋石油勘探开发环境保护条例》、《中华人民共和国海洋倾废管理条例》、《防止拆船污染海洋环境管理条例》、《中华人民共和国防治陆源污染损害海洋环境管理条例》、《中华人民共和国防治海岸工程项目污染损害海洋环境管理条例》。

此外,国家环境保护总局、国家海洋局、交通部、沿海省、市等部门还制定了相应的条例、规章、地方法规。在海洋开发、利用管理方面,我国陆续颁布了《中华人民共和国领海及毗连区法》、《中华人民共和国专属经济区和大陆架法》、《海洋自然保护区管理办法》等法律、法规近 25 项。1996 年加入了《联合国海洋法公约》,标志着我国从此进入依法用海的时代。

上述有关海洋管理的法律、法规不仅是我国贯彻"依法治国"基本方略的组成部分,而且也成为我国海洋法制建设的重要基础。开发海洋资源能产生巨大的经济效益并足以迅速改变一个国家的地位和实力,所以世界众多沿海国家都已把发展海洋经济列入国家发展战略,

作者简介:高源,武警杭州指挥学院政治工作教研室讲师,少校。

不断加大海洋开发和管理力度。在这种国际潮流和背景下,有必要检视我国的海洋立法,尽快制定、颁布、修改相关的法律,依据《联合国海洋法公约》的规定,健全、完善我国海洋立法。

(二)海洋权益的维护

我国海洋国土中约有 150 万～190 万平方公里与邻国存在着争议。边缘海区中,除渤海为中国内海,黄海、东海和南海都与邻国存在着划界问题。在黄海海域,我国面临着与朝鲜、韩国的划界问题;东海海域,我国与日本之间存在着钓鱼岛主权争议问题,与菲律宾之间存在着关于黄岩岛海域的划界问题;南海海域,是我国与邻国争议最多的区域,自从 1975 年南海海域被发现蕴藏着丰富的石油资源以后,这片海域就成为了附近邻国争夺的目标。南海诸岛已经面临着领土被周边国家非法侵占,资源被掠夺的严重局面,一些国家还妄图联手使南沙问题国际化。

此外,我国面临的海盗问题也日渐突出。领海、公海和远洋运输已经成为海盗攻击目标,以海盗为首的海上犯罪对我国海上通道的安全乃至国家安全已构成了严重威胁;猖獗的南海海盗问题已引起包括中国在内的相关各国和国际组织的重视。鉴于索马里海盗屡次袭击我国和其他国家的运输船队,中国政府已经派遣军舰护航,但是由于索马里海域周边没有中国的军事基地,这些护航军舰的淡水、食物、燃料等供给十分困难,笔者以为中国政府除了考虑建造航空母舰作为公海上的漂浮供给基地之外,与海域周边国家谈判,签署国际条约,完善立法;加强实践和区域协作打击海盗,保护我国远洋安全和海洋利益已迫在眉睫。

(三)海洋资源的开发、管理

中国拥有着非常丰富的海洋资源。我国的东海及南海海域是与波斯湾、墨西哥湾齐名的世界四大海底储油区之一。据不完全统计,中国近海石油、天然气资源量为 14 万亿吨,石油地质储量 15 亿吨,天然气地质储量 3200 亿立方米,这使我国成为了东南亚重要的海洋石油国。同时,我国海洋还拥有丰富的矿产资源、生物资源以及旅游资源,这些宝贵的海洋资源已经成为了国家经济高速增长的重要基础;因此,我国设立相关部门对海洋资源的开发、利用实施管理和规范。

然而,中国目前的海洋开发管理机构基本上属于条块分割、单项管理,国土资源部、农业部、交通部以及石化总公司根据行业职能和系统利益各自对本行业进行垂直领导。这种体制的特点是管理部门分散,形成了多头管理的局面,难以形成综合有效的管理能力;加之部门及地区之间的利益纠争、力量不集中,造成管理的困难,达不到理想的管理效果,也将势必影响我国海洋经济的发展。

(四)海洋环境的保护

辽阔的海洋是全人类的共同财富,特别是海洋资源的开发有着诱人的美好前景,但随着我国东部沿海地区经济的迅速发展和城市化进程的加快,沿海的河口、海湾和大中城市毗邻的海域每年接纳的污染物逐年增强,使得我国海洋污染物日趋严重,环境灾害频发。海洋环境的严重污染,已造成了某些局部海域生态环境恶化,海洋生物资源的衰退。海洋生物群落中一些对污染物敏感的种类减少,甚至消失;鱼类的产卵汛期减短,产卵个体减少;海洋生物体体内污染残留量增高。近海海域受到的影响则更大,以 2011 年中海油渤海湾漏油事故为例,漏油造成周围 840 平方公里的海域被污染,1 类水质海水目前下降到了劣 4 类,并且溢油污染对环境的污染绝不是一时的,为清理油污使用的消油剂,会使油污在分解过程中产生有害物质,这些有害物会先被海洋生物吸收并累积,随着食物链的传递,最后威胁到人类的健康。

二、加强我国海域法治的必要性

加快完善我国海域法治建设的进程,对于促进建设有中国特色的社会主义市场经济的发展,具有十分重要的战略地位和深远意义。

（一）法治有利于维护我国海洋主权

中国管辖的海域中,现今严重存在着岛屿被侵占,海域被瓜分,资源被掠夺的状况,只有尽快全面推进我国海洋法治建设,才能切实维护国家海洋主权,不留任何的法律漏洞给别国钻,真正做到保障国家海洋主权不受任何侵犯。

（二）法治有利于发展海洋经济,增强综合国力

在中国国土上,有 13％的国土面积以海洋为依托的沿海地区,这里住着我国 42％的人口,创造着 60％的国内生产总值。2010 年我国海洋生产总值 38439 亿元,比上年增长12.8％,海洋生产总值占国内生产总值的 9.7％。这些数据充分说明,海洋对我国国民经济的发展有着强大的推动作用,而高速发展海洋经济,增强综合国力,没有一个完善的海洋法体系是难以做到的。因此,中国不仅要利用高新技术开发海洋,更要在软件方面（配套设施）跟上去,尤其是在法治建设方面,这样才能为我国国民经济的发展提供一个平稳和安定的环境。

（三）法治有助于我国实施海洋综合管理

海洋综合管理是指以国家的海洋整体利益为目标,通过发展战略、政策规划、区划、立法、执法等行为对国家管辖的海域的空间、资源、环境和权益,在统一管理与分部门、分级管理的体制下,实施统筹协调管理,以达到提高海洋开发利用的系统功效,协调发展海洋经济,保护海洋环境和国家海洋权益的目的。通过我国海洋法治建设的逐步完善,则可以促进海域综合管理制度的建立,改变在海洋开发活动中出现的无序、无度和无偿的混乱局面,以达到海洋可持续利用。

（四）法治有助于增进国际合作

扩大对外开放海洋环境和海洋资源的特点决定了在海洋的开发和科研上需要国际间的密切合作。中国海洋法制的完善,既能为国际间的交流提供有力的法律保障,而且在有了全面的、行之有效的法律、法规以后就可以使国际交流合作真正做到"有法可依"。

21 世纪将是"海洋的世纪",探索海洋、开发海洋将会成为人类面临的新机遇和新挑战。我国海洋法治建设应当适应新形势,抓住新机遇,进一步健全和完善,以推动领海水域可持续利用事业蓬勃发展。

三、完善我国海域依法管理的举措

（一）健全和完善海洋法律体系

首先,笔者认为应在我国现有的单项涉海法律、法规的基础上,尽快制定一部海洋管理的根本大法,理顺海洋各行业主管部门与国家海洋管理部门之间的关系,协调相关法律、法规之间的关系。依据海洋根本法确立主管部门的地位和权威,协调平衡各涉海产业部门的利益,并与国际海洋管理工作接轨。

其次,应根据《联合国海洋法公约》的规定,健全、完善我国《刑法》、《专属经济区法》、《大

陆架法》、《毗连区法》等法律以及相关配套政策和措施。这样不但能使我国政府在解决海域争议、打击海盗的过程中真正做到有理有据地维护国家海洋权益和实施海上防卫，而且还可以为依法划定我国专属经济区和维护我国大陆架固有权利提供有力的支持，加速海洋资源的开发利用活动，推动我国海洋战略的进一步实施。

再次，应建立海域使用法制度，包括海洋功能控制制度、海域使用审批制度、海域有偿使用制度和监督检查和法律责任制度，从而保证海域的科学合理开发和可持续利用。

最后，要切实有效的制定、完善海洋环境保护方面的法律。主要有：(1)要合理划分中央和地方各级政府之间海洋环保的职责范围，统一领导、分级负责，形成一个严密的海洋环境保护网络。(2)要合理划分海域功能，确定不同功能区域的环境质量标准和控制目标，实现海洋的科学管理。(3)要实行入海污染物总量控制制度，建立总量控制体系，使排放活动始终处于海洋环境能够承受的范围之内。(4)要增加行政强制措施和处罚手段，对破坏海洋环保的行为加大打击力度，强化对污染行为的民事赔偿责任的规定。

(二)海洋立法应体现可持续发展原则

现行《宪法》虽然以国家根本大法的形式规定了国家保护环境、防治污染以及国家保护自然资源的原则，但不足的是没有明确的将可持续发展原则作为环境与资源保护的指导思想。我国有关涉海法律、法规中，同样存在这个问题。然而，中国制定的环境与发展应采取的十大对策和《白皮书》以及《纲要》都把实施可持续发展战略作为现代化建设的重要组成部分，这就说明了我国海洋法与资源的政策之间存在着脱节的现象。

为了更好地实施可持续发展战略，我国现在的涉海法律、法规必须进行修改和完善，把可持续发展原则作为指导思想写入其中，将其贯彻到修改完善有关法律、法规过程的始终，以适应可持续发展战略的需要。这样就可以保障对海洋环境和海洋资源的永续利用，使环境既满足当代人的需要，又不损害后人的生存与发展；既获取眼前利益，又兼顾长远利益，使海洋环境的发展与提高人类物质生活水平的需要协调发展，为把我国建设成一个海洋强国而打下坚实的基础。

(三)依法建立集中统一的海洋综合管理体制

长期以来，中国海洋资源的开发利用和环境保护基本上实行以行业和部门为主的管理，但这种体制难以达到理想的管理效果。要切实维护海洋权益，提高海洋经济效益，应对来自国际和国内的各种挑战，必须改革现行海洋管理体制，强化国家对海洋工作的管理职能，设立一个较高层次的、能够向中央直接负责的、集中统一的、独立的海洋管理部门，以协调国家各部门、各地区的海洋经济活动；沿海各省也应建立相应的海洋管理机构，通过目标责任制，将职责分解落实到各有关职能部门，做到责任到位，防止互相推卸责任的情况发生。在管理过程中，要依据《海洋法公约》加强对海洋产业、海洋科技等方面的协调、监督、服务，做到赏罚分明，对各部门产生激励作用，真正做到以健全的海洋法律体系为基础，促进我国涉海管理部门管理海洋能力的进一步提高。

(四)完善海洋环境管理的经济手段

海洋对污染物的扩散、净化能力即海洋环境容量也是资源，已逐步形成共识。对海洋环境容量的利用采取总量控制，由行政主管部门作为该项资源的拥有者及社会的代表，把排放一定的污染物到海洋的权利，有偿出让颁发排污许可证，给出价最高的竞买者并可以进行交易，这种运用经济手段控制排污总量，防止污染的做法已成为发达国家普遍适用的制度，这有助于形成污染水平低、生产效率高的合理经济格局,避免了征收排污费制度中的缺陷。我国的《海环法》也规定了国家建立并实施排污总量控制制度,有的地区也已经开始试点有偿出让排污权的制度,并呼吁法律确认承载净化污染物的海洋环境容量资源作为商品,进行有偿分配,并对排污权的取得、交易给予法律保护。

(五)强化司法救济途径

海洋环境关系到人类共同的利益,却因为诉讼主体资格与利害关系在诉权理论与实践上的连接缺失,使海洋环境污染得不到及时有效的司法救济。相比于环境保护发达国家的做法,有必要从我国法律环境和制度上创造有利条件,强化司法救济在海洋环境纠纷中的作用。

1. 放宽海洋环境侵权案件诉讼费预收的规定

为防止任意诉讼或无理滥诉设置诉讼费预收制度,这是各国的通例。海洋环境侵权案件中的污染损害赔偿案件的原告是污染事故的受害人,有的经济能力已濒于崩溃状况。公民、法人、其他组织所主张的环境权益所体现的利益具有多重性,它统一于保护人类社会共享的海洋资源利益这个大前提,所以,应根据原告请求事项所涉及的环境权中权益的性质,是否请求经济赔偿,请求赔偿数额大小的不同,请求证据证明程度的不同,及其经济支付能力状况的不同,可以酌情缓交、免交部分甚至全部诉讼费。

2. 放宽对原告起诉证据的证明标准

一般的海洋环境侵害案件的原告应具备证明加害人即被告直接或间接地把有关物质或能量引入海洋,证明加害人的上述行为给自己或公众造成相关损害或必将造成相关损害的证据。由于海洋环境侵害案件具有复杂性、潜伏性、持续性、广泛性等特征,原告一般是缺乏相关专业技术知识的低诉讼能力主体,所以审查立案时应特别注意耐心进行举证提示指导,注意把握起诉标准与胜诉标准的不同,注意因果关系反证制度及因果关系推定原则对起诉权审查的影响等。

立案不能审查过严,否则将影响海洋环境权的司法保护;也不能过宽,造成滥用海洋环境诉权,使无辜的公民、法人、其他组织拖入诉讼,损害其权益。笔者认为,在对立案证据的初步判断后,如果能够基本得出被告发生侵害海洋环境事实的可能性大于其未发生侵害的可能性的结论,就可以给予立案。

3. 对"利害关系"扩大解释,放宽起诉资格

我国《民事诉讼法》第108条在规定起诉资格时,强调"原告是与本案有直接利害关系的公民、法人和其他组织"的规定。这一限制条件,非常不利于环境诉讼。因为公民、法人和其他组织对大气、公共水域、海洋、风景名胜等环境因素都没有所有权和排他的使用权,同时为了保护这些环境利益而提起诉讼也不可能完全是为了自己的利益,而只能或主要地是为了社会和公众的利益,那么,依照现行法律规定,也就不具有起诉资格,这样,无疑就限制了公众参与环境保护的权利。

笔者认为,可以通过三个层面来解决现有的海洋环境诉讼主体资格缺失的问题。首先,法律明确承认与污染损害事实有直接利害关系的公民、法人和其他组织作为提起污染损害赔偿的诉讼主体。他们在海洋环境侵权中利益受到直接的损害,应当成为传统意义的当事人直接启动诉讼程序。其次,具有管理权的海洋环境行政管理部门除了可以给予责任人以相应的行政处罚外,还可以基于社会公共利益对责任人提起民事诉讼,进一步加大责任人的

法律责任,完善海洋环境侵权的法律救济。实际上我国《海洋环境保护法》第90条第2款已经原则上明确规定了行使海洋环境管理权的部门可以代表国家作为诉讼主体,但是在实践中由于缺乏详细的操作规定,此项权利流于形式。最后,作为我国法律监督机关,检察机关应当享有相应的诉讼主体资格。在没有相应的民事诉讼主体,特别是在海洋行政管理机关疏于管理或者管理不力的情况下,检察机关应当基于维护国家和社会公共利益的立场,向海洋环境侵权者追究民事责任。

(六)加强海上执法队伍的建设

目前,承担海上执法任务的有公安边防海警部队、海军的军舰、海洋局的海监船、交通部的港监船、农业的渔政船、海关的缉私检查船等,这些执法力量由于分散在不同的部门,各自为战,难以发挥整体功能;同时由于缺乏统一的指挥,对突发事件的组织反应能力十分有限,难以适应实施整个海域执法和综合管理的需要。针对这种现状,必须从海洋战略的高度出发,在现有的各部门执法队伍的基础上尽快建立一支统一的、强有力的、精干高效的中国海域执法队伍。

笔者认为,为实现综合管理我国管辖海域的目的,在现有公安边防海警的基础上组建中国海洋警察,不失为一个较好的选择。在部队序列上,称"中国人民武装警察海警部队";行政上称"公安部海洋警察局",对外称"中华人民共和国海洋警察局",简称"中国海警",英文名称为"China Coast Guard"。公安部海洋警察局下设若干海警指挥部,指挥部下辖若干海洋警察局、海洋警察大队。战时,海洋警察部队作为海军的辅助和后备力量,由中央军委、海军统一指挥。

首先,组建新的中国海洋警察队伍,有利于集中力量建设一支强大的海上执法力量。把以前的分散投资集中起来,发展装备、改善性能,更好地维护我国海岸线和管辖海域的海上治安及保护海洋环境。

其次,可以充分利用国际海洋法的规定,在海洋管理中行使警察权,尤其对于可以使用武力的场合,行使警察权比使用军事力量更有利于我国的政治、外交。

对于海洋环境的保护,也可以行使警察权。《联合国海洋法公约》第220条第6款规定:"如有明显客观证据证明在一国专属经济区或领海航行的船舶,在专属经济区内犯有第3款所指的违反行为而导致排放,对沿海国的海岸或有关利益,或对其领海或专属经济区内的任何资源,造成重大损害或有造成重大损害的威胁,该国在有充分证据时,可在第7节限制下,按照该国法律提起司法程序,包括对该船的拘留在内。"这种"拘留"的权力由警察行使更符合国际惯例和国内法律规定。

再次,有利于充分发挥维护国家海洋权益的职能。目前在北部湾地区,中国海警与中国海监已开始联合执法,在其他海区,海上联合执法也是一种趋势。这说明各部门都感到单独依靠自身力量执行任务力不从心,难以达到执法目的。海上执法不仅是维护海上治安与保护海洋环境,维护海洋权益的任务也是重中之重。在我国周边海域尚存在许多不稳定因素的情况下,以警察权为主,整合海上执法队伍,组建一支强大的海洋警察队伍,可以统一政令、一致对外,以严格的纪律保证我方行动的有理、有利、有节。鉴于南海水域的纠纷,倘若中国政府在该海域部署航空母舰,将有利于维护我国的领海安全。

最后,有利于对外交往,可以统一代表国家与国外开展海上执法合作与交流。美国、日本韩国、加拿大、俄罗斯、越南、菲律宾等国家都有统一的海上警察部队,与我国进行交流与合作时却要与不同的部门联系。以北太平洋海上警务执法机构高官会议为例,虽然我国由公安部牵头参加,但内部首先要与交通部、农业部和国家海洋局进行协调。而公安边防海警已与日本、韩国、美国、澳大利亚、加拿大、俄罗斯等国海上警务机构设立了联络窗口,建立了良好的合作关系,并多次在打击跨国犯罪方面成功进行合作。通过公安部的不懈努力和多方协调,各涉海部门已同意由公安部牵头加入北太平洋警务执法合作组织。

结　语

综上所述,我国依法管理海域的现状令人担忧,而我国海域所蕴藏的巨大潜在资源和能力将为 21 世纪中国的和平崛起、建设小康社会、实现社会主义现代化提供不可或缺的物质条件,因此政府和军队必须充分认清加强海域法治的必要性,从完善法律体系、建造航空母舰、组建中国海警等方面入手,切实从立法、执法的角度全方位加强我国海域管理,从而使海洋综合管理逐步走上科学化、规范化、法制化的轨道,为实施海洋经济可持续发展战略、促进人海关系和谐奠定基础。

论发展海洋经济与海警执法

张　岚

【摘要】　发展海洋经济离不开安全保障。笔者从浙江海警部队执法办案的实际出发，针对新形势下海警执法中存在的问题，就如何增强海警的执法力量、改善警群关系以及海警应尽的职责等方面进行深入探讨。

【关键词】　海洋经济；渔业安全；海警执法；边防工作

近年来，随着浙江海洋经济的发展，海上犯罪活动也呈逐年上升态势。浙江公安海警作为海上刑事案件侦查主体，在维护海上治安秩序，为浙江海洋经济发展保驾护航等方面发挥着举足轻重的作用。同时，在新形势下，作为肩负着保卫经济建设重任的公安边防部队，浙江海警也面临着一系列的挑战，如何适应形势变化，履行海警的执法职责等亟待解决的课题，对此笔者拟加以探讨。

一、浙江海洋基本概况与海警面临新挑战

在 2012 年 1 月下旬浙江省十一届人大四次会议上通过的《浙江省国民经济和社会发展第十二个五年规划纲要》中，海洋经济列为战略重点和热点。3 月，国务院正式批复《浙江海洋经济发展示范区规划》，浙江海洋经济发展示范区建设上升为国家战略。批复认为，建设好浙江海洋经济发展示范区关系到我国实施海洋发展战略和完善区域发展总体战略的全局。6 月，国务院又正式批复设立舟山群岛新区，这是我国首个以海洋经济为主题的国家战略层面新区。

浙江毗邻海域面积 26 万平方公里，相当于全省陆域面积的 2.6 倍。浙江在海洋资源方面拥有多个全国第一，浙江有丰富的港、渔、景、油、滩、岛、能等海洋资源及其组合优势，海岸线 6696 公里，居全国首位；面积 500 平方米以上的海岛 2878 个，全国第一；近海渔场 22.27 万平方公里，可捕捞量全国第一。潮汐能、波浪能、洋流能、温差能丰富，可开发的海洋能居全国首位，东海石油资源也主要分布在浙江海域，发展海洋经济潜力巨大。

加快海洋经济发展，是浙江省经济社会发展新的增长点，也是国家的一个重大战略。海洋经济的发展与边防有着直接关系。海边防的工作要服务大局，服务海洋经济。在新形势下，浙江海警在履职中所承受的压力前所未有，面临的挑战和机遇同样是前所未有。

二、海边防执法现状与海警的职责

随着浙江海洋经济蓬勃发展，影响群众海上作业的各类治安隐患越来越多，海上治安形

作者简介：张岚，法学硕士，现任浙江警察学院讲师。

势日趋严峻,公安海警部队海上执法、海上处突、海上救助等任务更加艰巨,因此也对海警边防工作提出了严峻的挑战。笔者认为浙江海警执法主要存在以下四点困难:

(一)海警部队全面执法起步晚,执法手段单一

海警部队是随着沿海边防斗争形势的发展,走私、偷渡、抢劫等犯罪活动日趋猖獗的形势下,逐步建立和发展起来的。2004 年公安部下发《关于海警执法有关问题的通知》开始赋予海警部分执法权,规定海警管辖海上治安案件和部分刑事案件。2007 年 12 月 1 日《公安机关海上执法工作规定》正式颁布实施,海警部队被赋予全面的海上执法权。因此,从法律层面上确立海警部队海上执法的主体地位至今才经历了短短的三年多。与发达国家的执法力量相比,我国海上执法力量的技术装备明显落后。海警部队的执法手段单一,例如,在处置突发事件的实践中,由于海警船艇缺乏空中力量及时有效的配合和支援,出警速度、搜索的范围受到了极大的限制,处置海上突发事件的效率较低。

(二)海上执法环境比陆地执法环境复杂;海上执勤地域广,海警现有警力明显短缺

海上执法受海况、气象、水文等自然因素的影响较大,在恶劣的海况条件下出海处理警情难度大。海上案件发生地域——海洋的开放性和流动性决定了现场勘查、证据提取、调查核实、堵截追击难以实现。现有警力明显短缺,不能满足执法办案的需求。这些是目前严重制约沿海各省市海警部队执勤执法建设中遇到的普遍问题。

(三)与海边防相关的法律法规、规章制度滞后,海警法律知识欠缺

海上执法环境的特殊性以及海上案件的复杂性,对海上执法人员提出了更高的要求。海上执法人员不仅要精通国内有关法律法规,还要熟悉外事、国际海洋法以恰当处理涉外事件。而海警对外事政策、法律法规不了解的问题带有一定的普遍性,有相当一部分同志对与海警工作有关的国际、国内法不熟悉,依据法律实施执法管理的能力较弱,制约了海上执勤执法工作的开展。海警部队执法队伍的能力和素质与全面履行海上执法任务还存在较大差距。

(四)群众工作基础薄弱,信息来源不畅

在平时的工作中,不少海警不注重这一基础性工作,使得自己在工作中得不到人民群众的支持和配合,工作往往陷入被动。海警部队缺乏陆地依托,海警部队辖区线长面广,海上走访对象点多且分散,给海上群众工作带来一定影响。因为难以与群众展开经常性沟通交流,开展群众工作的方法少,群众工作基础相对薄弱。

三、提升海警执法服务的思考

针对解决以上问题,笔者对于加强海防建设提出如下五点建议:

(一)加强装备设施建设,增强海警的硬实力

装备设施是海警执法办案的重要载体,装备设施建设必须有计划有步骤地进行。以现有执法舰艇为基础,大力发展执法舰艇建设,建造一批大吨位、航速快、续航能力强的新型执法舰艇,形成以"大舰为依托,中艇为骨干,小艇为补充"的良好局面。只有这样,才能做到"有警必出,有警必到"。并且要充分发挥现代科技手段作用,提高装备设施的科技含量

(二)加强法制建设与教育培训,提高依法作战能力,打造一流执法队伍

(1)尽快制定一部法律效力较高、内容较全面、确定海警部队执法主体的法律。规定各级边防部门的职责和权限;规定海上边防治安管理制度,明确公安边防部门同其他有关海洋

管理部门之间的分工与协调。

(2)加强对国内法、国际法及毗邻国法律制度的学习和研究,培养一批精通法律,特别是能熟练运用海洋法执勤执法、维护国家主权利益的人才,提高海警部队的执法素质和战斗力,以更好地开展海上执勤执法和对外交流,更有效地维护我国的海洋权益。

(三)优化海上执法模式

加强海上执法规范化建设,建立更科学的管理模式,优化了警力资源配置。有效提高海上渔船民的见警率和对违法犯罪分子的震慑力。浙江海警二支队在2010年尝试"一区一艇"海上执法模式见成效,2010年第一季度受该支队管辖的海域发案率较往年明显减少,同比去年下降了40%。

(四)充分应用现代科技设备,以科技手段推动海边防工作

要重视科学技术在公安边防中的应用,向科技要警力。推进"科技管边、科技管海、科技管港",推进3G技术、物联网技术等高新技术在边防管理中的应用,提高沿海一线的管理精确度和效益。增加现代科技含量改善装备,充分运用卫星通信、GPS、视频、雷达和计算机网络等技术在海边防领域中的新进展,建立和完善使海边防监控能力实现由沿岸、滩头、海上(岛屿)向远海和领空全方位延伸的多层次纵横监测的情报网络体系。利用AIS船舶自动识别系统、GPS定位辅助指挥系统和海上图像无线传输系统等高科技手段,对海上船只进行实时监控,以求对海难事故和海上治安案件早发现、早预警、早处置,海上接处警更加便捷高效,为渔船民海上生产作业安全提供了可靠保障。

(五)通过服务海洋经济改善警民关系

服务好人民群众和服务于经济发展,对海警部队来说,就是通过打击各类海上违法犯罪、实施海上搜救、海上抢险等,保障人民群众生命财产安全,保障海洋航运、渔业、休闲旅游、养殖等正常进行。海警部队要找准严格执勤执法与服务经济发展的最佳结合点,努力实现"经济发展到哪里,保障工作就跟进到哪里;治安热点在哪里,管理工作就跟进到哪里;人民需要在哪里,服务工作就跟进到哪里"的工作目标。通过强化辖区治安管防,严厉打击违法犯罪活动,为广大群众安居乐业营造良好的海上治安环境,来提升群众对海警的安全信任度。通过公正执法来提升群众对海警执法工作的信任度。通过服务好人民群众来提升警群关系,增强群众基础,发挥群众在海警执法办案中的作用。2010年冬汛开捕以来,浙江海警第一支队针对渔船民群众反映突出的各类案件多发和海上治安问题,实施立体化防控,做到汛前早预防、陆上打基础、海上严整治,最大限度地提升了渔船民群众安全感和满意率。

结　语

我国海警执法还处于起步阶段,对海上执法机制的搜索尚需一个长期的过程。只有紧紧围绕维护边境地区稳定、全面承担起海上综合执法任务、服务好人民群众和服务于经济发展这个中心问题,工作才能切实找准方向,才能打造一支出色的集"执法、维权、服务"三位一体的浙江海警部队,才能充分发挥职能作用,更好地服务和保障海洋经济建设。

试论海岛开发利用与法制保障

——以浙江省依法开发舟山群岛为例

夏淇波

【摘要】 中国是一个海洋大国,有 300 万平方公里的海域,有大小岛屿数以万计。近年来,随着国家经济的快速发展和自然资源的紧缺,海岛的重要性日益体现。如何科学开发利用海岛日渐成为一个越来越受到重视的议题。2009 年 12 月 26 日,我国《海岛保护法》经全国人大表决通过,并于 2010 年 3 月 1 日施行。《中华人民共和国海岛保护法》是我国首次以立法的形式,加强对海岛的保护与管理,规范海岛开发利用秩序。笔者以浙江舟山群岛的发展为例,通过比较各地海岛开发利用的过程和经验,为我国海岛相关配套法律制度的制定和具体操作提供可行性建议,以期有助于我国海岛科学合理的开发利用,促进地方海岛经济的进一步发展。

【关键词】 海岛经济;开发利用;法制建设

前　言

中国拥有 300 万平方公里的海域,海岛总面积约 80000 平方公里,在我国四个海域中,东海岛屿个数最多,约占全国海岛总数的 2/3,仅浙江沿海就有 3000 多个,而且分布比较集中。大岛、群岛也较多,并沿近海分布。根据传统的海防观念,海岸线以外就是国防前沿,海岛是海防前沿的堡垒,因此,长期以来,海岛一直是军事或者准军事区域,主要任务是国防建设。[1]从 20 世纪 80 年代开始,随着我国改革开放的不断深入,沿海经济一日千里,而海岛作为海洋开发建设的重要基地,也逐渐成为关注的焦点。经济的发展必然需要来自相配套的法律制度的支持。近年来,无论是国家还是地方都在不断出台与海岛开发利用和保护相关的法律制度。以舟山群岛为例,舟山群岛是我国唯一一个以群岛设市的地级行政区划,由 1390 个岛屿组成,占全国的五分之一,素有"东海鱼仓"和"中国渔都"之美称,拥有渔业、港口、旅游三大优势,具有海岛经济发展的典型特征。在 2011 年 7 月,又被国务院正式批复建立舟山新区(特区),这座岛屿城市在快速发展同时,越来越显现出对配套法律制度的强烈要求,以相应地支持其持续快速健康发展。

一、中国海岛开发利用的现状概述

(一)海岛的法律概念

海岛的地质学定义,根据《海洋学术语海洋地 GB/T 18190—2000》,海岛是散布于海洋中面积不小于 500 平方米小块陆地。海岛的法学定义在国际上经过多次修改,现在对它的定义通常引用 1982 年《联合国海洋法公约》中第 121 条第 1 款的规定"岛屿是四面环水,并

作者简介:夏淇波,浙江大学光华法学院硕士。

在高潮时高于水面的自然形成的陆地区域。"①

由此可知,海岛之所以成为"海岛",必须满足以下条件:由陆地形成;与海底自然相连;是自然形成的陆地,而非依赖人力构筑;在高潮时突出于水面,在低潮时仍四面环水。

（二）对海岛的利用开发加速

对海岛的利用古已有之,而政府对海岛的开发利用多以军事和战略价值为主,少有以经济为目的的统一有序的开发管理。随着社会经济的发展和对海岛巨大价值的认识不断加深,海岛作为开发海洋的远涉基地和前进支点,得到国家越来越多的重视和投入。例如舟山群岛在1987年1月,经国务院批准,实行以市领导区、县新体制。2011年7月,国务院正式批复建立舟山新区（特区）,地位等同于浦东新区,成为我国唯一一个以群岛设市的地级行政区划。

2011年4月12日,国家集中公布了第一批开发利用无居民海岛名录涉及辽宁、山东、江苏、浙江、福建、广东、广西、海南等8个省区,共计176个无居民海岛。其中,辽宁11个、山东5个、江苏2个、浙江31个、福建50个、广东60个、广西11个、海南6个。

2003年6月《无居民海岛保护与利用管理规定》出台更加速了海岛,尤其是无居民海岛开发的速度和参与度。各地政府纷纷出台地方法规规范和促进本地区的海岛利用的开发。

（三）海岛无序开发的恶果

1.海岛生态遭到破坏

海岛是一个完整而独立的生态环境,由于海岛面积狭小,造成海岛的地域结构简单,生态系统十分脆弱,生态系统的生物多样性指数小、稳定性差。中国海岛有94%系无居民海岛,但对无居民海岛的开发利用普遍缺少规划,开发的盲目性、浪费性和破坏性很大。一些地方为了增加当地财政收入,随意将一些岛屿租赁出去,使一些原本为珍稀物种和候鸟迁徙地的无居民海岛遭到破坏。有些投资商为了牟取暴利,肆意开山炸岛、乱砍滥伐海岛森林、乱采岛礁生物,造成海岛生态环境急剧恶化。另外,由于过去海岛权属性质不清,一些单位和个人将无居民海岛视为无主地,随意占用、使用、买卖和出让,海岛资源流失严重。对海岛上珍惜生物资源的滥补滥采,以及有毒有害废物的乱排,破坏了海洋生态系统和海岛自然景观。

譬如,海南省的大洲岛。大洲岛,又称"燕窝岛"。它是中国唯一纯正的燕窝产地,岛内的金丝燕是中国唯一可以营造白色可食燕窝的珍稀鸟类。从明末清初起,万州燕窝就作为贡品进贡给皇帝享用。从20世纪80年代开始,岛内的燕窝遭到掠夺式的采摘,筑燕窝的金丝燕数量急剧下降,可供采摘的燕窝数也随之急速减少。2002年8月仅采到2只燕窝。2003年起又封洞禁采燕窝至今;2009年的监测表明,南罗洞1个点有个体活动与繁殖。按估算,目前大洲岛金丝燕的种群数量仅为30～40只,已低于保护生物学中的最小可存活种群数（50只）。

2.海岛的不断消亡

由于陆地环境保护的压力使得陆上采砂成本大幅度上升,建筑砂砾来源被迫转向海洋,海砂分选好、分布集中的特点适于大规模工业化开采,很多海岛被用来开采石料。同时海运费用低廉,可以降低使用成本。因此采砂近些年来成为海岛遭到破坏尤为突出的一些现象。

---

① 参见《联合国海洋法公约》第82条。

其次,这些年,炸岛炸礁、填海连岛等严重改变海岛地形地貌的事件时有发生,海岛数量也在不断减少。

对海岛的无序开发和对经济的片面追求不但导致部分海岛生态环境急剧恶化,其至使岛屿本身不断消亡灭失。根据国家海洋局公布的数字,与上世纪 90 年代相比,浙江海岛消失了 200 多个,辽宁省海岛消失了 48 个,河北省海岛消失了 60 个,福建省海岛消失了 83 个,海南省海岛消失了 51 个……[2]

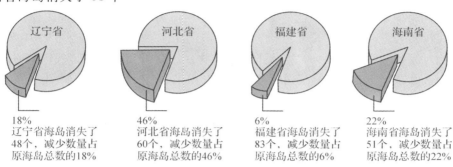

18%
辽宁省海岛消失了48 个, 减少数量占原海岛总数的18%

46%
河北省海岛消失了60 个, 减少数量占原海岛总数的46%

6%
福建省海岛消失了83 个, 减少数量占原海岛总数的6%

22%
海南省海岛消失了51 个, 减少数量占原海岛总数的22%

图 1　部分省份海鸟消失情况
相关数据根据公开资料整理,以 1990 年为基准[2]

2011 年初,历时 6 年的 908 专项(即"我国近海海洋综合调查与评价"专项)海岛海岸带调查已全面完成,调查结果表明,在我国海岛开发利用过程中,由于无序开发、海岛消失等问题有逐年加剧的趋势。有媒体披露了 806 个海岛消失的骇人数字。[2]

二、我国海岛管理制度与相关立法评析

(一)有关海岛管理的全国性立法

我国最早的有关海岛的立法散见于各种有关海洋权益的法律法规,如《中华人民共和国政府关于领海的声明》、《领海及毗连区法》、《专属经济区和大陆架法》、《中华人民共和国海洋环境保护法》、《海洋自然保护区管理办法》等,随着海岛经济日益发展,以往的法律制度越来越难以适应海岛的发展速度。2003 年 11 月《海岛保护法》列入经中央批准的《十届全国人大常委会立法规划》,全国人大正式启动海岛立法工作。

随着《海岛保护法》立法的推进,2003 年 6 月,国家海洋局、民政部、总参谋部联合印发了《无居民海岛保护与利用管理规定》,为更好落实该规定,国家海洋局于 2003 年编制了《无居民海岛功能区划》、《无居民海岛保护与利用规划》、《关于印发〈无居民海岛利用申请审批暂行办法〉等有关制度的通知》。

2010 年 3 月 1 日,《海岛保护法》正式生效,开启了我国海岛工作的新篇章。为确保全面贯彻实施《海岛保护法》,使我国无居民海岛得到科学合理地开发利用,将造成不利影响降低到最小,国家海洋局起草了《全国海岛保护规划》(已上报国务院待批),并联合财政部出台了一系列配套政策、制度和标准,初步构建起比较完善的管理体系。2011 年 4 月 20 日,国家海洋局印发了《无居民海岛使用申请审批试行办法》初步细化了无居民海岛使用申请审批的程序。

如 2010 年 6 月 7 日,财政部、国家海洋局联合印发《无居民海岛使用金征收使用管理办法》,确定了无居民海岛使用金最低价制度和评估制度,明确了无居民海岛使用金征收、免

缴、使用、监督检查与法律责任,为落实无居民海岛有偿使用制度提供了依据。为规范无居民海岛开发利用的管理工作,印发了《关于无居民海岛使用项目审理工作的意见》,明确了国家和省开展无居民海岛开发利用审核工作的程序。印发了《关于无居民海岛使用项目评审工作的若干意见》《关于成立国家无居民海岛使用项目第一届专家评审委员会的通知》,对无居民海岛使用项目评审工作进行了规范。同时,印发了《关于印发〈无居民海岛开发利用具体方案编制办法〉的通知》《关于印发无居民海岛使用申请书等格式的通知》《关于公布无居民海岛使用论证资质单位名单的通知》,规范无居民海岛申报材料的编写工作等。

无居民海岛开发利用工作全面启动。建立了无居民海岛有偿使用制度,2010 年 10 月,沿海各省启动了第一批无居民海岛名录的制定工作。2011 年 4 月 12 日,我国第一批开发利用无居民海岛名录今日正式对外公布。涉及辽宁、山东、海南等 8 省区、共计 176 个无居民海岛,广东省最多达 60 个,海岛最高使用年限为 50 年,出让途径为审批和招拍挂。

初步建立海岛名称管理制度,完成了 15 个试点地区外业调查工作和 5301 个海岛地理实体现场调查工作。[①] 在海岛名称管理方面相继出台了《海岛名称管理办法》和《海岛界定与数量统计方法》。

(二)有关海岛管理的地方性立法

2003 年 6 月,国家海洋局、民政部、总参谋部联合印发了《无居民海岛保护与利用管理规定》之后,各地开始加速对海岛的开发利用。厦门市经福建省第十届人民代表大会常务委员会第十次会议批准《厦门市无居民海岛保护与利用管理办法》,自 2004 年 11 月 1 日起施行。宁波市经浙江省第十届人民代表大会常务委员会第十四次会议通过《宁波市无居民海岛管理条例》自 2005 年 1 月 1 日起施行。2008 年《青岛市无居民海岛管理条例》经山东省第十一届人民代表大会常务委员会第七次会议批准,由青岛市人民代表大会常务委员会公布施行。

随着《海岛保护法》的出台,沿海省、自治区、直辖市海洋主管部门积极推动省级海岛保护政策法规制定工作,如福建省出台了《福建省无居民海岛使用金征收使用管理办法》,浙江省、福建省成立了无居民海岛使用项目审核委员会,为进一步深入贯彻实施《海岛保护法》提供坚强的制度保障。2010 年 10 月,沿海各省启动了第一批无居民海岛名录的制定工作。

三、开发海岛的法律制度改革设想

(一)开发海岛面临的法制挑战

1. 中央立法与地方立法的冲突

《海岛保护法》于 2010 年 3 月 1 日正式生效,而在其正式生效之前,各地政府已存在各自地方的有关海岛开发管理的法律法规。由于各地情况不同,法规不一,在新的国家法律出台之后,必然会造成地方与国家在有关海岛方面的立法冲突。如自 2005 年 1 月 1 日起施行的《宁波市无居民海岛管理条例》中第 12 条,对无居民海岛的使用权的时间根据其用途做出了不同的规定,即旅游、娱乐项目的无居民海岛使用权最高期限为四十年,其他项目为 50 年。海岛保护法对海岛使用的期限未做出明确规定,但是在根据《无居民海岛保护与利用管理规定》,无居民海岛利用期限最长不得超过五十年。国家立法与各地的地方立法之间必然

---

① 国家海洋局:2010 年海岛管理公报,http://www.mlr.gov.cn/zwgk/tjxx/201105/t20110511_864172.htm,2011 年 9 月 11 日访问。

需要一段磨合和适应。

2.配套法律制度不够完善

2010年3月起实施的《海岛保护法》规定我国开发利用无居民海岛最高使用年限为50年,其出让有两种途径,一是审批,一是招拍挂。海岛开发主导用途涉及旅游娱乐、交通运输、工业、仓储、渔业、农林牧业、可再生能源、城乡建设、公关服务等多个领域。但这只是海岛保护和开发的原则性法律规定,并没有具体的操作办法。2011年4月20日,国家海洋局印发了《无居民海岛使用申请审批试行办法》初步细化了无居民海岛使用申请审批的程序,但在该办法中的申请规定也多是原则性或者授权性的规定,没有具体统一的程序。另外,《全国海岛保护规划》尽管2010年10月就上报国务院,但至今尚未出台。可以预见,具体法律制度的不足势必造成执行上的困难。

3.海岛管辖权属不明

2010年颁布《海岛保护法》创建了无居民海岛集中统一管理制度。即《海岛保护法》第五条规定:"国务院海洋主管部门和国务院其他有关部门依照法律和国务院规定的职责分工,负责全国有居民海岛及其周边海域生态保护工作。沿海县级以上地方人民政府海洋主管部门和其他有关部门按照各自的职责,负责本行政区域内有居民海岛及其周边海域生态保护工作。国务院海洋主管部门负责全国无居民海岛保护和开发利用的管理工作。沿海县级以上地方人民政府海洋主管部门负责本行政区域内无居民海岛保护和开发利用管理的有关工作。"

《海岛保护法》明确提出:海岛管理划分为有居民海岛和无居民海岛的管理。对有居民海岛管理基本按照原有法律体系的规定。无居民海岛属于国家所有,国务院代表国家行使无居民海岛的所有权,对于无居民海岛的保护和开发利用等管理工作,明确由海洋部门实行统一管理。然而,代国务院行使所有权究竟是海洋部门还是国土资源部门,在实践中存在很多争议。

另外,海洋部门与环境保护部门之间也存在权属分配不合理的问题。虽然2008年7月10日,国务院批准印发了《国家海洋局主要职责内设机构和人员编制规定》,明确国家海洋局"承担海岛生态保护和无居民海岛合法使用的责任。组织制定海岛保护与开发规划、政策并监督实施,组织实施无居民海岛的使用管理,发布海岛对外开放和保护名录。",而海洋部门执法时往往遇到这样一个难题:来自岸上对海洋的污染都是由环保局管。限制了海洋部门的管理权限。而且海洋部门虽然有审批权,但对污染的企业,却没有执法权。在这方面,环保部门拥有较多的权力,负责检测、评估和审批。但环保部门收取的"排污费"却很少用于海岛保护。[3]

4.海岛建设中长期规划滞后

从海岛规划的类型上看,我国海岛规划的类型在立法上表现为单一化、在理论上缺乏对海岛规划类型及其效力的探讨,由此导致海岛规划的效力在实践上较为模糊。虽然我国法律指出海岛规划的分类保护原则,但对分类标准未做明确表述。我国《海岛保护法》规定了海岛规划的编制主体和审批程序,即三级规划,分级审批,但缺乏对规划程序控制的规定。海岛法对规划期限,规划变更的程序也未做出规定。[4]

海岛管理体系不完善,海陆管理权分离,致使海洋功能区划、旅游发展规划、环境保护规划等行业区划和规划缺乏统一协调机制,容易出现区划规划之间的不一致甚至矛盾的状况,也导致了海陆之间的用海矛盾和行业之间的用海矛盾。

5.海岛基础性工作薄弱

迄今为止,我国只有在20世纪90年代初,启动了一次海岛综合资源调查项目,调查工作在1994年完成,2003年调查成果出版。这是我国至今为止完成的唯一的一次海岛全面调查,而且还只是面积500平方米以上的,那次的调查数据沿用至今。致使海岛的相关资料不足,现有数据陈旧。而最新的908专项主要是围绕海岸带的调查,并不完全针对海岛资源。

(二)舟山群岛新区海岛经济发展及法制建设经验

1.舟山海岛经济发展的轨迹和成就

舟山作为全国唯一一个以群岛设市的地级行政区划,其对海洋经济发展和对海岛的开发利用具有典型性。舟山的海洋经济从传统的海岛经济起步,长期以来,渔业在舟山国民经济所占比重较高。1987年1月经国务院批准舟山撤地建市,1987年4月舟山港正式对外开放。进入20世纪90年代,舟山开始改革渔业经营体制。"十五"规划中提出建设海洋经济大市,随着对海岛经济认识的不断加深,产业机构也在不断调整,2003年以后确立海洋经济发展战略而快速发展。2008年,海洋经济相关行业从业人数为30.9万人,占全社会从业人数的48.9%,而海洋经济增加值占GDP的比重则达到了66.4%。2008年海洋经济的劳动生产率为10.5万元/人,而同期全社会劳动生产率为7.8万元/人。[5]

在无居民海岛开发利用方面,舟山也走在全国前列。中国第一位私人岛主——"莲花洋人",即诞生在舟山。杭州艺术家朱仁民现在以中国第一岛主的身份而闻名全国。1996年他花9万块钱取得了浙江舟山群岛一处荒岛40年的使用权,他给该岛命名"莲花岛",自号"莲花洋人"。10多年以后,朱仁民在"莲花岛"把自己当初的梦想变成了现实,他在岛上雕塑了500个罗汉,建造了一座艺术馆,铺就了一个纪念广场,将这里变成了一个举世无双的艺术品基地。

2.建设舟山群岛新区的法律障碍

尽管舟山群岛的发展速度很快,但是在相应的法律制度建设方面也逐渐凸显出许多问题,制约着其进一步的发展,反映出配套法律制度建设对于海岛经济发展的重要作用。

(1)现有规范性文件法律位阶低。舟山作为一个地级市,无地方立法权,先行先试权只能以指定规范性文件或权力机关的决定、决议等方式来实现,法律位阶低,使得地方政策法规难以稳定持续。

(2)现有法律难以支持地方特色经济发展。虽然国家对于有关海岛的立法正在加速进行,但有关海洋综合开发管理方面的法律仍显不足,存在诸多不完善,可操作性不强等问题,甚至还有许多立法空白。且国家立法多以原则性立法为主,而舟山自身又无相应的体现地方特色的法规细则,无法为舟山作为群岛城市在准备海洋经济大开发中面对可能出现的各种复杂情况,提供坚强的法律支持。

(3)缺乏协调统一的管理制度。国家有关海洋,海岛的管理部门众多,存在职能交叉,多头管理甚至无人管理的情况。而地方海洋管理职能部门——海洋渔业局的级别和权限较低,不具有协调统一海洋开发的职能。

(三)依法开发建设海岛的举措

1.加快构建完善的立法体系

随着《海岛保护法》及一系列配套法律制度,如《无居民海岛开发利用具体方案编制办法》、《无居民海岛使用金征收使用管理办法》、《无居民海岛使用权登记办法》、《海岛界定与数量统计方法》、《无居民海岛使用申请审批试行办法》等的颁布,初步构建起海岛开发利用的管理体系。但在其具体操作和地方特色立法方面还有待完善。如加快完善海岛工作的监督管理制度,管理规划制度;细化海岛开发利用登记制度,开发许可制度;构建海岛使用权变更制度,海岛环境影响评估制度等。

2. 因地制宜,分配立法权限

发展海岛经济首先是要找准定位,因地制宜。发展海岛经济可以采取 4 种模式。一是开发区的模式。所谓开发区模式,就是以工业为主的模式,是以海产品、养殖、加工业为主。如辽宁长海县的獐子岛。二是保税区模式。以物流为主导,将货代、船代、会展等方面进行综合配套。保税区模式一定要有港口,没有港口就不起作用,而且后面要有区域作为支撑,这样才能实现港区结合。另外,保税区还应该实行统一规划,属地管理。三是生态区模式。像上海崇明岛就提出建设示范生态区,建设了很大的湿地公园、森林公园,给上海人民提供了一个休闲、享受大自然的环境。四是旅游区模式,如厦门的旅游业,带动了一整片的商业区和配套服务设施。[6]

因地制宜发展海岛经济必然需要具有地方特色的配套法律制度的支持。可以考虑分配给地方一定的有关海岛开发利用的立法权限,由省人大或者国务院进行审批或者备案,以便地方政府围绕《海岛保护法》,因地制宜,制定具有地方特色的海岛开发利用和保护的法律法规,既有利于实践操作,又有利于促进地方特色经济的发展。以舟山群岛为例,《海岛保护法》刚出台不久,而舟山又刚被国务院批复成为新区,加快构建完善舟山群岛新区地方性法规已成为一个不得不面对的当务之急。舟山群岛新区需要尽快修改现有不适应舟山群岛新区发展的地方性法规政策,厘清省级地方性法规和上位法之间的级别效力关系,制定具有舟山群岛新区自身特色的海岛资源开发与保护、海域采砂、海洋垃圾废物排放标准、滩涂围垦等一系列法律法规。

3. 平衡海岛开发利用和生态保护之间的关系

海岛是一个完整而独立的生态环境,由于海岛面积狭小,造成海岛的地域结构简单,生态系统十分脆弱,生态系统的生物多样性指数小,稳定性差。开发建设海岛必须要有生态经济观点,不能一味地追求经济发展速度,应该注重节约资源、保护环境,注意再生资源永续利用所允许的开发限度,在海岛开发利用和生态保护之间寻求平衡时,应将天平倾斜向海岛生态的保护。

关于这方面西方很多国家的经验值得借鉴。以澳大利亚为例,他们国家海岛的海岸线是绝对不允许填充的,而岛与岛之间他们会采用架桥、航渡以及空运的形式来过岛。并且如果企业在岛上的建筑会对周围的海洋生物发生破坏的话,那么将会受到来自政府 5 倍的罚金,也就是说一栋 1 亿元成本的楼房就会赔偿到 5 亿元的高额罚金。

结　语

随着经济的发展和对海岛价值的认识不断加深,各地海岛经济发展逐渐提速,产业结构也在不断调整,传统上以第一产业为主的海岛经济走向了以第二产业、第三产业为主的模式,但在经济快速发展的同时也付出了相应的代价。由于缺乏立法规范和合理规划,对海岛的破坏和影响严重,掠夺式的开发也阻碍了海岛地区的进一步发展。

综上所述,笔者认为无论是对海岛的合理科学开发,还是对海岛的保护,或者是完善海洋立法方面来说,都要求配套法律制度的加快建立。而目前《海岛保护法》、《无居民海岛使用金征收使用管理办法》、《无居民海岛使用申请审批试行办法》等法律法规都是原则性或者授权性的立法,难以适应各地不同的情况,在具体的操作上也还有待进一步的细化,可以预见,未来的有关海岛法制建设任重而道远,而法制的不断完善必将促进各地海岛经济的进一步发展。

参考文献:

[1]王忠.我国海岛法制建设探究.太平洋学报,2006(4).

[2]孟登科,张晴.海岛消失"加速度".南方周末,2011-4-14,1417.

[3]王慧玲.中国群岛消失严重海岛保护立法姗姗来迟.深圳新闻网,2011-08-17.

[4]田彦苹.周边国家海岛法律制度研究.中国海洋大学硕士学位论文,2010.

[5]孔海英,周海芬.舟山海洋经济发展报告.统计科学与实践,2010(9).

[6]崔鲸涛.发展海岛经济要因地制宜——访著名经济学家、全国人大常委会原副委员长成思危.中国海洋报,2010-9-10,001.

"失海"渔民权益缺失的法律思考

李　洋

【摘要】　近年来,海洋经济在大力促进国家和区域性经济社会迅猛发展的同时,也造成了一定程度的海洋资源失衡,尤其是对我国沿海省份的近海环境、近海渔业,并引发了从事海洋渔业捕捞的渔民"失海"的现象。"失海"渔民不得不从赖以生存的近海到远洋找寻新的生存空间,俨然已成为社会新的弱势群体。由于渔民法定权益的缺失,社会和各地政府保障机制不健全等原因,从而造成救济的困难,使"失海"渔民陷入困境。笔者拟从"失海"渔民的基本概念出发,对其基本权益进行法理解读,以舟山新区为例分析"失海"渔民权益缺失的内外在原因。通过对现有的救济方式的评析,探究构建完善的"失海"渔民权益保障机制,为"失海"渔民的权益保护提供实质性的保障。

【关键词】　"失海"渔民;权益缺失;保障机制

前　言

"海洋渔业资源急剧衰退,赤潮频频发生,传统的海洋生态平衡和平静的渔村生活受到前所未有的'海洋经济大发展'的冲击,众多传统渔民在现代新型海洋经济面前进退两难。"[1]这是《瞭望》新闻周刊记者在东海调研时所见的真实写照。近些年,随着海洋渔业资源的衰退,全国沿海省份的失海渔民有增无减,虽然有关部门未给出一个准确的统计数据,但是这一新弱势群体的数量还在不断地扩大。然而,该社会现象打破了专业渔民"靠海吃海"、"以海为生"的传统局面,使得近海渔民失去了赖以生存的条件,也将引发一系列的社会问题和矛盾。诚然,从法律的视角解读"失海"渔民的法定权益,分析其"失海"的内外在原因,思考"失海"渔民法律权益的缺失,从而探索出适合新时期海洋经济发展的"失海"渔民权益保障机制,具有重要的现实意义。

一、"失海"渔民及其权益的法理解读

(一)"失海"渔民的界定

据《江苏省海域使用金征收管理办法》中规定,专业渔民是指户籍属于沿海专业渔业乡(镇)或村,持有非农业户口,无承包土地或者人均取得农村土地承包经营权的土地不足 0.1 亩(0.6 平方千米),长期直接从事渔业生产活动,且渔业纯收入占家庭纯收入总额 60% 以上的渔业生产者。[2]渔民是以海为生的特殊群体,水域和滩涂是其重要的生产资料和赖以生活的重要保障。而"失海"就是指渔民失去了赖以生存的水域、滩涂或者丧失了直接从事海上生产作业的能力。专业渔民"失海"犹如农民失去土地和工人失业一样,将会引发一系列的

作者简介:李洋,浙江大学光华法学院硕士研究生。

社会问题和矛盾。

(二)"失海"渔民权益的法理解读

渔民渔业权是影响其生存发展的重要权利。近年来渔民"失海"现象的频繁出现和"失海"后权益得不到保障,其根本原因在于法律的缺失和对渔民权益的忽视。虽然在中国立法中还有明确规定渔业权的概念,存在立法上的缺陷,但是在中国现行法律中适用于渔业管理的法律法规已具有渔业权法律体系的雏形,其所规定的基本内容为实施渔业权制度提供了法律基础。这些法律、法规包括宪法、渔业法、土地管理法、民法通则、农业法和渔业法实施细则、土地管理法实施条例、水产资源繁殖保护条例、渔业资源增殖保护费征收使用办法,以及有关中央、国务院文件,地方性法规等。[3]

虽然我国《渔业法》规定了养殖权和捕捞权,但在实践中这种权利完全属于行政许可的范畴。传统法学理论认为,渔业权被认为是一种从国家所有权派生的权利,因此渔业权的享有和形式必须符合"国家所有权"的需要。但是,这种认识存在许多的弊端。

首先,这种理论弱化了渔业权的法理基础,为公权力部门侵害渔民权利创造了借口。[3]基于这种理论,在实践上就容易造成政府部门权力扩大化,易导致有关政府部门滥用行政权力,渔民权利受到侵犯也愈来愈频繁。其次,这种理论将渔业权定义为依据行政指令而建立的准物权。这种观念,从表面上看与市场经济国家、一般法治国家的观念是一致的;但是,在一般市场经济和法治国家里,政府部门行使的行政批准权,尤其是在渔业权设立方面行使的行政批准权,并不是国家所有权的体现,所以,依据行政指令建立的渔业权,即使在权利设立方面具有附属于性增权力的特点,但在这种权利设立之后,它和其他的民事权利仍然享有平等的地位。但是,在我国渔业权始终是一直附属于行政指令的权利,无法取得独立的、与其他民事权利平等的地位。这与生俱来的附属性特点,极大地妨碍了渔业权人的权利。因为在行政机构不能依法行政的情况下,或者在有关法制不健全的情况下,渔民只有听从行政的安排,无法积极地主张自己的权利。最后,这种传统理论也将导致我国渔业权制度不够完善。

在实践中,除了渔业权的性质存在争议外,海域使用权和渔业权也存在一定的冲突,这一冲突的存在使得渔民权利的行使障碍重重。我国《海域使用管理法》与《渔业法》分别建立了海域使用管理法律制度和渔业行政管理法律制度。然而,由于二者均涉及海洋资源的管理,因此在调整对象上存在一定的重叠。这种重叠表现在海域使用权与渔业权的冲突方面。因《海域使用管理法》中规定了海域使用权制度,《渔业法》中虽然没有规定渔业权,但从事捕捞、养殖,须取得养殖证、捕捞证,养殖证是养殖权的标志,捕捞证是捕捞权的象征,这说明渔业权制度在我国是现实存在的。而为海域使用权是用益物权;渔业权是准物权。根据物权法一物一权原则,同一海域不可能既存在海域使用权又存在渔业权,渔业权与海域使用权之间的冲突暴露无遗,在现实中表现为海域使用权证与养殖证并存。协调好海域使用权和渔业权间的冲突将直接关系到渔民权益的保障。

二、"失海"渔民权益缺失的现状及其成因

(一)中国"失海"渔民权益缺失的现状

近些年,"失海"渔民的海域使用权和渔业捕捞权受到严重的侵害。如一些地方违背渔民意愿,对水面、滩涂进行流转或以招标拍卖形式出让;有的甚至强行收回或强迫渔民放弃

养殖水面使用权或承包权,强迫流转,侵犯渔民的承包经营权;有些开发项目占用渔民养殖水面而不补偿或只给予少量象征性补偿;一些条件较好的养殖水域和重要的鱼虾贝类繁殖场被侵占,致使祖祖辈辈以渔业为生的渔民失去了生产作业场所。由于渔民的海域使用权和渔业捕捞权受到侵害,使得其正常的经济权益遭到了重大的损害,基本的生活保障也受到影响。俨然,"失海"渔民的社会保障已成为沿海地区的一大现实问题,"失海"渔民也成为沿海地区的新的弱势群体。

据舟山海洋渔业局统计,舟山渔场总面积2.08万平方公里,近几年港口开发、重点工程建设以及各种管道光缆铺设共占用海域8000平方公里。如洋山港开港后,整个航道都不能再搞渔业生产。[1]目前,舟山渔场的39%按规定都不能作业,使得大量渔民只能在受到压缩的剩余海域作业,渔业资源严重衰退。按照国家压缩近海捕捞的产业调整政策,大量的渔民需要转产转业。浙江的不来渔船数量和功率居全国第一,传统的近海捕捞居全国领先地位,转产转业人数较多,仅舟山就占了全国四分之一。"失海"渔民问题在舟山群岛新区显得尤其突出。

(二)"失海"渔民权益缺失的原因

1. 法律的缺失和渔民权益被忽视是造成"失海"渔民权益受损的根本原因。至今,我国尚未制定专门规范和保障渔民的海洋使用权和渔民渔业捕捞权益等的相关法律,渔民的海洋使用权和渔业捕捞权只是在《宪法》和《海域使用管理法》等相关法律架构下享有的权利的变通,缺乏专门的法律确定性,其法律保障性比较弱化。

2. 对海洋实行多途径的开发以及海域污染面积的蔓延,是造成渔民"失海"、权益受损的必然原因。沿海省份利用海洋这一区位优势,对近海实行了多途径的开发。如国家工业建设,海上石油勘探与开采,石油、天然气海底管道,国家通讯光缆,现代化深水码头的建设,海防军事等用海都致使渔业捕捞面积大幅度缩小。而且,随着临港工业的迅猛发展,沿海水域污染日益严重。据有关部门统计,浙江近海海域四类和劣四类海水大81%,重点河口、港湾海水均超四类。海洋灾害增多,赤潮连续3年超过全国总量的50%以上,舟山海域已是赤潮高发区,有毒有害赤潮和多藻种赤潮并发的趋势明显上升,海洋生物种类也日益减少。这一切势必造成部分渔民"失海",经济利益严重受损。

3. 现有救济机制的滞后性也是导致"失海"渔民权益缺失的另一重要原因。政府出于经济建设的需要,对海洋只重开发轻保护,从而也忽视了受开发影响的"失海"渔民的权益保障。对于现有的一些救济措施也只是事后的亡羊补牢,缺乏全面的保障机制。

三、依法构建"失海"渔民权益保障机制的思考

"失海"渔民已成为了社会中的新弱势群体,其由于各种原因造成"失海"而导致他们各项权益受损后并未得到应有的救济和保障。其中,缺乏强有力且完善的渔民权益保障机制是不容忽视的重要方面。

(一)构建渔民社会保险之法律制度

渔民的社会保险法律制度可以由渔民的社会养老保险制度、工伤保险制度、失业保险和再就业保障制度构成。

首先,养老保障是社会保障制度中的重要支柱,直接关系到每一个渔民的切身利益,是渔民最为关心的问题。在构建渔民社会养老保险制度的过程中,应当参照城镇个体工商户、

失地农民的有关规定,对各渔业省份渔民的养老保险问题进行调研,从而通过制定规章将渔民的养老纳入社会保障的范畴。笔者认为,渔民的养老保险制度应当涵盖所有渔民,并合理分配国家、集体和个人应缴纳的养老社会保险费用,为渔民建立社会养老保险个人账户。

其次,作为渔业主管部门的农业部应当会同劳动与社会保障部门,制定有关渔民失业保险的制度,以保障"失海"渔民的基本生活。渔民"失海"后的生活安置和转产转业问题成为了渔业城市的工作重点。各渔业城市应当设置渔民转产转业的专项补助金,其中还可以将围海造地收益的一部分用于"失海"渔民的失业保障。并且,还应当建立渔民执业技能培训长效机制,尤其是针对"失海"渔民,以促进其转产转业。

最后,工伤保险是社会保障体系的重要组成部分,渔民应与其他城镇职工一样享受工伤保险。笔者认为,应当修改《工伤保险条例》,将渔民规定为工伤保险的受益主体,而渔船的船东是工伤保险的义务主体。这样能够更加全面的维护渔民的权益。

(二)完善"失海"渔民的社会救助机制

1.渔民最低生活保障制度

渔民"失海"后,其赖以生存的生活资料也丧失了,基本生活也难以得到保证。因而,考虑到渔民职业的特殊性,应当将渔民的最低生活保障纳入到当地的城镇居民最低生活保障体系中,明确"失海"渔民为最低生活保障制度的保障对象,根据各渔业城市的经济状况,确定合理的保障标准。其中要严格明确政府的责任,政府对渔民的最低生活保障具有义不容辞的责任。

2."失海"渔民的利益补偿机制

利益补偿是对利益受损者最直接有效的救济方式。而建立"失海"渔民的利益补偿制度关乎沿海渔业城市的社会稳定。"失海"渔民利益补偿实际上是一项政策性制度。主要由国家和政府对"失海"渔民给予必要的经济利益补偿,其中主要由省(市)以上人民政府或上级有关部门负责政策制定,同时国家财政转移支付中对此给予倾斜。但是应当建立"失海"渔民利益补偿的管理制度,使"失海"渔民真正享受到国家财政给予的利益补偿。同时,要建立"谁开发、谁负责"补偿办法,使"失海"渔民在海洋开发征用中共同受益。

(三)完善渔业权法律体系

1.平衡与协调海域使用权和渔业权的冲突

海域使用权是行使对国家海域的用益物权,渔业权则包括了养殖权和捕捞权。为了解决海域使用权和渔业权的冲突问题,可以在制度设计完善中将渔业权中的养殖权归入海域使用权,这样也能够更加合理的规范养殖权。而捕捞权则由《渔业法》进行调整。而当捕捞行为发生在设有海域使用权的海域时,则可以利用权利位阶理论来解决法律的适用问题。渔业权作为基本人权,是第一位阶的权利,因而渔业权要优先于海域使用权。

2.制定渔民权益保护特别法

我国以渔业为生的人口近 6000 万人,是一个渔业大国;渔业也是大农业的重要组成部分,然而其法制建设还远远没跟上市场经济发展的速度,尤其是对渔民权利保护的法律严重缺失。

现行法律仅有渔业法等行政法规定水面、滩涂养殖使用权,这些法律仅把渔业权当作附属于行政权力的"准物权"或"从属物权",而没有准确地对渔业权进行法律定位,使得广大渔民权益遭到损害却无法得到有效的保护。因此渔民的权益要得到法律的全面承认和保护,就不应仅仅局限于行政保护。因此,在渔业法律体系中应引入"渔业权"的法律概念,以弥补渔业法重行政、轻民事、重管理、轻权益保护的不足。[3]将渔业权制度融入到物权法体系中,制定渔民权益保护特别法,以全面的保护渔民的渔业权益。

结　语

综上所述,笔者认为由于近几年沿海省份政府对近海实行多途径的开发,在开发过程中又造成一定程度的海域污染,导致了大量近海渔民"失海",失去了赖以生存的基本生活资料,基本生活难以得到保障。然而,又由于法律的缺失和救济机制的不完善,致使渔民在"失海"后权益得不到有效的救济和保障。因而,笔者从法律层面思考"失海"渔民的权益缺失问题,从法律制度角度探究如何架构一个全面可行的"失海"渔民权益保障机制,如何完善渔业权法律体系。"失海"渔民的权益保障问题是一个崭新的课题,在实践中要建立健全渔民的权益保障机制还存在很多需要解决的困难,这也有待于继续深入的研究和探索。

参考文献:

[1]方益波,梁刚华,张森森.撑开渔民的保护伞.瞭望,2006(9):8-9.
[2]闵建.关于建立"失海"渔民保障机制的探讨.海洋开发与管理,2009(4):64.
[3]全永波."失海"渔民的权益缺失与法律救济.海洋开发与管理,2007(5):48-51.

论中国在东海领域的话语权

陈彦舟

【摘要】 由于沿海各国开始关注海洋经济,中国与日本、韩国等毗邻国家近来频频发生东海领域的主权之争。在钓鱼岛主权归属问题上,到底中国有无话语权?有必要从历史和法律的角度来探究。中日、中韩都力图按自己的主张划分东海大陆架,维护各自的东海权益。东海大陆架是世界上油气储量最丰富的地区之一,所以周边国家都开始争夺东海的主权,特别是日本,为了维护国家和民族的利益,中国政府应坚持"搁置争议,共同开发"的立场。共同开发并非意味着中国放弃东海的主权,只能是作为不涉及主权利益的临时性举措,中国政府在东海问题上做出了重大让步的同时,应当加紧能源开发,维护渔业资源的安全等话语权。笔者以为,只有坚持中国对东海主权、不损害双方关于海洋法等基本立场的前提下,根据互惠原则在双方都能接受的较大海域进行共同开发东海资源,这样才能在和平的国际环境下达到双赢。
【关键词】 中日关系;东海资源;钓鱼岛

一、中国在钓鱼岛问题上的话语权

东海是中国大陆东岸与太平洋之间的一个半封闭海域,面积辽阔并蕴藏了丰富的水产、石油和天然气等自然资源。随着中国对能源和资源需求的不断增长,能源和资源安全已经成为国家利益的重点。争取我国在东海的油气资源是我国正当合法的海洋权益,也关系到中国经济的可持续发展.

根据《联合国海洋法公约》,归我国管辖的海域面积约 300 万平方公里,但是与越南、印度尼西亚、马来西亚、菲律宾、日本、韩国和朝鲜相邻,海洋疆界不清使一半的海域管辖和利用有所争议,由此产生的岛屿权属争议和海域界限划分等问题突出,我国应管辖的海域被其他临海国分割,海洋资源也被掠夺,直接影响了海上能源的开发安全。

钓鱼岛位于我国东海领域,经勘探其周边蕴藏着丰富的油田和天然气资源;况且钓鱼岛海域也是中国大陆渔民、台湾渔民祖祖辈辈捕鱼的水域。目前,钓鱼岛的主权归属以及钓鱼岛东海划界中的法律效力问题,成为中日东海争端的主要焦点。事实上,按照中国自然延伸原则的权利主张,钓鱼岛在地质结构上属于中国台湾的附属岛屿,钓鱼岛早在明朝时就已被确定为中国领土,在当时隶属于中国福建省,而到了清朝则隶属于我国台湾岛。

钓鱼岛周围的海峡和岛屿是我国东部沿海城市海上航运进入太平洋的必经之路。如果这一重要航道被日本占有,那么一旦发生战争,日本将从海上切断中国海上交通,阻却他国对我国海上援助。此外,海洋的军事作用还体现在,可利用海洋进行战略撤退、战略防御以及反攻等多方面。

作者简介:陈彦舟,浙江大学光华法学院硕士研究生。

二、东海主权归属的历史与法律溯源

从历史的角度来看,中日双方除了领土邻近和经济合作之外,在全球范围内几乎没有共同战略可言。相反,中日两国之间有台湾问题、历史问题等种种矛盾。中日的东海之争,一方面原因是起于中日对东海管辖海域划分的争议。

根据《联合国海洋法公约》第 76 条的规定,一个国家法律意义上的大陆架包括地理学上的大陆架、大陆坡和大陆基,尽管大陆架是沿海国陆地领土的自然延伸这一点得到了广泛的承认,但是对于相邻或相向国家间大陆架划界时如何确定各自陆地领土在海下的自然延伸的范围问题,《联合国海洋法公约》也没有对此做出规定。大陆架既然是沿海国陆地领土的被水淹没部分,那么,它在地质上必然同该陆地保持着一致性,如果一国的大陆架被地质上的断裂带分割的话,就应该认为是其自然延伸的中断。沉积物构成大陆架的物质基础。由于大陆架法律制度是以海底的非生物资源为主要目标的,而这种非生物资源的生成和来源又与沉积物有着密不可分的联系,如果把沉积物主要来源于一国陆地领土的大陆架看成是另一国的陆地领土的自然延伸,那就违背了自然延伸的原则。

从对于自然延伸原则较为准确的理解应分为两个层次:首先,大陆架权利存在的基础是国家陆地领土的自然延伸,大陆架的概念,对大陆架提出的权利主张均是以此为据。一国主张大陆架权利时,应证明该海底区域属于其领土的自然延伸,否则不应予以支持;其次,自然延伸原则是大陆架划界应该遵循的原则,国家间就大陆架界限发生争议时,必须首先考虑自然延伸因素,只有当争议区域同在一个单独的陆地自然延伸上,即双方为共架国时,才存在划界问题。

依据《联合国海洋法公约》的有关规定,200 海里的专属经济区,但由于东海海域不足 400 海里,所以中日双方所主张的专属经济区就必然会出现部分重叠。我国一直主张东海海底的地形地貌结构决定了中国大陆领土的大陆架自然延伸到冲绳海槽,该海槽是中国大陆自然延伸的陆架与日本琉球群岛的岛架之间的天然分界线,所以在冲绳海槽中国一侧应该属于中国所管辖的大陆架。东海大陆架作为我国领土的自然延伸,向东一直到达冲绳海槽,不受 200 海里之限,中日之间不共有大陆架。[1] 而日方却主张与中方共有东海大陆架,而日方主张按等距离中间线的原则与中国分割东海大陆架,不承认冲绳海槽是由中国大陆延伸的东海大陆架的边缘。海域划分的复杂,是导致中日东海之争的一个重要原因。

另一方面,中日之间的东海大陆架之争其实由来已久,产生东海争端的直接导火索实质是东海丰富油气资源之争。中日东海油气争端源于日本对中国开发"春晓"油气田逐步升级的反应,2004 年 5 月 28 日,日本"对中国在紧贴中日中间线中国一侧的东海海域设置天然气开采设施一事"表示关注,并打算"就中国之举是否侵害了日本的权益展开调查"。随后,日本正式向中国提出交涉。在 2004 年 6 月 21 日"亚洲合作对话"青岛会议上,当中日两国外长谈及东海天然气田问题时,我外长呼吁双方搁置分歧,共同开发东海资源,并希望日方对此提议进行研究,但日本外相只是表示"继续保持接触"。

2004 年 7 月,中日之间的对立状态进一步加深。就在"卢沟桥事变"纪念日那天,日本花巨资租用的挪威籍科考船在数艘先导船的引导下来到距离"春晓"油气田约 50 公里处的海域进行海底资源调查,这引起中方的严正交涉。2005 年中日第三次油气田谈判,日方第一次提出所谓的共同开发案,但双方的分歧未见缩小。由于该地区不仅事关两国的能源,更涉

及两国的国家大权和尊严,由此,中日的东海之争从未消停。加之联合国亚洲及远东经济委员会的结论,东海大陆架可能是世界上蕴藏最最丰富的油田之一,钓鱼岛附近可能成为第二个"中东";在国际石油价格居高不下、供应紧张的形势下,中国包括"春晓"在内共五处油气田初步取得成果的,日本政府对资源的觊觎愈发显现出来。由此可看出,在东海海域划分争端的表面下实质就是两国的油气资源之争。

三、搁置争议、共同开发是中国的立场

(一)共同开发的战略

在以和平与发展为时代主体的国际环境中,国际社会发展的总趋势不是对抗,而是对话合作,因为大国之间由于经济联系越来越利益攸关,为本国长远发展的战略考虑,都会尽量避免冲突,而是通过对话和磋商等来选择一个更有利于自身发展的和平的环境,国家之间一旦发生冲突,双方都要付出沉重的代价,所以各国合作共同开发在当下或许才更适用。而中日作为负责任的大国应当从国际社会的角度考虑,长远而负责任地处理两国的关系,更多的选择对话和协作来共同解决纠纷、共同开发,达到双赢的局面。

2007 年,中日两国经过平等磋商就东海问题达成了共同开发的共识,我国外交部也在2008 年承认了这一共识,双方将以七个坐标点的连线组成的区域作为共同开发区,并在其中选择双方一致同意的地点进行共同开发,同时允许日本人按照中国对外合作开发海洋石油资源的有关法律参加对春晓现有油气田的开发。共同开发意味着争端的平息,共同开发东海的油气资源构成了中日两国共同的利益、是双方东海争议海域共同开发的经济基础。这一主张后来被概括为"搁置争议,共同开发"。从历史上看,推动中日关系正常发展,促进中日人民之间的理解和信任,有助于中日双方和平谈判和协商,这也是顺利解决东海争端的关键,应该是双赢的选择,客观上可以改变中日在东海问题上僵持的局面,对我国能源问题的解决有重大的帮助,对中日两国应对能源危机也有重大意义。

共同开发是符合双方利益的选择,除可以获得经济利益外,还可以缓和划界矛盾,营造良好的国际环境,虽然从理论上看,通过国际法院或仲裁机构来解决东海划界问题更有利于中国,但是通过国际法律手段解决东海问题也不具有现实的可操作性,国际仲裁裁决和司法判决对双方都有约束力,双方一般不得再寻求另外的解决方式,但是国际仲裁和司法受西方大国的影响较大,而且关系到主权问题,我国不赞成由第三方裁决,更倾向于通过双方谈判解决。国际法院的裁决具有随机性,很大程度上取决于法官的裁量权和判断力看中国在维护自身合法权益时有可能失控。同时,东海划界问题牵涉到许多方面,特别是与钓鱼岛主权问题挂钩,不仅关系到海洋主权问题,更涉及国家发展的根本经济能源利益问题。

(二)大力发展海洋循环经济

海洋循环经济[2]是指以循环再利用为原则,遵循海洋生态规律,以循环再利用为原则减少海洋资源的消耗,降低成本,更高效地利用和保护海洋资源,达到海洋环境和效益最佳结合的海洋经济增长方式。包括海洋产业内部的循环、海洋产业间的相互循环和海洋社会整体层面大循环。

美国是最早开展海洋循环经济相关理论和方法研究的国家之一,认为强有力的经费保障是实施新的国家海洋政策的关键,而财政拨款则是海洋经济和海洋循环经济发展的重要经费来源。美国政府财政拨款的相当大部分用于海洋新技术开发及其产业化,其中对于海

洋环境保护和可持续发展的开发项目和技术,则会得到更多的政府财政拨款。而且,美国将海洋环境污染责任保险作为保险的一部分,无论是承包商、分包商还是咨询设计商,如果在涉及该险种的情况下而没有投保的,都不能取得工程合同。政府通过这项保险措施达到海洋污染物低排放的目的,从而确保了海洋循环经济的反馈式发展模式。

日本也是较早提出并实施循环经济的国家之一,把发展循环经济和建立循环型社会当作是实施可持续发展战旅的重要途径和方式。其主流理念已经从侧重于"事后解决"转向了"事前预防",从侧重于"以个人权利为本位"转向"以社会为本位",从侧重于约束、惩罚为主转向约束与激励相结合,从针对生产领域为主到全面覆盖生产、消费和流通领域。

结　语

综上所述,无论从历史或法律的视角看,笔者认为东海主权归属的话语权都在中国一方。中日作为石油消费和进口大国,确保进口价格合理稳定至关重要,是支撑国内经济增长的重要保障,同为资源依赖型的大国,中日之间应当从长远区域合作出发,以双赢为原则,和平解决东海能源之争,如果中日双方为争夺石油等油气资源而影响社会稳定则只会两败俱伤。另一方面,中日东海能源问题的解决,将促进中日能源合作的发展,为中国与东盟国家在南海海域的领土纠纷与能源竞争的矛盾解决提供可借鉴的经验。

因此,在走和平发展道路的基础上,坚决捍卫中国的国家主权问题和领土完整,而对于维护国家海洋权益的问题上,中国要加强完善相关的海洋立法、增强海洋权利意识,坚定不移地维护包括海权在内的国家主权和领土完整。

参考文献:
[1]贾宇.中日东海共同开发的问题与前瞻.世界经济与政治论坛,2007(4):49.
[2]李莉.美国、日本金融支持循环海洋经济发展的成功经验和借鉴.生态经济,2009(2).

论 TRIPS 协议下的中国海洋船舶出口

许　芳

【摘要】　作为第一个将知识产权保护全面纳入世界贸易体系的一个国际协议，TRIPS 协议是迄今为止包括世界知识产权组织（WIPO）国际公约在内的保护范围最广、内容最为丰富、保护水平最高、制约力最强的一部知识产权国际公约。经历十年多的入世发展，中国现成为世界最大的船舶订单国。而海洋船舶出口的市场价值在很大程度上归因于知识产权保护制度所保护的无形资产。本文分为四个部分：TRIPS 协议的由来及其影响、中国海洋船舶出口的知识产权保护现状、TRIPS 协议对中国海洋船舶出口的作用和探索中国海洋船舶出口的知识产权保护之路。试图从 TRTPS 的角度，探索构建中国海洋船舶出口的知识产权保护之路，为中国海洋船舶出口保驾护航。

【关键词】　TRIPS 协议；海洋船舶出口；知识产权保护

引　言

海洋船舶出口是中国国民经济中的重要组成部分，也是海洋经济战略的重要部署之一。中国于 2009 年 6 月颁布了《船舶工业调整与振兴计划》，现已成为世界最大的船舶订单国。而海洋船舶出口的市场价值在很大程度上归因于知识产权保护制度所保护的无形资产。《与贸易有关的知识产权协定》即 TRIPS 协议生效，它是对过去各个时期的知识产权国际保护的经验的总结，标志着知识产权国际保护进入到了一个新的阶段，这是各国共同努力的结果，符合经济发展的趋势，成为了知识产权发展的里程碑。TRIPS 协议不但继承了以往知识产权国际保护的成果，而且在此基础了有了新的发展。笔者拟从 TRTPS 的角度，探索构建中国海洋船舶出口的知识产权保护之路，为中国海洋船舶出口保驾护航。

一、TRIPS 协议的由来及其影响

（一）TRIPS 协议的产生与特点

1994 年 4 月，持续了八年之久的乌拉圭回合谈判终于冲破了 GATT 多边贸易体制只限于货物贸易的传统局面，首次把知识产权纳入了 WTO 体制的规范之中，且就国际贸易中的知识产权保护形成了一份《与贸易有关的知识产权协议》（Agreement on Trade-Related Aspects of Intellectual Property Rights，TRIPS）。作为 WTO 法律框架下一揽子协定之一，TRIPS 是第一个将知识产权保护全面纳入世界贸易体系的一个国际协议，是迄今为止包括世界知识产权组织（WIPO）国际公约在内的保护范围最广、内容最为丰富、保护水平最高、制约力最强的一部知识产权国际公约。它的诞生是知识产权发展史上的一个重要里程碑。

作者简介：许芳，浙江大学法律硕士研究生。

TRIPS 协议并非要取代原来的《国际知识产权公约》，而是在吸取其内容的基础上，成为保护范围更广、标准更高、要求更严的公约。

（二）TRIPS 协议下解构知识产权保护制度

TRIPS 协议规定了一系列基本原则：如国民待遇原则、最惠国待遇原则、透明度原则、司法审查原则、公共利益原则及防止权力滥用原则等。

确立了争端解决机制。TRIPS 协议第 64 条规定，"非是有特殊的规定，1994 年详细说明的关贸总协定第 22 和 23 条的规定，以及对关于纠纷解决规则和程序的谅解忘录的适用应适用于有关本协定内容的协商和纠纷解决"，即可以利用贸易报复手段确保知识产权的保护得以实现。

规定了各成员国保护知识产权的最低要求。TRIPS 协议从七个方面分别规定了各成员国保护各类知识产权的最低要求，包括：版权及其邻接权、商标权、地理标志、工业品外观设计、专利权、集成电路的布图设计、未经披露的信息（商业秘密）等，并涉及对限制竞争行为的控制问题。

有条件地将不同类型的成员区别对待。TRIPS 协议原则上将成员分为发达国家成员、发展中国家成员、正在从计划经济向市场经济转型的国家成员、最不发达国家成员等几类，在一些条款的执行上给予不同的过渡期。

（三）现阶段 TRIPS 协议带来的影响

从知识产权国际保护的历史背景来看，近代知识产权国际保护机制是在发达国家的主导下制定的，TRIPS 协议也是如此，广大落后的发展中国家只是被动接受。这个代表着发达国家利益的知识产权国际保护制度，不可避免地存在着一些不足与缺陷。在 TRIPS 协议缔结，知识产权国际保护制度建立时，广大发展中国家与发达国家相比，在经济基础发面、技术创新发面和文化等方面都存在着较大的差距，如技术创新发面。从全球来看，技术创新主要存在于发达国家，发展中国家技术落后、人才稀缺、资金匮乏，其获取先进技术特别是高端技术的方式主要是从发达国家引进。因此，知识产权国际保护制度，更多的是保护发达国家的利益，而非是广大发展中国家的利益。

在经济、技术、文化均与发达国家存在较大差距的情况下，实行统一的知识产权国际保护的标准，对广大发展中国家而言，无疑是拔高了知识产权保护的标准，甚至达到了发达国家的保护标准，这种表面的形式的平等，实质上是不公平的。TRIPS 协议所确立的标准在很多方面都超越了发展中国家的科技、经济水平，与其说是统一了知识产权国际保护的标准，倒不如说是加大了发展中国家知识创新的难度，保护了发达国家的利益。

二、中国海洋船舶出口的知识产权保护现状

（一）入世十年内中国船舶行业知识产权发展情况

中国海洋船舶出口的概念可界定为："海洋船舶"为标准国际贸易分类（HS1996）中 89 章商品（包括 8901－8908 章商品）。

船舶行业相关专利统计数据显示，2001—2010 年，中国船舶行业的发明专利申请总量、发明专利授权总量和实用新型专利总量分别为 3718 件、4676 件和 926 件，申请专利数量呈现出持续增长的态势。按照专利数据检索 IPC 分类，中国船舶技术领域的专利申请主要集中在 B63B、B63C、B63G、B63H、B63J 小类中，其中，54% 集中在 B63B 小类，B63H 和 B63C

小类分别占 21％和 19％,其余两类合计占比 6％。无论从专利申请数量还是增速上看,中国船舶行业实用新型专利申请在技术专利申请中所占比重均较大,基本保持在 60％左右[①]。

（二）中国海洋船舶出口的知识产权保护现状

知识产权保护意识比较淡薄,中国的科技工作者仍然存在重成果、轻专利的观念。企业知识产权保护观念落后。船舶制造企业重视有形资产的保护,却经常忽视无形资产的价值,中国企业每年取得省部级以上重大科技成果有几万个项

目,然而申请专利数却不到 10％。与此相反的是,中国缺乏一套有效的知识产权保护机制,国内大量知名商标被国外抢注。

知识产权专业人才缺乏,多数企业并没有专门的知识产权管理机构,真正懂得知识产权的人才不多,一旦与国外企业涉及知识产权争端,会陷于非常被动的局面。中国急需培养一批懂得专利、商标等详细分工的专业人才。

船舶行业普遍遭受知识产权壁垒,不仅仅是由于上面两方面的原因,还在于中国近 10 年来船舶出口方式一直是加工贸易占据主导地位,导致中国造船企业既缺乏自主知识产权和核心技术,在国际上难以形成有效的核心竞争力。加工贸易主要倚仗价格竞争优势推动船舶出口的增长,由此带来的弊端是船舶的附加值低,企业获利少,利润大部分被外商获得。同时,低廉的价格又容易招致反倾销调查,阻碍对国际市场的进一步开发与渗透。船舶行业历来是技术密集型行业,且行业标准不断提升。每次来自国际海事组织（IMO）、国际船级社协会（IACS）、区域组织对行业标准的修改和变化,不可避免地会对相关行业带来冲击,表现为新产品出现、新船型出现、老船型贬值、行业格局的重新调整等。

三、TRIPS 协议对中国海洋船舶出口的作用

（一）TRIPS 协议对中国海洋船舶出口的促进

加强知识产权国际保护能够促进海洋船舶出口贸易的发展,知识产权制度在各国之间进行协调可以减少中间不必要的沟通环节,从而可以降低在不同法制环境下,不同管理环境中的交易成本。因此,对中国来说,可以安全的以较低的成本获得国外的先进技术和研发成果,加快贸易交流,促进中国产业优化升级。当然,对于发达国家而言,加强知识产权国际保护可以使其高技术产品获得高利润的保障。由此可以得出,抓紧建立并完善一套适用国际化的知识产权保护制度,将更加促进中国海洋船舶出口贸易的增加。加强知识产权国际保护有利于发达国家向中国进行海洋船舶制造技术转让。一般来说,一国知识产权保护较弱,就会出现盗版猖獗现象,发达国家是不会愿意让其技术转让给这个国家,使其利益受损。如果中国加强了知识产权国际保护,可以更好地促进国外专利申请的流入,进而可以提高国内企业引用国外专利的积极性,促进第二次创新活动。

加强知识产权国际保护可以激励中国海洋船舶制造技术创新。加强知识产权国际保护,实行国际通行的统一的知识产权保护标准,相当于把中国的知识产权标准提高到发达国家的水平,这也同样可以更有力的保护了国内自主知识产权。目前中国存在着研发投入不足的状态,自主研发能力相对发达国家较弱,高额的研发费用不能得到补偿。加强了知识产

---

① 商务部产业损害调查局.入世十年我国重点产业知识产权发展情况——船舶.国际商报,2011 年第 11 期,第 2—3 页。

权保护,会提高企业研发的积极性,激励他们的研发活动,形成一批拥有自主知识产权的技术,打破发达国家跨国公司的技术垄断。虽然发展中国家的研发活动和技术创新活动对知识产权保护程度的弹性系数较低,但由于发展中国家一般在改造性或模仿性的技术活动上比较活跃,对实用新型专利的保护可以有效地促进改造性技术活动。

（二）实施 TRIPS 协议所规定的强知识产权保护面临的难题

知识产权国际保护的加强增加了中国的技术使用费。从实质上来说,对知识产权的保护就是一种垄断,对知识产权实施高标准保护会提高技术价格,增加中国获取高技术的难度。现阶段,众多的高端技术还掌握在发达国家手中,虽然中国近年来技术创新较多,但总的来说中国则还处于技术进口国水平,引进先进技术会支付过多的使用费,增加经济成本。

国内市场的产品进入出现障碍,阻止民族产业的良性发展。国外企业和跨国公司纷纷在中国申请了大量专利,致使国内企业失去研发新技术的动力或者研发出来不能作为专利使用,由此形成技术壁垒,国内企业无法与这些跨国公司形成竞争[1]。同时这些跨国公司申请的大量专利中可能有的对其并没有用处,放置不用,这样做目的是为了防止国内企业申请专利,作为替代性产品对其构成竞争。

形成合法的垄断。知识产权国际保护的加强会使发达国家及其跨国公司产生滥用知识产权的问题。这些跨国公司会利用其拥有专利权的支配地位,在与国内企业签合同时附加一系列不合理条件,收取不合理费用。中国因此会付出高昂的垄断代价。国外的跨国公司还会利用其技术垄断的优势,通过收购、合并等方式获得中识产权,并将其束之高阁。这样做既消灭了现实的竞争对手,又能加强其垄断地位。中国企业有许多驰名商标在与国外跨国公司合资之后,被弃之不用,将来合作到期后,这些盛极一时品牌将会烟消云散,而这些国内企业也很难跟跨国公司分庭抗礼。知识产权国际保护的加强强化了跨国公司的技术垄断,使中国企业更难获得国外的先进技术。这些国外企业往往长期维持其垄断地位,获取大量利润后仍不进行技术更新换代,致使中国很难获得核心技术,形成对国外技术的长期依赖。

另外,跨国公司往往将专利与标准相结合,加强其垄断地位。大型跨国公司利用其专利权的优势地位控制或影响了市场之后,往往会形成有利于其专利权的标准,当此标准通行与市场之后,要购买其标准的产品,就必须支付其高额的专利费,这样就形成了专利与标准的结合。

四、探索中国海洋船舶出口的知识产权保护之路

（一）依法完善中国船舶行业的标准体系

中国政府应制定切合中国国情的船舶制造统一技术标准及法规体系,逐步使国家标准与国际标准对接。与此同时,积极参与国际船舶规范、标准领域的竞争,积极参与国际标准的制定、修订和协调工作,并创立拥有自主知识产权的船舶标准体系。对于造船企业而言,则应尽快调整产品战略,及时掌握并深入研究国际标准化组织以及来自发达国家制订的新标准、新规范,避免陷入技术壁垒的陷阱。

（二）加强知识产权战略和技术引进战略

知识产权战略运用最多的是专利战略,西方发达国家在高技术领域中拥有的知识产权优势,在经贸活动中发挥着越来越大的作用,把知识产权保护看作是制约竞争对手、垄断技

术和市场、抢占财富的有效武器。船舶产业是技术密集型产业,船舶产业的科技水平、船舶产品的科技含量对其增强竞争力起着决定性作用。因此,船舶产业的发展对相关的工业专利技术有极大的需求。在技术战略上,船舶企业一方面应将技术引进战略与技术创新紧密结合起来,在引进先进技术的同时,调整引进技术的技术结构和技术标准;另一方面,应重视提高引进技术的使用效率,并促进对技术的消化吸收,力求在引进技术的基础上加以改进和再次创新,开发出属于自己的新技术。最终,船舶企业应当实现"技术引进—消化吸收—模仿改进—自主创新"的良性循环,形成基于技术引进战略的技术创新模式[2]。

(三)积极参与有关知识产权国际保护制度的各项活动

从知识产权的发展历程来看,现行的知识产权国际保护制度是由发达国家主导制定的,广大发展中国家包括中国在加入 TRIPS 协议等公约时只是被动接受其条款。因此,这些公约大多是体现了保护发达国家知识产权的利益,而发展中国家的利益并未在其中得到太多的体现。鉴于现行的知识产权国际保护制度存在的缺陷及消极影响,越来越多的发展中国家要求改革 TRIPS 协议等公约的呼声越来越高。为了维护自身的利益,中国应该积极地参与有关知识产权国际保护的活动中,成为新的制度的制定者。积极参加知识产权国际保护制度的法律制定。

近年来,中国经济迅速发展,综合国力迅速提高,在国际社会的话语权增加,中们应充分利用这些优势来参与修改和制定国际上知识产权相关法律,尽量改变过去不公平的标准,维护中国自身利益。实际上,发展中国家要求改变现有的知识产权保护标准的想法早已实施。这在 2001 年的多哈回合谈判以及以后的关于 TRIPS 协议有关谈判均有所涉及。以印度、巴西为代表的发展中国家在生物多样性、传统资源、国际技术转让等问题让美发达国家展开激烈的争论,虽然最后并未取得什么实质性结果,但是至少证明了发展中国家实力正在逐步增强,要求改变现状的话语正在逐步增多,要求改革现存的不合理的制度的愿望逐渐强烈。中国作为发展中国家的一员,应该充分利用这种有利的国际形势,与其他发展中国家一起为改善知识产权国际保护制度、维护自身的利益而努力。

结　语

综上所述,笔者认为中国海洋船舶出口经济以飞快的速度增长,因而应建立以 TRIPS 协议为核心的知识产权保护体制,以有效地促进中国海洋船舶出口经济的发展。然而,现行的 TRIPS 协议是由发达国家主导建立,发展中国家被动接受的。这个代表着发达国家利益的知识产权国际保护制度,不可避免地存在着一些不足与缺陷。中国作为发展中国家的一员,同样受到了不公正的待遇。本文阐述的中国海洋船舶出口的知识产权保护现状以及 TRIPS 协议对中国海洋船舶出口作用,目的是为构建中国海洋船舶出口的知识产权保护之路,更好地促进海洋船舶出口经济的发展。

参考文献:

[1]刘小凡.提升中国船舶工业国际竞争能力问题研究.对外经济大学硕士学位论文,2006:62—63.

[2]郭法波.关于入世后知识产权法制建设的思考.中国科技论坛,2004(6).

试论依法开发保护我国海岛资源

周　杰

【摘要】　我国是海洋大国,海岛众多。海岛是壮大海洋经济、拓展发展空间的重要依托,是保护海洋环境、维护生态平衡的重要平台,是维护国家海洋权益、保障国防安全的战略前沿。随着我国海岛开发活动的增加,海岛经济对国民经济的贡献率不断提升。然而,由于缺少统一规划,开发活动自主性、随意性大,开发秩序混乱,严重影响到海岛生态保护及资源可持续利用。本文通过对中国海岛开发现状及开发中存在的问题进行分析,提出海岛资源法律保护的对策,实现海岛资源的可持续利用。

【关键词】　海岛开发;生态资源保护措施;海洋权益

前　言

中国是一个海洋大国,据不完全统计,我国有 7300 多个面积大于 500 平方米的岛屿。这些岛屿或有丰富的生态资源,或有优美的自然风光,或处于便利的交通位置,存在着巨大的商机。但是,长期以来,绝大部分无人海岛处于"沉睡"状态,其中九成以上无人居住,94％左右至今未被开发。开发利用好这些"藏在深闺"的无人海岛,已经成为我国蓝色海洋战略的重要一步。

根据传统的海防观念,海岸线以外就是国防前沿,海岛是海防前沿的堡垒,因此,长期以来,海岛一直是军事或者准军事区域,主要任务是国防建设。从 20 世纪 80 年代开始,随着我国改革开放的不断深入,沿海经济一日千里,而海岛作为海洋开发建设的重要基地,也逐渐成为关注的焦点。随着人口的增长和社会经济的迅猛发展,资源需求日益增长,海岛资源的开发利用成为发展海洋经济的重点方向之一。无论是在推进我国海洋经济发展方面,还是在维护国家安全方面,海岛具有巨大的战略利益。

一、海岛开发的资源优势及其成果

海岛是连接内陆和海洋的"岛桥",也是开发海洋的后勤服务基地,兼具陆海资源优势。开发海岛,不仅是发展海洋经济的需要,而且可以弥补陆地资源的不足。

（一）海岛资源优势

从海岛资源总体分布状况来看,海岛具有五方面的资源优势,即:

第一,港址资源优势。海岛具有天然的港址资源,某些海岛具有建设深水良港的有利条件。

作者简介:周杰,浙江大学法律硕士研究生。

第二，土地资源优势。海岛上有一定的土地资源，可以为各行各业提供一定数量的土地，包括农业用地和工业用地。

第三，景观资源优势。许多海岛有着美丽的自然景观、宜人的气候条件、平缓开阔的沙滩和浴场，旅游业发展潜力巨大。

第四，养殖资源优势。海岛周围的浅海和滩涂，是海水养殖的良好区域，可以发展养殖业。

第五，矿产、油气资源优势。不少海岛蕴藏着一些非金属和金属矿藏，某些岛屿及其周边海域分布着丰富的油气资源。

鉴于海岛上述五大资源优势，海岛适于发展港口航运、海水养殖、海洋旅游等行业，也可以适度发展农业、工业制造业和采矿业。当然，具体到某一海岛，其产业选择需综合考虑到本岛的具体情况，"因岛制宜"。

(二)海岛开发成果

近年来，由于各级政府对海洋工作的重视，随着海岛资源开发的深度和广度不断推进，海岛经济获得快速发展。我国由北向南分布着14个海岛县(区)。海岛县(区)海岸线绵延、海域辽阔，拥有丰富的渔业资源、港口资源和自然资源。近年来，国家对海岛开发重视程度加深，海岛成为地方经济发展新的增长点。2011年，浙江省舟山市定海区和普陀区分别实现地区生产总值160亿元、246.2亿元，其他各海岛县(区)也逐年实现经济增长。[①] 我国海岛具有独特的资源优势和区位优势，在我国海洋经济发展中的地位日益突出，同时也为我国海岛经济的发展提供了内在的动力；我国海岛产业结构不断优化，虽然结构演变的路径不尽相同，但部分海岛已经形成了三、二、一的产业结构形态；海洋新兴科技产业的不断壮大，为我国海岛经济的发展提供了新的契机，随着港口、风力发电、海水淡化等新兴产业落户海岛，海岛经济产业链条不断向纵深拓展，改变了海岛传统产业结构，为海岛经济模式的转变提供了新的机遇；我国海岛根据各自的资源条件和发展的特点，相继提出了特色发展战略，成为中国海岛经济发展的新的亮点。

目前，我国海岛立法工作正在紧锣密鼓地进行，加之以前颁布的海岛管理制度，必将成为规范我国海岛开发和经济发展的制度保障，我国海岛开发将改变无序、混乱的状态，向健康、有序的方向发展。

二、海岛资源开发中存在的问题

海岛是海洋生态系统的重要组成部分，是特殊的海洋资源和环境的复合区域。开发海岛、建设海岛、保护海岛，是实施海洋经济可持续发展的重要内容之一。然而，由于海岛和大陆分离，面积狭小，地域结构简单，资源构成相对单一，生态系统十分脆弱，极易遭受损害，导致海岛资源开发与生态环境保护之间的矛盾日益突出，最终将会阻碍海岛生态经济系统的发展。

长期以来，由于我国海岛法律、法规的缺失，多头管理，开发者海岛保护意识不强，填海、炸岛挖沙等原因，我国海岛正在以惊人的速度消失。据各地媒体报道，不完全统计，从上世

---

① 参见国家海洋局官方网站海岛管理"让脆弱生境下的小岛更坚强"的报道，http://www.soa.gov.cn/soa/management/islandmanage/，2012年10月26日访问。

纪末至今,浙江有 100 余座无人居住岛屿因为填海、筑堤、桥梁等工程变成半岛或陆地;在广东,1995 年已有 47 个海岛因采石等原因消失,至 2014 年将达 106 个;在福建,无人海岛已消失 100 多个;在山东,海岛消失了 57 个;辽宁省消失 48 个;河北省消失 60 个;海南省消失了 51 个……根据国家"908 专项"海岛调查成果,我国已消失的海岛约 806 个。[①] 一些具有很高国防、资源和生态价值的海岛遭到很大的破坏。

2012 年 4 月 19 日经国务院批准由国家海洋局正式公布实施的《全国海岛保护规划》指出,中国海岛保护工作面临海岛生态破坏严重、海岛开发秩序混乱、海岛保护力度不足、海岛经济社会发展滞后等四大问题。

第一,海岛生态破坏严重。炸岛炸礁、填海连岛、采石挖砂、乱围乱垦等活动大规模改变海岛地形、地貌,甚至造成部分海岛灭失;在海岛上倾倒垃圾和有害废物,采挖珊瑚礁、砍伐红树林,滥捕、滥采海岛珍稀生物资源等活动,致使海岛及其周边海域生物多样性降低,生态环境恶化。

第二,海岛开发秩序混乱。无居民海岛开发利用缺乏统一规划和科学管理,导致开发利用活动无序无度;一些单位和个人随意占有、使用、买卖和出让无居民海岛,造成国有资源性资产流失;在一些地方,管理人员及其他人员登岛受到阻挠,影响国家正常的科学调查、研究、监测和执法管理活动。据截至 2010 年年底的不完全统计,全国已经开发利用的无居民海岛达到 900 多个,其中农牧渔业用岛数量最多,达到 300 多个,工业和交通运输用岛 200 多个。专家称,"大部分属于粗放型开发,也就是没有任何技术含量、资源掠夺型的开发"。[②]

第三,海岛保护力度不足。一些海岛具有很高的权益、国防、资源和生态价值,这些特殊用途海岛需要严格保护,但由于缺乏有力的保护与管理,有些海岛已经遭受破坏,存在严重的国家安全隐患。

第四,海岛经济社会发展滞后。海岛经济基础薄弱,水、电、交通等基础设施建设滞后,政府公共服务保障能力不足,防灾减灾能力缺乏,居民生活与生产条件艰苦,边远海岛的困难尤其突出。

三、海岛资源依法保护之举措

海岛资源保护非常必要。一方面这是吸取陆地资源已经破坏严重、生态难以恢复的历史教训产生的必然选择。另一方面,海岛资源开发利用的现状使得我们有必要重新审视现行海洋资源保护与管理的制度体系,更加重视海洋资源的保护问题。因此,对海岛资源的开发的同时,笔者建议应当采取以下保护措施:

(一)采取可持续发展的开发模式

针对无无居民海岛应当合理规划,优先保护、适度利用。无居民海岛是指在我国管辖海域内不作为常住户口居住地的岛屿、岩礁和低潮高地等。旅游业的蓬勃发展与海洋经济的大发展为无居民海岛旅游开发带来了前所未有的机遇。2011 年以来,国家对海岛开发出台了不少实质性的政策。例如首批 100 多个无人岛公开招租,舟山群岛新区成为第四个国家级新区等,加上国务院先后批复山东、浙江、广东进行海洋经济试点,无人海岛开发正掀起前

---

① 以上数据摘自《人民日报》(海外版)第 05 版,《海岛保护的明天》,2011 年 03 月 24 日。
② 参见《海洋局称我国海岛生态告急》,《经济参考报》,2012-01-31。

所未有的热潮。但是目前为止,中国无居民海岛开发秩序混乱,其中对无人海岛保护不利的一个极为重要的原因就是缺乏规划。因此,应当统筹规划,在保护海岛环境的前提下,适度的开发海岛资源,实现人与海岛的和谐可持续发展。按照无居民海岛的主导用途,实施因岛制宜的保护措施。

例如,旅游娱乐用岛的开发应以旅游资源为依托,找准市场定位,挖掘特色旅游资源,因岛制宜,合理设计旅游产品、旅游项目、交通与服务设施等,树立海岛旅游品牌,注重景观的协调性和海岛旅游资源的永续利用。

针对有居民海岛,应加强污染控制、治理与生态修复。严格控制居民、游客生活污水和工业污水的排放,加强对农业废水、养殖污染的控制和处理,加强新技术、新工艺的开发应用,加大对海上污染的防治,对往来船舶的含油污水实施集中处理,港口、石油平台配置含油污水处理装置,将污水处理后达标排放。建立海上溢油事故应急系统,从对溢油事故的监控、预警,到治理技术、损害评估与索赔,形成一套完整的防治系统。制定适合海岛区域的废物、污染物的处理及排放方法。在受到环境污染、生态破坏的区域,采取生物、物理及化学等综合方法,修复、重建受损的生态系统。

海岛开发绝不能走污染环境、浪费资源、竭泽而渔的发展模式。否则海岛经济的发展就不是福音,而是灾难。

（二）完善立法保护措施

海洋资源保护法律制度是调整在海洋资源保护过程中所产生社会关系的法律规范组合,是海洋资源合理利用与保护的法律制度化。我国与海洋资源保护直接相关的主要法律法规是《中华人民共和国海洋环境保护法》、《海洋自然保护区管理办法》《海域使用管理法》、《无居民海岛保护与利用管理规定》、《中华人民共和国政府关于领海的声明》等。

然而,我国海洋资源法律体系仍然存在许多缺陷,如各单行海洋资源法律法规之间协调性差;海洋资源法律体系中仍存在许多法律空白。随着海岛经济日益发展,以往的法律制度越来越难以适应海岛的发展速度。2010 年 3 月 1 日,《海岛保护法》正式生效,开辟了我国海岛工作的新篇章。为确保全面贯彻实施《海岛保护法》,使我国无居民海岛得到科学合理的开发利用,将造成不利影响降低到最小,国家海洋局起草了《全国海岛保护规划》并与 2012 年 4 月 19 日经国务院批准正式公布实施。除此,国家海洋局还联合财政部出台了一系列配套政策、制度和标准,初步构建其比较完善的管理体系。

（三）普及公众生态环境意识

加强生态环境保护的宣传教育,让海岛居民了解海岛资源保护对当地的自然环境、生活质量和旅游收益的长远影响,使其自发地减少有意或无意的破坏,并参与海岛生态环境保护;在旅游过程中适时地对游客进行生态宣传和环保教育,倡导绿色旅游行为。对于那些无居民海岛的开发者,更加要培养他们的生态环境意识,更应该树立海岛生态保护的观念,在开发海岛过程中,不能以损害海岛生态环境为代价片面追求经济利益。应当按照国务院的要求,大力推进《规划》的宣传,使更多的人投入到海岛保护工作的行列之中。

（四）制定激励环境保护的经济政策

建立海岛资源开发生态补偿制度,向资源使用者征收生态建设费,充分考虑生态环境成本;补贴采用清洁生产技术的企业,鼓励发展海岛生态产业。综合利用财政、投资、信贷、价格等政策手段,影响市场主体行为,激励人们树立节约资源、保护环境的意识。由于无居民海岛基础设施条件差,资金需求量大,旅游开发难度大,为促进无居民海岛的旅游开发,政府应尽快出台有关无居民海岛开发土地、税收、贴息等方面的优惠政策,吸引投资商以不同形式投资开发无居民海岛。

（五）借鉴外国海岛成功开发与保护的经验

国外海岛旅游开发已经有了较为成熟的模式,泰国的普吉岛、印尼的巴厘岛、韩国的济州岛、日本的冲绳列岛、西班牙的巴利阿里及加那利群岛、中北美的加勒比群岛、美国的夏威夷群岛及地中海的塞浦路斯、马耳他等岛国,都已经成为世界各地游客所向往的旅游目的地。其中,印度洋上的岛屿国家马尔代夫立足于自身的实际特点,因地制宜开发其海岛资源,取得极大成功,并被业界奉为"马尔代夫模式"。

据调查,马尔代夫海岛开发采用"三低一高"原则,即:低层建筑、低密度开发、低容量利用、高绿化率。在开发海岛的过程中,始终强调个性和特色,产品开发和景区定位各不相同。针对开发需要大量资金,马尔代夫政府对海岛开发实行国际招标,争取那些有雄厚经济实力的集团来开发建设。全国上下强烈的环保意识是"马尔代夫模式"成功的关键。马尔代夫政府还为每一个度假岛屿制定了严格的、详细的环境控制措施,严禁砍伐树木,设置废物处理系统,禁止游客采集珊瑚、贝壳甚至岩石,以及用鱼叉或枪支捕鱼等。我国海岛资源的开发和保护,应当借鉴这些成功的经验,把这些好的经验应用到使我国的海岛资源的开发和保护当中。

结　语

海洋权益是海洋权利和海洋利益的总称,包括领土主权、司法管辖权、海洋资源开采权、海洋空间利用权、海洋污染管辖权、海洋科学研究权以及国家安全权益和海上交通权益等。国际战略专家认为,21世纪是海洋的世纪,国际政治、经济、军事和科技活动都离不开海洋,它已成为今后人类社会可持续发展的宝贵财富和最后空间,成为提高综合国力和谋取长远战略优势的重要领域,因此成为各国利益斗争的焦点。海洋资源作为我国海洋权益的重要组成部分,而海岛资源又是我国海洋资源的重要组成部分,因此,海岛资源的依法开发和生态保护对维护我国的海洋权益起着至关重要的作用。

综上所述,笔者认为我国在海岛资源的开发与保护中存在很多问题,因此应当充分认识海岛资源开发和保护的必要性,完善保护海岛开发和保护的立法体系,制定促进无人居住海岛开发的优惠政策,采取可持续发展的开发模式,优先保护、适度利用科学规划海岛开发,加强保护海岛生态环境的宣传,借鉴外国海岛成功开发与保护的经验,才能使我国的海岛资源得到健康可持续的开发和永久性的保护,才能更好地维护我国的海洋权益。

海权理论与维护中国的海洋权益

代 星

【摘要】 "海权理论"的鼻祖马汉在19世纪末首次提出"海权"概念,后来出现于1982年《联合国海洋法公约》之中;如今海权的涵义在不断变化和丰富。由于历史和现实因素,我国海权不断受到一些邻国的挑衅。近几年,中国政府的海权意识开始增强,逐渐突破了传统"重陆轻海"的思维模式,并为维护我国海权采取了一系列积极措施。笔者拟用海权理论来为依法维护本国的海洋权益提供国际法依据。

【关键词】 海权;中国海洋权益;东海争端;南海争端

前 言

中国是一个海陆复合型国家,海洋对中国国家安全和经济发展具有至关重要的作用。然而,在陆权主义传统的影响下,中国海权意识觉醒的过程很漫长。虽然在中国古代不同时期对海洋有一定的认识和开发利用,但是都没有达到很发达的程度,到了清朝中后期,愚昧的清王朝统治着竟然为了避免与外界冲突,奉行"闭关锁国"政策,从而错过了与当时世界先进文明的交流发展。直到鸦片战争,西方列强坚船大炮的入侵,才使一部分中国人意识到海权的重要性。

新中国成立后,中国海权得到重视,主要表现之一是国家加速了海洋立法进程,制定了一系列的海洋法律法规。尤其是1996年批准加入《联合国海洋法公约》后,国家在公约原则指导下制定了与之配套的相关的法律,从而最终形成了我国海洋法体系。同时,中国还重视开拓海洋生物资源和能源资源,发展现代化海洋科学技术,注重与世界各国进行海上贸易交流发展,形成了全方位的外向型海洋经济发展战略。国家注重对海岛和海域的行政管辖,加强海军队伍建设。这一切都昭示着中国海权意识在逐步增强。

然而,由于历史和现实因素,中国海权仍面临一系列挑战:中日钓鱼岛问题、中菲黄岩岛问题等,这些海岛主权之争、海域能源之争都与中国国土安全、经济发展和社会稳定的大局息息相关。同时,由于中国海洋事业起步较晚,中国在海权意识、海洋法律、海洋开发技术、海上执法力量建设、海上军队建设等方面与世界海洋事业发达国家还有很大差距。在当前形势下,探索维护中国海权是有必要的。

一、近期中国海权面临的挑战事件

(一)中日钓鱼岛、中菲黄岩岛主权之争

2012年,从中国海权维护历程来看,是一个不平静的年份。因为日本和菲律宾分别从

作者简介:代星,浙江大学法律硕士研究生。

东海和南海对中国海权发动了挑衅。

钓鱼岛及其附属岛屿是中国固有领土。但日本政府近期屡次挑衅中国的领土主权。2012年4月16日,日本东京都知事石原慎太郎作出有关政府出面"购买"钓鱼岛的提议,这一提议获得日本首相野田佳彦响应并启动"钓鱼岛国有化"程序。随后日本做出一系列例如登岛宣誓主权、对钓鱼岛展开非法调查、与所谓的"岛主"开展正式"购岛谈判"等挑衅行为。

黄岩岛自古就是中国固有领土,但是菲律宾近年来借着西方某些霸权主义国家重返亚太的形势,向黄岩岛伸出贪欲之手。2012年4月10日菲律宾海军巴拉望号在海南省三沙市黄岩岛海域抓捕12艘中国渔船上的中国渔民,但是受到中国海监船的阻止,随后中国渔政船和菲律宾海军护卫舰开始对峙,由此被称为"黄岩岛事件"。

(二)中国渔民与海洋毗邻国渔业资源之争

近年来,中国渔民与周边国家海洋执法力量发生冲突的事件屡有发生。其原因,一方面是某些国家肆意挑衅中国海上领土主权,非法扣押中国渔民。另一方面是中国海上领国众多,海上领土划界复杂。而近年来由于中国近海存在过度捕捞问题,渔业资源枯竭导致渔民越走越远,与周边国家频起冲突。

近几年,中国渔民与周边国家较知名的冲突事件统计如表1所示。①

表1 中国渔民与周边国家发生重大冲突事件统计

冲突国	冲突事件
俄罗斯	2012年7月15、16日,中国山东威海2艘渔船和36名渔民在俄罗斯远东滨海边疆被扣。
朝鲜	2012年5月8日,三艘中国渔船在中国海域捕鱼时,被朝鲜不明身份人员控制,中方29名船员被扣,对方提出120万元赎金要求。
韩国	2011年12月12日,两名韩国海警在黄海海域与中国渔民发生冲突,一名海警受伤,另一名海警死亡。刺死海警的中国船员被韩方判处30年监禁和约11万赔偿,其余9名船员被判处18个月至5年的监禁,并赔偿; 2012年4月30日,韩国海岸警卫队在黄海海域与中国渔民发生冲突,4名韩国海警受伤,9名中国船员被抓扣; 2012年10月16日,韩国木浦海洋警卫队在全罗南道海域附近与中国30余艘渔船发生冲突,韩方发射橡皮弹击中中方一名渔民,导致该渔民不治身亡。
菲律宾	2011年10月18日,中国渔船在南沙海域正常作业时,拖拽小艇的缆绳被菲军舰缠绕并由此失去对25艘小艇的控制; 2011年12月2日,菲海军在巴拉望省附近海域以"非法捕捞"扣押了9名中国渔民; 2012年4月10日,菲海军企图在黄岩岛海域抓扣中国渔民,被中国海监船制止。
帕劳	2012年3月31日,帕劳警方在追捕涉嫌非法进入帕劳海域捕捞的中国渔船时,误击中中国渔民卢永致其死亡,并扣压另外25名中国船员。
日本	2011年11月6日,日本长崎海岸警卫办公室称,一艘中国渔船在长崎附近海域涉嫌非法捕鱼,中国渔民随即被扣押。

(三)中国东南海域的油气资源之争

中国东海大陆架原油储量约1000亿桶,而世界最大产油国沙特原油储量为2671亿桶,

---

① 资料来源:财新网统计的中国渔民与周边国家冲突事件。

天然气储量约为 5 万亿立方米,是美国气储量的 1.5 倍,沙特气储量的 8 倍。① 日本对此一直虎视眈眈,更以大陆架划界"日中中间线说"挑起中日东海油气之争。近期日本发起的"钓鱼岛"国有化行动,其目的之一就是想独霸钓鱼岛海域附近的丰富的油气资源。

整个南海石油储量大约 230 到 300 亿吨,占中国资源总量的 1/3,是世界上尚待开发的大型油藏之一,其中一半以上的储量分布在应划归中国管辖的海域。中国一直坚持"主权属我、搁置争议、共同开发"的原则,但中国的"高度克制"并未换来周边国家同样的态度。迄今为止,南海周边国家如越南、马来西亚、菲律宾、文莱、印度尼西亚等国,已经在南海开了 1380 口油井,全世界各大石油公司都从中分得一杯羹。

(四)亚太地区海洋军备竞赛愈演愈烈

近阶段,美国实行重返亚太战略,声称将有超过 1/3 的美军战舰部署在西太平洋地区。同时,亚洲沿海各国加大对海军力量的建设和发展,加强维护各自海权。根据斯德哥尔摩国际和平研究所 2012 年的报告,亚洲过去 5 年成为全球最大武器买家,排名前五分别是印度、韩国、巴基斯坦、中国和新加坡,武器进口量分别占全球进口量的 10%、6%、5%、5% 和 4%。各国在武器升级的同时,也加紧采购先进的轻型巡洋舰与护卫舰。②

据美国官方统计,2011 年,美国在亚太地区共举行 172 次军事演习,几乎相当于每两天就有一次。而到了 2012 年,亚太地区的联合军演同样是接连不断。2 月 7 日至 17 日,美国和泰国主办的亚太最大规模联合军演"金色眼镜蛇"在泰国举行;4 月,美菲两军在菲律宾以西的南海海域举行联合军演。6 月至 8 月,包括美国在内的 22 个国家将在夏威夷附近海域举行为期 55 天的"环太平洋 2012"联合军事演习(RIMPAC)。③

二、关于国际法"海权"理论之探讨

(一)马汉的海权理论

"海权(sea power)"理论,最先是由 19 世纪末美国著名的海军历史学家、海军战略学家艾尔费雷德·赛耶·马汉④(Alfred Thayer Mahan,1840—1914)提出。马汉认为,"海权不仅包括用武力控制海洋或其他任何一部分海上军事力量的发展,而且还包括一支军事舰队源于和赖以存在的平时贸易和海运发展。"[1]他主张海洋的商业利用价值和军事控制价值不可分离,因此,国家要有强大的舰队确保制海权,同时要有足够的商船和港口来利用这一利益。并且,马汉还以英国为例讨论了影响海权的六种因素:地理位置、自然结构、领土范围、人口数量、民族特点、政府性质。

马汉还主张美国应建立强大的远洋舰队,控制加勒比海、中美洲附近海域,再进一步控制其他海洋。由此可看出,马汉的海权思想虽有其历史进步意义,对当时各国海洋权的觉醒产生巨大影响,但是其主要是为了顺应和推动当时美国国内谋求占领海外市场、寻找商业机会的扩张战略需要,并且至今仍影响着美国在亚太地区海上战略。其实质上是美国狭隘的

---

① 参见网站 http://www.gongxue.cn/guofangshichuang/ShowArticle.asp?ArticleID=13455,2012 年 10 月 5 日访问,原载 2006 年 5 月《国际先驱导报》。

② 参见网站 http://sina.com,2012 年 10 月 25 日访问。

③ 参见网站 http://www.sina.com.cn,2012 年 10 月 26 日访问;原载 2012 年 06 月 10 日《广州日报》。

④ Alfred Thayer Mahan,海权理论鼻祖。主要著述有《海权对历史的影响》《海权对法国革命及帝国的影响,1793—1812》《海权的影响与 1812 年战争的关系》《海军战略》等。

民族主义和海上霸权主义的表现,不利于当今国际海洋新秩序的建立。

（二）国际法视野下的海权理论

海权其实是一个不断发展的历史性的概念,在不同的历史阶段和不同的国家,海权都有其不同的含义。随着国际法体系的不断完善和发展,国际上对海洋权的理解和规定也在逐步深入。1982 年《联合国海洋法公约》是至今为止层次最高、内容最全面、规定最明确的一部专门调整世界海洋关系的根本法,被世界各国广泛誉为"海洋宪法"。中国于 1996 年批准加入该公约,同年 7 月份在我国生效。

《联合国海洋法公约》并没有将"海权"划分为一种具体权利,而是通过详细地规定主权国家海洋领域的权利和义务,将"海权"当做国家主权在海洋领域的自然延伸,从而赋予"海权"对内的最高性和对外的独立性地位。

《联合国海洋法公约》体制下"海权"的含义,还表现为主权国家在自身所管辖的海洋区域范围和普遍管辖的海洋区域内享有安全权和防卫权。《联合国海洋法公约》为国际社会建立了一个新的海洋秩序,各主权国在享有公约规定的各项权利的同时,必须承担相应的国际法义务。如果有主权国家不遵守国际约定打破这一秩序,那么受侵害的国家就有权根据《联合国海洋法公约》规定来维护自己的权利。[2]

同时,该公约还秉承马汉的"海权"理论,认为海权也是主权国家的发展权,这主要是对主权国家海洋经济主权的确认。因此,公约规定了专属经济区制度,大陆架制度,公海生物资源管理和养护制度,"区域"内资源的开发制度,海洋环境的保护和保全制度等。[3]

（三）中国的海权理论

自古以来,中国的统治者大都实行"重陆轻海"的政策,国人海权意识的觉醒也不过是最近几十年的事。19 世纪末马汉的"海权"理论也曾通过日本传至中国,但是当时清政府疲于应付国内变法革命和列强入侵,根本无力践行和维护自己的海权。海权的讨论只在少数知识分子、留学生和为数不多的官员之间。

新中国成立后以及改革开放以来,国家加大对"蓝色国土"的管辖、开发和维护,中国的海权意识开始觉醒。国内理论界对于中国海权比较普遍的认识是,海权是一个国家对本国内海、领海、毗连区和专属经济区的实际管辖、控制和防卫能力,同时也包括在自己所管辖海域内和公共管辖范围内开发利用海洋资源的权利。而学者张文木则主张海权是国家"海洋权利"和"海洋力量"的统一。[4]

学者巩建华在赞同张文木的观点,并由此提出五层次的"海权金字塔":由下而上分别是观念性海权（海洋观念、意识、情感等）、战略性海权（政府海洋政策）、权利性海权（海洋权利的主张和确认）、权力性海权（海洋军事和行政力量）和利益性海权（海洋利益维护）。[5]

笔者比较赞同巩建华关于中国海权概念的层次划分,并将在此基础上探讨新形势下维护中国海权的积极战略。

三、积极维护中国海权的战略理论基础

（一）维护海权对中国国土安全的重要性

纵观世界历史进程和大国兴衰史,不难得出一条重要结论:海权的得失对一国的前途至关重要。中国自古以来有着绵长的海岸线,海权的得失对中华民族的兴亡有着密不可分的关系。晚清王朝实行"闭关锁国"政策,几乎放弃了对海权的控制,于是 1840 年英国人轻而

易举地从中国东南沿海登陆入侵,拉开了中国近代史上屈辱的一幕。1900年八国联军侵华以后与清政府签订《辛丑条约》,使中国海上权益鸦片丧失殆尽,此后的中国,国门洞开,有海无防。

新中国成立后,中国虽然消除了内忧外患,但是海岸周边环境仍然很不安全。50年代初60年代末美国为夺取亚太地区霸权,长期将第七舰队驻留在台湾海峡,阻碍两岸统一,形成战争威胁;钓鱼岛及其附属岛屿的历史遗留问题至今成为日本挑衅我国海权的借口;南海地区战略位置至关重要,是沟通两大洋联系三大洲的海上枢纽,但是近年来菲律宾、越南等南海邻国频频侵占我国南沙群岛、西沙群岛,对中国南海安全形成不利因素。

因此,笔者认为充分行使主权国家的海洋权力,保卫中国蓝色疆土,是新时期主张我国海权的必然要求。

(二)维护海权对中国经济社会发展的重要性

中国是有着丰富海洋资源的临海型国家,自古以来就有"向海而兴,背海而衰"的经验。积极维护海权,充分利用主权国家海洋权利,对我国至关重要。据国家统计局数据,2011年末中国大陆人口总数达到13.5亿,人均拥有陆地面积仅为0.007平方千米,远远低于世界平均水平。随着科学技术的进步,粮食生产力虽然会增加,但中国耕地面积正在逐年大幅度减少,从而影响了粮食总供给量的提高;陆地主要矿产资源由于掠夺式的开发也面临枯竭的命运;中国生态环境破坏状况更是令人担忧。沉重的人口压力会引发我国经济、社会和生态环境问题。因此,中国需要开拓新的生存空间,深入开发"蓝色国土"。

中国拥有1800多万公里的海岸线,300万平方公里的海洋国土,500平方米以上的大小岛屿有6500多个。中国海洋生物多样性丰富,海底油气资源储备量巨大,同时中国广阔的海域也为是国际海上贸易的重要通道。因此,充分开发海洋生物资源和油气资源,发展海洋产业、海上贸易和海上物流运输,对于中国建设"外向型"经济的发展意义重大。

(三)维护海权对中国国际地位提升的重要性

当今世界,国家间的竞争不再局限于单纯的军事或经济竞争,而是综合国力的较量。影响国家的综合实力的因素有许多方面,而经济实力、国家版图和资源、国防力量和政府的外交能力是至关重要的因素。

积极开发海洋经济,转变传统的单一的内陆型经济发展模式势在必行,必须通过合理开发300万平方公里的海洋国土,参与国际经济市场竞争,提升中国海洋经济价值,增强国家经济实力。同时,由于中国与周边临海国家存在诸多海上领土争端,为维护国家海洋主权,有必要建设强大的现代化海军,增强中国的国防实力。最后,中国政府在处理与周边国家的领土资源争端时,一向奉行和平主义原则,在诸多问题的处理上显示了高超的外交手段和能力,为维护亚太地区和平稳定和国际海洋新秩序做出了巨大贡献,赢得了世界的尊重。

(四)进一步完善中国海洋法律体系

作为一个拥有广阔海域的大国,完善的法律体系是保障中国海权前提和基础。新中国成立以来,国家海洋立法得到快速发展,例如《海上交通安全法》(1983)、《领海及毗连区法》(1992)、《海商法》(1993)等。总体看来,中国海洋立法分为两大部分:一是自1996年批准加入《联合国海洋法公约》以后,中国相继制定了一系列的配套海洋法,这些法律和《联合国海洋公约》的基本原则一起,为中国处理与他国的海洋权益纠纷和我国开发利用所管辖的海域提供了法律依据;另一部分是中国现有的海洋法律法规,构成了我国海洋法的主体部分,如我国 2002 年颁布的《海域使用管理法》。[6]

尽管中国海洋法律体系建设初有成果,但是与英美等老牌的海上大国成熟完善的海洋法体系相比还有很大差距。目前中国需要借鉴英美日等海上强国的治海经验,查漏补缺,紧跟国家海洋事业的发展脚步,为维护中国海权提供切实可行的法律法规支撑。

笔者认为,目前中国海洋法系统大致存在两方面的不足。一方面是相对于国家快速发展的海洋事业和复杂的国际海洋秩序,我国海洋立法有一定的滞后性。例如,《海洋环境保护法》是处理中国海洋生态环境问题的纲领性文件,但是该法对近年来频发的湿地、红树林等典型的生态环境破坏存在立法空缺;对于海上溢油等大面积的海洋环境污染的规定行政性重于民事性,关于事后补偿的额度过低,并不能起到法律的震慑作用。另外,由于缺乏一部对海域划界比较统一的详细的法律法规,渔民对于中国东海南海等错综复杂的海上界线缺乏统一认识,从而很容易因越界捕捞而被他国扣押拘捕。

另一方面目前中国海洋法法律法规过于庞杂,综合国内众多学者的观点,制定一部统一的海洋基本法是实现我海洋法律法规统合的根本途径。[7]目前中国的海洋法体系内的法律法规按照颁发部门,大概可分为涉海法律、涉海行政法规、国务院涉海规范性文件、涉海部门规章、国家海洋局规范文件以及沿海各省(包括自治区、直辖市)出台的地方性涉海法规等,相互之间存在交叉和冲突,缺乏全局性和整体性,不利于法令的实施。

(五)建立强有力的海上综合执法力量

目前中国的海上执法力量主要是海监船和渔政船等执法力量,在以往各次与周边邻国的对峙和斡旋中,相比于美日韩等国武装先进、执法意识强、目标明确的海上警卫队,中国海上执法力量明显较弱。

众所周知,美国是建立海上警卫队的鼻祖。经过近百年的努力,美国海岸警卫队现在隶属于美国国土安全部,是美国五大武装部队之一。其属下组织机构结构合理,人员武器装备配备精良,全天候负责美国国土安全保卫、海上治安和安全、海上交通、海上资源和环境保护等。美国海岸警卫队是日韩等其他国家建立自身海上警卫系统的蓝本。

因此,要捍卫中国广阔的海上领土,必须借鉴美日等国的治海经验,建立一支能够统一调度的海上综合执法力量势在必行。目前中国海上执法维权力量,除海军外,还有海警部队(隶属于公安部边防管理局)、海事(隶属于交通部)、海救(隶属于交通部港监局)、渔监和渔政(隶属于农业部渔政渔港监督局)、海监(隶属于国土资源部国家海洋局)、海关缉私(隶属于海关总署缉私局)、边防派出所和沿海县乡政府,同时还包括搜救中心和打捞部门。我国需要将这些分散的力量进行战略整合,增强人员武器配备,提高执法队人员执法能力,在《联合国海洋法公约》原则和我国海洋法精神的指导下,维护中国海权。

(六)建立现代化的海军海警力量

中国坚持和平崛起战略,对亚太地区军事竞赛的趋势愈演愈烈,中国虽不盲从效仿,但是防人之心不可无。面对周边各国的无理挑衅和美国霸权主义的压制,中国必须强大我国的海防力量,守卫对外门户。

要加强中国海军的远洋军事作战能力。中国现代海军建设由于许多客观原因,导致起步晚、底子薄,没有经历过远洋作战考验,这与英美等海军远洋实战经历丰富的国家是一个巨大的差距。

要加强中国海军的海上警卫能力建设。传统上中国海军的目标重点在守卫国家不被外敌侵犯,注重其应对海上战争的能力。但是目前中国海军还应该担任起海上警卫的功能,在当前海上执法力量缺乏统一性和震慑力的状况下,中国海军应当与其他海上部门积极配合,担负起保护海上秩序维护、海上安全和搜救责任。

(七)加快对海洋资源的研究与开发

发展海洋经济是当今世界各大国或海上强国的重要战略。对中国来说,发展海洋经济不仅是国家增强经济实力提升国民生活水平的需要,也是中国应对世界海洋经济格局的战略需求。

中国虽然海洋资源丰富,但是有很大一部分位于远离大陆架的深水区,受开发利用技术所限,往往是守着"宝藏"而"望洋兴叹"。因此,中国走海上强国之路的第一步,就是发展现代海洋科技,培养专门的海洋科技人才。

其次,要利用中国有利的海域通道,发展我国航海事业和先进的船舶产业,增强海洋运输能力,同时加快现代化港口和码头建设,吸引世界各国与中国海上贸易。

(八)发展海洋文化并宣示海洋国土主权

在2011年和2012年中国民众还权意识调查中,知道中国有约300万平方公里管辖海域"海洋国土"的只有10.7%;知道中国海岸线总长大约18000公里的只有13%。知道中国500平方米以上岛屿有6000多个的只有10.5%;对领海、专属经济区、大陆架等概念能正确理解的分别只有5.4%、4.0%、4.2%;绝大多数受访者对《联合国海洋法公约》了解不多。但是,在2011年的调查中,六成以上的受访者认为海上军事力量在综合国力中所占的分量是必不可少的。不赞同为保持和睦的邻国关系而放弃偏远、无人居住、开发难度大的小岛,而应当维护这些岛屿的权益。63.5%的受访者对"花费精力维护一些偏远小岛的权益得不偿失"的观点持反对态度,表示赞同的仅占14.4%。[8]

由此可以看出,近年来我国民众海权意识普遍有所升高。我国要建设海洋强国,必须在整体上提升民众国土主权意识,普及海洋文化。"海权"不应该成为官员或执法部门之间流通讨论的"精英思想"。民族精神也是马汉所主张的影响"海权"的重要因素。因此政府应该明确和制定统一的海权战略,引导民众树立正确的海权意识。加大对海洋的宣传教育投入,将《联合国海洋法公约》规定的我国享有的管辖海域明和权利义务确的列入学生地理教材,加大在民众中的海洋知识宣传。同时促进民间建立正规的海洋环境、资源、教育等组织的发展,提升整个民族的海权意识。

结束语

综上所述,笔者认为:海权意识的觉醒对中国具有深远的意义。中国拥有广阔的海洋国土和丰富的海洋资源,以史为鉴,如何开发利用和保护这些资源,关系到中华民族的前途命运。同时,中国维护海权是在《联合国海洋法公约》的原则前提下进行的,与中国和平崛起战略意图相一致,是和平的,并不是以侵略和窥探他国海洋国土资源为目标。但是,面对他国对中国海权的无理挑衅,中国也必然在国际法精神的指导下,坚持原则立场,有理有据地保卫中国海洋国土。

在当前中国海权面临巨大挑战的形势下,中国迫切需要完善海洋法律体系、建设海上综合执法队伍、加快海洋资源能源合理研究开发、增强现代化海军力量和提升国民海权意识。这些措施不仅是中国发展现代化外向型海洋经济的必然要求,也是中国维护国家安全、领土完整和经济发展的题中之意。

参考文献:

[1]张炜,郑宏.影响历史的海权论——马汉《海权对历史的影响(1660－1783)浅说》.北京:军事科学出版社,2000:33.

[2]郑巍.法律视角下的中国海权保护.广西师范大学硕士学位论文,2012.

[3]尹年长,程涛.海权的国际法释义——以《联合国海洋法公约》的相关规定为中心.广东海洋大学学报,2008(5).

[4]张文木.论中国海权.世界政治与经济,2003(10).

[5]巩建华.海权概念的系统解读与中国海权的三维分析.太平洋学报,2010(7).

[6]郑巍.法律视角下的中国海权保护.广西师范大学硕士学位论文,2012.

[7]王世涛.论海法的统合.时代法学,2011(4).

[8]蔡岩红.九成受访者不知我国海洋国土面积,相关知识欠缺.法制日报,2012－6－11.

下编 国际法治与发展

中韩 FTA 与卫生及植物卫生措施探析

马 光

【摘要】 2012 年 5 月 2 日,中韩两国宣布正式启动 FTA 谈判,而在其谈判过程中与 SPS 措施相关内容也定将成为重要部分。从两国的贸易主管部门——我国商务部和韩国产业资源通商部每年发布的年度报告来看,两国都不断地提出对方的 SPS 措施中所存在的问题。本文将通过对两国已经缔结 FTA 中 SPS 措施条款的分析比较,拟设计中韩 FTA 中与 SPS 措施有关的条款。

【关键词】 自由贸易协定;卫生及植物卫生措施;协调一致;等效性;风险分析;区域条件

引 言

2006 年 11 月 17 日,中韩两国通过举行会谈同意于 2007 年初启动中韩 FTA 官产学联合可行性研究。经过三年多的研究,2010 年 5 月 28 日,双方宣布结束中韩 FTA 官产学联合研究,并签署谅解备忘录。2012 年 5 月 2 日,两国宣布正式启动 FTA 谈判,之后在 5 月 14 日举行了第一次谈判,7 月 3—5 日,8 月 22—24 日,10 月 30 日—11 月 1 日,2013 年 4 月 26—28 日又分别举行了第二次至第五次谈判。

表 1 显示,2012 年韩国是中国的第三大出口国和第二大进口国,是中国的第三大贸易伙伴国。表 2 显示,2012 年中国在进出口方面都为韩国的最大贸易伙伴国,特别是韩国对中国的出口额超过排在第二和第三的日本和美国之和。表 3 显示,2005 年至 2012 年间,除了2009 年因全球性金融危机而导致有些减少外,两国间的贸易额在不断增长,在 7 年间增长了一倍以上。

表 1 2012 年中国的主要贸易伙伴国(地区) (单位:亿美元)

	中国进口	中国出口	中国进出口	对中贸易排位	中国贸易平衡
美国	1328.9	3518.0	4846.9	1	顺差 2189.1
我国香港	179.6	3235.3	3414.9	2	顺差 3055.7
日本	1778.1	1516.5	3294.6	3	逆差 261.6
韩国	1686.5	876.8	2563.3	4	逆差 809.7

资料来源:海关总署(http://www.customs.gov.cn/,2013 年 3 月 9 日访问)。

作者简介:马光,浙江大学光华法学院副教授、法学博士,主要从事国际法、世贸组织法、韩国法等研究。

表 2　2012 年韩国的主要贸易伙伴国(地区)　(单位:亿美元)

	韩国进口	韩国出口	韩国进出口	对韩贸易顺序	韩国贸易平衡
中国	807.8	1343.3	2151.1	1	顺差 535.5
日本	643.5	388.5	1032.0	2	逆差 255.0
美国	433.4	585.2	1018.6	3	顺差 151.8
沙特	397.2	91.2	488.4	4	逆差 306.0

资料来源:韩国贸易协会(http://www.kita.net/,2013 年 3 月 9 日访问)。

表 3　2005—2012 年两国间贸易统计　(单位:亿美元)

	2005 年	2006 年	2007 年	2008 年	2009 年	2010 年	2011 年	2012 年
进出口总额	1119.3	1343.1	1599.0	1861.1	1562.3	2071.7	2456.3	2563.3
中国出口	351.1	445.3	561.4	739.5	536.8	687.7	829.2	876.8
中国进口	768.2	897.8	1037.6	1121.6	1025.5	1384.0	1627.1	1686.5
韩国顺差	417.1	452.5	476.2	382.1	488.7	696.3	797.9	809.7

资料来源:海关总署(http://www.customs.gov.cn/,2013 年 3 月 9 日访问)。

　　纵观这些数据,两国间缔结 FTA 将对两国具有重要意义,而且双方将能通过缔结 FTA 进一步促进贸易便利化,并最终达到更为快速的贸易增长效果。

　　倘若两国缔结 FTA,在其谈判过程中与"卫生及植物卫生措施"①[以下简称"SPS 措施" (Sanitary and Phytosanitary Measures)]相关内容也定将成为重要部分。从两国的贸易主管部门——我国商务部和韩国外交通商部每年发布的年度报告来看,两国都不断地提出对方的 SPS 措施中所存在的问题。例如,我国的《国别贸易投资环境报告 2012》显示,韩国的 SPS 措施中存在如下问题:进口检疫中的取样及检查程序复杂,部分标准比国际标准更为严格;对我国产农产品采取歧视性待遇;在划定病虫害非疫区和低度流行区时将全中国看成一个区域;食品相关标准和规则的修订过于频繁,未参照国际标准,通报多数修订案时没有明示预定生效日期等。② 韩国的《2010 外国的通商环境》则显示,我国的 SPS 措施中存在如下问题:要求进口食品包装上的所有外文标记翻译成中文;对于特殊营养食品和保健食品的卫生许可所需材料复杂,费用过高,所需时间过长;化妆品的卫生许可程序复杂,所需时间过长。③ 当然,两国的关注重点是有些侧重点的,我国更为关注农产品和水产品、畜产品、食品及食品添加剂、医药品及医药原料等,韩方更为关注的是特殊营养食品、保健食品、食品添加剂、医药品及医疗器械、化妆品等,但有一点是明确的,即两国都非常关注对方的 SPS 措施。

　　本文将通过对两国已经缔结 FTA 中 SPS 措施条款的分析比较,拟设计中韩 FTA 中与 SPS 措施有关的条款。

一、中韩 FTA 中 SPS 措施条款的设计

(一)目标条款

　　中韩 FTA 中,关于 SPS 措施条款的目标,可明示如下几点:(1)保护人和动植物的生命

---

　　① "卫生与植物卫生措施"包括所有相关的法律、法令、条例、规定和程序,包括:最终产品标准;加工和生产方法;测试;检验;认证和认可程序;包括与动植物运输或在运输途中动植物生存所需物质有关的要求在内的检疫处理;有关统计方法、取样程序和风险分析方法的规定;以及与食品安全直接相关的包装和贴标签要求。SPS 协定附件 1 第 1 项。

　　② 商务部:《国别贸易投资环境报告 2012》,2012 年,第 128—129 页。

　　③ 韩国外交通商部:《2010 外国的通商环境》,2011 年,第 283—292 页。

或健康；(2)"尽可能减少对贸易的消极影响"或"促进和便利缔约双方动植物及其制品的贸易往来"；(3)促进 SPS 协定的履行；(4)促进交流与合作；(5)提供探讨 SPS 措施及解决问题的场所；(6)禁止对贸易的变相限制及不正当的歧视。关键在第(2)项，即采用"尽可能减少对贸易的消极影响"的措辞还是采用"促进和便利缔约双方动植物及其制品的贸易往来"。我国在与巴基斯坦、智利、新西兰、秘鲁、哥斯达黎加等国签订的 FTA 中都以"促进和便利缔约双方动植物及其制品的贸易往来"为目标条款，而韩国所缔结的 FTA 以及《SPS 协定》的前言所规定的是以"尽可能减少对贸易的消极影响"为目标。就与国际协定的统一性来看，似乎"尽可能减少对贸易的消极影响"的措辞比"促进和便利缔约双方动植物及其制品的贸易往来"更适合为 SPS 措施条款之目标。尽管如此，我国在多数 FTA 中都贯彻这样的主张是有其理由的，即担心因对方所采取的过于严格的 SPS 措施而受到贸易方面的损害，并且更加关注包括贸易促进在内的经济发展的态度。但是基于国际惯例或国际协定的规定来看，似乎两国 FTA 采用"尽可能减少对贸易的消极影响"这种措辞的可能性还是较大的，这也符合我国最近更加注重高质量发展的大方针。

（二）适用范围条款

中韩 FTA 的适用范围应如下，直接或间接影响双方缔约国的所有 SPS 措施，对此，两国应不存在分歧。

（三）与 SPS 协定的关系条款

关于与中韩 FTA 与 SPS 协定的关系，应是以 SPS 协定为基础，并对 SPS 协定的内容进行一些详细规定，但应不违反 SPS 协定之规定为限。

（四）当事国的权利义务条款

中韩 FTA 的当事国权利义务条款可做如下设计：(1)保障当事国采用、维持或适用 SPS 措施的权利；(2)仅在必要的范围内采用、维持或适用；(3)不构成对贸易的变相限制或不必要的贸易壁垒；(4)根据科学原理，并以充分的科学证据为基础才可维持；(5)在不同国家间不采取任意的或不公正的歧视。就此，关于第(5)项的"国家间歧视"两国可能出现理解上的不一致。即，这里讲的仅是"进口缔约国和出口缔约国之间的差别"还是包括"出口缔约国和其他出口国之间的差别"呢？《SPS 协定》第 5 条第 3 款规定："成员方应确保其卫生和植物检疫措施不在情况相同或类似的成员方之间，包括在成员方自己境内和其他成员方境内搞任意或不正当的差别待遇"，另外作为设立 FTA 之国际法根据的《关贸总协定》第 24 条第 4 款规定："关税同盟或自由贸易区的目的应是在缔约方领土之间便利贸易，而不应在与他缔约方领土之间设立贸易壁垒"，由此来看，包括"出口缔约国与其他出口国之间"的歧视似乎更为妥当，但现实意义上，中韩两国所缔结的 FTA 中似乎没有必要明确规定第三国的权利。虽然在韩—智利 FTA 中曾做出这种规定，但笔者认为这是韩国在缔结其首个 FTA 时，为了消除或许有的其他第三国的敏感反应而规定的，而在之后的 FTA 中则放弃了这种做法，在中韩 FTA 中可按之后的惯例，没有必要加入此类条款。此外，我国缔结的 FTA 中 SPS 措施的事先通报等包含透明度内容的条款也在当事国权利义务条款中出现过，但笔者认为这一点在透明度条款予以规定更加适合。

（五）协调一致条款

据《SPS 协定》附件 1 的第 2 项，"协调一致"是指由不同成员方制定、认可和应用共同的卫生和植物检疫措施。

中韩 FTA 的协调一致条款设计如下：(1)存在国际标准、指南和建议时，SPS 措施应以此为基础，但可依据科学正当性或风险分析采取更为严格的措施；(2)就国际标准、指南和建议的开发进行合作。就此，可能产生分歧的是如何理解第(1)项所说得"基础"。我国在与巴基斯坦缔结的 FTA 中规定"以国际标准等为基础(base on)"，而与秘鲁签订的 FTA 中则规定"考虑(taking into account)的"措辞，而《SPS 协定》第 3 条第 1 款规定的是"基础(baseon)"，似乎应将"考虑"解释成等同于"基础"。韩-智利 FTA 中规定："遵循(follow)国际植物保护公约、国际兽医局、食品法规委员会所定标准、指南和建议，如这些国际组织未规定的事项，两当事国经协商可考虑(consider)双方共为缔约国的其他国际组织之标准、指南和建议"，①这种规定可否包含在中韩 FTA 中呢？韩-智利 FTA 中的这一规定明显比《SPS协定》严格，这一条款可解释成应遵循国际植物保护公约、国际兽医局、食品法典委员会及 SPS 委员会所认定的其他具有开放性特征的国际组织之国际标准、指南和建议，并可考虑双方均为成员方的具有其他非开放性特征的国际组织之国际标准、指南和建议。即，按照这种规定能够考虑双方均为成员的地区性国际组织的国际标准、指南和建议等，这一点对促进适用国际标准、指南和建议以及缓解对贸易的限制应是有利的，所以，笔者建议此类规定也包含在中韩 FTA 中。况且，其并非为强制性条款，是建议性的，因此也不会增加太多的负担。

（六）等效性条款

关于等效性，在中韩 FTA 中将会探讨如下内容：(1)若出口国能够客观地证明本国所采取的 SPS 措施充足适当保护水平，进口国认定其等效于本国的措施；(2)依据邀请，出口国为了便利验证，允许出口国合理进入本国领域；(3)积极考虑引入等效性认定所必要的程序；(4)除了紧急状况，在进行认定时，禁止中断或暂时停止相关产品的进口。关于第(4)项，这是在我国与新西兰签订的 FTA 中首次出现的，此后在与秘鲁的 FTA 中加入"除了紧急状况"的词句，从而缓解了其适用。这一内容会否在中韩 FTA 中也将采用呢？比起在进口国进行认定的过程中一味地中断或暂时停止，限定仅在紧急状况下才可以这样做将有利于贸易发展，而且通过对"紧急状况"做出一个较为宽松的解释，从而使得进口国能够达到"对人、动植物生命和健康的保护"。

（七）风险分析条款

在中韩 FTA 中关于风险分析条款所要探讨的内容如下：(1)SPS 措施基于风险分析，并考虑相关国际组织开发的风险分析方法；(2)风险分析时的考虑因素；(3)对动植物的生命或健康进行的风险分析及决定 SPS 措施时所要考虑的经济因素；(4)设定适当保护水平时，尽可能减少对贸易的消极影响，并且不适用对贸易产生歧视或构成变相限制的歧视；(5)在可利用之科学信息不充分时，临时措施的适用及对临时措施的评价及复审；(6)除紧急状况外，再分析时禁止中断贸易；(7)风险分析时，优先考虑出口缔约国的市场准入要求，快速进行分析；(8)技术资料的提供，分析结果与根据、风险管理建议等的通报。在这些内容中，第(1)项至第(5)项为 SPS 协定所已经规定了的内容，并且在两国所缔结的 FTA 中也有类似规定，因此达成一致应没有问题，但第(6)项至第(8)项可能会存在分歧。首先，关于风险分析时的考虑因素，韩-智利 FTA 中有列举条款，这种列举条款可作为中韩 FTA 中探讨的基础，并且引入列举规定，对明确模糊的条款内容及限制缔约国政府裁量权方面有积极的功能。再分

---

① 韩-智利 FTA 第 8.5 条。

析时禁止中断贸易这一规定则因有一个"除紧急情况外"的但书条款,并可对此但书做一扩大解释。通报义务则与 SPS 协定的透明度条款相关,并将提高相关协定的透明度,因此也是具有积极意义。但是第(7)项因为风险分析时较其他国家优先考虑出口缔约国,而有可能违背 WTO 的最惠国待遇原则。当然,根据《关贸总协定》第 24 条,在缔结 FTA 时可取得最惠国待遇原则的例外,但尽管如此,这有可能构成《SPS 协定》所禁止的"任意的或不当的差别",并可看成是对第三国贸易的壁垒,因此,在中韩 FTA 是否要引入此类内容,则要进行慎重的设计。

(八)承认病虫害非疫区和低度流行区条款

关于承认病虫害非疫区和低度流行区条款,中韩 FTA 中可探讨如下内容:(1)承认病虫害非疫区和低度流行区及其考虑因素;(2)出口国请求承认病虫害非疫区和低度流行区及允许其他缔约国检查等;(3)拒绝请求时的提示根据及磋商;(4)特定状况下对病虫害非疫区和低度流行区的再次承认;(5)情势变迁时的恢复原状之努力。此类议题中,首先是第(2)项将产生分歧。在我国与秘鲁签订的 FTA 中,关于承认规定了两种情况:首先,取得相关国际组织之承认的病虫害非疫区和低度流行区,应在短期内予以承认;再次,在相关国际组织未承认此类区域时,在合理时间内就是否承认做出决定。言外之意是,针对取得相关国际组织之承认的,仅经过形式上的承认程序即可承认。《SPS 协定》第 6 条第 1 款规定,在对某一区域的卫生或植物卫生的特征进行评估时,要考虑相关国际组织开发的适当标准或指南,而我国与秘鲁签订之 FTA 中的规定显然是对此进行了一些突破。诚然,就尊重国际组织的承认这一点来说,此类规定具有积极的意义,但对于相关国际组织,应参照《SPS 协定》明确限定其范围,从而防止滥用及无止境的扩大。第(3)项至第(5)项的内容是规定在我国所缔结的 FTA 中,其中拒绝请求时提示根据等有利于提高政府行政的透明度,特定状况下的再度承认及情势变迁时的恢复原状,笔者认为都具有其合理性,故可作为中韩 FTA 所能参考的模式。但是关于什么是特定状况,要有一个明确的界定,并为了最大限度地限制政府机关的任意行为,应做出限制性解释。

(九)进口检查条款

在我国与新西兰签订的 FTA 中存在如下进口检查条款:在要求的情况下,进口查验的频次应当可获得。在进口风险发生变化时,进口方应当及时将查验频次的改变及时通知另一方。应要求,应当提供对该改变的解释或举行磋商。一旦在进口检查中发现进口货物不符合相关标准和/或要求,进口方采取的措施应当与货物存在的风险对应。应出口方要求,进口方应当最大限度地保证出口方的官员或其代表,有机会提供相关信息,以帮助进口方做出最后决定。必要时,双方将共同对保留的样品进行检测。① 这一条款规定了向对方通报进口检查的频次和改变或对此进行解释以及出口国的参与检查权等,这对于进行公正的检查将会有所帮助,但出口国参与进口国的检查将会有可能损害进口国固有的检查权利,因此在中韩 FTA 中如要引入,应做一慎重的考虑。笔者认为,在发生问题时,到可通过两国间的共同委员会等进行共同检查,这样一来,即可减少对进口国的权利侵害。

(十)透明度条款

中韩 FTA 中可包含如下透明度条款:(1)除了紧急状况外,将 SPS 措施的变更或变动

① 中-新西兰 FTA 第 84 条。

事项在生效 60 日前进行通报；(2)SPS 信息交换及通报进口条件；(3)出口缔约国做出的与出口货物有关的卫生与植物卫生风险通报。关于第(1)项，有必要对紧急状况做出一个限定，SPS 委员会建议提供更长时间的提出意见期限时鼓励采取这种建议，在采取措施前依对方要求短期内将措施全文提供给对方，这些要求虽然在保护 SPS 措施的适当性方面是有意义的，但是否给进口国附加了过度的义务，则要予以慎重考虑。第(3)项是包含在我国与哥斯达黎加签订的 FTA 中，而这种针对出口缔约国做出的风险通报义务，笔者认为是有利于风险状况的交换，因此可在中韩 FTA 中予以借鉴。而这种通报义务，即使没有履行，似乎也不会因此而承受不利风险，因此，似乎更像是劝告。

(十一)SPS 措施委员会设立条款

在中韩 FTA 中可进行如下探讨：(1)委员会的设立及其功能；(2)委员会的召开时期；(3)多样化的会议方式；(4)小委员会的设立。关于委员会的召开时期，笔者认为 1 年召开 1 次会议较为恰当，其理由是两国间关于 SPS 存有不少问题，再考虑两国之间的贸易量，2 年 1 次显然不够。虽然也可随时就特定议题请求召开会议，但提高定期会议的召开频次还是对定期处理两国间所存在的 SPS 问题有利的。随着信息通讯技术的不断发展，会议方式也可采用多种形式。关于设立与技术有关的小委员会，引入我国所缔结的多数 FTA 中所采用的，能够包括第三国代表的方式可提高公正性，因此不妨借鉴一下。

(十二)联络处条款

正如两国所缔结的多数 FTA，中韩 FTA 中也将设置联络处，而将由我国的质检总局和韩国的农林部或两个机构的下属部门担任联络处，通过联络处，主要进行磋商和对对方所提出的问题进行答复。

(十三)争端解决条款

关于争端解决，中韩 FTA 中也将采用直接适用 WTO 争端解决程序或首先经过委员会进行磋商还不能解决时提交 FTA 设立之争端解决制度的两种方式。多样化的争端解决机制将对解决争端起到较好作用，因此，笔者主张应赋予缔约国选用 FTA 下的争端解决制度或 WTO 争端解决制度的权利。即，在两国同意时，可适用 FTA 下包括磋商在内的争端解决制度，否则就应直接适用 WTO 争端解决制度。问题是经过 FTA 下的争端解决机制后是否还可在 WTO 进一步进行申诉，笔者认为应是采用选择其一的方法，从而达到诉讼经济这一目标。

(十四)保密条款

我国所签订的 FTA 中包含着如下保密条款：我国与新加坡签订的 FTA 规定，在一方根据本协定向另一方提供信息，并将该信息指定为机密的情况下，另一方应当对该信息保密。这些信息只能被用于规定的目的，且在没有信息提供方的特别准许时，不得对外披露。①

而类似的保密条款可在中韩 FTA 中得以借鉴。

二、对核心争议的分析

正如上面所提到，商务部每年发布的《国别贸易投资环境报告》显示我国主要关注韩方在进口检疫时取样和检查程序中采用较国际标准更加严格的标准，以及检查和检疫标准的

---

① 中-新加坡 FTA 第 56 条第 1 款。

复杂及不断进行修订的状况。除此之外，还对从美国、巴西、泰国等主要进口国进口的货物主要靠感觉器官做出检查，而对来自我国的农产品则一律采取全体检查，因此认为这是在歧视我国产品，并主张在转基因食品中存在等效性问题以及对食品等的加工标准和规范的修订草案通报时未明确告知预期实施日期。

反过来，韩方则提出我国采取的卫生许可所要提交的材料复杂，所需时间过长，并要支付较多费用；也提出因两国所定标准不同，从而导致符合其国内标准而不能在我国得到承认，因此对等效性问题表露出忧虑。因此，对这些问题的讨论以及如何解决将成为两国FTA谈判的一个重点议题。

简单进行概括的话，我方主要关注国际标准的承认问题、等效性问题、透明度问题及不歧视问题；韩方则对我国行政程序的效率问题、等效性问题及标签内容全部译成中文的问题较为关注。以下将集中对这些问题进行分析。

（一）国际标准的承认问题

国际标准的承认问题与在上面所提到过的协调一致条款是紧密相关的，问题是当存在这种国际标准的情况下，各国有时会采取自行开发的，更加严格的国内标准。虽然按照现行WTO规定，此类行为在《SPS协定》第5条第3款中是得以允许的，但假如此类规制以限制贸易为目的或超过必要限度的话应得以制止。特别是在现有情况下，普遍来说，韩国所采取的相关标准等要比我国的标准严格，因此，我国对这一问题的关注度相比之下要多一些。即，就此，我国主张尽量承认国际标准以及适用这些标准，而韩国则想在国际标准不能达到保护之目的时，适用自行开发的较高标准。笔者认为，在中韩FTA中首先要规定承认和适用国际标准，在此基础上，限于进口国能够证明必要性的情况下，赋予其例外地适用更为严格的国内标准之权利。通过这种规定，笔者认为既能达到保护进口国人、动植物生命与安全的同时也能保护出口国的正当出口利益。

（二）等效性问题

关于等效性问题，虽然两国所关注的产品范围不同，但对此项议题整体上的关注度还是很高的，从两国已经缔结的FTA内容来看，对此均做出详细的规定。笔者认为，对此项议题，应首先在所有货物范围内进行探讨，并在此基础上，试图消除在具体货物范围内的不公正做法。事实上，承认等效性不能得以执行的根源在于对对方行政机关之认定与管理的不信任，而为了解决这一问题，两国相关部门有必要进行更多日常接触与相互了解。在此前提下，当出口国提出申请并充分提示相关信息时，进口国经过实地核查应对此予以承认，出口国则要将此后所发生的情况变动或风险发生等事项及时通报进口国政府，并有效、诚实地进行事后管理。

（三）透明度问题

透明度问题也是双方都较为关注的部分，应通过联络处促进信息交换和共享。至于SPS标准或规范，尽量做到在正式实施日期到来一定期限前通报给对方，并赋予提示意见的期间。因为部分立法程序具有不可预测性，在所有情况下都事先通报实施日期是有些困难，但是可以使得出口国能够事先充分了解其立法动向，并赋予其提示意见等机会。

（四）效率问题

关于政府工作的效率问题，双方都应确定明确的期间设定，特别是要做到在国内外企业间不存在歧视国外企业或外资企业的问题。

（五）不歧视问题

不歧视问题也是一项非常敏感的事项，弄不好会引发严重的问题。在韩方来看，我国产品的信赖度较低，并在现实中也发现较多质量问题等，因此主张要对我国产品进行更为严格的把关；而在我国看来，可能会认为韩方在专门歧视我国的产品。对此，最终的解决方法似乎应在于我国能够提高农产品和水产品等食物的质量；而对韩国政府来说，有必要对我国产品做出客观公正的评价，从而使得我国产品在韩国国内的信赖度逐渐得以提升。以此为前提，我国可要求韩方做出基于现实情况的检查以及检疫，如果可能，可要求按不同地区或不同产品采取不同的检查方法，从而逐渐解决歧视性问题。

结　论

正如上面已经提及，在中韩 FTA 缔结谈判中，关于 SPS 措施的内容将具有重要意义，特别是我国，对此要更多关注。因此，我们也可以看到我国所缔结的 FTA 中包含了较多《SPS 协定》框架外的内容。而在与韩国的 FTA 谈判中，我国就农产品及水产品等处于出口国的地位，因此可能更加积极主动一些。

但是，正如上述，这些条款都具有相当的合理性，并且也不会给韩方附加不合理的负担。因此，通过对这些条款进行细致的检讨，在不妨碍保护人、动植物的生命和健康的范围内，多数条款还是可在中韩 FTA 中得以借鉴的，这将对两国 FTA 整体及相关领域的贸易便利化起到重要作用。

反倾销理论和实践中的若干问题

——美国最高法院首例反倾销案评析

俞燕宁

【摘要】 2008 年 11 月 4 日,美国最高法院在其历史上首次审理反倾销案。本文对案件在审理和判决过程中所反映的包括反倾销法的适用范围、规避和保护主义倾向以及反倾销的司法审查等若干重要问题进行了剖析。该案的判决对国际贸易法律实践将产生重大影响。
【关键词】 反倾销;货物与服务;规避;保护主义;司法审查

2008 年 11 月 4 日美国最高法院(下称最高法院)历史上首次审理反倾销案。2009 年 1 月 26 日,最高法院的九位大法官做出终审判决,全票推翻了由联邦上诉巡回法院(下称巡回法院)三位法官做出的一致判决,这在最高法院审理国际贸易法案件的历史上相当罕见,因而备受国际贸易法学界的关注。

一、Eurodif 案的案情

2000 年 12 月,美国 USEC 公司向美国商务部(下称 DOC)申请,要求对法国 Eurodif 公司生产的低浓缩铀(下称 LEU)进行反倾销调查。通常,LEU 的生产商和客户可能签订两类合同:第一类为浓缩铀产品合同(下称 EUP),即由客户支付货款购买 LEU。第二类为分离加工合同(下称 SWU),是客户将未浓缩的铀原料提供给生产商由其分离加工提炼成 LEU 后,再由客户支付费用以购回加工后的 LEU。在本案中,争议的焦点是对于 SWU 合同所产生的 LEU 是否应适用反倾销法。

在 DOC 裁定倾销,美国国际贸易委员会裁定损害后,DOC 做出了对从 Eurodif 公司进口的 LEU 征收反倾销税的决定。在调查中,DOC 认为对两类合同产生的 LEU 都应适用反倾销法。而 Eurodif 公司则认为,两类合同产生的 LEU 是有区别的。SWU 合同中,客户提供铀原料给生产商,生产商对原料加工后收取的是加工服务费,而客户收到的是加工后的产品。所以 SWU 合同不是货物买卖合同,而是服务合同。根据美国反倾销法的规定,只有货物(产品)才适用反倾销法,服务不适用。所以,如果 SWU 合同买卖的是服务,其产生的 LEU 就不能适用反倾销法。

Eurodif 公司据此诉至国际贸易法院,请求撤销 DOC 对 SWU 下的 LEU 征收反倾销税的决定。DOC 抗辩称产品所有权转移就已表明加工提炼 LEU 的过程是制造新产品而不是服务。DOC 还认定,生产商和客户只要在合同中将交易方式改成产品加工就能逃脱反倾销法的管辖。如果 SWU 下的 LEU 不适用反倾销法,反倾销法就会产生严重的漏洞。然而,

---

作者简介:俞燕宁,澳大利亚法学博士;现任浙江工商大学法学院教授、硕士生导师。

国际贸易法院认为缺乏充分证据证明铀产品的所有权在客户和生产商之间发生了转移,生产商的行为是加工服务行为,并因此推翻了 DOC 的决定,判定 SWU 下的 LEU 不应适用反倾销法。随后,DOC 和 USEC 公司上诉到巡回法院,但巡回法院维持了一审判决。2008 年,此案最终被诉至最高法院。

最高法院的庭审主要想解决两大类问题:第一,DOC 是否有权解释反倾销法中"产品销售"的概念? 其解释是否合理? 第二,SWU 下的 LEU 是货物买卖还是服务?

2009 年 1 月 26 日,最高法院推翻了巡回法院的判决,终审判定 DOC 关于 SWU 下的 LEU 是货物销售从而应当适用反倾销法的决定是正确的。

二、决定案件胜负的法律问题

从国际贸易法和反倾销法的角度观察,Eurodif 案主要涉及了三方面的法律问题:反倾销法的适用范围;反倾销实践中的规避问题和保护主义倾向;以及反倾销的司法审查。

(一)反倾销法的适用范围:产品 V. 服务

Eurodif 案的核心问题是反倾销法的适用范围,可以从两方面来讨论。首先,反倾销法是否仅适用产品? 服务是否属其管辖范围? 其次,SWU 合同究竟是服务合同还是货物买卖合同? 上述讨论是紧密相连的。如果反倾销法既适用产品也适用服务,那么就无必要区分 SWU 中的加工行为是服务还是货物买卖。但是,假如反倾销法仅适用产品或是仅适用服务,那么对 SWU 中行为的讨论和区分显然是必要的。

1. 反倾销法的管辖范围

国际现行反倾销规则主要有关税和贸易总协定(GATT1947)第 6 条和 1994WTO 反倾销协定。GATT1947 第 6 条第 1 款明确定义倾销是"……将一国产品以低于正常价值的方法引入另一国的商业……"。类似使用"产品"等用语的语句几乎出现在 GATT1947 第 6 条的所有主要文句中。1994WTO 反倾销协定是 GATT1947 第 6 条的具体实施细则。综观整个反倾销协定,在反倾销调查的各个阶段中反复交替使用的也是"进口产品"、"同类产品"、"倾销产品"等用语。这表明无论是 GATT1947 第 6 条还是 1994WTO 反倾销协定都仅适用于产品。此外,尽管反倾销协定几经修改,但却没有任何资料显示这些修改有扩大反倾销法适用范围的迹象。而在 GATT/WTO 长期的司法实践中,各种反倾销判例也从未扩大反倾销法的适用范围。

总之,GATT/WTO 的协议条款和司法实践清楚地表明反倾销法仅适用于产品,也即货物贸易。服务贸易首次出现在 GATT/WTO 协议中是在《服务贸易总协定》中。但该协定从未提及服务贸易可适用反倾销协议。这是因为服务贸易缺乏货物贸易中认定倾销最重要的概念"同类产品",因而无法进行公平比较,从而也就无法确定倾销。依据 WTO 规则,各成员国都有义务保证其国内法和 WTO 协议相一致。因此,目前包括美国在内的世界各国反倾销法都明确显示仅适用货物贸易。

2. 加工合同的性质

最高法院在判决中将 SWU 合同下的行为认定为货物贸易,而非服务。法庭认为 SWU 合同具有货物买卖合同的基本特征:(1)生产商所使用的、由客户提供的铀原料具有可替代性。客户最终得到的 LEU 是通过支付一定对价后购得的,但可能不是其最初提供的特定铀原料加工而成的。所以,铀原料所有权和 LEU 所有权是不同产品的所有权。(2)生产商对铀原料的加工是对原材料做了实质性改变。因此,经过浓缩后的 LEU 和铀原料是两种不同的产品。可见,最高法院区分货物和服务主要是从所有权和实质性改变两个方面进行考查的。

值得注意的是,国际贸易法院及巡回法院和最高法院在证据的采纳上是有所区别的。国际贸易法院认为,没有记录显示客户得到的 LEU 不是由其提供的未浓缩铀原料加工而成的。原料和新产品的所有权在客户和生产商之间未发生转移。因此,生产商的行为是加工服务行为。而最高法院注意的则是双方都认可客户提供的原料在加工过程中无法跟踪和确定。因此,客户得到的 LEU 可能存在有使用其他客户提供的铀原料加工而成的情况,所有权存在转移的可能,从而可以否定前审法院的裁定。可见,最高法院在判案时有一定的倾向。在双方证据都不充足的情况下,对证据的采纳基本持保守的态度并倾向于选择采用有利于美国国内产业和美国政府的证据。

实质性改变是反倾销实践认定同类产品的关键和难点。制造工艺的复杂使得确定实质性改变难有统一的标准。比如,液态牛奶加工成奶粉是否是实质性改变?目前,国际反倾销实践缺乏统一认识,各国各行其是,依据个案认定。本案中由于双方当事人一致认定做了实质性改变,最高法院因此直接将其作为合同的事实特征来考量和认定。

(二)反倾销实践:规避 V. 保护主义

通常,反倾销中的规避指的是出口商采取某些措施逃避已经征收的反倾销税。本案出现的则是另一种形式的规避。DOC 和 USEC 公司认为,如果 SWU 下的 LEU 被认定为服务,就可能被利用对反倾销法实施规避。实际上这是对反倾销法实施范围的规避。

最高法院强调如果 SWU 下的 LEU 不适用反倾销法会对 DOC 未来实施该法产生重大影响。其对本案的改判除了考虑法律之外,更顾虑的是美国反倾销法实施的有效性。这反映了目前美国国内希望加强贸易救济措施对抗外国进口产品以保护本国国内产业的倾向。对于产生规避行为的顾虑和实施保护主义是最高法院改判本案最关键的因素。法庭认定任何 EUP 合同都可以通过签订购买铀原料合同和浓缩提炼合同轻易地被一分为二。这样的分拆行为具有广泛性。例如,进口通心粉合同可以分拆成小麦合同和小麦加工的服务合同。如果判定反倾销法对此类加工服务合同不具约束力的话,反倾销法惩罚的就将是没有将合同一分为二的"诚实"商家,而"聪明"的商家则可以逃避反倾销法的制裁。最高法院在审查合同时主要运用的原则是合同法中的合同实质优先于形式。对于法律或形式的虚构最高法院是持否定态度的,在反倾销法的适用上显然遵循的也是这一原则。

反倾销实践的根本立足点是要维护反倾销法的有效性以加强对倾销行为的打击力度。一审和二审法院的判决会导致大批类似的合同产品被排除在反倾销法的管辖之外,与美国企业寻求政府保护的要求不符。最高法院的判决将这些案子重新置于反倾销法管辖之下,更多考虑的是支持政府利用反倾销法为本国产业提供"公平竞争"的舞台以对抗国外产品的不公平竞争。

(三)反倾销司法审查

GATT1947 第 10 条第 3 款(b)项和 1994WTO 反倾销协定的第 13 条都规定了对反倾销行为应进行司法审查,但都没有进一步规定各成员国应如何进行反倾销司法审查。由于反倾销调查机关一般都是各成员国的行政机关,从国内法的角度来看,这类司法审查应属于行政诉讼的范畴。因此反倾销司法审查适用的是国内法对行政机关的裁定进行审查的规定。

1984 年的 Chevron 案确立了美国法院在审查行政机关的裁定时应适用的原则。审查时首先看行政机关解释和实施的法规是否明晰。如果法规明晰，就依照法规。如果法规存在可以由行政机关自由裁量或法规模糊不清的情况，实施法规的行政机关有权进行解释。只要解释合理，法庭就必须认可。可见，法律把解释法规的决定权留给了实施法规的行政机关。

本案中最高法院认定法律没有明确界定 SWU 是货物买卖还是服务销售，因此实施反倾销法的 DOC 有权进行解释。只要 DOC 的解释合理，法庭就应支持。法庭最后肯定了 DOC 的解释是合理的。理由是，首先，反倾销法中的货物买卖并不仅限于现金交易，也能通过物物交换的方式进行。其次，如果将 SWU 合同认定为服务销售会导致反倾销法出现明显的漏洞，是给进口产品提供规避法律的途径。

最高法院的裁定从法理上看似乎公平合理。然而，如果对照巡回法院的二审裁定，就会发现最高法院的判决具有倾向性。巡回法院二审判定 Eurodif 公司胜诉的主要依据是 Florida 电力电灯公司案。在电力电灯案中，法庭依据合同争议法认定浓缩提炼行为是服务。尽管在巡回法院的二审中，USEC 公司和美国政府提出不应援引电力电灯案来判定浓缩行为的性质，因为其依据的是合同争议法。而巡回法院却要求 USEC 公司和美国政府提供论据解释同样是涉及反倾销的诉讼为何要采取不同的分析方法。

最高法院和巡回法院对同一事实适用不同判例得出相反结论的事实说明美国各级法院在司法审查中拥有极大的自由裁量权。反倾销调查作为贸易救济制度的主要工具具有强烈的保护主义功能。法院自由裁量权的过分宽泛对于反倾销案件的司法审查是极其危险的。GATT/WTO 司法审查的规定原来是为了给出口国提供额外的途径，通过寻求司法救济的手段获得公平对待。同时也抑制进口国在反倾销调查中的保护主义倾向。所以，假如在寻求司法救济中，进口国法院的自由裁量权过大，国内保护主义的压力会使法院有机会努力寻找并支持有利于本国的证据并做出有利己方的判决。显然，在反倾销司法审查中法院自由裁量权的扩大会增加出口国寻求司法救济的困难。宽泛的自由裁量权是在为贸易保护主义大开方便之门。

结　语

美国最高法院对 Eurodif 案的判决具有重要影响。它反映的美国国内贸易保护主义倾向不容忽视。尤其是该判决是否会被各国效仿以用来限制包括我国在内的发展中国家的外贸加工业务值得警惕。近年来 WTO 加强了对各国反倾销法的监管，试图约束各国滥用反倾销措施限制国际贸易的倾向。然而，Eurodif 案及美国最高法院的判决表明，贸易保护主义的阴影始终笼罩于反倾销实践，彻底去除这一阴影依然路途漫漫。

区域贸易协定中反倾销制度存废之研究

毕　莹

【摘要】　理论上区域贸易中反倾销的存废问题与区域经济一体化密切相关。不断深度一体化的区域倾向于废除反倾销制度,特别是当域内一体化已达至创建共同市场及以上程度时,反倾销因与单一市场这一根本宗旨相悖,其于成员间的取消是必要的。实践中大部分区域贸易协定未提及或仅确认保留 WTO ADA 项下的权利义务,小部分对其做出取消或限制性修改,并可分为"取消反倾销法＋统一区域竞争法"型、"取消反倾销法＋协调国内竞争法"型、"取消反倾销法"型、"WTO ADA 实体 plus"型以及"WTO AD 程序 plus"型五种类型。我国在今后的区域贸易谈判中应采用何种反倾销的安排方案,须针对不同区域贸易协定的对象,考察域内成员所希冀达成的经济一体化程度以及在反倾销问题上的相似意向,并结合我国的战略政策等进行综合分析。具体到中日韩自贸区,应以取消反倾销为终极方案,以 WTO ADA plus 为过渡性方案。

【关键词】　区域贸易协定;掠夺性倾销;界面理论;共同市场;相似意向

区域与多边贸易协定系国际社会实现贸易自由化的两大途径。自本世纪初 WTO 多边贸易谈判受阻以来,越来越多的国家和地区,特别是中国、日本、韩国等亚洲国家,开始逐步重视并更多地投入到区域贸易谈判之中,从而引发了区域贸易协定在世界范围内的激增,学界也越来越多地关注对区域贸易协定的研究。在众多复杂的研究议题中,贸易救济(反倾销、反补贴以及保障措施)作为与区域经济一体化联系最密切的要素之一,成为各个区域贸易构建中不可回避的焦点问题。同样的,在中日韩自贸区的构建过程中,贸易救济与关税及非关税措施、竞争政策、知识产权、透明度及争端解决等其他 11 项重要议题一起被明确列入2010 年确定的《中日韩自贸区联合研究职责范围》之中,要求予以全面研究和适当考虑。中日韩三国已于 2011 年底顺利完成自贸区共同研究,并决定今年内启动中日韩自贸区谈判,从而进一步推进对贸易救济等议题进行深入探讨的重要意义。

本文将焦点置于区域贸易协定中贸易救济制度的安排,并着重考察其项下十分重要且极具争议的问题—反倾销制度之存废。我国尚未有对区域贸易协定中反倾销制度进行系统性研究的成果。在全面探讨区域经济一体化的相关理论及国际实践的基础上,本文亦希冀为中日韩自贸区在今后的谈判中涉及有关反倾销的问题上提供参考性建议。中国、日本以及韩国均为频繁遭受反倾销的国家,在减少反倾销措施对本国贸易的影响和冲击方面,三国在利益上有着一定程度的一致性,因此探讨中日韩自贸区内反倾销的安排极具现实意义。

作者简介:毕莹,日本九州大学法学博士,现任浙江大学光华法学院讲师。本文系 2011 年国家社会科学基金青年项目"中日韩自贸区竞争与反倾销规则协调研究"(11CFX080)的阶段性研究成果,其主体内容已发表于《环球法律评论》2012 年第 5 期。

一、有关区域贸易协定中反倾销存废的理论分析

（一）"反倾销存废之争"：从多边到区域

在三大贸易救济措施中，反倾销的存在是最备受质疑的。伴随反倾销立法以及反倾销调查数量在全世界范围内的激增，各国学者就反倾销规则日益沦为保护主义滥用工具之讨论亦愈发激烈。既往大多数学者将滥用的主要原因归结于反倾销的"任意性"及"偏颇性"，极力主张利用 WTO 多边贸易谈判平台，严格化反倾销的规则与调查。而近二十年来，越来越多的学者开始转向以重新审视整个反倾销制度存在的根本基础之视角，指出反倾销规则实际上是建立在若干"错误"的前提之上，从经济理论的角度来看无任何"合理性"可言，由此引发关于反倾销制度的存废之争，有的主张以竞争法取代反倾销法，有的则建议完全取消反倾销法而不代之以任何其他法律。[①]

且先将是否以竞争法取代反倾销法的讨论置于一边，反倾销法应最终归于消灭这一共识似乎已基本达成。问题在于，考虑到该终极目标在多边贸易中以"一刀切"的方式付诸实现的政治困难性，实践中应如何逐步推进？有建议指出由双边或区域性层面的努力逐步过渡到多边的途径。[②] 特别是 WTO 多哈回合贸易谈判停滞以来，区域贸易协定在全世界范围内激增，并且区域内已有取消反倾销的实践做法，更是提高了对该可行性研究的关注度，全面展开了对区域经济一体化与反倾销之间关系的探讨。

（二）区域经济一体化与反倾销的关系

从理论上看，区域贸易协定（Regional Trading Arrangements，RTAs）[③]的核心内容是经济一体化（Economic Integration），即一个逐步取消对国际贸易、支付以及生产要素流动各种限制的过程。[④] 可以设想的是，区域内经济一体化（Economic Integration）的要求或程度不同，反倾销制度在其中扮演的角色亦有所差别。因此，界定并明晰区域贸易协定的不同种类，系讨论其与反倾销关系的必要前提。

1. 区域贸易协定的种类

传统上，区域贸易协定根据一体化程度的不同，区分为以下四种典型模式：

第一种是自由贸易区（Free-trade Area），系指成员国之间取消一切关税及非关税壁垒，

---

① 例如，Martyn D. Taylor, *International Competition Law：A New Dimension for the WTO?* (Cambridge：Cambridge Univ. Press, 2006)；P. J. Lloyd, "Anti-dumping and Competition Law", in Patrick F. J Macrory etal. (eds.)：*The World Trade Organization：Legal，Economic and Political AnalysisII* (Berlin：Heidelberg：Springer, 2005)；Spencer WeberWaller, "Bringing Globalism Home：Lessons from Antitrust and Beyond", 32 *Loyola University Chicago Law Journal* 113−136(2000)；José Tavares De AraujoJr., Legal and Economic Interfaces between Antidumping and Competition Policy, CEPAL-SERIE Comercio Internacional(2001), pp. 1−26. http://www. eclac. cl/publicaciones/xml/0/9040/lcl1685i. pdf(lastvisitedJune3,2012).

② 例如，王中美：《以垄断法替代反倾销法的法律研究》，法律出版社 2008 年版，第 4 页；毕莹：《"倾销"：反倾销法抑或竞争法》，知识产权出版社 2011 年版，第 2 页；Ian Wooton and Maurizio Zanardi, Trade and Competition Policy：Anti-Dumping versus Anti-Trust, University of Glasgow and CEPR Dicussion Paper in Economics(2002), p. 22，http://homepages. strath. ac. uk/~hbs03116/Research/Trade％20and％20Competition％20Policy％20Final. pdf(last visited June 3,2012).

③ 英文有称 Regional Trade Agreements，Regional Trading Agreements,也有学者称之为优惠贸易协定（Preferential trading agreements/arrangements，PTAs），在本文中均为同义，系广义上的区域贸易协定。

④ 参见罗伯特·J. 凯伯：《国际经济学》，中国人民大学出版社 2009 年版，第 254 页。

但保持各自的对外贸易限制的联盟形式;第二种是关税同盟(Customs Union),系在两个或两个以上的贸易伙伴之间取消一切关税及非关税壁垒,在这点上关税同盟与自由贸易区相似。所不同的是,关税同盟的每个成员国对非成员国设置相同的贸易限制;第三种是共同市场(Common Market):允许成员国之间货物与服务自由流通,对非成员国设置共同的对外贸易限制,并且生产要素在共同市场内全面自由流动。较自由贸易区及关税同盟,共同市场代表了一种更充分的一体化阶段;第四种是经济同盟(Economic Union):以实现国家、社会、关税以及财政政策的调和并由一个超国家机构治理为其远大的目标。不论是自由贸易区、关税同盟或者共同市场,均主要为取消既存的贸易壁垒的产物,而经济同盟则进一步要求将经济主权转移至一个超国家权力,该终极程度的一体化将带来各国金融政策的一致化以及由超国家金融权力所治理的统一货币,由此包括金融同盟(Monetary Union)这一范畴。①

上述传统分类法虽界定了四种最典型的区域贸易协定模式,却无法涵盖现实存在的多样化的区域经济一体化协定,存在一定的局限性。有鉴于此,研究区域一体化理论的学者提出了"浅度一体化"(Shallow Integration)与"深体一体化"(Deep Integration)的二分法,用以区别不同程度的区域经济一体化。Robert. Z. Lawrence 最早提出了这一概念,区分了贸易自由化中取消关税、配额等"边境"(border)壁垒这一相对来说浅度的一体化,和区域内各种生产体系的发展以及服务投资的推进等"境后"(behind the border)政策所要求的更深度的一体化两大模式。在 Lawrence 的观点中,"不受反倾销的阻碍"属实现深度一体化的环节之一。② Bernard Hoekman 沿用了上述二分法,但在具体界定"浅度一体化"和"深度一体化"的标准上,与 Lawrence 有所差别。Hoekman 认为,浅度一体化系指消除对国外与国内企业进行歧视的各项措施,即适用国民待遇原则。这意味着实现"浅度一体化"所需取消的不仅包括零关税和配额,还有暂时性保护措施(contingent protection),即贸易救济措施。因此在 Hoekman 来看,"取消反倾销"属实现浅度一体化的环节之一。而深度一体化系指由政府采取各项明确措施,用以减少各国因在产品、生产过程、生产者和自然人上规制的不同所导致的市场分割效果。将之付诸实践的途径有二,一为明确各个成员国的政策是等效的(相互承认),二为确认在各个具体的领域中均采用同一规制(调合)。其中途径二可伴随有将执行权力让渡于一个超国家实体之决定。③

在笔者看来,在浅度一体化与深度一体化的划分上,Lawrence 以"是边境还是境后"为界,而 Hoekman 则以"在消除歧视的基础上,是否存在主权让渡"为标准,相对而言,后者的一体化程度均比前者高。Lawrence 主张的浅度一体化,对 Hoekman 而言,可谓"浅度的浅度一体化";而 Hoekman 主张的深度一体化,对 Lawrence 而言,可谓"更深度一体化"。与上述传统分类法相比,二分法虽然在浅度与深度的具体界定标准上学者看法不一,具有很大的模糊性,但这正反映出区域贸易协定多样化的现实及其发展趋势:每个具体区域贸易协定并

① 参见罗伯特·J.凯伯:《国际经济学》,中国人民大学出版社 2009 年版,第 254－255 页。

② 参见 Robert Z. Lawrence. *Regionalism*, *Multilateralism*, *and Deeper Integration* (Washington, D. C.: The Brookings Institution, 1995), p. 17.

③ 参见 Bernard Hoekman. Free Trade and Deep Integration: Antidumping and Antitrust in Regional Agreements, World Bank Policy Research Working Paper No. 1950(1998), pp. 3－4, http://papers. ssrn. com/sol3/papers. cfm? abstract_id=620582 (last visited June 3, 2012).

非单纯静态地界定为"自由贸易区"或"关税同盟"、"共同市场"或"经济同盟",而是从浅度的浅度、浅度向深度、更深度的一体化动态地迈进。

2. 区域经济一体化与反倾销存废之争

从如上结合区域经济一体化程度对区域贸易协定的种类进行分析中可以看出,关于反倾销问题,虽有 1)将反倾销归入与消除境后政策差别有关的考虑之中,建议在深度一体化的区域贸易协定中才将其取消;或 2)反倾销被认为与关税、配额等同质,主张在浅度一体化的区域贸易协定中即予以取消的不同认识,但基本观点均为取消。也就是说,不断地深度一体化的区域贸易协定倾向于成员国之间废除反倾销制度。

一般来说,当区域贸易协定的一体化深度已达创建"共同市场"甚至形成"经济同盟"的程度时,成员国之间取消反倾销是必要的。理论上来看,一个新的"共同市场"的建立要求形成单一市场,以取代既往的两个或多个市场,从而促进贸易、劳动力和投资在区域内的全面自由流动。反倾销则因其区分国内和国外市场的做法而与市场一体化这一"共同市场"的根本宗旨相悖。此外,单一市场本身即可阻止市场分割,使得反倾销所规制的价格歧视行为无法实行,反倾销也就失去了用武之地。[①]

当区域贸易协定尚处于"自由贸易区"或"关税同盟"相对而言浅度一体化的程度时,成员国之间反倾销的存废则存有争议,这可体现在对 WTO/GATT 相关规则的解释分歧上。区域贸易协定作为最惠国待遇原则的例外而存在,已成为多边贸易体系 WTO/GATT 的一个十分显著的特征。《1994 年关税与贸易总协定》("GATT1994")肯定了"自由贸易区"以及"关税同盟"这两类浅度一体化的区域贸易协定在多边框架下存在的合理性,并在第 24 条 8 (a)及(b)中进一步对"自由贸易区"和"关税同盟"进行了具体界定,要求均"实质上已取消关税和其他贸易限制"。[②] 问题为:反倾销等贸易救济措施是否涵盖于上述定义的"其他贸易限制"之中而应予以取消? 对此存在两种不同的解释,肯定说认为,从字面理解来看,GATT1994 第 24 条 8(a)及(b)所列举的允许必要时区域成员可排除适用"取消关税和其他贸易限制"的某些 GATT 条款中,没有涉及贸易救济的条款,[③]据此贸易救济应纳入"关税及其他贸易限制"之中而为关税同盟或自由贸易区所取消。[④] 否定说则对上述规定中"其他贸易限制"是否应包括贸易救济措施,以及"必要时可予以排除的条款是列举型的还是穷尽型的"的解释上存有质疑。[⑤]

笔者以为,上述解释分歧的根本原因仍在于理论依据的不同。主张浅度一体化中反倾销亦应取消的观点植根于区域与多边贸易协调论,将逐步取消反倾销等对国内外进行歧视

---

① 参见 P. J. Lloyd, Anti-dumping and Competition Law,第 77 页。

② 参见 GATT1994 第 24 条 8 规定。

③ 参见根据 GATT1994 第 24 条 8 的规定。

④ 例如,Eric C Emerson, Trade Remedy provisions in regional trade agreements, Asia Pacific Forum News (2008), pp. 11—14, http://www.steptoe.com/assets/attachments/3465.pdf (last visited June 3, 2012); Tania Voon, "Eliminating trade Remedies from the WTO: Lessons from regional trade agreements", 59 *International & Comparative Law Quarterly* 625—667(2010); Robert Teh, Thomas J. Prusa at el., Trade Remedy provisions in regional trade agreements, WTO Staff Working Paper No. ERSD—2007—03(2007), pp. 1—83, http://papers.ssrn.com/sol3/papers.cfm? abstract_id=1019414&http://papers.ssrn.com/sol3/papers.cfm? abstract_id=1019414(last visited June 3, 2012).

⑤ 例如,Dukgeun Ahn, "Foe or Friend of GATT Article XXIV: Diversity in Trade Remedy Rules", 11 *Journal of International Economic Law*,120—121(2008).

的措施作为创设自由贸易区、关税同盟等浅度一体化实现的关键要素之一。例如 Gabrielle Marceau 指出,"一个逐步取消反倾销税的自由贸易区似乎为一个成功的贸易交易所须的最低程度的一体化…逐步取消内部反倾销税这一关键的法律步伐,将进一步融合和促进自由贸易区向关税同盟迈进。这就解释了为何自由贸易区以及并不完善的关税同盟会被接受:因为他们能够有效地导向进一步的一体化。区域和多边贸易也能因此而在 GATT 中相调和。"①

与此相对,反对取消的主张仍主要从惩罚"不公平"低价倾销行为和起缓冲作用的"安全阀"的两大功能出发,坚持浅度一体化的区域贸易协定中反倾销存在的合理性。各国制定反倾销法的初衷是惩罚国际贸易中的"不公平"低价倾销行为,这可谓反倾销制度存在的核心依据。构建区域贸易所带来的预想之一是区域内成员间进出口贸易的增多。② 伴随贸易量增加,区域成员间的贸易摩擦可能加剧,出现倾销的频率亦有可能加大。由此,肩负惩罚该"有害"行为重任的反倾销制度理当更具存在之必要性。对这一观点的有力反驳是,反倾销法中的"倾销有害"这一不言自明的前提其实根本站不住脚。从经济理论来看,并非所有的倾销都是有害的,与此相反大部分都是正当的价格行为。只有掠夺性倾销(predatory dumping)才是真正有害竞争并危及国家福利的行为。较之反倾销法,竞争法更能非歧视性地针对真正有害的低价销售行为(掠夺性定价)进行规制而不会造成保护主义滥用,反倾销法应为竞争法所取代。③ 区域内成员完全可以通过本国竞争法的域外执行或者建立统一的竞争法,以惩罚真正有害的低价行为,故不能将惩罚"不公平"的倾销作为区域贸易协定中反倾销应予保留的正当理由之一。④ 甚至有主张认为因实施国际掠夺性定价的可能性过小,反倾销制度无任何存在的必要。⑤

与上述观点相比,反倾销作为"安全阀"的说服力似乎更强一些。学者并不将反倾销仅作为规制倾销行为的措施,而是从"界面理论"(Interface Theory)出发,将反倾销视为一种"缓冲器",用以平衡国际贸易中不同国家的社会、经济以及结构等所造成的差异。⑥ 相应地,在尚未形成共同市场的浅度一体化的区域贸易中,亦需要有这样一种起着安全阀功能的调节措施,以确保贸易自由化实现的成果。从国家利益的角度来看,防御性的"缓冲器"确有存在的必要,然而问题的关键在于:专为"不公平倾销"设计的反倾销制度是否能担当此任? 对此有的学者持否定态度,认为反倾销是一种极其无效且十分昂贵的防御工具,将之取消可有助于聚焦在贸易问题的真正根源(工业政策、政府干预等),而非所谓的"不公平倾销"这些征

---

① 参见 Gabrielle Marceau, *Anti-dumping and Anti-trust Issues in Free-trade Areas*,(London:Oxford Univ. Press,1994),pp. 187—192.

② 参见 Dukgeun Ahn and Wonkyu Shin, *Analysis of Anti-dumping Use in Free Trade Agreements*,Journal of World Trade,(April 2011),p. 1,http://papers.ssrn.com/sol3/papers.cfm? abstract_id=1739314(last visited June 3, 2012).

③ 例如,Spencer Weber Waller,Bringing Globalism Home:Lessons from Antitrust and Beyond,第 113 页。

④ 例如,Gabrielle Marceau,Anti-dumping and Anti-trust Issues in Free-trade Areas,第 35—36 页;Ian Wooton and Maurizio Zanardi,Trade and Competition Policy:Anti-Dumping versus Anti-Trust,第 13 页。

⑤ 例如,Robert W. McGee,"The Case to Repeal the Antidumping Laws",13 Northwestern Journal of International Law and Business 491(1993).

⑥ 参见 John H. Jackson,The World Trading System:Law and Policy of International,Economic Relations (Cambridge,Mass:MIT Press 1997),p. 248.

兆上，这可作为区域贸易协定中取消反倾销的另一理由所在。① 此外，还有学者指出遍布世界的分类定价(unbundling)及其相关的国际零部件外包(outsourcing)正越来越多地模糊国际贸易中国家对"我们"和"他们"的区别，从而使得国家从谋求进口安全逐步转向谋求供应链的安全，这也促使区域贸易协定内限制甚至取消反倾销等贸易救济措施的适用。②

（三）"逐步取消反倾销"：从区域到多边

上述分析可得出的基本结论为：区域贸易中反倾销的存废之争与区域经济一体化密切相关，并且不断地深度一体化的区域贸易协定倾向于成员国间废除反倾销制度。具体来说，当区域贸易协定的一体化深度已达"共同市场"乃至"经济同盟"的程度时，反倾销因与"单一市场"这一根本宗旨相悖，其在成员国间的取消是必要的。在该意义上，有学者甚至将反倾销的废除作为"市场一体化程度的指标"。③ 而当区域贸易协定尚处于"自由贸易区"或"关税同盟"相对浅度的一体化时，考虑的出发点不同，在反倾销存废上的观点亦有所不同。倘若将创建自由贸易区、关税同盟等浅度一体化作为衔接区域与多边贸易的一环来看的话，区域贸易内反倾销也应予逐步取消；而若从在市场尚未统一的浅度一体化中反倾销仍须规制可能增多的"不公平"低价倾销行为以及在不同市场结构之间起调节缓冲作用的观点出发，得出的结论是反倾销应于该类区域贸易协定中继续存在，对该观点提出质疑的学者不少。

由此可见，通过不断地推进区域贸易协定一体化的深度，逐步取消反倾销，进而由区域过渡到多边，实现反倾销的全面取消，在理论上是具有可行性的。然而在区域与多边的衔接上需要注意的问题是：域内成员在逐步限制直至取消反倾销的同时，会不会加大对域外成员适用反倾销的频率，从而引发贸易转移的风险，造成对非区域成员更多的歧视？④ 譬如有学者认为，除非区域贸易协定对贸易救济所做出的任何改动是建立在对所有 WTO 成员非歧视的基础之上，多边 WTO 仍应为调整贸易救济规则的平台。⑤ 有鉴于此，除从局部上关注单个区域的动态之外，也应加强从多边角度整体上对各个区域逐步取消反倾销的域内外效应的适时监控和实证研究，进而在必要时作出相应的调整。

二、区域贸易协定中反倾销制度安排的实践考察

在理论上探讨了区域贸易协定与反倾销两者的关系之后，进一步应关注的是实践考察。据对已生效和正处于谈判中的区域贸易协定的不完全统计，其中极大部分的一体化程度仅限"自由贸易区"，只有一小部分为"关税同盟"，极少数能达到"共同市场"甚至"经济同盟"的

---

① 参见 Bernard Hoekman，Free Trade and Deep Integration：Antidumping and Antitrust in Regional Agreements，第 2 页。

② 参见 Richard Baldwin，Simon Evenett，Patrick Low，Beyond Tariffs：Multilateralising deeper RTA commitments，WTO Working Paper (2007)，p.25，http://www.wto.org/english/tratop_e/region_e/con_sep07_e/ (last visited June 3, 2012).

③ 参见[日]川岛富士雄：《地域経済統合におけるダンピング防止措置の適用に関する規律—横断的比較を通じた規律導入の条件に関する考察》，独立行政法人経済産業研究所ディスカッションペーパー 06－J－053(2006)，p.1，http://www.rieti.go.jp/jp/publications/dp/06j053.pdf(lastvisitedJune3,2012).

④ 例如，Robert Teh，Thomas J. Prusa at el.，Trade Remedy provisions in regional trade agreements，第 33 页。

⑤ 参见 Dukgeun Ahn，Foe or Friend of GATT Article XXIV：Diversity in Trade Remedy Rules，第 133 页。

深度。① 由此,不断深度的一体化与逐步取消反倾销之间在理论上看似单纯的对应关系,却因大多数区域贸易协定仅止于浅度一体化之现实而变得复杂。在中日韩自贸区涉及反倾销的议题上提出切实可行的具体途径,离不开对既存的以及正在构建的世界主要区域贸易协定中反倾销制度安排的考察与整理。

以下笔者首先基于现行实证研究,从宏观上对区域贸易协定中反倾销制度安排的实践进行类型化整理,继而从微观上以两方面视角对上述实践进行考察:其一,以单一国家/地区为单元,关注世界上反倾销主要使用的国家/地区所加入的区域贸易协定的安排,考察他们在该问题上的基本态度;其二,以整个区域为单元,聚焦于对反倾销做出取消或限制性修改的区域贸易协定,进行逐一考察。

(一)反倾销制度安排实践考察之一:类型化

就区域贸易协定中反倾销制度安排问题,已有不少学者对此进行了实证研究。尽管在研究对象、方法以及范围等方面有所差别,但总结来看,基本共识为:大部分区域贸易协定未提及反倾销议题或仅确认保留 WTO 反倾销协定(The WTO Antidumping Agreement, "ADA")项下的权利义务,小部分对该多边规定做出取消或限制性修改,并可根据修改方式的不同分为如下五种类型:

第一种为"取消反倾销法+统一区域竞争法"型,即在区域内取消反倾销法,并代之以统一的区域竞争法,由超国家机构予以执行。典型的例子有欧盟 EU(前身为欧共体,The European Community, "EC")、欧洲自由贸易联盟(The European Free Trade Association, "EFTA")、欧洲经济区(The European Economic Area, "EEA")。②

第二种为"取消反倾销法+协调国内竞争法"型,系指在区域内取消反倾销法的同时协调各成员国内的竞争法,并建议使用竞争政策领域的必要措施来代替反倾销措施。例如:澳新紧密经济关系贸易协定(Australia New Zealand Closer Economic Relations Trade Agreement, "ANZCERTA")、EFTA-新加坡、EFTA-智利。

第三种为"取消反倾销法"型,即仅规定在区域内取消反倾销法而不以竞争法等取代之。如加拿大-智利、中国-香港、中国-澳门。

第四种为"WTO ADA 实体 plus"型,通过对 WTO ADA 做出实体性修改,以使区域成员间反倾销措施适用的条件严格化。其中,常见的修改内容包括:(1)将 WTO ADA 规定的进口予以忽略不计(negligible)的门槛由 2%提高为 5%。例如,约旦-新加坡、新西兰-新加坡等;(2)将 WTO ADA 规定的最小倾销幅度(*deminimis* dumping)的调查标准由 2%提高为 5%。例如:约旦-新加坡,新西兰-新加坡等;(3)将 WTOADA 规定的日落审查期间由 5 年缩至 3 年。例如:安第斯共同体 Andean Community、南方共同市场 MERCOSUR 等;(4)取消计算倾销幅度中的归零做法(zeroing)。例如:韩国-新加坡等;(5)使用"较少征税"的规则

---

① 截至 2011 年 5 月 15 日,已有 489 个 RTAs(货物与服务通报分算)向 GATT/WTO 报告。根据向 WTO 报告的已生效的以及正在谈判的区域贸易协定的最新情况来看,自由贸易协定(FTAs)和局部的自由贸易协定(partial scope agreements)占 90%,而关税同盟(Customs Unions)占 10%。参见 WTO 主页:http://www.wto.org/english/tratop_e/region_e/region_e.htm(lastvisitedJune3,2012).目前来看,只有欧盟(The European Union, "EU")的一体化程度于 1992 年达到"共同市场"的深度,而"经济同盟"的实例只有 1920 年前后的比利时与卢森堡经济同盟,此外美国(the United States, "US")可作为"金融联盟"的代表。参见罗伯特·J.凯伯:《国际经济学》,中国人民大学出版社 2009 年版,第255 页。

② EEA 取消反倾销措施的规定不适用于农产品和水产品。

(the lesser duty)。例如：约旦-新加坡、韩国-新加坡、EFTA-韩国等；(6)排除 WTOADA 第14条中规定的第三国倾销的适用。例如，印度-新加坡等；(7)在作反倾销决定时考虑"公共利益"。例如，加拿大-哥斯达黎加等。

第五种为"WTOAD 程序 plus"型，通过对 WTOADA 做出程序性修改，以提供更多的区域内解决争端的途径。其中，常见的修改内容包括：(1)授权区域机构调查或审查国内机构有关反倾销的最终决定。例如，安第斯共同体、中美洲共同市场 Central American Common Market、加勒比共同体 CARICOM、西非经货联盟 UEMOA、北美自贸区 NAFTA 等；(2)将成员间的反倾销争端交由区域内的"联合委员会"(joint committee)进行。例如，克罗地亚-EFTA、克罗地亚-欧盟、EFTA-摩洛哥等；(3)要求在发动反倾销程序之前，成员政府间先行磋商(pre-initiation consultations)。例如：印度-新加坡、克罗地亚-马其顿、EFTA-韩国、EFTA-墨西哥等。

(二)反倾销制度安排实践考察之二：以国家/地区为单元

考察世界上主要使用反倾销措施的国家/地区所加入的区域贸易协定对反倾销的具体安排可以看出，无论是反倾销的传统重度使用者(traditional heavy users)抑或是新的重度使用者(new heavy users)，除形成一体化程度较高的共同市场等外，均未在所加入的自由贸易区中取消反倾销措施，仅有一些限制性的修改。反倾销的传统重度使用者的典型代表为美国和欧盟。其中，美国除在美加自由贸易协定 CUSFTA(1989)以及北美自由贸易协定 NAFTA(1994)第19章中达成以两国间专家组(bi-national panel)审理反倾销等措施以代替国内司法审查程序的限制性安排外，在其他区域贸易中均未对反倾销做出特别规定。[①] 对此的解释是，美国希冀保留对其区域伙伴使用反倾销的自主权。[②] 这与其在 WTO 多边谈判中的立场是一致的。美国的国内产业，特别是钢铁、半导体产业等长期以来一直对议会施加强压，坚持使用反倾销，反对任何取消或限制性的安排。[③] 而对于 NAFTA 第19章的规定，美国国内持违宪论等强烈的批判意见，故在其后的自由贸易区谈判中对反倾销特别条款的引入一律持反对态度。[④] 譬如在近期刚生效的韩美自贸区的谈判过程中，韩国曾试图寻求达成类似的条款，即设立一个反倾销调查的磋商程序，但美国无法认同该请求。一些美国的观察员认为倘若这一请求被接受，韩国将有可能不公正地干涉美国适用其自身的反倾销法，而事实上此乃该请求的重点。[⑤]

与美国相比，同为传统重度使用者的欧盟则略显积极。欧盟对内以及在与欧洲自由贸易联盟 EFTA(除瑞士外)组成的欧洲经济区 EEA 中一直致力于不断深化区域内的市场一

---

① 有学者指出，美国在美国-以色列自由贸易协定(US-Israel FTA，1985)以及美国—多米尼加—中美洲自由贸易协定(US-Dominican Republic-Central America FTA，2005)中规定的反倾销调查时对来自区域内成员进口的产品数量及影响不予与其他区域外国家"累积计算"(Non-cumulation)的限制性做法，亦值得关注。参见 Dukgeun Ahn, Foe or Friend of GATT Article XXIV: Diversity in Trade Remedy Rules，第112—113页。

② 如 Robert Teh, Thomas J. Prusa at el., *Trade Remedy Provisions in Regional Trade Agreements*，第20—21页。

③ 参见川岛富士雄，《地域经济统合におけるダンピング防止措置の适用に关する规律—横断の比较を通じた规律导入の条件に关する考察》，第33页。

④ 参见 Kenneth J. Pippin, "*An Examination of the Developments in Chapter 19 Antidumping Decisions under the North American Free Trade Agreement (NAFTA): The Implications and Suggestions for Reform for the Next Century Based on the Experience of NAFTA after the First Five Years*", 21 *Michigan Journal of International Law*，101—129(1999)。

⑤ Richard Baldwin, Simon Evenett, Patrick Low, *Beyond Tariffs: Multilateralising deeper RTA Commitments*，第16页。

体化程度,取消反倾销措施,并代之以统一的区域竞争法,由超国家机构予以执行。除此之外,欧盟对外所加入的大多数的区域贸易协定几乎都对反倾销做出特别安排,并具有一系列的共性。① 例如,均设有一个区域实体(regional body)管理整个区域贸易,称为联合委员会(joint committee)。涉案的区域成员先于发动或发动反倾销调查时,向该区域实体通知,并且努力达成解决方案。在解决方案无法达成时,反倾销程序(调查以及最终决定)继续进行。就该类区域实体的功能而言,有观点认为虽然区域实体在形式上提供了一个磋商或通知的平台,但实质上并未在域内反倾销程序的展开中起到核心作用。②

自 20 世纪 90 年代中期以来,以印度、巴西、南非、阿根廷、墨西哥等既往主要的"被反倾销的"发展中国家为典型代表,开始主动积极地使用反倾销,其频率甚至超过传统的重度使用者,成为新的重度使用者。③ 考察上述国家所加入的区域贸易协定,可以发现,无任何一国在其所加入的自由贸易区中取消反倾销措施,仅少数做出限制性的修改,例如印度-新加坡自贸区(2005)。而在追求进一步深度一体化的区域中,例如以阿根廷、巴西、乌拉圭和巴拉圭等为成员的世界上第一个完全由发展中国家组成的旨在建立共同市场—南方共同市场MERCOSUR(1991),也朝着区域内完全取消反倾销的目标迈进。④ MERCOSUR 根据进口来源不同对反倾销实施双重规制。其中,各成员国内当局应为域内反倾销调查而协调行动,同时设立一个共同的法律框架用以调查来自第三国的进口倾销行为。一旦过渡期结束、尚未批准的有关域内竞争法制的"福塔雷萨议定书"(Protocol of Fortaleza)予以实行,域内的反倾销法将完全取消并为一个共同的竞争政策所取代。⑤ 由此,在关注传统重度使用者的同时,上述新的主要使用反倾销的发展中国家在既存的及未来的区域贸易谈判中对反倾销的立场及动向亦值得追踪研究。

综上所述,无论是传统重度使用者的美国和欧盟,抑或作为新的重度使用者的发展中国家,均对区域贸易内废除反倾销措施持保守态度。实践中在区域贸易内取消或积极推进限制反倾销措施的,往往是使用反倾销较少的国家或地区。

(三)反倾销制度实践安排考察之三:以区域为单元

以区域为单元来看,如上述分类所示,目前已取消反倾销的区域共有 9 个:EU、EFTA、EEA、ANZCERTA、EFTA-新加坡、EFTA-智利、加拿大-智利、中国-香港、中国-澳门。⑥ 其中,EU、EFTA 以及 EEA 的市场一体化程度较高,甚至已达共同市场的深度,三者均在区域内取消反倾销法,并代之以统一的区域竞争法,由超国家机构予以执行。与此类似,由澳大利亚和新西兰组成的 ANZCERTA(1983),旨在通过市场一体化、规模经济以及竞争活跃化

---

① 欧盟-智利、欧盟-埃及、欧盟-黎巴嫩、欧盟-墨西哥、欧盟-南非等区域贸易协定仅确认保留 WTO 反倾销协定项下的权利义务。参见 Robert Teh，Thomas J. Prusa at el.，*Trade Remedy Provisions in Regional Trade Agreements*,第 19 页。

② 参见同上,第 20 页。

③ 有关新的重度使用者的论述,例如:Junji Nakagawaed.，*Anti-Dumping Laws and Practices of the New Users* (Cambridge：Cambridge Univ. Press),2007。

④ 参见 Guasch，J. Luis and Rajapatirana，Sarath，*Antidumping and Competition Policies in Latin America and Caribbean：Total Strangers or Soul Mates?* World Paper Working Paper(1998)，pp. 1—26，http://www. worldbank. org/ html/dec/Publications/Workpapers/WPS1900series/wps1958/wps1958. pdf (last visited June 3，2012)

⑤ 参见 Ian Wooton and Maurizio Zanardi．*Trade and Competition Policy：Anti-Dumping versus Anti-Trust*,第 10 页。

⑥ 除该 9 个区域贸易协定外,尚有其他区域贸易在考虑取消反倾销的可能性。例如,EFTA-韩国自贸区在第 2.10. 2 条规定,协定生效后五年,成员将审查 AD 是否保留的必要性;智利-西班牙自贸区在第 20—08(b)条中提到,成员同意在生效后一年内开始取消反倾销的谈判。

以提高效率及竞争力,其中废除关税等并协调竞争法可谓达成该单一市场的战略政策之一。[①] 而两国所具有的其他经济圈无法比拟的法律背景等的高度相似性以及紧密的协作关系,为取消反倾销法并协调相互竞争法提供了重要的环境基础。例如关于 ANZCERTA,Taylor 就认为:"成功以竞争法取消反倾销法⋯⋯似乎与商业实践、法律制度以及现有的竞争法的高度相似性有关,并基于类似的社会、经济和文化背景。"[②]

即使是在一体化程度较浅的自由贸易区中,亦有取消反倾销的实践,EFTA-新加坡(2003)和 EFTA-智利(2004)自贸区即采取了取消反倾销法并协调相互竞争法的做法。EFTA-新加坡自贸区协定第 16 条规定:"一方不应对来自另一方的产品适用 WTO 关于执行 GATT1994 第 6 条的协定项下规定的反倾销措施。"它建议使用竞争政策领域的必要措施来代替反倾销措施。这一方式随后也出现在 EFTA-智利自贸区中。[③] 应当注意,EFTA、新加坡、智利等作为多边 WTO 谈判中的"反倾销之友"(Friends of Antidumping Negotiations,"FANs"),他们除彼此之间取消反倾销外,也成为下文所述的在各自加入的区域贸易中积极推进限制反倾销措施的实行者。[④]

上述区域贸易实践似乎表明,除实现市场一体化外,存在竞争法这一替代措施亦为取消反倾销的必要前提之一。然而,加拿大-智利自贸区(1997)可作为该例外的代表。加拿大与智利两国于协定中明确相互豁免使用反倾销法,却并未代之以竞争法。[⑤] 协定在第 M—05(b)条明确了达成该自贸区的重要目的之一是推动和促进智利加入 NAFTA。一方面,加拿大积极追求在 NAFTA 内部取消反倾销而最终未果,另一方面,作为"反倾销之友"一员的智利也在其他协定中寻求取消或严格化反倾销措施,两国在该点上达成合意,于区域内取消反倾销。特别值得关注的是,协定在第 M—05(c)条确立了双方设立委员会以"商议各种与其他具有相似意向(like-minded)的国家合作的机会,以扩大在自由贸易区中取消反倾销措施的合意",这充分表明了加拿大及智利所共同追求的并不仅限于本自贸区,而是在与所有 like-minded 国家设立的自由贸易区中一律取消反倾销措施的目标。[⑥] 这也可以解释下文所述的两国分别在所加入的自由贸易区中积极推进限制反倾销措施的努力。

[①] 参见川岛富士雄,《地域経済统合におけるダンピング防止措置の适用に関する规律—横断的な比较を通じた规律导入の条件に関する考察》,第 32 页。

[②] 参见 Martyn D. Taylor, *International Competition Law: A New Dimension for the WTO?* 第 274—276 页。

[③] 参见 Dukgeun Ahn, *Foe or Friend of GATT Article XXIV: Diversity in Trade Remedy Rules*,第 120—121 页。

[④] "A number of members believe that the existing Anti-Dumping Agreement should be improved... An informal group of 15 participants (Brazil; Chile; Colombia; Costa Rica; Hong Kong, China; Israel; Japan; Rep of Korea; Mexico; Norway; Singapore; Switzerland; Chinese Taipei; Thailand; and Turkey), calling themselves" Friends of Anti-Dumping Negotiations "(FANs), have tabled many proposals for tightening disciplines on the conduct of anti-dumping investigations." 参见 WTO 主页:http://www.wto.org/english/thewto_e/minist_e/min05_e/brief_e/brief08_e.htm (last visited June 3, 2012).

[⑤] 也有学者认为,加拿大-智利自贸区是以双方保障措施(bilateral safeguard measures)替代反倾销。参见 J de Araujo, C Macario and K Steinfatt, "Antidumping in the Americas", 35 *Journal of World Trade* 568—570 (2001).

[⑥] Canada-Chile Free Trade Agreement, Article M—05(b): The Parties hereby establish a Committee on Anti-dumping... to work together in multilateral fora, including the World Trade Organization, and in the context of negotiating Chile's full accession to the NAFTA and the establishment of a Free Trade Area of the Americas, with a view to improving trade remedy regimes to minimize their potential to impede trade. Article M—05(c): The Parties hereby establish a Committee on Anti-dumping... to consult on opportunities for working together with other like-minded countries with a view to expanding agreement on the elimination of the application of anti-dumping measures within free trade areas.

此外，2003 年中国与香港以及澳门间分别签署的《内地与香港关于建立更紧密经贸关系的安排》和《内地与澳门关于建立更紧密经贸关系的安排》(Closer Economic Partnership Arrangement，"CEPA")中均规定有"双方承诺一方将不对原产于另一方的进口货物采取反倾销措施"的条款，而未提供任何替代性方案。该类情况中取消反倾销的做法被视为是对更高的政治一体化的需要。①

在区域贸易内对反倾销做出特别规定的，除上述 9 个取消反倾销外，其他的主要为通过对 WTOADA 进行实体或程序性修改，进而严格化反倾销的适用。积极推进这种限制性安排的国家或地区主要有两类，一类为一体化程度相对较深，旨在创设共同市场的区域贸易协定。该类协定往往授权区域机构调查或审查国内机构有关反倾销的最终决定，例如上述分类中所示的安第斯共同体的秘书长(The Secretary-General of the Andean Community)、中美洲共同市场的秘书处(The Secretariat for Central American Economic Integration，"SIECA")、加勒比共同体的贸易和发展委员会(The Council for Trade and Development of the CARICOM)、西非经货联盟的委员会(The UEMOA Commission)等，以提供更多的区域内解决争端的途径。

另一类为一体化程度相对较浅的各种自由贸易区。通过整理可以发现，大部分的该类自由贸易区，特别是 1990 年以后，至少有一方成员系或曾系 WTO 多边谈判中积极主张反倾销严格化的"反倾销之友"，例如：EFTA(挪威、瑞士)、新加坡、韩国、智利、墨西哥、加拿大等②，他们在区域贸易内也成为积极推进限制反倾销措施者，将之作为取消反倾销的妥协方案。有学者曾以新加坡为轴，研究其所加入的自由贸易区中反倾销措施的安排，发现新加坡在与其他国家或地区的区域贸易谈判中，在反倾销问题上一贯追求取消或限制性的安排，进而得出结论：通过在区域贸易中以如此方式推动反倾销修改，从而累积经验"形成先例"(precedent setting)，以谋求长久以来多边反倾销改革困境的扭转，此系新加坡在反倾销问题上的战略。③

通过从宏观和微观上分别对实践中既存的以及正在构建的世界主要区域贸易协定中反倾销制度安排的考察与整理，结合前文有关的理论分析，可以看出，不断深度的一体化与逐步取消反倾销之间在理论上的对应关系，可由为数甚少的已实现或旨在实现市场一体化(进一步的还有政治一体化)的区域贸易实践所印证，但大量存在的仅止于浅度一体化的自由贸易区在区域协定中或对反倾销议题只字不提，或仅确认保留 WTOADA 项下的权利义务。世界上主要使用反倾销的国家或地区，既包括美国以及欧盟等传统重度使用者，也包括印度、巴西等新的重度使用者，均无一在所加入的自由贸易区中取消反倾销。而实际于自由贸易内取消反倾销措施的，主要是使用反倾销较少的国家或地区，例如 EFTA、新加坡等，这些国家或地区均为或曾为"反倾销之友"，因具有取消反倾销措施的相似意向(like-mindedness)，或彼此取消反倾销的适用并代之以竞争措施，或仅取消反倾销。同时，为将取消反倾销措施这一合意扩大至其他自由贸易区，该类国家或地区分别在各自所加入的自由贸易区

---

① 例如，就 Tania Voon, *Eliminating trade Remedies from the WTO：Lessons from Regional Trade Agreements*，第 640 页。

② 加拿大曾为反倾销之友的一员，后退出。

③ 参见川岛富士雄，《地域経済統合におけるダンピング防止措置の適用に関する規律—横断的な比較を通じた規律導入の条件に関する考察》，第 29 页。

中积极推进以对多边 WTO ADA 的实体或程序性修改的方式作为取代反倾销的妥协方案，特别是 1990 年以来，以类似于先例形成的方式，不断地扩大自由贸易区中对反倾销做出限制性安排的影响力。除此之外，亦有旨在实现市场一体化的区域，例如安第斯共同体、南方共同市场等，经由对多边 WTO ADA 的实体或程序性修改而逐步过渡到取消反倾销的做法。

三、对中日韩自贸区内反倾销安排的启示

通过上文对区域贸易协定中反倾销存废问题的理论以及实践的系统性研究，从中可为我国今后在各类区域贸易协定包括中日韩自贸区在内的谈判中，涉及反倾销的安排问题上提供一种基本的分析思路：

首先，从国际实践来看，可供区域贸易协定在反倾销安排上的参考方案大致有三种：第一种为仅确认 WTO ADA 项下的权利义务；第二种为在实体或程序上对 WTO ADA 的权利义务进行严格化修改；第三种为取消反倾销（可伴随代之以域内统一竞争法或协调各国竞争法）。

其次，在评估上述何种方案具有可行性时，应结合考虑理论上区域经济一体化与反倾销存废的对应关系，考察各国政府达成区域贸易协定所希冀达成的经济一体化程度，进而以"二分法"进行全面客观分析：倘若通过区域贸易的构建，旨在不断推进一体化的深度，最终形成单一市场，实现市场一体化（market integration），那么因共同市场排斥反倾销的存在，故取消反倾销应作为终极方案。该选择应结合考虑是否以及如何与竞争法相协调，同时不排除以 WTO-plus 模式为过渡性方案；倘若所达成的仅止于诸如自由贸易区或关税同盟等浅度一体化，那么重点应探讨的为各国政府在反倾销问题上是否具有以及具有何种程度的相似意向（Like-mindedness），以决定何种方案可行。在该相似意向的判断上，须对各国在反倾销问题上的一贯立场、既往加入的区域贸易协定中对反倾销所持态度、相互间反倾销摩擦情况、相关涉案调查产业及利害关系人等各种要素进行综合分析与调查。

最后，在反倾销安排的谈判中，除以上述"二分法"客观评估得出可行性方案之外，还应针对不同区域贸易协定的对象，从我国的战略政策（strategic policies）考虑出发，对反倾销安排的方案进行主观衡量。譬如，反倾销安排是否可作为我国在该区域贸易内其他领域谈判中获得让步的筹码等。

结合以上思路来看中日韩自贸区的反倾销安排问题，笔者以为应着重考察两大要点：第一，三国政府通过自贸区所希冀达成的经济一体化程度；第二，三国政府在反倾销问题上具有何种程度的相似意向。

（一）中日韩合作之终极目标：共同市场

中日韩自贸区作为东北亚区域经济整合的关键所在，系中国区域经济一体化战略的重点课题。自 2002 年在中日韩领导人会晤中首次提出中日韩自贸区这一构想至今，三方先后签署并发表了《中日韩推进三国合作联合宣言》等一系列纲领性合作文件，逐步明确了三国合作的原则及目标，并不断地拓宽合作内容及领域。2010 年，三国通过《2020 中日韩合作展望》，强调尽快完成中日韩自贸区"官产学联合研究"，而 2011 年底通过的《中日韩 FTA 官产学联合研究报告》则标示着该共同研究的顺利完成。今年 5 月 13 日举行的第五次中日韩领导人会谈上，三方领导人不但正式签署了中日韩投资协定，还同意年内启动自贸区协定谈

判,从而进一步推进对贸易救济等其他重要议题的深入探讨。

尽管中日韩以达成自由贸易区协定为现阶段谈判的核心,从相关纲领性合作文件可以看出,不断地推进区域经济一体化的程度,从浅度的浅度、浅度逐步过渡到深度、深度的深度,从自由贸易区出发最终达成共同市场系三国政府的共识。《2020 中日韩合作展望》的前引指出,中日韩三国政府以每十年为期限不断加深合作,除肯定过去十年来三国在政治、经济、文化和人员交流方面所取得的务实合作成果[①]外,明确到 2020 年即下一个十年结束时应该实现的具体目标和远景后,三国需要集中力量,推动三国合作达到新的高度。据此,三国政府决定"机制化与提升三国伙伴关系"、"发展可持续经济合作,实现共同繁荣"、"环保合作"、"扩大人员和文化交流合作,增进友好关系"、"共同促进地区和国际的和平稳定"五方面的合作,并各详述了具体目标。其中,在"发展可持续经济合作,实现共同繁荣"项下的第一条就指出:"我们将努力在 2012 年之前,完成于 2010 年 5 月启动的中日韩自贸区联合研究。通过联合研究,我们将寻求三国对有关问题的共识,为将来谈判建立三国自贸区提供务实参考。另外,我们将继续努力,促进三国经济在远期实现一体化,包括在本地区建立共同市场。"[②]这表明三国政府通过区域贸易的构建,旨在不断推进一体化的深度,最终形成共同市场,亦即意味着取消反倾销应确立为中日韩合作的终极方案。

(二)中日韩自贸区之相似意向:WTO ADA plus

考虑到共同市场这一终极目标在实际推进中可能面临的经济、政治、文化等种种困难,目前较为现实的是探讨作为浅度一体化的中日韩自贸区内反倾销安排的方案:仍仅保留 WTO ADA 项下的权利义务,或是通过在实体或程序上对 WTO ADA 进行严格化修改从而逐步过渡到终极方案,抑或直接取消反倾销? 对该问题的回答应综合各方面要素以考察三国在反倾销问题上的相似意向。

其一,从在反倾销问题上的一贯立场来看,中日韩三国至少在对 WTO ADA 进行严格化修改上达成共识。同为出口大国,中日韩均为频繁遭受反倾销的国家。据 WTO 数据最新统计,自 1995 年初至 2011 年底,世界上总共有 853 起反倾销调查是针对中国,284 起对韩国,165 起对日本,分列第 1,2 以及第 5 位。[③]故在减少反倾销措施对本国贸易的影响和冲击方面,三国在利益上有着一定程度的一致性。中日韩三国先后成为 WTO 的反倾销之友,并自多哈回合以来,均致力于改善现行 WTO ADA,努力营造透明以及可测的贸易环境。特别注意的是,先于中国入世的日韩两国曾在此前设立的 WTO 贸易和竞争政策互动工作组(The Working Group on the Interaction between Trade and Competition Policy,"WGTCP")的历次讨论中多次强调以竞争法取代反倾销法的立场。[④]

其二,自本世纪初,中日韩等亚洲国家纷纷重视并更多地投入到区域贸易谈判之中。从既往所加入的区域贸易协定中对反倾销的安排来看,中日韩三国早期签订的自贸协定多为保留 WTO ADA 项下的权利义务,近年来具有对 WTO ADA 进行严格化修改的趋势,其中

①　参见《中日韩合作(1999－2012)白皮书》,http://www. fmprc. gov. cn/chn/pds/gjhdq/gjhdqzz/zrhhz/zywj/t930269,2012 年 5 月 23 日访问。

②　参见《2020 中日韩合作展望》,http://www. fmprc. gov. cn/chn/pds/gjhdq/gjhdqzz/zrhhz/zywj/t705958. htm(最后访问于 2012 年 5 月 23 日)。

③　参见 http://www. wto. org/english/tratop_e/adp_e/AD_InitiationsByExpCty. pdf(lastvisitedMay23,2012)。

④　例如,WT/WGTCP/W/92;WT/WGTCP/W/122;WT/WGTCP/W/123;WT/WGTCP/W/73 等。

又以韩国最为积极,日本较为保守。截至目前,我国已与其他 9 个国家/地区签订区域贸易协定。① 在反倾销安排上,除内地与澳门以及香港外,早前与东盟、智利以及巴基斯坦的自贸协定中持保留 WTO ADA 权利义务的态度,而近年来与新加坡、新西兰、秘鲁以及哥斯达黎加所签订的自贸协定中则逐步增加了一些诸如尽快通知等程序上的特别规定。②

迄今为止,日本已与其他 13 个国家/地区正式签订区域贸易协定(日本称之为"经济连携协定",即 Economic Partnership,"EPA")。③ 日本在反倾销安排上一直持保留态度。实际上,早在与新加坡签订首个 EPA 的讨论中,日本曾表达过希冀于日本—新加坡 EPA 中创设反倾销、补贴、保障措施规范法,以探索在此类领域中超越 WTO 框架的可能性。其中在反倾销问题上,曾有:1)除掠夺性价格外互不适用反倾销;2)对掠夺性价格等企业反竞争性行为采取适当的措施,以在竞争政策领域创设合作机制为条件而取消反倾销;3)引入最小幅度、是否与竞争法相符测试等 WTO ADA plus 规则;以及 4)仅确认 WTO 协定上的权利和义务四种备选方案。④ 但最终出于对完全取消反倾销等可能会对经济界造成担忧,以及与 WTO 最惠国待遇原则一致性等考虑,采取了上述第四种方案。⑤ 此后日本一直维持该立场,直至 2011 年与印度所签订的自贸协定中增加了尽快通知以及提供全文资料的程序性修改。⑥ 至 2012 年,韩国已与包括欧盟及美国在内的 8 个国家/地区签订区域贸易协定。⑦ 除早期与智利及东盟签订的自贸协定外,韩国积极地寻求与区域内成员达成对 WTO ADA 的实体或程序上的修改规则。⑧ 同样,多数韩国学者也主张中日韩自贸区内亦引入相应的方案。⑨

其三,从中日韩三国间反倾销摩擦情况来看,根据 WTO 最新数据统计,自 1995 年至 2011 年底,中国总共发动 191 起反倾销调查,其中对日本 32 起,对韩国 31 起,总共实施 151 起反倾销措施,其中对日本 25 起,对韩国 26 起;日本总共发动 6 起反倾销调查,对中国及韩

---

① 按签订的时间顺序分别为:中国—东盟(2002),内地—香港(2003),内地—澳门(2003),中国—智利(2005),中国—巴基斯坦(2006),中国—新西兰(2008),中国—新加坡(2008),中国—秘鲁(2009),中国—哥斯达黎加(2011)。见中国自由贸易区服务网:http://www.mofa.go.jp/mofaj/gaiko/fta/index.html(最后访问于 2012 年 5 月 23 日)。

② 中国—新西兰自贸协定于第 61、62 条中规定了以透明的方式、以不武断或保护主义的方式实施反倾销、反倾销调查申请后的尽快通知义务。中国—新加坡自贸协定于第 38、40 条中作出了类似的规定,并在第 39 条中规定了双方的合作和磋商。中国—秘鲁自贸协定第 77 条以及中国—哥斯达黎加自贸协定第 86 条分别详述了反倾销调查申请后的尽快通知义务、采纳英语(或提供英文译本)、遇到信息困难时的帮助义务以及信息披露义务。

③ 按签订的时间顺序分别为:日本—新加坡(2002),日本—墨西哥(2004),日本—马来西亚(2005),日本—菲律宾(2006),日本—智利(2007),日本—泰国(2007),日本—文莱(2007),日本—印度尼西亚(2007),日本—东盟(2008),日本—越南(2008),日本—瑞士(2009),日本—印度(2011),日本—秘鲁(2011)。参见日本外务省网,http://www.mofa.go.jp/mofaj/gaiko/fta/index.html(最后访问于 2012 年 5 月 23 日).

④ 参见 http://www.mofa.go.jp/mofaj/area/singapore/kyotei/kyotei.pdf(lastvisitedMay23,2012).

⑤ 参见川岛富士雄,《地域経済統合におけるダンピング防止措置の適用に関する規律—横断的比較を通じた規律導入の条件に関する考察》,第 22—25 页。

⑥ 日本—印度自贸协定第 24 条。

⑦ 按签订的时间顺序分别为:韩国—智利(2003),韩国—新加坡(2005),韩国—EFTA(2005),韩国—东盟(2005),韩国—印度(2009),韩国—欧盟(2010),韩国—秘鲁(2011),韩国—美国(2012)。参见韩国自由贸易协定网,http://www.fta.go.kr/new/ftakorea/kor_chile.asp?country_idx=11(最后访问于 2012 年 5 月 23 日)。

⑧ 参见韩国—新加坡自贸协定第 6.2.3 条(a)及(b)规定。

⑨ 参见例如:[韩]Soon-Chan Park,《中国反倾销措施对贸易的影响以及对东北亚 FTA 的启发点》,《贸易救济》2004 年 10 月 16 日,第 101—127 页;[韩]Shin Won Gyun & Gho Du Hwan,《对 FTA 与域内国家间反倾销的研究:韩中日 FTA 的提示点》,《贸易救济》2006 年 1 月 21 日,第 255—290 页。

国分为 1 起,总共实施 7 起反倾销措施(其中 1 起的调查先于 1995 年),对中国及韩国亦分为 1 起;韩国总共发动 111 起反倾销调查,其中对中国 23 起,对日本 16 起,总共实施 72 起反倾销措施,其中对中国及日本分为 19 起及 13 起。[①] 由此可见,日本因其在反倾销上的谨慎态度,极少对外发动调查或实施措施,三国间反倾销的主要使用者为中国和韩国,所发动或采取的反倾销数量均占总数比重大。有鉴于三国反倾销摩擦的现状,目前来看,较 WTO ADAplus 方案,在中日韩自贸区内达成直接取消反倾销的共识似乎并不容易。

值得注意的是,考察中日韩各自对外反倾销摩擦情况发现,居于最多的涉案产业均为化工产品(Products of the Chemical or Allied Industries)。[②] 就中国而言,对外发动的 191 起反倾销调查中有 107 起集中在化工产业。并据笔者不完全统计,在我国分别对日韩发动的 30 多起中,有 20 多起涉及的是化工产品。这意味在中日韩自贸协定谈判中,任何取消或限制反倾销的安排,须特别关注化工这一敏感产业。可以预测的是,随着区域贸易自由化的不断推进以及一体化程度的加深,中日韩三国化工产业生产链将逐步实现跨国化,对反倾销的诉求亦会大幅降低,这也将推进三国朝着完全取消反倾销的相似意向迈进。

综上所述,通过对中日韩三国政府构建自贸区所希冀达成的经济一体化程度以及三国在反倾销问题上具有何种程度的相似意向的考察,笔者的基本观点为:取消反倾销应确立为中日韩合作的终极方案,该终极目标的实现可通过中日韩自贸区在实体或程序上对 WTO ADA 进行严格化修改而逐步过渡。《中日韩 FTA 官产学联合研究报告》也指出在未来的谈判中,三国应讨论引入 WTO-plus 要素的可能性。[③]

结　语

中日韩自贸区的谈判已提上日程。其中贸易救济的议题,特别是对反倾销制度安排的全面研究,更因三国在减少反倾销措施对本国贸易的影响和冲击方面存有一定程度的一致性,而极具现实意义。本文系该系列研究的第一步,即通过对区域贸易协定中有关区域经济一体化理论与反倾销存废的分析与梳理,以及对既存的和正在构建的世界主要区域贸易协定中反倾销制度安排的考察与整理,试图勾勒出区域贸易协定中有关反倾销问题的研究体系,进而探究中日韩自贸区内反倾销安排的分析思路,得出总体结论,为下一步研究奠定基础。

笔者认为,从理论上来看,区域贸易中反倾销的存废之争与区域经济一体化密切相关,并且不断地深度一体化的区域贸易协定倾向于成员间废除反倾销制度。特别是当区域贸易协定的一体化深度已达到创建"共同市场"以上程度时,反倾销因与"单一市场"这一根本宗旨相悖,其于成员国之间的取消是必要的。然而,不断深度的一体化与逐步取消反倾销之间在理论上看似单纯的对应关系,却因大多数区域贸易协定仅止于浅度一体化之现实而变得复杂。相关实证研究表明,大部分区域贸易协定未提及反倾销议题或仅确认保留 WTO ADA 项下的权利义务,小部分对该多边规定做出取消或限制性修改,并可根据修改的方式不同分为"取消反倾销法＋统一区域竞争法"型、"取消反倾销法＋协调国内竞争法"型、"取

---

① WTO 最新数据统计参见:http://www.wto.org/english/tratop_e/adp_e/adp_e.htm(lastvisitedMay23,2012)
② 按产业别参见:http://www.wto.org/english/tratop_e/adp_e/adp_statindex_e.pdf(lastvisitedMay23,2012)
③ 参见 Joint Study Report for an FTA among China,Japan and Korea,第 56 页。

消反倾销法"型、"WTO ADA 实体 plus"型以及"WTO AD 程序 plus"型五种类型。

上述研究可为我国在今后的区域贸易协定谈判中涉及反倾销安排问题上提供一种基本的分析思路。结合该思路来看中日韩自贸区的反倾销安排问题,本文的基本观点为:以取消反倾销为终极方案,以 WTO ADA plus 为过渡性方案。有关 WTO ADA plus 实体或程序上的具体方案、取消反倾销法与竞争法协调关系等问题则有待进一步的研究。

外国人签证立法问题刍议

翁 里

【摘要】 新出台的《中华人民共和国出境入境管理法》将于 2013 年 7 月 1 日施行。我国的新出入境法在立法理念上突出了"服务"与"管理"并重的原则,在外国人入境管理上增设了人才签证类别,实施管理部门间信息共享以及留存出入境人员人体生物信息等改革举措。然而,笔者以为新出入境管理法在外国人签证的立法欠完善;新法在纳才引资及外国人入境、居留管理等方面规定略显不足,新法第 16 条关于调整外籍人士入境管理的内容亦有缺陷。因此,笔者将借鉴外国移民法,结合本国国情,探讨如何通过完善外国人的签证系列,以利新时期依法管理越来越多的入境外国人。

【关键词】 新出入境法;技术移民;投资移民;外国人;签证管理

引 言

2003 年 10 月,公安部曾提出制定《出境入境管理法》的建议,历时近十年,至 2012 年 6 月 30 日,十一届全国人大常委会第 27 次会议终于通过我国新《出入境管理法》,该法将在 2013 年 7 月 1 日正式实行。较之以往依据法律主体国籍不同而区分中国公民与外国人分别立法,新《出入境管理法》将两者融合为一,统一规定,促进了法律简化与执行便利,但细究新法有关条文时仍不难发现新法存有旧法之遗迹,体现了出入境法律的延续性与相承性。

毋庸置疑,新《出入境管理法》在处理"三非"问题,构建高科技出入境管理执法系统等方面均有较大改进,但新《出入境管理法》虽然在普通签证类别下增设了人才引进的新型签证,却遗憾地未能对此作出细化规定,而针对投资移民的相关签证类别更是只字未提。因此,针对新《出入境管理法》的立法缺陷,笔者将在外国同类立法比较的基础上,扬长避短地探讨完善我国出入境管理法律制度的举措。

一、新《出入境管理法》第 16 条的缺陷

比较新《出入境管理法》第 13 条对华侨回国定居申请制度的保留,新法第 16 条主要是对外国人入境管理作出一些创新性的修改。原《中华人民共和国外国人入出境管理法》并未对外国人入境签证类别加以规定,而是在其实施细则中予以明确。新法第 16 条在普通签证中增加了人才签证这一新类别,并进一步明确外交签证、礼遇签证、公务签证的签发范围和签发办法由外交部规定,普通签证的类别和签发办法由国务院规定。

作者简介:翁里,浙江大学国际法学研究所副所长、副教授、硕士生导师,浙江省国际经法研究会秘书长;主要研究领域:国际移民法、涉外警务等。本文系 2012 年度教育部人文社会科学研究规划基金项目《技术移民法立法与引进海外人才》(项目批准号:12YJA820040)阶段性研究成果之一。

尽管设立"人才签证"体现了中国在当今国际竞争中对于优秀人才的渴望,但制定新法第 16 条对吸引国际人才入境中国定居恐怕难有实质促进作用。究其原因,主要在于以下两点:第一,当代国际竞争的基础是科学技术,而科学技术发展的载体是人才,支撑是资金,经过改革开放 30 多年的发展,中国在人才培养和资金储备上可谓建树颇多,但是相较于西方发达国家而言仍有薄弱,因此吸引本国留洋人才回国和国外高级知识分子来华成为中国发展本国科技的必经之路,此外吸纳国际资本投资中国产业也是增加中国经济在全球竞争力的一个重要筹码,而吸引外资的直接方法就是需要外国投资者来华,所以外国人入境乃至在中国永久居留就成为中国纳才引资的最重要途径,吸引技术移民与投资移民来华也成为中国出入境管理和移民管理的重中之重。

第二,尽管新《出入境管理法》出台,对于技术移民和投资移民的相关规定仍有欠缺,主要表现在两个方面,即入境签证上和永久居留上。新法第 16 条规定了人才签证,其主要与技术移民入境相对应,但是人才签证的具体操作新法并未明文规定,而是交由国务院再具体规范。而对于投资移民的入境签证新法则只字未提。在永久居留方面新法主要在第 47 条和第 48 条作出了规定,但主要明确的是永久居留的审核批准机关以及外国人取得永久居留权后在中国的生活等相应规范,对于最重要的内容即永久居留资格的取得,新法只是用了"对中国经济社会发展作出突出贡献或者符合其他在中国境内永久居留条件"这一模糊性较强的规定一笔掠过。

着眼新法的立法目的,尽管立法机关已经意识到吸引技术移民和投资移民来华的重要性,但是相关立法的修改却未能及时跟上。笔者以为借鉴其他国家对上述两类移民的立法,无疑对完善中国出入境管理法律制度有所裨益。

二、中国技术移民立法与签证

国际移民的概念,是伴随着近代民族国家的形成和发展而逐渐明晰的,依据分类标准的差异,国际移民的下属分类也大相径庭。例如依据移民行为的目的作为标准,可以将国际移民划分为职业移民、留学移民、投资移民、家庭移民以及国际难民等五类。其中职业移民根据移民所从事的职业类别,参考学历技术等因素,又可将其分为技术移民与一般职业移民。而技术移民相对于一般职业移民,具有较高的学历或专门技术,在国际竞争中是各国争抢的目标。

(一)技术移民立法的重要性

技术移民(Skilled Migration)是指掌握了符合接纳国规定的高技术的移民,其因为能够在接纳国得到比其原居国更好的待遇或自认为更合适的发展机会而选择移民。其属于一国的海外人才储备力量,对于一国的经济发展与综合国力的提升有着重要的作用。例如美国利用两次世界大战大量从欧洲吸收科技人才,极大地推动了生产力的发展与科技水平的提升,在科技与经济上超越欧洲诸国,成为世界霸主。

中国政府也开始意识到技术移民在全球竞争中所起到的影响,开始从法律层面上吸引技术人才来华,如 2002 年 5 月 7 日,中共中央和国务院发布《2002—2005 年全国人才队伍建设规划纲要》中要求"研究制定投资移民和技术移民法,为吸引和聘用海外高级人才提供法律保证"。虽然如此,中国技术移民立法相对于世界各移民大国仍然较为落后,技术移民的数量和比例仍然较低,如 2004 年 8 月—2005 年 9 月,中国共批准 649 名外国人获得中国永久居留权,没有细分获得永久居留的种类。

2006—2010 年,美国年均引进 119,002 名技术类永久居留移民。此外,中国出入境管理法的若干条款含义不清楚,有些法规相互矛盾,政策替代法律不易为外国人所掌握等薄弱环节。面对各国竞相完善本国移民立法吸引技术移民的国际背景,笔者认为中国尽快完善技术移民立法工作,对纳才引智的外国人入出境管理法律体制改革也是十分重要且必要的。

(二)美国技术移民法律评述

美国作为移民输入国拥有较完善的移民法体系;而且其移民法律也是与时俱进的。事实上,美国移民法中并无技术移民的概念,美国移民法理论将外来移民划分为职业移民、投资移民以及亲属移民三大类;颁发给这三种移民的签证类别移民法中还有具体的细分。职业移民旨在吸引各国拥有专业技能、高学历或过硬技术的人才移民美国,其实质和技术移民相同,对此类移民美国直接给予职业类永久居留权,签发 EB 类移民签证。此外,美国通过不同的专业技能、学历与技术对 EB 类移民签证进一步细分,以便利实际操作,见表 1。

表 1　EB 类移民签证类别

签证种类	类别	适用对象
EB—1(a)	特殊人才	国际著名特殊人才
EB—1(b)	杰出教授或研究员	博士学者或研究员
EB—1(c)	跨国公司高阶主管	跨国公司高阶主管
EB—2	专业人士	硕士学历以上专业人士或学士学历,且具备 5 年以上工作经验
EB—3	技术人员、专家及其他	从事技术性工作,且具有学士以上学历或 2 年以上专业训练
EB—4	宗教工作	神父、牧师、道士或宗教工作者等

在对职业移民作出签证种类、类别与适用对象细分之后,美国对职业移民资格的认定还有其他的附加规定,从而形成以 EB 类移民签证为主,相关附加认定为辅的职业移民认定体系,法律规定的明确带来的是操作上的简便易行。如以 EB—1 特殊人才认定为例,针对 EB—1(a)类国际著名特殊人才,其必须是在科学、教育、商业、艺术或体育方面等表现杰出,参与国际竞赛获奖或曾经取得某国际证书或勋章文件者,希望能在美国继续发展并对美国社会有所帮助者;针对 EB—1(b)类博士学者或研究员,其在某特定学术领域中学有专精,曾经获得国际肯定的知名学者教授或研究人士,还应在该学术领域中由三年以上的教学经历或研究经历,在移民美国后也应从事类似教学或研究;针对 EB—1(c)类跨国公司高阶主管,要求其在申请移民前三年在该跨国公司具备一年以上主观经历,并在移民后在该公司或相关企业从事管理阶层的工作。而 EB—2 的适用对象是具有硕士学历以上或具备 5 年以上工作经历的学士学历的专业人士,其一般面向在法律、会计、医学等专业性较强行业工作的外国人或是在科学、艺术领域具有杰出才能的外国人。至于 EB—3 则主要从拥有娴熟的专业技能这一角度出发授予有 2 年以上工作经验或专业训练的技术人员。

不难发现,美国的移民法体系中已经建立了独特而优越的职业移民制度,其对于技术移民既有明确具体的法律规范,又有独特严格的筛选机制,再加上美国本身良好的社会环境、发达的经济水平与完善的保障制度,因而其对各国优秀人才的吸引力无疑是极大的。而面对以美国为代表的拥有完善移民体系的发达国家,中国要在全球竞争中占得先机,进一步改善自己的移民立法以吸引外国人才。

(三)中国技术移民立法的建议

以往中国技术移民立法只是较为零散的规定于《外国人入境出境管理法》与实施细则的

签证、居留的相关条款中，直到《外国人在中国永久居留审批管理办法》(以下简称《办法》)在2004年发布实行，技术移民在中国才正式作为国际移民的一项重要分类登上历史舞台。但是相比于美国关于职业移民的详细区别与分类规范，《办法》对于技术移民的认定还是太过简单。

此外，有学者认为目前我国的技术移民立法还存在以下五大问题：(1)中国移民立法总体思路封闭落后，主要从管理和规范外国人出发而没有树立与他国竞争国际人才之意识；(2)僵硬限制技术人才引进的行业，将技术人才引进单位限制于政府机构、重点大学等少数单位，缺少对民营行业等外国技术人才引进的鼓励；(3)对技术人才的定义不明，《办法》第6条第2款主要还是从国有单位与研究机构出发对技术人才作出规范，其余行业的技术人才认定非常模糊；(4)外国人才入境与永久居留非常困难，尽管人才签证已经出台，但对这一签证的实施办法以及永久居留内容并未及时跟进，有名无实，践行艰难；(5)未能规定在华留学生的人才储备制度，美英等移民大国同时也是留学大国，很大一部分技术移民即为在其国内的外国留学生，而中国留学生人数每年都有增加，移民法却未能建立相关留学生的技术移民制度，不能不说是一个遗憾。

因此针对中国技术移民立法存在的缺陷，结合美国移民法对职业移民的精心设计，或许可以对中国技术移民立法的改善有所帮助。

首先，从技术移民的立法目的上，立法机关应该转变以往规范外国人入境居留的立法思想，树立吸引外籍优秀人才与外商投资，促进本国经济发展的立法目的，这也是国际绿卡制度所普遍承认的立法目的。

其次，在技术人才引进的国内行业上，应进一步放宽外国人才的准入行业，鼓励外国人才向民营企业、事业单位以及高等院校流动，增加这些单位、行业的外国智力支持，促进行业人才资源的优化配置。

第三，针对技术移民定义问题以及入境、永久居留问题，可以通过将新《出入境管理法》的人才签证立法进一步细化与明确，给出对"技术移民"明确的法律定义，并且在人才签证下面根据外国人才职业、学历、技术掌握等情况分出不同种类的二级人才签证，辅之以永久居留制度，从而做到既能吸引外国人才来华，又能让其在中国长久居留，从而为中国建设添砖加瓦。为了加大对外国人才的吸引力度，可将人才签证与永久居留直接挂钩，只要外国人才在申请时符合相关二级人才签证的详细要求，可直接获得在中国的永久居留权。

相对于旅游签证等短期签证，无疑人才签证所附带的永久居留权将会非常诱人。而在这一永久居留签证制度建立之前，要进一步完善其相关规定。譬如可以仿照美国移民法将人才签证以职业为标准作出划分，分为商业人才、科研人才以及其他技术人才三大类。因为中国签证的设置多以签证类别中文首字英文字母作为该签证的种类，因此人才签证设为R字签证。

商业人才等二级人才签证分类可设为R—S字签证，主要面向跨国公司高级管理人才，此外设定学历标准为硕士以上加必要的工作经验年限，再额外要求来华从事类似工作这一要求以确保此类人才来华留华后仍能在相同岗位上发光发热；至于科研人才这一二级人才签证可设为R—K字签证，主要面向国外著名教授学者，学历要求可较为严格，要求博士以上，再综合考察其学术成果以及在国际的学术影响力，另外也可要求其在取得R—K技术移民签证后必须在华高校或研究机构从事相关科研工作；最后对其他技术人才这一二级人才签证分类,可作为技术移民签证的余外条款,设置为 R—J 字签证,面向艺术、体育中有杰出成就或其他专业性强的行业中有专门技术的外国人才,在艺术、体育类人才签证的颁发中应注重考核其艺术体育的取得成绩,对技术类人才则应考核其专业技能娴熟程度,对此类技术移民的学历考核不应太高,但其从事该行业的持续时间以及其在行业内的影响可成为认定的重要标准。

借鉴美国移民法关于职业移民的签证分类,或许还可以引入其他发达国家的移民配额制与移民积分制作为人才签证辅助衡量手段。目前中国尚未有完善的人才签证体系,对于外国人才的吸引也远没有达到西方发达国家的程度,因此移民配额制度的建立可以略缓,而移民积分制度的引入对于人才签证的完善或许大有助益。在一定程度上移民积分制度可以应用于人才签证中永久居留权的颁发,在从职业角度对人才签证作出二级划分之后,可利用积分制度对签证停留期作出划分,可将人才签证(R 字签证)分为短期 1 年以内,中期 1 年至 5 年及永久居留,其衡量标准即以 R 字二级签证的考核标准结合积分制而建立。

以 R—S 字签证面向的商业人才为例,笔者认为可对外国商业高管其在原有跨国公司工作取得的成绩,公司经营状况与盈利情况,该商业人才的管理水平与突出贡献等分别积分,累加后符合 R—S 字签证的签发标准即给予签证签发,此外还可通过积分累计制度,在达到一定程度时给予中期 R—S 签证,可在华停留 1~5 年,如达到具有极其突出的贡献时,积分累积到永久居留标准时即可签发永久居留 R—S 签证。面对外国科研人才亦可采取类似措施,如对诺贝尔奖获得者签发永久居留 R—K 签证,对具有其他突出科研成就的外国科研人才来华签发中期或短期 R—K 签证,从而通过吸收不同国家的技术移民立法建立具有中国特色的实用型移民立法与人才签证,在一定程度上还可以建立在华留学生技术移民制度,将留学签证(X 字签证)转化成人才签证(R 字签证)以更好地吸引国外人才促进本国发展。

三、中国投资移民立法与签证

伴随着 2004 年《办法》的实行,国际移民的另一分类投资移民也在中国登场。新《出入境管理法》对于来华投资的外国人的签证办法只在第 16 条第 3 款中规定了商务活动应签发相应类别的普通签证,而回顾已失效的《外国人入境出境管理法实施细则》第 4 条,经商这一活动的签证应颁发访问签证(F 字签证),在一定程度上可以显示经商活动正在作为一项独立的入境行为而受到独立的规范。而 2004 年《办法》对于来华投资的外国人的入境和居留无疑规定的较为详细,但是其中也存在着一定问题,因此笔者在比较美国投资移民立法的基础上,提出完善中国投资移民立法的一些建议。

(一)投资移民立法的必要性

在目的国投入了该国移民法所规定的一定数额的资金;或者在该国创业并为当地人提供了规定数额的工作机会,从而获准移民该国的外国人,即为投资移民(Investment Migration)。倘若技术移民是一国的国外人才储备,那么投资移民就是一国的国外资金支持,与技术移民相同,投资移民也是诸国极力争取的国际移民。与此对应,发展中国家的新富阶层和知识精英正在逐渐成为新世纪移民潮的主力军,中国也正成为世界最大的移民输出国。这些变化带来的结果就是大量财富向移民输入国汇聚。

2009 年加拿大投资移民全球人数为 2055 人,中国内地的名额约占 1000 名。以当时加拿大投资移民的最低标准 40 万加元计算,仅 2009 年一年,中国流向加拿大的财富就有 4 亿加元,折合人民币约等于 24 亿元。而这只是加拿大一国一年接受中国投资移民的移民投资之数额,如果计算上中国富人喜好的其他移民国家诸如美国、澳大利亚、新加坡等,再兼合考虑这些年移民的总数,不难发现,中国的财富正在源源不断地流向这些移民大国。一方面是中国富人被国外优越的生活环境吸引而选择移民,另一方面是中国因为本身移民立法的不健全而难以对外国投资移民形成有效的吸引,那么资本的流向就难以逆转,中国对于移民大国的移民投资逆差也难以转变,在国际竞争中将愈加处于不利地位。若以增加中国对外国投资移民的吸引力度为视角,建立完善投资移民法律体系必不可少。

（二）美国投资移民法律评述

投资移民是美国于 1990 年推出的职业移民（Employment-Based Immigrant）的第五类,即 Immigrant Investors,简称 EB—5,目的是促进经济增长与创造就业机会,其规定投资者在美国境内投资达到一定的标准后即可申请移民美国,其具体标准见表 2。

表 2　申请移民美国的投资标准

设立新公司	区域中心:投资金额 50 万美元以上
	一般地区:投资金额 100 万美元以上
投资现有公司	1.1990 年 11 月 29 日后设立,或 2.1990 年 11 月 29 日前设立须符合下列条件之一: (1)购买后进行重组; (2)增加公司净值或员工人数比率达 40％以上; (3)仍须符合在区域中心投资金额 50 万美元以上,一般地区达 100 万美元以上。

除了要求投资达到以上的金额标准,该投资项目还必须直接或间接增加或保留 10 个以上的工作机会。保留 10 个以上的工作机会是指通过投资问题企业(亦即在进行投资前亏损二年以上,且累计亏损达其亏损前净值的 20％以上之企业者)后,为该企业美国籍员工保留达 10 个以上的工作机会者。在外国投资者的投资满足以上金额标准与工作机会标准后,其可取得在美国居住的临时绿卡,在二年后美国移民当局会审核其投资是否属实其符合相关规定,如果通过考核那么外国投资者的临时绿卡将会成为永久绿卡,从而在美国获得永久居留权。综上所述,EB—5 项目具有相当大的弹性,它对投资者的年龄、学历、语言能力、商业背景和经历均无限制。而且,外国投资者也不需要持续性地实际居住在美国境内,因而一直受到外国投资者的追捧。

（三）中国投资移民立法的建议

目前中国投资移民的法律规定主要于《外国人在中国永久居留审批管理办法》之中,第 6 条第 1 款规定了申请永久居留的主体标准:"在中国直接投资、连续三年投资情况稳定且纳税记录良好的。"第 7 条则规定了投资的资金标准:"本办法第 6 条第 1 款第 1 项所指的外国人,其在中国投资实际缴付的注册资本金应当符合下列条件之一:(1)在国家颁布的《外商投资产业指导目录》鼓励类产业投资合计 50 万美元以上;(2)在中国西部地区和国家扶贫开发工作重点县投资合计 50 万美元以上;(3)在中国中部地区投资合计 100 万美元以上;(4)在中国投资合计 200 万美元以上。"

总体看来投资移民立法类似技术移民,只有一条加一款就对此类移民作出了规定。不得不说,中国投资移民的现今立法想要完成与移民大国争抢国际投资移民的任务无疑难于

登天,其弱势之处主要在于以下四点:

第一,尽管投资移民的永久居留制度已经初步建立,但是对投资移民的新型入境签证制度似乎还未出台,究竟是延续以往的访问签证(F字签证)还是出台类似人才签证的制度,立法机关似未给出明确的答复。

第二,对投资金额要求过高,《办法》第7条规定了在中国投资的金额标准,可以看出,中国移民投资最低需50万美元,最高竟达200万美元。而反观各移民大国(同时也多是发达国家),加拿大最高投资额为80万加元,澳大利亚为80万澳元,美国虽然在高就业率地区投资最高可达300万美元,但在一般地区投资也仅为100万美元,仅和中国中部地区投资额相同。

第三,用于衡量投资的货币选择存在不足,中国投资移民法选用美元作为货币单位对移民中国的投资进行衡量,本身就是一种不自信的表现,以加拿大、澳大利亚等移民大国为例,无一例外都是用本国货币对外国投资者的投资进行度量,即使是新加坡这一面积人口还不如中国较大市的国家,其在制定本国投资移民立法时也是选用新币作为货币单位的。试问假如一国在建立本国投资移民立法时对于投资金额的衡量都要选用他国货币,那又以何去与其他移民大国与发达国家竞争对外国投资移民的吸引力?

第四,投资方式与投资评估体系太过单一,根据《办法》第7条,投资方式似乎仅限于创办商业实体,投资评估仅限于投资金额的考量,此种单一的投资方式与衡量标准相对于其他移民国家丰富多样的投资移民种类,其竞争力不言自明,难以起到应有的效果。

针对中国投资移民立法的弱势之处,可适当引入美国移民法制度对其进行修补,事实上新《出入境管理法》第16条作出的关于技术移民人才签证制度的创新也有很大的借鉴意义。针对投资移民入境签证是一如既往挂靠访问签证还是独立自主的抉择,笔者比较倾向于后者。在对外国人入境及居留的相关附属立法中,可仿照人才签证制度对投资移民设立投资签证或商务签证,标记为T字签证或S字签证,以实现对投资移民入境的专项管理。其次还可引入投资移民积分签证制,根据不同的投资考量因素对外国来华投资者分别予以计分,拥有较大投资额,良好纳税情况与诚信度,在中国弱势产业、贫困地区、中西部地区投资及雇佣较多中国工人的投资商可获得较多的投资积分,然后再设定三类积分标准,达到相应标准签发相应的签证:短期(1年之内)、中期(1~5年)、长期(永久居留)。此外还可以仿照美国建立2年考核制,在投资活动2年后对该投资综合多种因素进行考核以确保投资的继续生效以及为中国经济发展,就业岗位而更好地发光发热,也可将长期(永久居留)签证纳入考核体制,在通过考核前为短中期签证,达到长期签证标准又通过2年考核则颁发长期签证,使该外国投资者获得在华永久居留权,从而杜绝现在一申请即获得永久居留的"一锤子买卖"。

针对现在投资移民资金要求过高的立法现实,应当适当放宽在总体投资金额上的高要求,而引入其他的评估体系,这样即可以改变资金单一审核标准,优化投资移民整体评估体系,又可以杜绝外国投资客将在华投资作为其洗钱手段现象的产生。而可以引入评估体系的其他投资衡量因素可以是营业额、纳税额、总资产、净资产、全职雇员人数、缴付注册资本占总注册资本的比例等相对动态要素的全部或者一部分,以综合而全面地评估申请人投资给中国带来的影响。此外,还应根据各地区各行业的不同情况,制定相应的投资签证颁发的标准,以在地区行业差异与吸引外国投资之间找到一个合理的平衡点,实现互利共赢。

针对投资方式单一,仅仅允许以创办商业实体的方式出现,可以引入其他的投资方式诸如中国公司股份投资兼持有年限限制等以丰富中国投资移民的种类。最后针对中国投资移民的资金衡量选用美元的立法情况,应改变现有的美元衡量制度而建立人民币衡量制度,以增加国外投资者对于中国的投资信心与移民意向,更好地与世界移民大国与发达国家实现对国际投资移民的竞争吸引力,为中国发展纳财引资。

结 语

综上所述,伴随新《出入境管理法》的出台,中国的出入境管理工作将迎来新的历史时期,但因新法在外国人签证、"绿卡"制度以及与技术移民、投资移民等方面的法律规定仍存有不尽如人意之处,因此笔者建议,在明年新法施行后,在总结执法经验的基础上,可以借鉴美国、欧洲等国家移民法,逐步废止华侨回国定居申请制度,降低外国人申请永久居留的门槛,对技术移民建立 R 字签证制度,对投资移民建立 T 字签证制度,简化华侨和外国人入出境手续,才能为我国招财引智的战略奠定法律基础。

TRIPS 下非传染病药品强制许可的
可行性问题研究

蒋文韵

【内容摘要】 根据世界卫生组织《世界卫生统计》表明,今后 20 年一些主要的传染病——腹泻、艾滋病、结核病、疟疾等已经不再是死亡的主要原因,取而代之的是肿瘤、心脏病、中风、慢性阻塞型肺炎等非传染性慢性疾病。全球的疾病负担正在由传染病向非传染病转移。非传染性疾病的用药有疗程长、剂量大的特点,一些心血管疾病如高血压更是需要终身用药,对于药品生产技能不太完善和社会保障体系不太健全的发展中国家而言,在高水平知识产权保护下的居高不下的药价使很大一部分人民无力维持基本的药物治疗。因此,是否将非传染病药物纳入强制许可药品的范围成为各国在行使 TRIPS 协定时遇到的一个现实问题。

笔者通过对《世界卫生统计》、非传染病流行病学数据和药品可及性的研究强调对非传染病药品实施强制实施许可的必要性,在此基础上又通过对非传染病药品的强制许可符合"三宗旨、一立法、一实践"这五个方面的论述证实了对非传染病药品实施强制许可制度的可行性,最后,提出对"药品"进行扩大解释以及对成员在确定紧急状态时的自由裁量权进行限制的建议和期望。

【关键词】 非传染病药物;专利;强制许可;TRIPS

传染病是没有国界的疾病,其传播速度之快,范围之广,曾经给人类生存带来了很大的威胁。但是,进入 21 世纪以来,全球的疾病种类正在进行悄悄地变化。根据世界卫生组织相关报告,心脏病和中风等慢性病现在已成为全球主要死亡原因,今后 20 年一些主要传染病如腹泻、艾滋病毒、结核病、新生儿感染以及疟疾等已不能再给人类带来灭顶的危害。我们清楚地看到一种趋势,就是世界上越来越少的人死于传染病,世界卫生组织卫生统计和信息司司长 Ties Boerma 博士指出,我们往往把发展中国家与传染病相联系,比如艾滋病毒、艾滋病、结核病和疟疾等。其实在越来越多的国家,其人口的主要死亡原因是非传染病,例如心脏病和中风。

一、非传染病药品强制许可的必要性

(一)全球非传染性疾病之现状及其发展趋势

据统计,非传染性疾病每年使 3600 多万人失去生命,且有 900 多万的死亡发生在 60 岁之前。其中,心血管疾病引起的非传染性疾病死亡数最多,每年造成 1700 万人死亡,其次是癌症(760 万人)、呼吸系统疾病(420 万人)以及糖尿病(130 万人)。这四类疾病占所有非传染性疾病死亡的大约 80%。这些发病率迅速增加的现象在贫困下层人口中要更加严重,将

作者简介:蒋文韵:浙江大学光华法学院国际法硕士,现在杭州市外经贸局工作。

近80％的非传染性疾病死亡(2900万人)发生在低收入和中等收入国家,使国家间的卫生差距不断扩大,对国际社会、国家和家庭带来严重的社会经济后果。

1. 心血管疾病

目前,心血管疾病如冠心病、高血压等已经成为全球主要死亡原因,而这些死亡大多数发生在发展中国家。[①] 世界卫生组织估计到2030年,将有2360万人将死于心血管疾病,而死亡人数增加最多的将是东南亚区域。[②] 2013年,世界卫生组织首次将世界卫生日的主题定为"高血压",并指出该疾病在五十多岁的人群中占1/2。高血压会增加心脏病发作、脑卒中和肾衰竭的风险。若不加以控制,高血压还可造成失明、心律失常和心力衰竭。

2. 癌症

据世界卫生组织统计,预计从2007年到2030年期间,全球癌症死亡人数将增加45％(由790万人增至1150万人),此外,在这同一段时期中,新癌症病例估计将由2007年的1130万例激增到2030年的1150万例。[③] 众所周知,癌症在大多数发达国家是仅次于心血管疾病的第二大死亡原因,而人们所不了解的是,流行病学证据表明这一趋势在发展中国家正在显现,其中以肝癌、胃癌和宫颈癌最为常见。[④]

3. COPD[⑤]

世界卫生组织估计,目前世界的死因排序,COPD仅次于心脏病、脑血管病和急性肺部感染,与艾滋病一起并列成为第四大致死原因,但至2020年可能上升为世界第三大致死原因。而全球将近90％的死亡病例发生在低收入和中等收入国家。[⑥] 在中国,每年有275万人因此病死亡,且COPD已成为农村居民死亡的首要原因。根据世界银行/世界卫生组织发表的研究报告显示,以疾病的治疗费用为标准,到2020年,COPD将上升到世界疾病经济负担的第五位,以及全球范围内对社会造成危害最大的疾病第五位。

4. 糖尿病

据统计,全世界已有2.2亿人患有糖尿病。2005年,估计有110万人死于糖尿病及其晚期并发症,其中几乎80％的死亡病例发生在低收入和中等收入国家。据世界卫生组织预测,2005年至2030年期间,糖尿病死亡人数将增加一倍。[⑦] 且糖尿病的治疗及血糖的监测已成为个人、家庭和政府的沉重经济负担。统计数据显示,2010年全球范围内用于预防和治疗糖尿病及其并发症的成本多达3760亿美元,预计这一数字将在2030年超过4900亿美元。

(二)非传染病药品可及性现状

EDM网站上有七条文字简明扼要地概括了当前全世界严峻的药品可及性[⑧]状况,其中

---

① 参见"控制全球健康风险防止过早死亡",http://www.who.int/mediacentre/news/releases/2009/health_risks_report_20091027/zh/index.html.

② 参见"心血管疾病"http://www.who.int/mediacentre/factsheets/fs317/zh/index.html.

③ 参见"全世界癌症病例数正在增加或减少"http://www.who.int/features/qa/15/zh/index.html.

④ 参见"全世界癌症病例数正在增加或减少"http://www.who.int/features/qa/15/zh/index.html.

⑤ 慢性阻塞性肺疾病(chronic obstructive pulmonary disease, COPD)是一种具有气流受限特征的肺部疾病,气流受限不完全可逆,呈进行性发展。它是呼吸系统疾病中的常见病和多发病。

⑥ 参见"慢性阻塞性肺疾病",http://www.who.int/mediacentre/factsheets/fs315/zh/index.html.

⑦ 参见"糖尿病",http://www.who.int/mediacentre/factsheets/fs312/zh/index.html.

⑧ 药品可及性(也可称为药品的获得),是指人人能够承担药品的价格,即能够安全地、实际地获得适当、高质量以及文化上可接受的药品,并方便地获得合理使用药品的相关信息。

前两条引起了笔者的关注:(1)现今,在非、亚两大洲的最不发达地区,有占世界总人口三分之一以上的病患根本无法获得基本药物。(2)由于有将近超过50%的人口缺乏基本药物,而在发展中国家和转型国家中50%～90%的药物在财政预算外开支,加之这些国家的医疗保障体系的不健全。医疗及药品费用负担沉重地落在穷人身上。[1]

从上文中我们可以得知,药品价格是影响各个国家特别是发展中国家人民药品可及性的一个重要因素,是实现公民健康权的评价标准。在发展中国家的健康支出中,药品的价格所占有的比例达80%以上,在某种程度上,药品的价格可以单独决定一个政府是否能够治疗一种特定的疾病。

然而据统计,拥有世界总人口四分之三的发展中国家和不发达国家,在全球医药市场份额中所占的比例却还不到十分之一,基础药品缺乏的人口占世界总人口的百分之五十,基本药品无法获得的人口占世界总人口的百分之三十三,而在亚非一些最不发达地区,这个数字的比例上升到了百分之五十。① 同时,这些国家的医保系统还十分的脆弱,如制药大国印度的医疗保险覆盖范围只有大约4%左右。

所以,笔者认为,应该对部分非传染性药品实施强制许可,以降低这些发展中国家和不发达国家人民的医药费压力,提高药品可及性,保护公民的生命健康权。

二、TRIPS 下非传染病药品强制许可的可行性分析

(一)符合 WTO 的宗旨

非传染病药物的强制许可涉及了跨国法律关系,要探究其可行性,就一定要考察其是否符合有关国际法的规定,特别要在 WTO 框架内对该强制许可的合法性进行考察。WTO 在序言中表述了其宗旨:成员方"应当提高生活水平,保证充分就业和大幅提高实际收入和有效需求,并扩大生产和商品交易以及服务","积极努力地确保发展中国家,尤其是最不发达国家在国际贸易中增长的份额,与其经济发展水平的需要相称","产生一个完整的、更具活力和永久性的多边贸易体系"。[2]

根据《2008 年世界卫生统计》的数据显示,非传染性疾病的日益猖獗将会对各个国家特别是发展中国家和不发达国家的公共健康状况造成不小的危机,进而影响人民生活水平的提高和经济贸易的增长,最终对自由贸易体系的建设造成破坏,成为人类文明的绊脚石。例如,在许多中等收入和低收入国家,由于缺乏基本药品的供应,许多劳动力在其生命力最旺盛的时候就离开了人世,给国家的经济发展造成了极大的损失。同时,有证据显示,如果中等收入国家的一个家庭里有人患心血管疾病,全家的医疗支出就会剧增,可能会高达全年家庭总支出的30%以上,会使家庭陷入贫困,给国家造成沉重的负担。② 世卫组织估计,在2006－2015 年期间,仅心脏病、中风和糖尿病这三种疾病,中国就将损失预计的国民收入5580 亿美元。

TRIPS 规定的知识产权决议是一把"双刃剑",在合理利用的前提下能够促使经济贸易的发展和人民生活水平的提高;反之,若滥用则会导致经济贸易发展的停滞和人民生活水平

---

① Ellen's Hoen,TRIPs,Pharmaceutical Patent,and Access to Essential Medicines:A Long Way From Seattle to Doha,p. 28.

② 参见"心血管疾病",http://www. who. int/mediacentre/factsheets/fs317/zh/index. html.

的下降。由于西方医药公司对心脏病、糖尿病、癌症等非传染性疾病药品专利权的普遍控制，使得一部分发展中国家及不发达国家中的大多数患者得不到良好的持续性的医治，生活水平得不到提高，经贸得不到发展。而适度限制这些药品的专利权启动强制许可制度，则能大大地降低患者的死亡率，从而促进发展中国家人民生活水平和经贸水平的提高，进而有利于全球经济和贸易的发展，促进完整、自由的多边贸易体系的建立。由此可见，对非传染病药物的强制许可符合 WTO 的宗旨。[2]

（二）符合《世界人权宣言》赋予知识产权人权的要求

《世界人权宣言》第 3 条规定："人人享有生命、自由与人身安全。"①《宣言》赋予知识产权人权的性质：一是智力创造者对自己的智力劳动成果享有专有性保护的权利；二是社会公众为维护自身的生命健康权享有分享他人智力劳动成果的权利。它表明在保护知识产权人专有的财产权利并保证鼓励创新机制良性发展的同时更要考虑人的生命健康权，从而进行正确的法律利益选择。[3]

在当今世界全球化发展的大背景下，对知识产权的保护不可避免地会跃出国界，形成世界性的标准。然而各个国家在知识产权保护领域的水平参差不齐，与美国、英国、德国等发达国家在高科技开发领域的技术和立法差距是欠发达国家在短时间内无法弥补的。而当知识产权的保护对人权的享有造成威胁，影响到整个人类幸福和尊严之时，就是政府通过立法手段对知识产权进行限制的时候了。药品的获得从性质上看是人权、健康权和生命权的一部分。[4]《经济、社会及文化权利国际公约》的成员国，在第 12 条所规定的健康权项下，所承担的义务就有"预防、治疗和控制传染病、风土病、职业病以及其他的疾病"和"创造保证人人在患病时能得到医疗照顾的条件"。② 人权事务委员会在第六号一般性意见中指出，在保障生命权时，成员国的一项十分重要的义务就是"须采取一切可能措施，减少婴儿死亡率和提高估计寿命，特别是采取措施，消灭营养不良和流行病"。③ 然而，发展中国家人口占世界总人口的四分之三以上，可是药品保有量却不足全世界产量的十分之一；发达国家药品销售占全球销售总量的近九成，而全球每年 1400 万死亡者中有九成是发展中国家的居民，公共健康问题十分严重，作为人权中最重要的健康权受到了严重的威胁。所以，我们完全有理由相信当一国的非传染病状况和药品可及性到达危害到公共健康时，国家可以通过药品专利强制许可的颁发来保证患者获得药品，这也是承担国际人权义务的需要。

（三）体现了 TRIPS 协议中保护社会公共利益的原则

保护社会公共利益原则是 TRIPS 协议的一项基本原则，其内容是指知识产权的保护和权利行使，不得违反社会公共利益，应保持权利人个人利益与社会公共利益之间的平衡。[2] 在专利权和公共健康权严重冲突的情况下，专利保护不应该阻碍公共健康权利的实现，应该允许通过实施药品专利强制许可，增大公众的药品可及性，保障公共健康的安全。

非传染病药品的专利保护面临着个人利益与社会公共利益的矛盾：一方面，要保护药品专利权人的利益，否则就不可能有相关药品的不断研发。[2] 世界银行的调查报告显示，如果没有专利权保护，65％的医药产品将永远不会被投放到市场，60％将不会被开发。[5] 药品专

---

① 参见《世界人权宣言》第 3 条。
② 参见《经济、社会及文化权利国际公约》第 12 条第二项。
③ 参见 U. N. DOCA/37/40/(1982). General Comments 6 of the ICCPR[S]。

利所提供的法律保护可以确保企业在研发中投入的高昂成本获得足够的商业利益,继而为新药的研究开发提供连绵不绝的原动力[6],以此实现激励技术创新、促进技术进步的目的。另一方面,当人类社会即将面临非传染性疾病的威胁时,应该将社会公共利益和人民的公共卫生权利放在首要位置,作为首要解决的问题,而对专利私权的保护应该后退到一个相对次要的位置。公共利益这种良好愿望本身包含着一种含义,多数人的利益高于个人的利益,任何一个公民都应该为了全社会的共同利益而放弃个人利益。[7]正如心血管疾病的肆虐,严重影响了人类的生命安全,一面是昂贵得难以承受的专利药品体现的个体利益,一面是公众急需足够治疗药物所体现的社会公共利益,为了平衡相关利益,就需要我们在完善药品专利强制许可制度过程中始终坚持个体利益和社会公共利益的平衡。泰国基于公共利益对心脏病药品启动强制许可,对专利权人个体利益进行限制,就体现了 TRIPS 协议中保护社会公共利益原则。

(四)TRIPS 及相关协议的具体法律规定之漏洞证明可行性

TRIPS 协议生效之后,由于其在强制许可规定上存在措辞模糊、缺乏具体操作细节、规定不切实际难以实施等漏洞,使得部分发展中国家和最不发达国家的药品可及性问题根本没有得到有效解决,反而直接导致药价的大幅上扬,重挫发展中国家的仿制药品制造业,加重了各成员国特别是缺乏完善的社会保障制度的发展中国家与不发达国家人民的生活负担,加剧了药品专利保护与发展中国家公共健康需求之间的矛盾。

虽然《TRIPS 协定与公共健康多哈宣言》第一次在 WTO 体制内将社会公共利益放在知识产权之上,规定了"每一个成员有权颁发强制许可并有权自主地确定颁发强制许可的条件以及每一个成员有权确定什么情形构成国家紧急状态或其他极其紧急情势"①,但在条款的后半段,其又强调条约中所指的公共健康危机,是"发展中国家和最不发达国家遭受的公共健康问题,特别是由艾滋病、肺结核、疟疾和其他传染病引起的严重公共健康问题"②,"特别"一词间接地提高了用于治疗传染性疾病专利药品的强制许可的可能性,使非传染病药品强制许可可能性大大降低。在之后的谈判中,美国等发达国家主张应该列举一份传染病清单对疾病适用范围严格限制,而发展中成员则提出不对疾病范围进行限制,最后达成的修正案既未复述《多哈宣言》的措词,也未按美国措词,而用了含混的"药品"一词,其指的是医药部门为解决《关于〈TRIPS 协定〉与公共健康的宣言》"第一段中确认的公共健康问题所涉医药行业的专利产品或通过专利方法生产的药品",③将问题又抛回原点。

接着在《决议》与《议定书》中,成员国将目光集中在取消对强制许可药品出口的限制上,从法律上保障了发展中国家特别是不发达国家在应对危机时有效地利用强制许可制度进口低价药品的权利。却也刻意回避了对专利药品范围或者说药品涉及的疾病范围的界定,没有明确其是否包括争议很大的治疗心脏病、糖尿病、COPD、癌症等非传染性慢性疾病的药品。国际条约对"药品"含混模糊的定义导致了各国在立法时对其有着不同的理解,如加拿大 2004 年修改后的专利法就列明了可允许被适用强制许可的,用来解决公共健康危机的 46 种医药产品,当然,国家会设立一个专家委员会及时修订药品清单。与之相反的是挪威,其

---

① 参见《TRIPS 协定与公共健康多哈宣言》第四段决议。
② 参见《TRIPS 协定与公共健康多哈宣言》第四段决议。
③ 参见《TRIPS 协定与公共健康多哈宣言》第一段决议。

在修改国内立法的时候，并没有限定适用的疾病及药品的清单。因此国际规则不明确导致的各国对"药品"、"公共健康危机"等概念的不同定义决定了在执行中的不一致，埋下了引发争端的隐患。

但从另外一个方面来说，《宣言》及其后续在对"药品"定义上或者说在药品可及性涉及的"疾病范围"上的"犹豫不决"体现了成员看问题的前瞻性：随着人类对传染病认识的加深，全球医疗水平的提高以及疫苗的普及，传染病的危害已经而且还将继续降低。而非传染性疾病如癌症、心脏病、糖尿病等，由于人类生活方式变化的普遍性及其病因的复杂性成为今后几十年间死亡率最高的疾病群，而其疗程的漫长以及用药的繁琐，使得全球对其药品的需求量大幅上升。我们换个角度思考，对于《宣言》将"药品"定义为"公共健康问题所涉医药行业的专利产品或通过专利方法生产的产品"①、将"公共健康问题"限制为"我们认识到折磨着许多发展中和最不发达国家的公共健康问题的严重性，特别是由艾滋病、肺结核、疟疾和其他传染病所带来的公共健康问题"②可以做出以下解释：即由于该段中关于有关疾病的表述是列举式的，因此，实际上，为解决任何"折磨着许多发展中和最不发达国家的公共健康问题"所需的"药品"都可以享受强制许可制度及其"第六段灵活机制"，而不必仅限于"艾滋病、肺结核、疟疾和其他传染病"。而近年来泰国政府对心脏病药品、抗肿瘤药品实施强制许可案例也证实了笔者的这一理解。

除此之外，法律的滞后性也要求我们在解释名词过程中有一定的灵活性。因为当类似肿瘤、心血管疾病等非传染性疾病出现不得不进行强制许可状况时，再花费时间和物质成本进行新一轮的谈判着实说不过去。

（五）TRIPS项下实践证明非传染病药品强制许可的可行性

2006年底至2007年初，泰国政府以药价太高以致于国家医保体系和患者本人都无法承担为由，颁布对治疗心脏病药品波立维（Plavix，法国制药集团赛诺菲-安万特公司生产）的强制许可令，从而使这种药的价格降低了九成，惠及20万心脏病患者。半年以后，泰国国家医药保障办公室以同样的理由又宣布将对诺华公司生产的格列卫（Glivec）等四种治疗癌症的专利药品实施强制许可，以降低对于贫民来说在以往无法获得的昂贵救命药品的价格来造福于癌症患者。然而，当时在泰国国内也有反对的声音，其理由包括对这些专利药品实施强制许可的合法性理由不充足和可能带来的贸易关系负面影响。泰国政府组织公共卫生部、商务部、外交部的高级官员以及药品制造商代表对这些问题进行了共同探讨，在历时一年之余的谈判和磋商后，泰国新政府宣布对诺华公司生产的弗隆（Femara）、罗氏公司生产的塔西法（Tarceva）和法国塞诺菲-安万特公司生产的泰素帝（Taxotere）三种治疗癌症专利药品实施强制许可。在此之前，世界各国也陆续签发了一些强制许可令，但主要针对传染病药品，泰国是全世界第一个颁布非传染病药品强制许可令的发展中国家。在强制许可专利药品方面，泰国走在了发展中国家的前面。

据专家透露，泰国政府之所以在强制许可专利药品方面如此果敢，是因为其背后有着众多力量的支持。首先，泰国政府一直坚持着"人民的健康利益和生命要优先于商业利益"的信念。其次，对于心脏病、癌症的患病率、死亡率以及基本药品的可及性方面，有一批高水平

---

① 参见《TRIPS协定与公共健康多哈宣言》第一段决议。
② 参见《TRIPS协定与公共健康多哈宣言》第四段决议。

的专家在帮助泰国卫生部做调查与研究。再次,国际组织一直在推动发展中国家从防止人类灾难的角度,打破跨国企业的专利权。其中,联合国开发计划署的代表在该强制许可计划受阻的时候,发出了"泰国政府应该不畏艰难,积极推进适应发展中国家发展以及市场化流动的相关政策,确保公众获取廉价药品"的声明,并敦促泰国政府在强制许可过程中寻求联合国方面的技术支持。最后,也是比较个性的一个原因,即泰国目前是军人支持的过渡政府执政,胆子比较大。

另外,泰国在该事件后颁布的新宪法规定,政府在签署有可能限制泰国民众获取救命药品的双边协议之前必须得到议会的批准。该新宪法的实施以国内法的形式对泰国民众的健康权予以保护,也成为实施强制许可的坚强后盾。

不只是发展中国家,一些经济较为发达的国家也曾经通过强制许可制度来降低药品价格或者获得专利的使用权。当然非传染病药品强制许可案例主要以反垄断的形式在发达国家存在:如 2005 年－2007 年意大利分别对抗感染的抗生素药、治疗偏头痛的药、治疗前列腺炎的药进行的强制许可。2006 年 2 月,意大利反托拉斯部门以制药公司滥用市场垄断地位为由,依法相继对葛兰素公司的一种治疗偏头痛的药物和默克公司的一种广谱抗生素药物颁发强制许可令,要求其对仿制药公司提供无偿许可。2007 年 3 月,该反托拉斯部门再一次针对默克公司就某种前列腺相关疾病治疗药物滥用专利权而发出强制许可令,默沙东公司也接受了该强制许可。

由此我们可以得出,在国际组织以及国内立法的支持下,对非传染病药物实施强制许可制度是可行的。

三、可能会出现的问题及相关立法和执行的建议及期望

(一)实施非传染病药品强制许可可能会出现的问题

1. 来自跨国公司及其所在国家经济和政治上的压力

在上节"泰国心脏病药物强制许可案"中,泰国批准该国某企业生产和销售一种治疗心血管疾病的仿制药品的决定,一方面使该类疾病的药物治疗成本下降 90% 并惠及 20 万心脏病患者,解决了国内成千上万患者的燃眉之急;在另一方面,国际指责也随之而来,各大跨国制药企业闻风而动,集体宣布,如果泰国敢这么做,就要撤出在泰国数十亿美元的投资,孤立泰国的制药业。而这些跨国企业所在国家的政府则动用政治上的力量给泰国施加压力,2007 年 5 月,泰国首度被美国列入"特别 301"的优先观察名单,虽然泰国政府之后表示如果能避免美国的贸易报复,其可以负担全部专利药品费用,而美国有关官员也否认将对泰国施加制裁的计划,但是还是给泰国政府带来了经济和政治上巨大的压力。

2. 将第六段机制用于非传染病药品强制许可的初尝失败

2007 年 12 月,印度 Natco 公司根据专利法规定向印度专利局申请对瑞士 Roche 公司肺癌专利药物 Edotinib 实施强制许可,生产 3 万片该药并用于向尼泊尔出口,Natco 公司愿意支付销售额 5% 的专利费。2008 年 1 月,Natco 公司再次提出申请对美国 Pifzer 公司的肾癌专利药 Sunitinib 实施强制许可,生产 15 万片该药并用于向尼泊尔出口,Natco 公司愿意支付销售额 5% 的专利费。[8]

这两个案例是印度首次尝试将第六段机制用于非传染病药物,但由于专利权人的阻挠,尚未通过印度专利局的审批。目前,尼泊尔政府也未向 TRIPS 理事会进行通报。

3.破坏平衡利益原则所带来的问题

2002 年,韩国就有人提出对治疗急性白血病和胃癌的一种外国制药厂生产的药物实施强制许可,理由是专利药价格太贵。虽然胃癌在韩国的发病率远较其他国家高,韩国政府还是驳回了这项请求,认为如果仅仅因为价格高就签发强制许可,将冲击专利制度的根本。[9]对非传染病药品实施强制许可一直是药品强制许可的敏感领域,大部分国家对其签发都相当谨慎。因为,首先,非传染性慢性疾病没有传染性疾病的爆发性,不会在短时间内对人类造成致命威胁;其次,如果在面对平衡利益原则时将天平过度地向社会公共健康倾斜,将会带来冷落新药研发,使国内自主产业衰退,最终不能彻底解决药品可及性等一系列弊端。

(二)对非传染病药品强制许可立法和执行的建议和期望

1.对"药品"进行扩大解释

不可否认的,专利制度之所以产生,是因为它能促进技术创新,制药行业的专利尤其如此。一项新药的诞生,发明者投入的资金经常会超过 10 亿美元,所以专利权拥有者才会以开出超额价格的办法来补偿其药品研发的投资成本并获取回报。而且从长远来看,消费者短期无法获得药品的损失还可以激励新药的研发,促进制药行业可持续发展。但在现阶段,我们所获得的证据并没有显示出专利保护对发展中国家相关产业有强大的直接作用。① 有证据表明,在一些新兴发展中国家中,知识产权保护的重要性要到该国已经完全跨入中上收入发展中国家的行列时才会显现出来,并发挥其应有的作用,换句话说,就是知识产权保护的在部分发展中国家特别是不发达国家中的作用并不是很大。

所以,笔者期望在对强制许可的"药品"进行定义时,即要以可持续发展的理念,注重一国内部制药行业的长久发展,在一定程度上限制强制许可"药品"的范围,又要注意到一些发展中国家和不发达国家在研制新药能力上的薄弱和其国内疾病结构的发展趋势,在公共健康权和专利权中保持一个平衡:即可以尝试将强制许可"药品"分为两种类型,其一为专门用于发展中国家的"药品",其绝大部分是治疗疟疾、肺结核等传染性疾病的药品。由于这类药品在发达国家的市场不大,并非制药公司的优先选择,一般可以通过国际援助的方式进行投资,即解决了相关国家的燃眉之急,又不会给制药企业造成过大的亏损。其二为既用于发达国家又用于发展中国家的"药品",包括主要用于治疗慢性心血管疾病、癌症、糖尿病等非传染性疾病以及目前还比较棘手的艾滋病的药品,并对其实施强制许可制度。在颁发强制许可令时,由于要考虑到专利拥有者的创新动力,笔者建议可以对"药品"的范围进行一定的限制,如果能协商一致的话,还可以列出一些代表性的药品,以供指导,而在这方面,可以参考"世界卫生组织基本药物标准清单"②的相关规定。

另外,由于《决议》回避了对专利药品范围的界定,没有明确其是否包括争议很大的治疗心脏病、糖尿病、COPD、癌症等非传染性慢性疾病的药品,所以导致了第六段机制和非传染病药物首次结合的失败。若将本文建议的对"药品"的分类扩大解释用于第六段机制,则可

---

① 参见[英]知识产权委员会(CIPR):《整合知识产权与发展政策》(Integrating Intellectual Property Rights and Development Policy)。

② 如对基础心血管药物做了相关规定:抗心绞痛药(阿替洛尔、硝酸甘油、硝酸异山梨醇、维拉帕米),抗心律不齐药(阿替洛尔、地高辛、肾上腺素、利多卡因、维拉帕米)抗高血压药(氨氯地平、阿替洛尔、依那普利、肼苯达嗪、氢氯噻嗪、甲基多巴)心力衰竭用药(地高辛、依那普利、呋塞米、氢氯噻嗪)。对抗哮喘和慢性阻塞性肺病药物做了相关规定:倍氯米松、肾上腺素(副肾素)、异丙托溴铵、沙丁胺醇。

以使强制许可的非传染病药物的出口成为可能。当然,鉴于非传染性疾病的高额利润,药品进口国家必须保证其有足够的能力防止进口的强制许可药品重新出口,而药品出口国必须保证其有能力阻止依决议的强制许可而制造的药品向领土内回流。

2.对成员在确定紧急状态时的自由裁量权进行限制

《宣言》规定,在一国内出现国家紧急状态或其他紧急情势的时候,可以对药品实施强制许可,且每一个成员有权确定什么情形构成国家紧急状态或其他紧急情势。其中,约文对公共健康危机的定义可视为对传染病药物强制许可的引导性规定,历年来各个发展中国家针对传染病药物强制许可的案例也可以为各成员在今后确定紧急状态时提供相关意见与数据。

然而对于非传染病药物的强制许可来说,首先,没有任何条约对其进行规定;其次,仅有的"泰国心脏病药品强制许可案"这一个相关案件,并且这个案例一经发生,就立刻受到了国内外的双向谴责。所以笔者认为,一方面必须对非传染性疾病的发病指标(发病率、罹患率、续发率)、患病指标(患病率、感染率、残疾率)、死亡指标(死亡率、病死率、生存率)、残疾失能指标(潜在减寿年数、伤残调整寿命年)等有关疾病分布、严重程度等一系列指标进行引导性的规定,使各国在确定非传染病紧急状态时的自由裁量权不至于过大,减少争端的发生。另一方面,应当明确阐述发展中国家可以授予强制许可的其他条件,如专利不起作用或作用不足,进口专利药,出口专利药等。同时还要规定,如果成员方有质疑某一特定情况不符合"紧急情况"的要件时,则控诉国负有举证该紧急或急迫情况不存在的责任。[10]

非传染病药品强制许可制度可行性进行分析是一个具有持续理论研究价值的课题,如何参与国际事务来影响国际立法、如何完善《专利法》相关制度、如何借鉴国外案例经验以及如何正确处理药品专利保护与公共健康需要间的矛盾有待学者们的进一步研究。

参考文献:

[1]庄瑾.中国药品可及性法律问题研究.北京:北京大学出版社,2010:15.

[2]郑远民,唐海清.WTO体制下艾滋病药物强制许可的合法性探析——兼论我国艾滋病药物强制许可的启动.河北法学,2004(5):36—38.

[3]梁婧.TRIPs协议的新发展—从立法一体化和利益均衡论的角度浅谈.华商,2008(15):48.

[4]郭春华.药品专利强制许可研究——以人权保障为视角.科技与法律,2003(4):96—100.

[5]曲三强.论药品专利许可与公共健康权.学术探索,2006(1):56—63.

[6]张朝霞.TRIPS对我国知识产权保护利弊影响之分析.甘肃政法学院学报,2009(2):83—90.

[7]陈晨.TRIPS与公共健康问题.世界知识,2003(18):45.

[8]郭寿康.WTO协定的首次修订——Trips协定第31条之修改.海南大学学报(人文社会科学版),2009(1):38—44.

[9]马锋.知识产权的强制许可.环球企业家,2005(12):7.

[10]Carlos M. Correa, Implication of the Doha Declaration on the TRIPS Agreement and Public Health (June2002),pp.16—17.

ICSID 管辖权问题初探

唐卓然

【摘要】 近年来,随着国际投资持续增长,国际投资争端也随之爆炸。而 ICSID 作为《华盛顿公约》建立的官方机构,在解决国际投资争议中也发挥着日益重要的作用。而以往一直游离于中心管辖之外的中国也在 2006 年成为中心管辖案件的申诉方,这也昭示着未来中国将无法置身事外,而只能以积极的态度参与 ICSID 管辖的国际投资争议的解决。而反观近年来 ICSID 管辖案件之详情,不难发现,ICSID 扩充其在国际投资争议中管辖权之嫌疑,而这一做法由于 ICSID 仲裁本身所带有的排他性、最终性等特点而可能危及包括中国在内的广大发展中国家利益,因此,笔者将以 2006 年 Tza Yap Shum v. Republic of Peru 为例,探讨 ICSID 利用相关条款扩充自身管辖权之表现,并分析这一行为带来的影响,从而设想性地提出中国在 ICSID 扩充自身管辖范围的背景下可采取的应对措施,以在吸引利用外资与保护本国涉外投资之间找到平衡点,从而维护中国在国际投资中的利益。

【关键词】 ICSID 管辖权;谢业深案;中国之对策

引　言

自 1965 年 3 月 18 日起,《解决国家与他国国民间投资争端公约》(Convention on the Settlement of Investment Disputes between States and Nationals of Other States)①接受各国签署参加。1966 年 10 月 14 日,荷兰作为第 20 个国家完成了批准缔约的全部手续,《华盛顿公约》开始生效。随即根据《华盛顿公约》规定,其为"创立一个旨在解决国家和外国投资者之间的争议提供便利的机构",以有助于"促进相互信任的气氛,从而鼓励国际私人资本更多地向那些希望引进外资的国家流入"。[1]

依据上述宗旨,公约正式设置了解决投资争端国际中心(International Center for Settlement of Investment Disputes)作为世界银行的一个下属机构,为各缔约国和其他缔约国国民之间的投资争端的解决提供调解或仲裁的便利,确保该类投资争议解决的非政治化。②我国于 1990 年 2 月 9 日签署该公约,1993 年 1 月 7 日提交批准书,自 1993 年 2 月 6 日起,正式成为公约缔约国,接受 ICSID 仲裁体制。[2]近年来 ICSID 作为《华盛顿公约》建立的解决投资争议的官方机构在解决国际投资争议中扮演着愈加重要的角色,发挥着日益重要的作用。

作者简介:唐卓然,浙江大学法学硕士研究生。

① 以下简称《华盛顿公约》或公约。

② Report of the Executive Directors on the Convention on the Settlement of Investment Disputes between States and Nationals of Other States,转引自张庆麟:《国际投资法问题专论》,武汉大学出版社 2007 年版,第 290 页。

根据 ICSID 在 2012 年 1 月份的最新统计,截止 2011 年 12 月 31 日,依照《华盛顿公约》,中心管辖投资争议案件 369 件。自 1997 年以后,ICSID 每年管辖的案件有显著的上升趋势,仅 2011 年 ICSID 就管辖或处理投资争议 38 件。① 而一直对国际司法管辖心存疑虑的中国也在 2006 年和 2011 年分别成为 ICSID 管辖的两个案件的申诉方所属国和被申诉东道国。Tza Yap Shum v. Republic of Peru (ICSID Case No. ARB/07/6)是 2006 年为 ICSID 管辖中国香港居民诉秘鲁政府的案件,Ekran Berhad v. People's Republic of China (ICSID Case No. ARB/11/15)则是 2011 年为 ICSID 管辖的马来西亚投资者诉中国政府的案件。这两个案件目前都处于 ICSID 仲裁的进程中,但为广大学者所广泛争议的 ICSID 扩充自身管辖权的表现在这两个案件中无疑都得到了体现,尤以香港居民谢业深诉秘鲁政府案更为突出。

众所周知,ICSID 在《华盛顿公约》的规定下具有管辖的排他性与裁决的最终性、强制性。这就意味着在相当大的程度上 ICSID 排除了东道国的司法主权。那么 ICSID 扩大自身管辖权的行为无疑也会对其自身公信与权威造成不良影响,可能违背 ICSID 便利投资争议解决之初衷。因此针对 ICSID 扩大自身管辖之趋势,本文将以中国香港居民谢业深诉秘鲁政府这一典型案例为蓝本分析 ICSID 扩大自身管辖之具体表现,简述其原因和危害,并尝试性地提出中国可以采取的应对措施。

一、ICSID 管辖权要件介绍及 ICSID 扩权管辖情况

ICSID 是一个可以为投资争端双方提供多种便利的独特机构。《华盛顿公约》谈判史清楚说明了其欲与当时已有争端解决机制相区别的创立动因,② 一份编号为“秘书处 61－192 号”、题为“解决政府与私人或公司之间财经争端”的记录(1961 年 8 月 28 日)载明,“由私人机构创立的仲裁庭如国际商会通常不会被政府接受,而唯一的国际公法仲裁庭——常设仲裁法院则不对私人申请者开放”。③ ICSID 为双方提供了一个中立的投资争端解决的场所,但其对于投资争议案件的仲裁与处理毫无疑问是以管辖为前提的。ICSID 管辖权的获得主要规定于《华盛顿公约》第 25 条,可简要概括为提交 ICSID 的投资争议须满足主体、客体与主观三大要件才会被 ICSID 受理仲裁。然而,实践表明 ICSID 仲裁庭对上述三大要素均进行了广泛而灵活的解释,这就为其扩大管辖权提供了可能。[3]

(一)ICSID 管辖权三要件

在《华盛顿公约》第 25 条第 1 款中规定了 ICSID 管辖案件的要求:“中心的管辖适用于

---

① THE ICSID CASELOAD-STATISTICS (ISSUE2012－1).

② 20 世纪 60 年代以来,发生在国家与投资者之间的投资争议往往被视为特殊争端,因为争议双方主体具有特殊性,当时一般国际法上的争端解决机制主要有:(1)东道国当地救济;(2)国际法院诉讼;(3)国际商事仲裁;(4)外国投资者所属母国行使外交保护权。对于第 1 种救济方式,因为外国投资者对于东道国司法制度、社会意识形态等原因的考量大多心存疑虑;第 2 种因为外国投资者主体地位不符合国际法院对于当事人须为国家这一要求而难以采用;第 3 种方式则因为一般国际商事仲裁具有过多私法特征与商业特点而为主权国家所不喜;至于第 4 点,有学者指出:“他没有自己的救济,其所属国可能因与案件事实没有任何关系而不愿受理他的案件,即使国家愿意这么做并说服被告国将争议提交解决,时间可能极为冗长。除了对申请人不公正外,在保全证据方面,迟延导致了种种困难,且常常使得最初的索赔额因膨大而不获承认。”参见 J. L. Brierley, *The Law of Nations* (6th ed. Oxford University Press,1963),p. 277. 转引自〔英〕艾伦·雷德芬、马丁·亨特著:《国际商事仲裁法律与实践》,林一飞、宋连斌译,北京大学出版社 2005 年版,第 509 页,因而 ICSID 的缔造者在公约谈判之初就明确将创制一种全新的、与众不同的商业仲裁机制。

③ 参见 ICSID, *History of the ICSID Convention*, Volume II－1,p. 2,转引自石慧著:《投资条约仲裁机制的批判与重构》,法律出版社 2008 年版,第 53 页。

缔约国(或缔约国向中心指定的该国的任何组成部分或机构)和另一缔约国国民之间直接因投资而产生并经双方书面同意提交给中心的任何法律争端。当双方表示同意后,任何一方不得单方面撤销其同意。"①即为学界广为认同的主体、客体、主观三大要件。

(二)ICSID 利用华盛顿公约第 25 条模糊解释扩充自身管辖权

ICSID 扩大自身管辖权主要是通过《华盛顿公约》第 25 条管辖权条款中规定的三大要件实现的。而探究其原因,乃 ICSID 仲裁庭正是对案件是否享有管辖权的判断者和决定人。根据《华盛顿公约》第 41 条:"一、仲裁庭应是其本身权限的决定人。二、争端一方提出的反对意见,认为该争端不属于中心的管辖范围,或因其他原因不属于仲裁庭的权限范围,仲裁庭应加以考虑,并决定是否将其作为先决问题处理,或与该争端的是非曲直一并处理。"②正因为《华盛顿公约》将管辖权问题交由仲裁庭自行决定,仲裁庭拥有很大的自由裁量权,这也为其扩大管辖权提供了理论依据和实践平台,[4]便利其实现自身管辖权力的延伸。

1.扩大对华盛顿公约第 25 条的解释和适用范围

在通过《华盛顿公约》第 25 条延伸管辖权时 ICSID 仲裁庭主要是以对公约第 25 条确定的管辖三大要件中有关概念进行模糊或扩大解释以实现管辖。公约第 25 条首先确立的主体要件即为投资争议案件双方须为缔约国(或缔约国向中心指定的该国的任何组成部分或机构)和另一缔约国国民。比如,对于其中"另一缔约国国民"这一概念,公约在第 25 条第 2款做出了较为详细的定义,③采取了自然人与法人双重判断标准,对于自然人而言,须满足不具有争端国国籍之强制要求,而对于法人则有商榷变通之余地。④

在 SOABI 诉塞内加尔案中,SOABI 是巴拿马公司 Flexa 全资拥有的子公司,而巴拿马并非公约缔约国,ICSID 仲裁庭通过认定公约缔约国比利时的国民控制了巴拿马的 Flexa 公司符合公约对"另一缔约国国民"的要求而实现管辖。此种类推大大延伸了 ICSID 的管辖范围,甚至使得日后提交的投资争议案件的主体变得难以把握,因为谁也无法从今日错综复杂的国际经济关系中详细了解一个跨国公司的控制股东实际构成,更何况根据此类管辖裁判,仲裁庭很有可能在直接控股的股东不满足管辖条件的情况下继续追索,直至找到符合要求的缔约国股东将案件纳入管辖为止。

此外,扩大解释主体要件还表现为仲裁庭对缔约国的认定,对缔约国"下属机构"的理解,对本国境内公司受"外国控制"等问题的宽泛解读[3],这一表现在谢业深诉秘鲁政府案中也有所体现。公约第 25 条确立的客体要件为"直接因投资而产生任何法律争端",确立的主观要件为"经双方书面同意",在实际操作中,仲裁庭往往通过天马行空式的解释方式对此类

①　《华盛顿公约》第 25 条第 1 款。
②　《华盛顿公约》第 41 条。
③　《华盛顿公约》第 25 条第 2 款:"'另一缔约国国民'系指(一)在双方同意将争端交付调解或仲裁之日以及根据第 28 条第 3 款或第 36 条第 3 款登记请求之日,具有作为争端一方的国家以外的某一缔约国国籍的任何自然人,但不包括在上述任一日期也具有作为争端一方的缔约国国籍的任何人;(二)在争端双方同意将争端交付调解或仲裁之日,具有作为争端一方的国家以外的某一缔约国国籍的任何法人,以及在上述日期具有作为争端一方缔约国国籍的任何法人,而该法人因受外国控制,双方同意为了本公约的目的,应看作是另一缔约国国民。"
④　陈辉萍老师在其论文《ICSID 仲裁庭扩大管辖权之实践剖析——兼评"谢业深案"》第一部分第二章节第二小节"扩大对'另一缔约国国民'的解释和适用"中写道:"另一缔约国国民是指具有另一缔约国国籍的自然人或法人,以及虽具有争端缔约方国籍但因受外国控制而缔约双方又同意视为另一缔约国国民的法人。"此处似未排除投资争议中另一国国民作为自然人时身兼东道国与另一缔约国国籍,为双重国籍人之情况,其表述疑似有待探讨。参见《国际经济法学刊》2010 年第 17 卷第 3 期。

概念进行别出心裁甚至匪夷所思的解释以获得管辖,在 AmcoAsia 诉印度尼西亚案[①]与 SPP 诉埃及案[②]中都得到了体现,在谢业深案中同样有所反映。

2. 扩大对 BIT[③] 相关条款的解释和适用

《华盛顿公约》第 25 条管辖权条款确立的主观要件是指适格的争端当事双方之间的投资法律争议要取得管辖权还必须经过当事双方的书面同意。[5]在实践中,投资者与东道国同意将争端提交 ICSID 仲裁主要通过以下方式:投资者与东道国的投资协议、东道国的国内立法、投资者所在国与东道国签订的 BIT 以及其他多边国际协定表示其对仲裁解决争端的同意。[6]

在 20 世纪 80 年代以来,缔约国在 BIT 中同意将投资争端提交 ICSID 仲裁解决成为新的趋势。[④] 人们惊异于 ICSID 利用率越来越高、受案数越来越多的表象,却很少反思这个表象背后所发生的变化。事实上,进入 90 年代中后期以来,ICSID 受理的案件已经从原来的主要以契约为基础转变为主要以条约为基础,正是对这一根本变化的模式使得人们忽略了投资条约仲裁的这种独特形式的出现,也使得 ICSID 静悄悄地完成了从最初只是为解决投资者与国际间契约争端而设计的机构转变为当前主要解决投资者与国家间条约争端的机构的革命。[7]但是,早期 BIT 对同意提交 ICSID 仲裁的范围较窄,例如中国曾经只同意将与征收补偿额有关的争端提交 ICSID,而 20 世纪 90 年代后期随着投资自由化思潮的泛滥与经济全球化思想的盛行,各国签订的 BIT 基本上都同意将所有的投资争端提交 ICSID 或其他国际仲裁。实践中,仲裁庭总是想方设法对 BIT 与上述条件有关的条款进行扩大解释或扩大适用范围,从而扩大自己对案件的管辖权。

(1)ICSID 仲裁庭扩大对 BIT 中的"投资"的解释和适用。各国签订的 BIT 一般都会对其所保护的"投资"进行定义,不同 BIT 对"投资"的定义也可能各不相同,涉讼案件是否存在符合 BIT 定义的投资,由仲裁庭判断。实践中,仲裁庭总是对涉讼案件中的投资进行宽泛解释,从而获得管辖权。[⑤] 如在 Fedax 诉委内瑞拉案中,荷兰公司因本票兑付问题基于荷兰——委内瑞拉 BIT 向仲裁庭提请仲裁。委内瑞拉政府则以 BIT 中投资未包括票据问题予以抗辩,但仲裁庭对投资做出了广义理解,认定本票兑付问题属于投资涵盖范围而对争议案件享有管辖权。[⑥]

(2)ICSID 仲裁庭扩大对 BIT 中"同意"仲裁的条款的解释和适用。ICSID 通过此类方式扩权,案例众多,手段多样,主要表现在 4 个方面:

第一,仲裁庭扩大 BIT 规定的提交 ICSID 仲裁的范围,从而扩大管辖权,即如一国仅同意征收补差额事项提交 ICSID 仲裁而经过仲裁庭解释扩大为全部事项均归 ICSID 管辖。

第二,仲裁庭运用最惠国待遇(MFN)条款来扩大管辖权,传统上,MFN 条款只适用于实体方面的待遇而不适用于争端解决方面的程序性条款。但是,仲裁庭为了扩大自身管辖

---

① Amco v. Indonesia, *Decision on Jurisdiction*, 25 September 1983, 1 ICSID Reports 139.

② SPP v. Egypt, *Decision on Jurisdiction*. 27 November 1985, 3 ICSID Reports 112.

③ 双边投资协定(Bilateral Investment Treaties, BIT)是指两个国家就相互之间的投资与保护问题达成的协议,参见史晓丽主编:《国际投资法》,中国政法大学出版社 2005 年版,第 328 页。

④ 根据 ICSID 官网于 2012 年发布的 THE ICSID CASELOAD-STATISTICS (ISSUE 2012—1)显示,仅 2011 年一年,ICSID 已登记案件中的 63% 和新登记案件中的 77% 就是基于 BIT 条款满足公约第 25 条主观要件而提出的。

⑤ 此处 BIT 所保护之"投资"可突破公约第 25 条限定的"直接投资"这一管辖客体要件,参见陈辉萍:《ICSID 仲裁庭扩大管辖权之实践剖析——兼评"谢业深案"》,《国际经济法学刊》2010 年第 3 期。

⑥ Fedax v. Veneruela, (ICSID Case No. ARB/96/3.)

权而将 MFN 条款适用于程序性规定,对原本不符 ICSID 仲裁条件的案件或原本没有 ICSID 仲裁条款的 BIT 所涉案件,都通过东道国与另一国订立的 BIT 中递交管辖条款与 MFN 条款,将其也解释成同意 ICSID 仲裁。①

第三,仲裁庭曲解岔路口条款来扩大管辖权,在一些 BIT 中缔约国规定了在国际投资争议产生的情况下可选择国内司法解决或国际仲裁解决,即岔路口条款。但在实践中,ICSID 以多种理由实行管辖,且公约规定 ICSID 管辖权具有排他性与最高性,此种管辖实有侵犯他国司法主权之嫌疑,对于国际投资争议之妥善解决殊为不利。

第四,仲裁庭利用 BIT 中保护伞条款扩大管辖权,即仲裁庭通过模糊东道国与投资者之间因双方投资协议产生的争议与 BIT 产生的争议之间的界限,将违反合同视为违反条约,以鼓励投资者提起国际仲裁实现 ICSID 的管辖。

总之,ICSID 为了实现自己管辖权的扩充可谓绞尽脑汁,大显神通,从任何可着力点出手以获得对国际投资争议案件的处理。而 2006 年发生的谢业深诉秘鲁政府案作为中国首次接受 ICSID 管辖的案件,因其涉及"一国两制"下不同法域的 BIT 适用问题,解释问题等诸多疑点难点,既具有 ICSID 仲裁庭扩充自身管辖的一般特点,又具有与众不同的"中国特色",而当之无愧地成为中外学者探讨当今国际投资争议中 ICSID 管辖权问题的最好蓝本。

二、ICSID 扩权管辖,以谢业深案为例

香港居民谢业深(Mr. Tza Yap Shum)援引 1994 年《中国—秘鲁 BIT》,以秘鲁政府为被申请人,径自单方向 ICSID 申请仲裁,声称秘鲁政府对他在秘鲁境内设立的一家鱼粉公司采取了征收措施。[8] 根据该案在 ICSID 官方网站的记录显示,该案仍处于仲裁进程中,其最新消息是在 2012 年 4 月 21 日仲裁庭在华盛顿特区举行了第一次会议并对该案后续进程进行了讨论,而仲裁庭对本案做出的引人注目的具有管辖权的裁定则是在 2009 年 6 月 19 日作出的。② 本案中仲裁庭作出的裁决使得中国首次卷入 ICSID 管辖的案件之中,且本案仲裁庭做出享有管辖权之裁决在各方面都具有显著扩权之特点而为中外学者所讨论。

此外,本案还因"一国两制"引发的中国大陆与他国订立 BIT 能否适用于香港特别行政区等特点而受到关注。并且,在本案仲裁庭作出管辖权裁定之前,中国已经与外国缔结了上百部 BIT,ICSID 前秘书长也专门撰写文稿指出此类行为可能为中国在投资争议案件处理上带来的深远影响:"本案的进展仍须拭目以待,但有一点看来是确定无疑的:谢业深案乃是今后与中国国际投资条约有关的源源不断的大量仲裁案件中破天荒第一案。今后发生此类案件,其中的绝大多数势必都被提交 ICSID 仲裁。"③因此,以下本文将对该案案情以及仲裁庭裁决理由予以详述,以彰显 ICSID 扩权趋势在本案中之表现与特点。

---

① 对基础条约中的 MFN 条款,即 Most Favored Nation(最惠国条款)是否适用于程序性规定在学界存在两种不同学说。参见魏艳茹:《论我国晚近全盘接受 ICSID 仲裁管辖权之欠妥》,《国际经济法学刊》2006 年第 13 卷第 1 期。

② 参见 http://icsid.worldbank.org/ICSID/FrontServlet,于 2012 年 5 月 9 日访问。

③ KO-Yung Tung, *Arbitral & Judicial Decision : The New Generation of China BITs in Light of TZA Yap v. Republic of Peru*, The American Review of International Arbitration, Vol. 17, p. 481. 本段英文原文为:"Much remains to be seen, and yet one thing seems certain: Tza Yap Shum is but the first in s stream of future China-related investment treaty arbitrations, most of which may very well arise under the auspices of ICSID."转引自陈安:《对香港居民谢业深诉秘鲁政府案 ICSID 管辖权裁定的四项质疑——《中国—秘鲁 BIT》适用于"一国两制"下的中国香港特别行政区吗》,《国际经济法学刊》2010 年第 1 期。

根据 ICSID 公布的相关信息,香港居民谢业深先生向总部设在美国首都华盛顿特区的 ICSID 提交了仲裁申请书,声称:2002 年 1 月在其大不列颠维京群岛成立了 Linkvest 公司,2002 年 6 月 Linkvest 公司购买了在秘鲁成立的 TSG 公司 90％股份,在征收行为之后,其又直接购买了 TSG 公司 90％的股份。而代表秘鲁政府的秘鲁税务监管局则在 2004 年 12 月开始进行了一系列的行动,并在 2005 年 1 月指责 TSG 公司具有高额欠税行为,在发出通知后 1 个月(2005 年 2 月),秘鲁当局就冻结了 TSG 公司的银行账户,致使 TSG 公司陷于瘫痪。TSG 公司的拥有者谢业深认为秘鲁政府采取的这种措施属于任意扣押的非法行为,阻止了其对公司的有效经营,而又未对 TSG 公司给予赔偿,从而使得其作为外国投资者享有的投资保护、征用措施及类似措施下获得赔偿与补偿、资本利润转移等权利已被东道国政府侵犯。因此于 2006 年 9 月 29 日向 ICSID 仲裁庭提请仲裁。经过反复审议,ICSID 总秘书处于 2007 年 2 月 12 日正式立案,案号为 ICSIDCaseNo. ARB07/6,并于 2007 年 10 月 1 日组成了本案仲裁庭,在 2009 年 6 月 19 日仲裁庭作出享有管辖权的裁定。①

(一)谢业深案不符《华盛顿公约》第 25 条主体要件之规定

谢业深作为在秘鲁的投资者,其本身为香港居民,即 1994 年《中国—秘鲁 BIT》的规定并不应适用于作为香港永久居民的谢业深,因而谢业深并不满足公约 25 条主体要件的规定。早在作出裁决之前,秘鲁政府就以此作为抗辩。但 ICSID 仲裁庭却在裁决书中写到:"当事人为 BIT 项下的合格投资者是毫无争议的,根据国际法,每一个国家都依据其本国法确定其国民,缔约方的专家在这方面也是一致的,即中华人民共和国国籍法是规定取得和丧失中国国籍的法律,其在香港特别行政区内是有效的。② ……申诉人护照是在香港入境处签发的,因而可证明其是居住在香港的中国公民……③若东道国反对这一推定,则须证明其国籍的取得不合于国际法……④在此背景之下,法院认定,原告作为具有中国国籍的合格投资者的身份自各方同意将投资争端提交 ICSID 仲裁和仲裁请求登记之日起享有。因此申请人符合《华盛顿公约》25 条投资者国籍的要求。"⑤在裁决书中,ICSID 仲裁庭将 1994 年《中国—秘鲁 BIT》适用于香港永久居民谢业深,并通过以上解释认定谢业深为该 BIT 项下的合格投资者,因而符合《华盛顿公约》25 条主体要件并排除了秘鲁政府的相关抗辩。但根据相关法律规定与法理,结合本案案情,不难发现仲裁庭此种裁决实有越权曲解之意。

1.《香港特别行政区基本法》与 1994 年《中国—秘鲁 BIT》对香港的适用

1840 年中英鸦片战争以后签订了以《南京条约》为代表的一系列不平等条约而把香港岛、九龙、新界地区(香港全境)划归英国,在此区域内实行英国法,直到 1997 年香港回归后仍然保持香港地区的社会制度与法律制度的原状,从而形成了中国大陆适用大陆法,香港地区适用普通法的一个国家两种法域的特殊情况。而全国人民代表大会也于 1990 年 4 月 4

---

① Tza Yap Shum v Peru, *Decision on Jurisdiction and Competence*, ICSID Case No ARB/07/6, IIC 382 (2009), http://www.oxfordlawreports. com/subscriber_article? script = yes&id =/ic/Awards/law－iic－382－2009&recno=1&searchType=Quick&query=Tza＋Yap＋Shum＋v.＋Republic＋of＋Peru♯law－iic－382－2009－div2－3,2012 年 5 月 9 日访问。

② Tza Yap Shum v Peru, *Decision on Jurisdiction and Competence*, ICSID Case No ARB/07/6, IIC 382 (2009), Para 54.

③ 同上注,Para 62.

④ 同上注,Para 63.

⑤ 同上注,Para 66.

日通过了《中华人民共和国香港特别行政区基本法》(简称《香港基本法》)以规定回归后香港特别行政区的社会制度与法律制度。其第 153 条第 1 款规定:"中华人民共和国缔结的国际协议,中央人民政府可根据香港特别行政区的情况和需要,在征询香港特别行政区政府的意见后,决定是否适用于香港特别行政区。"① 因此除非经过中国中央政府对香港特别行政区政府意见征询并得到同意之后,才可将中华人民共和国与他国缔结之国际条约与协议适用于香港。而 1994 年《中国—秘鲁 BIT》并未通过此种程序,因而此 BIT 也未具有可适用于香港地区之司法效力。②

2. 1994 年《中国—秘鲁 BIT》不适用于在香港享有居留权的中国国民

如前所述,本案中申诉人谢业深援引的《中国—秘鲁 BIT》签订于 1994 年,香港地区于 1997 年回归中国,而此 BIT 又未经《香港基本法》规定的程序进行效力转化,因而仍只可适用于中国内地,而对持有香港特别行政区护照的中国公民谢业深无能为力。③ 因而本案中谢业深并非 BIT 规定的合格投资者,其不满足《华盛顿公约》25 条规定的主体要件,即并非该BIT 规定下的另一缔约国国民,所以 ICSID 仲裁庭做出的具有管辖权的裁决首先在主体要件上有僭越之表现。

(二)谢业深案不符《华盛顿公约》第 25 条客体要件之规定

在公约 25 条规定的"直接因投资而产生任何法律争端"这一客体要件上,谢业深案的仲裁庭亦有扩张解释的行为。本案中秘鲁政府提出的第二项抗辩即为申请人谢业深未能在纠纷出现之前进行有效的投资:"在双方争议产生的 2004 年 12 月份,申诉人并没有在秘鲁进行有效的投资,因为其当时尚未购买 TSG 公司的股份……④此外,于 2002 年购买 TSG 公司股份的是 Linkvest 公司而并非申请人谢业深自己,因此此投资并非申请人在秘鲁境内的直接投资。即使 1994 中秘 BIT 适用本案,根据其中的保护投资条款也不能得出其保护此类间接投资。⑤ ……如果申请人不能提供相关文件证明其已于 2005 年 2 月 27 日之前⑥直接购买了该公司 90% 的股份,那么不应允许原告出于方便起见而替代 TSG 公司的实际股东Linkvest 公司向 ICSID 提起仲裁。"⑦

但是仲裁庭对于这 2 项抗辩均置之不理,其认为谢业深在争议产生之前即在东道国秘

---

① 《中华人民共和国香港特别行政区基本法》第 153 条第 1 款。

② 2012 年 5 月 11 日访问香港特别行政区政府网站 http://www.judiciary.gov.hk/chs/index/index.htm,通过其"判决书及法律参考资料"一栏找到香港律政司官方网站,其中包含了所有适用于香港特别行政区的成文法,在"公约及国际协定"一栏内选择"促进和保护投资协定",可以发现其下没有 1994 年《中国—秘鲁 BIT》,说明该 BIT 并不适用于香港地区,链接如下 http://translate.legislation.gov.hk/gb/www.legislation.gov.hk/ctable2ti.htm,2012 年 5 月 11 日访问。

③ 为明确此类一国两法域的 BIT 适用问题,厦门大学国际经济法研究所王海浪博士于 2008 年 1 月 2 日给香港特别行政区律政司国际法律科行政书记梁消铃女士发送邮件请教"1994 年《中国—秘鲁 BIT》是否可适用于香港地区",梁女士给王博士的回复如下:"中国中央政府和秘鲁共和国政府于 1994 年 6 月 9 日签订的鼓励和相互保护投资协议,并不适用于香港特区。香港的促进和保护投资协议,由香港特区政府经中央政府授权后与外国政府直接签订。"此项邮件往来现存于厦门大学国际经济法研究所资料室,参见陈安:《对香港居民谢业深诉秘鲁政府案 ICSID 管辖权裁定的四项质疑——〈中国—秘鲁 BIT〉适用于"一国两制"下的中国香港特别行政区吗》,《国际经济法学刊》2010 年第 1 期。

④ Tza Yap Shum v Peru, Decision on Jurisdiction and Competence, ICSID Case No ARB/07/6, IIC 382 (2009), Para 87.

⑤ 同上注,Para 80.

⑥ 即东道国冻结 TSG 公司银行账户日。

⑦ 同注④,Para 81.

鲁有间接投资,且此间接投资受到仲裁庭认为有效的 1994 中秘 BIT 的保护。其在裁决书中写道:"仲裁庭现在的工作是确认索赔人在纠纷出现之前进行了在秘鲁境内的投资,即明确 2004 年在缔约方之间产生的争端最终导致在 2005 年秘鲁当局扣押了申请人拥有的 TSG 公司银行账户的投资问题……①谢业深先生在仲裁一开始就提交了其在秘鲁鱼粉行业经营管理的相关文件,说明其先在秘鲁境内开展了生产活动,随后在英属维尔京群岛设立了 Linkvest 公司引导 TSG 公司的资金流动。

因此,虽然谢业深先生实际且直接取得 TSG 公司的股份是在当局冻结银行账户行为发生之后,东道国的抗辩仍不应减少申请人根据《华盛顿公约》提出索赔的能力……"②针对该投资是否受到中秘 BIT 保护问题,仲裁庭认为:"在满足《华盛顿公约》25 条客体要件的前提下,本中心的管辖范围可扩展到任何法律纠纷……③在 SOABI 诉塞内加尔案、Waste Management Inc 诉墨西哥案和 Societe Geerale 诉多米尼加案中,仲裁庭都对'投资'进行了广泛的定义……④。仲裁庭根据《中国—秘鲁 BIT》文本为缔约双方促进与保护投资之意图考虑,此情况下,秘鲁政府无疑愿意促进和保护中国公民在其领土内的投资⑤……因此仲裁庭认为无迹象标明应排除条约在秘鲁境内对中国公民间接投资的保护。"⑥

根据以上仲裁理由,不难发现 ICSID 仲裁庭在谢业深案的客体要件上也有扩权,本文前述中已经讨论过 SOABI 诉塞内加尔案中 ICSID 管辖权延伸之表现,而此案中仲裁庭又援引扩权案件之裁决理由来为本案扩权作合理之辩解,岂不正是佐证了其通过将 BIT 中"投资"概念广义解释来突破公约 25 条"直接投资引发的法律争议"这一客体要件限制以实现自己管辖权的无限放大? 如果中国与秘鲁是出于仲裁庭所阐明之理由"仅仅为保护与促进投资"考量而签订 BIT,那么仲裁庭又何必在 BIT 中对所须保护的"投资"这一概念进行大费周折的解释? 笼统规定保护所有类型的"投资"岂不更加简便合理?[9]

(三)谢业深案不符《华盛顿公约》第 25 条主观要件之规定

在"旁征博引"解释了本案相关概念使之满足公约 25 条主体要件与客体要件后,仲裁庭将面临的"最后挑战"无疑就是主观要件。与一般的国际仲裁相同,争端双方同意将争端提交 ICSID 管辖是其享有管辖权的前提。正如《ICSID 执行董事会报告书》所称,同意是中心管辖权的基石。⑦ 根据同意形式的不同,可区分为契约、条约与国内立法。而本案中此种同意是通过《中国—秘鲁 BIT》来表达的。《中国—秘鲁 BIT》签订于 1994 年,其中第 8 条是关于缔约国在与另一缔约国国民产生投资争议时的处理方法:"一、缔约一方的投资者与缔约另一方之间就在缔约另一方领土内的投资产生的任何争议应尽量由当事方友好协商解决。二、如争议在 6 个月内未能协商解决,当事任何一方有权将争议提交接受投资的缔约一方有管辖权的法院。三、如涉及征收补偿款额的争议,在诉诸本条第 1 款的程序后 6 个月内仍未能解决,可应任何一方的要求,将争议提交根据 1965 年 3 月 18 日在华盛顿签署的《关于解决国家与他

---

① Tza Yap Shum v Peru, Decision on Jurisdiction and Competence, ICSID Case No ARB/07/6, IIC 382 (2009), Para 87.

② 同上注,Para 89 and Para 90.

③ 同上注,Para95

④ 同上注,Para 96－99.

⑤ 同上注,Para 103.

⑥ 同上注,Para 106.

⑦ ICSID Reports, Vol. 1, Cambridge University Press,1993,p. 28.

国国民间投资争端公约》设立的"解决投资争端国际中心"进行仲裁。缔约一方的投资者和缔约另一方之间有关其他事项的争议,经双方同意,可提交该中心。如有关投资者诉诸了本条第 2 款所规定的程序,本款规定不应适用。四、该中心应根据接受投资缔约一方的法律(包括其冲突法规则)、本协定的规定以及普遍承认的缔约双方均接受的国际法原则作出裁决。"①

由上可见,《中国—秘鲁 BIT》在解决双方投资争议上设置了多样却又简明的解决模式。首先任何争议都可由双方友好协商解决,在第一环节难以满足的情况下,又环环相扣提供了东道国法院救济的途径作为辅助保证,此外还允许将"涉及征收补偿款额的争议"和"双方同意的争议有关其他事项"提交中心仲裁。仔细分析第 8 条不难发现,提交 ICSID 的两类事项的条件并非完全相同。针对"涉及征收补偿款额的争议"有友好协商之积极前提与未向东道国法院提起诉讼之消极条件;而针对"双方同意的争议有关其他事项"则又多了当事方须就此类争端提交 ICSID 所达成的"双方同意"这一积极要件。[10]从该条中不难发现 90 年代时中国与他国签订 BIT 时可谓匠心独具,对其投资争端提交 ICSID 解决的条款进行了精心设计,也反映了中国对于涉外法权一贯谨慎的态度。②

此款规定也被秘鲁政府援引作为抗辩理由。但是在本案中,作为限制仲裁庭扩权解释的 BIT 第 8 条这一安全阀门最终也被裁决书所打破:"任何法律制度中,裁判者经常面对解释谈判文件中特点时间与地点下法律义务的挑战,并在以后一个完全不同的背景下为其作出定义,比如在当今去解释 80 年代或 90 年代缔结的一些 BIT 的规定。在本案中,该 BIT 的一个缔约国是一个共产国家。从早时起,类似许多国家已成为直接投资的重要目的地,并在某些情况下,在其他国家进行了大量投资。

例如,中国自己就大大增加了其在全球经济中的参与程度,吸引外国直接投资和在其他许多国家的进行直接投资令人印象深刻。③……对于第 8 条所包含的范围,有关各方有着不同立场,主要集中在第 3 款'涉及征收补偿金额',这句话曾大量出现在 80 年代签订的 BIT 的争端解决规定中。这反映了一个共产主义政权对于私人资本与国际司法的不信任,在许多类似国家也属正常。关于国际法庭的管辖,他们总会觉得经验缺乏与控制无力。这种纯粹对语言的追捧,使得订立的条约具有了局限性。因而,这些制约因素的确切范围是本案须确定的一个核心问题。"④

在一番出于对"社会制度影响订约态度"的凭空想象之后,仲裁庭开始按照《维也纳公约》第 31 条对《中国—秘鲁 BIT》第 8 条进行解释,以确定在国际经济纠纷中"缺少经验与心怀疑虑"的中秘两国订立的 BIT 第 8 条"涉及征收补偿金额"之"真正"意义:"仲裁庭认为,

---

① 《中国—秘鲁 BIT》第 8 条,http://www.cnarb.com/2008wd/bit/china/peru_china.pdf,2012 年 5 月 12 日访问。

② 中国在签署了生效后的《华盛顿公约》之后对于相关争议的解决态度可为谨慎,究其原因大概在于其签署《华盛顿公约》时于公约第 25 条第 4 款项下声明仅仅允许将与征收补偿额有关的争议提交给中心管辖。更进一步的是,即使在签订了《华盛顿公约》之后,中国仍然在 BIT 中排除 ICSID 的管辖权。许多在 1993 年后签署的中国与他国的 BIT 仍然沿用其旧式版本,即规定只要争议无法通过协商解决,那么必须被提交到东道国的法院进行裁判。由中心来作出裁决的案件必须仅仅涉及关于"征收与国有化补偿额"的投资争议。只有少数例外的 BIT,如中国与立陶宛签订的 BIT 或者中国与巴林签订的 BIT,包括限制的 ICSID 条款,即接受 ICSID 对"国有化与征收补偿款"以外事项的管辖。参见:Monika C. E. Heyman:*International Law and the Settlement of Investment Disputes relating to China*,Journal of International Economic Law Vol. 11 No. 3 Oxford University Press,2008.

③ Tza Yap Shum v Peru, Decision on Jurisdiction and Competence, ICSID Case No ARB/07/6, IIC 382 (2009), Para 143.

④ 同上注,Para 145.

'涉及征收补偿的金额'这一概念是具有多种可能含义的。其中,东道国抗辩强调"赔偿金额",这表明其倾向做出狭窄的解释。据推测,如果这是正确的解释,是否有征收行为及其后东道国是否进行了补偿只是重要的前提,征收金额才是要旨。而另一方面,这一概念也可以包括赔偿金额所相涉及的、与征用有关联的其他重要问题,这恰恰是由申请人方面所寻求的解释。

由于种种原因,仲裁庭认为,后者的广泛解释应该是更为合适的。① ……此外,中秘 BIT 第 8 条第 3 款也确实应该采纳申请人之解释,按照《维也纳公约》第 31 条规定,仲裁庭应立足条约内容,考虑条约目标和宗旨作出善意和普通意义上的解释。按照条约序言中的语言,可以得出第 8 条第 3 款将投资争端递交 ICSID 是为了促进投资,如果将有关中秘 BIT 所规定的重大事项的各项争议排除在 ICSID 管辖之外,那么此类处理是否会吸引外国投资者是值得怀疑的。因此,《中国—秘鲁 BIT》的上下文可以支持仲裁庭对第 8 条第 3 款的解释……"②在这之后仲裁庭又结合了其他判决与裁决,做出了本案符合公约 25 条之"同意"这一主观要件的认定,最终将本案管辖牢牢地握于手中。

从本案仲裁庭对同意这一主观要件的解读中更可以明确其扩权表现,首先其基于自身扩权理念提出要在现代背景下解释 90 年代订立之 BIT,然后又因社会制度等原因对中国、秘鲁订立 BIT 之初衷以及订约能力肆意揣测,然后忽略该 BIT 第 8 条第 3 款对于"征收补偿款额"和"有关其他事项的争议"这两类不同争议之不同处理方式的精心设计,将"征收补偿款额"宽泛理解为与征收活动相关的其他争端,从而使本案所涉投资争议满足可直接提交中心管辖之条件。为了配合此种解释,仲裁庭还援引《维也纳公约》31 条以结合该 BIT 条约宗旨作出解释,并得出了"订立该 BIT 是为了赋予投资者将投资争议提交 ICSID 仲裁之优惠待遇以促进投资"之结论,一则忽视了《中国—秘鲁 BIT》订立之其他目的与宗旨,二则将给予投资者优惠待遇促进投资与将争议提交 ICSID 管辖相紧密挂钩,似有逻辑混淆之疑,不得不说是仲裁庭明显越权之体现。③ 经过此项解释,本案仲裁庭最终将三大要件本都难符的谢业深诉秘鲁政府案划为仲裁庭管辖下的待裁决案件,也使得广大中外学者对本案展开了长久的质疑,更使得本案成为研究 ICSID 仲裁庭扩权表现的最好案例。

三、ICSID 扩充其管辖权之原因与危害

《华盛顿公约》与 ICSID 作为发达国家与发展中国家在保护对外投资与吸引外资这一平衡点上互相达成妥协的产物在解决国际投资争议上已经发挥了巨大作用,有着重要的影响力。但是近年来仲裁庭越发趋向依据公约和各国订立的 BIT 实现自身管辖权的蔓延。究其

---

① Tza Yap Shum v Peru, Decision on Jurisdiction and Competence, ICSID Case No ARB/07/6, IIC 382（2009）, Para 150.

② 同上注,Para 153.

③ 《中国—秘鲁 BIT》序言部分:"中华人民共和国政府和秘普共和国政府(以下称'缔约双方'),为缔约一方的投资者在缔约另一方领土内的投资创造有利条件,认识到相互鼓励、促进和保护此种投资将有助于促进投资者投资的积极性和增进两国的繁荣,愿在平等互利的原则基础上,加强两国间的经济合作,达成协议如下…"可见该 BIT 订立并非仅仅处于保护投资之需要,更有增加两国经济合作与互相繁荣等主旨,ICSID 仲裁将之笼统解释为保护投资,并将这一优惠与投资争议提交 ICSID 仲裁庭这一结论相等同,以辅助对第 8 条"征收补偿额"扩大解释之佐证,实乃越权环环相扣之表征。参见朱炎生:《双边投资条约对 ICSID 管辖权"同意"的认定——兼评"谢业深案"仲裁对"同意"认定的谬误》,《国际经济法学刊》2010 年第 3 期。

原因,不难发现,一则乃出于仲裁这一制度本身的特点,仲裁具有较强的私法性与商业性,仲裁员的遴选与民主体制下任命法官的情形大大不同,国际仲裁员往往是通过市场竞争优胜劣汰的律师和学者,追求商业利益是其自然本性,只要其实现有利于投资者的管辖与裁决,那么以后被雇佣的机会将大大增多,此外 ICSID 本身还面临来自其他国际仲裁机构的业务竞争,那么其鼓励仲裁员对案件作出广泛管辖以提升自身竞争力与影响力也就不足为奇了。[①]

第二,因为现在国际投资仍然大都由发达国家主导,发展中国家大多数是作为投资的接收国,近年全球经济又受到国际金融危机的影响而深陷泥潭,发达国家投资者大量对外投资不可避免地受到遭遇经济困境的发展中东道国的调整与处置,那么本就对此主权行为心怀不满的投资者再加上对东道国法制不健全、司法不信任的固有偏见,自然会积极寻求诸如 ICSID 等国际仲裁机构的公正管辖与公正处理。而 ICSID 的仲裁员大多来源于发达国家,面对处于"弱势"的同胞们,自然会认为 ICSID 自身的管辖比东道国本国司法更能主张正义,实现公平,保护同胞们的合法利益。因而在解释案件与管辖权条款时适当发挥实现扩权也就不足为奇了。

最后,肆意扩权管辖也是因为《华盛顿公约》对 ICSID 管辖本身设计存在一定缺陷,虽然在《华盛顿公约》中规定了秘书处可对案件的管辖进行初步的审核,但最终的决定权仍然在仲裁庭的手中。此外,仲裁程序带有秘密性,仲裁裁决具有等同于当事国最高司法机构最后判决的强制性与最终性,对裁决缺乏有效的撤销机制,对仲裁庭也少有有力的监督措施,在实现管辖到最终裁决这漫长程序中,权力均集于仲裁庭一身,如此高度集中化的权力,又怎能期望仲裁庭不会滥用呢?而一旦滥用,其带来的危害自然不言而喻。

(一)引发对 ICSID 的不信任,降低其权威,妨碍公约宗旨实现

ICSID 作为世界银行下属的专门解决投资争议的官方机构,具有较高的权威性与公正性,但是如果仲裁庭总是肆意滥用权力,随意解释,将申诉人提交的一切案件都纳入自身管辖,无疑会使得广大国家对于 ICSID 以及《华盛顿公约》的公正性与权威性产生怀疑,最终妨碍公约宗旨的实现。《华盛顿公约》之主旨是在维护投资者利益与东道国利益之间找到微妙的平衡点,实现国际投资的增长。但仲裁庭对管辖的任意扩大一方面会导致缔约国对于中心的不满,进而会引发其抗议或利用各种方式进行程序拖延以妨碍仲裁的继续进行,甚至可能会导致其退出公约。[②] 另一方面,对于未加入公约的国家,本身其对于此类涉外司法主权已经有所焦虑,如果再看到大量毫无根据的扩权解释与无理管辖,更会进一步坚定其对公约的抵制心理,那么 ICSID 想要实现公约之主旨,创造一个良好的国际投资环境无疑将成为泡影。

(二)损害东道国司法主权与国家利益

ICSID 扩大管辖之原因在相当程度上是为了取悦投资者,因此,在取得管辖之后的仲裁程序中,东道国的利益也往往被忽视,为做出有利于投资者的裁决,仲裁员轻易主张管辖权、

---

① Gus Van Harten & Martin Loughlin, *Investment Treaty Arbitration As A Species of Global Administrative Law*, 17 Eur. J. Int'l L. 148—149 (2006)。

② 事实上,一方面 ICSID 大肆扩权,管辖蔓延,另一方面由于东道国自身订立 BIT 时对于大量条款的放权,在 2001 至今年发生的大量针对南美诸国如阿根廷、委内瑞拉等提出的 ICSID 仲裁请求以及其后的管辖与裁决已经使得这些国家焦头烂额,阿根廷与委内瑞拉的诸多学者也已经提出从国内法的角度证明本国加入 ICSID 公约违反本国宪法以退出公约来躲避 ICSID 仲裁庭的管辖或裁决。当然此类方法属于破釜沉舟,相关国家无疑将承担相应的国际责任,但对于 ICSID 本身而言也并无利益可言。参见蔡从燕:《不慎放权,如潮官司——阿根廷轻率对待投资争端管辖权的惨痛教训》,《国际经济法学刊》2006 年第 13 卷第 1 期。

扩大解释甚至随意解释条约义务的恶例频出。[①] 仅在管辖扩大上,仲裁庭就有如此之多的手段,不难想象在余下程序中仲裁庭又会有怎样的发挥。并且根据《华盛顿公约》,一旦仲裁庭取得对案件的管辖,东道国的司法系统就难以对其作出有效影响,ICSID 作出的裁决也具有缔约国最高法院的最终判决效力,东道国对此难有有效之救济措施,一旦管辖实现,东道国国内司法系统只能徒呼奈何,因此中心扩大管辖对于东道国司法主权损害不可谓不大。

此外,因为 ICSID 是世界银行下属机构,其裁决对于任何想要从世界银行获得贷款的国家都具有强大的威慑力,执行力不言自明。而在中心裁决中,律师费、仲裁庭费用加上一旦败诉的赔偿费用,很有可能是一笔天文数字,对于大多是发展中国家的东道国而言,又是一笔巨大的经济负担。[②] 可见,ICSID 的扩权行为不仅损害了东道国的司法主权,还有可能对其国家利益造成极大的冲击。

(三)形成错误先例,期后援引导致管辖权更为延展

随着 ICSID 仲裁案件数量的激增,可以看到,不少被认为仲裁庭扩权管辖的案件都存在彼此援引与彼此支持的想象,甚至具体探究仲裁庭人员的组成,也可以发现其中存在相同的一个或几个仲裁员的身影。当仲裁员在最初的一个案件中作出扩权解释,在其未来承办的案件里很有可能引述其最初案件管辖的裁决理由来为自己的扩权解释作出辩解,使之显得理直气壮。当这些案件发展成为一个系列,其各项扩权理由首尾相接直至牢不可破,那么毫无疑问,公约 25 条管辖权条款以及各国 BIT 中精心设计的投资争议解决条款等安全阀门将被彻底突破而归于无用。

此外,一方面某些仲裁庭与仲裁员一意扩大管辖,另一方面却也有尽职尽忠之仲裁庭与仲裁员立足公约与 BIT 对管辖做出了合理裁决。当以后类似案件出现却面临两种完全不同的解释时,毫无疑问将减损争议双方对于公约作为成熟国际法规范应具有严肃性与稳定性的合理预期,最终又将造成对公约与 ICSID 权威性的质疑。[11] 而已有的扩大管辖之错误先例,在被以后案件的仲裁庭继续引用后,造成 ICSID 管辖权的进一步延展也属正常。

(四)不利于对东道国国内投资者利益的保护

ICSID 扩大管辖权维护投资者利益对于东道国国内投资者的利益保障也有所不利。在国际投资领域,内外资享有平等待遇和公平竞争机会本已为各大公约确认。[③] 但现今 ICSID 呈现出的扩张管辖的态势不得不让人怀疑现代投资条约在实体法上给予外国投资者优于本

---

① David A. Gantz, Potential Conflicts between Investor Rights and Environmental Regulation under NAFTA's Chapter11, 33 Geo. Wash. Int'l L. Rev. 712(2001). 转引自刘笋:《国际投资仲裁引发的若干危机及应对之策述评》,《法学研究》2008 年第 6 期。

② 据统计,ICSID 管辖的投资仲裁案件平均每件律师费用为 100～200 万美元,仲裁庭费用为 40 万美元左右。败诉后的赔偿费用可高达数亿美元,例如,2005 年 5 月,阿根廷遭遇经济危机以来第一个 ICSID 仲裁判定其赔偿美国 CMS 公司 1.33 亿美元。参见:UNCTAD, Latest Development in Investor-State Disputes Settlement, IIA Monitor No. 4 (2005) (UNCTAD/WEB/ITE/IIT/2005/2,at p.6,转引自单文华:《卡尔沃主义的"死亡"与"再生"——晚近拉美国家对国际投资立法的态度转变及其对我国的启示》,《国际经济法学刊》2006 年第 1 期。

③ 对于内外资享有平等待遇和公平竞争机会这一内容主要规定于国民待遇原则中,现代意义上的国民待遇原则产生于关贸总协定(GATT),1947 年在日内瓦通过的 GATT 第 3 条关于"国内税和国内规章的国民待遇"规定:"进口产品应同国内产品一样,在国内有关的税收、费用和规章制度等方面应享受同等的待遇。"其主要基于国际贸易这一涉外民商事交往需要而产生的,其后国民待遇原则扩展到国际服务、国际投资与国际知识产权领域。GATT 于 1991 年在乌拉圭回合谈判中达成了三个多边协议(草案):《服务贸易总协定》(GATS)、《与贸易有关的知识产权协议》(TRIPS)、《与贸易有关的投资措施》(TRIMs)。在其发展过程中,区域国际投资条约也有关于国民待遇原则的相关规定,如 1979 年经合组织《关于国际投资和多国企业的宣言》。参见朱耐丽、马娟:《国际投资法中的国民待遇问题》,《中国商界(上)》2010 年第 4 期。

国投资者的强势保护,在程序法上也赋予了外国投资者直接挑战东道国司法主权的优待。在面临东道国同样政府行为可能带来的损失时,外国投资者可以在东道国国内法院寻求救助,也可依靠类似 ICSID 扩张管辖等方式得到国际支持,既可以利用东道国国内法之保护,也可在东道国国内法欠缺的情况下借助对投资保护更为重视的国际法。

相对于只能蜗居于本国法羽翼下的国内投资者,在当今 ICSID 扩权管辖大背景下的国际投资者无疑如鱼得水,占尽优势,更何况此类跨国投资者本就实力雄厚,对国际司法制度与各项诉讼手段了如指掌。面对实力如此强大的对手,本国投资者利益的保护显得弱小无比。因此,ICSID 扩权的行为将加大实力雄厚的国际投资者挤压东道国国内投资者的生存空间的行为,容易造成内外投资者实质的不平等,损害本国投资者利益。

四、中国在 ICSID 扩充管辖趋势下可采取的应对措施

在就 ICSID 扩大管辖这一现象产生的原因和危害作出细致分析以后,值得研究的即是如何应对,并在这一趋势下合理维护中国的合法权益,因为管辖乃是仲裁的前提,与其在案件被提交仲裁庭后再寻求不知是否有效的救济或抗辩,不如提前细致地对 ICSID 管辖做好准备,从源头上杜绝 ICSID 扩权管辖的产生。

(一)从 BIT 入手限制 ICSID 扩权管辖

早在加入《华盛顿公约》时中国就提交了只把"与征收补偿额"有关的争议递交 ICSID 管辖的保留,而在最初与他国签订 BIT 时也仅允许将类似争端递交中心处理。[①] 此外必须注意的是 ICSID 现今提起仲裁的方式主要还是基于 BIT 的争端解决条款,因为其管辖的主体限于"国家与另一国家国民",对此类概念仲裁庭的解释是各国难以影响的,而管辖客体"因直接投资引发的法律争议"亦同,从公约的角度出发,一国想要限制 ICSID 之可行方式主要取决于"同意"这一主观要件。本文前述中已经阐明"同意"主要有三种方式:

第一,东道国和国外投资者达成的投资协议中规定 ICSID 管辖,针对此类契约之诉,无疑应要求我国政府加强对这类投资协议的重视程度,对协议中相关管辖条款进行仔细推敲,以避免 ICSID 扩权管辖,因此种协议种类繁多,不一而足,难以一网打尽,只能在具体实践中要求代表中国的各级政府机关树立警觉意识,在此不多赘述。第二种"同意"方式即在东道国国内立法中明确规定 ICSID 管辖权,此种方式在中国国内成文法中并未见到,因此讨论的实际意义不大。第三种"同意"方式即在 BIT 中规定相关争议解决条款,在具体投资争议产生时规定投资者可提交 ICSID 管辖仲裁的权利,是目前 ICSID 实现管辖的主要方式,也是限制 ICSID 扩权的有力武器。

纵览 20 世纪 80—90 年代中国与外国签订的 BIT,对于投资争端提交 ICSID 管辖的范围和程序有着较严格的限制,例如在提交管辖前应当充分使用当地救济,可管辖争议限于与征收补偿额有关争议,适用法律应为东道国国法律等,1994 年《中国—秘鲁 BIT》就是有力佐证。但是在近年 ICSID 扩权管辖现象加剧甚至泛滥的情况下,我国晚近缔结的 BIT 却突然开始全盘接受了 ICSID 的仲裁管辖权。在 1998 年 7 月 20 日前,中国共与他国签署 BIT89个,其中 76 个 BIT 未接受 ICSID 管辖权,13 个接受 ICSID 管辖权,在接受管辖的 13 个 BIT 中均有对管辖权的严格限制条款,全盘接受管辖权的 BIT 个数为零。而在 1998 年 7 月 20

日中国与巴巴多斯签订全盘接受 ICSID 管辖权为起点,中国与他国又签订了 26 个 BIT,未接受 ICSID 管辖权的 BIT 为 8 个,部分接受的 BIT 为 1 个,全盘接受管辖权的 BIT 为 17 个,所占比例为 65.4％。[12]

有学者认为这是中国经济与司法领域进一步开放的态度,对于外资的吸引以及中国经济的进一步繁荣无疑有着极大的促进作用。但是回顾 ICSID 扩大管辖权、对条约进行多种混乱的解释等行为,结合相关研究报告,对于全盘接受 ICSID 管辖的 BIT 在吸引外资繁荣经济上所起的作用似乎并不像他们想象的那么乐观。① 根据世界银行发布的《2005 年世界发展报告》显示:"(BIT 中的)这类保证(指争端条款规定投资争端提交 ICSID 管辖仲裁)有助于改善东道国的投资环境,也有一些证据表明投资者信赖这些保证。"的确,东道国与投资者母国之间存在 BIT 有时是投资保险机构向投资者发放政治风险保单的前提条件。尽管如此,迄今为止的实证研究尚未发现,在缔结 BIT 与其后的投资流入之间存在密切关系。[13]而一贯秉持"卡尔沃主义"②的南美诸国在 BIT 中全面放开 ICSID 管辖后受到来自各国投资者的如潮诉讼,深陷 ICSID 管辖仲裁的泥潭这一残酷现实无疑更是鲜活教训,提醒中国对于 BIT 投资争议管辖条款应慎之又慎。

1. 中国在 BIT 签署中实体法上的四大"安全阀"不宜贸然拆除

事实上,《华盛顿公约》在缔结过程中已经考虑到了对发展中东道国与发达投资国的利益协调而给予发展中东道国 4 项权利以维护其在 ICSID 管辖下的利益,即"逐案审批同意"权、"当地救济优先"权、"东道国法律适用"权以及"重大安全例外"权,这四项权利也因其对东道国利益的有效保护而被戏称为四大"安全阀"。[14]

首先,"逐案审批同意"权意味着每一个投资争议案件产生后,必须经过东道国的同意,投资者才能将该争议提交 ICSID。其次,"当地救济优先"权则指在争端提交中心之前,东道国可以要求先用尽当地各种司法行政救济办法作为前提,从而在一定时期内实现本国司法的优先管辖。第三,"东道国法律适用"权指的是在管辖实现后的仲裁阶段,仲裁庭应优先选择东道国法律进行裁判,一般而言对于东道国的利益维护会优于对投资者过分偏袒的国际投资法,能起到对东道国本国利益的较好保护效果。最后,"重大安全例外"权则指的是在重大金融风险或经济危机发生时,东道国为维护本国社会稳定、经济安全而采取的紧急措施不能因为危害了外国投资者的利益而动辄被提交 ICSID,即此类维护根本国家利益和社会利益的紧急行为应与政府直接征收、间接征收等危害投资者利益的有害行为有明显的区分,而免于 ICSID 的管辖。

---

① 20 世纪 80、90 年代以来,通过 BIT 全盘接受 ICSID 仲裁管辖权的发展中国家越来越多,这似乎意味着发展中国家东道国对于 ICSID 仲裁机制的推崇程度越来越高。但是随着时间推移与情势变迁,曾经"信心百倍"地全盘接受了 IC-SID 仲裁管辖权的一些发展中国家由于总体经济状况发生了出人意料的变化,不得不采取全局性的干预措施来调控和补救,从而不可避免地伤及了外国投资者的利益,导致外国投资者竞相引用 BIT 中全盘接受 ICSID 管辖权条款的规定,对东道国提起仲裁。东道国限于泥潭不能自拔之后,只好绞尽脑汁地在个案中提出各种抗辩,试图就 ICSID 仲裁管辖权的全盘接受做出缩小解释,但收效甚微。这是作茧自缚的东道国对于全盘接受 ICSID 管辖后悔莫及的最好注解,也是以中国为代表的现今全面放开 ICSID 管辖权条款的广大发展中国家应有的前车之鉴。参见余劲松:《国际投资条约仲裁中投资者与东道国权益保护平衡问题研究》,《中国法学》2011 年第 2 期。

② 卡尔沃主义源自 19 世纪阿根廷著名外交家和学者卡洛斯·卡尔沃的著作。其内核在于强调双重平等,即国与国的平等和本国国民与外国国民的平等。参见单文华:《卡尔沃主义的"死亡"与"再生"——晚近拉美国家对国际投资立法的态度转变及其对我国的启示》,《国际经济法学刊》2006 年第 1 期。

但是在现今中国 BIT 模式中的争端解决条款却不容乐观,可谓完全放弃了这四大权利,足可让 ICSID 管辖长驱直入。一方面在 BIT 中以"全面同意"代替"逐案同意",以"适用国际法与国内法并行"代替"东道国本国法优先",另一方面并未设置"用尽当地救济"和"重大安全例外"条款,可谓一马平川。在这四大安全阀中,除了"东道国法律适用"这一大权利属于管辖开始后的仲裁程序,其余三大安全阀都直接和管辖挂钩,影响 ICSID 对于投资争端案件的掌握,应该予以高度重视。其中逐案同意属于获得管辖的积极要件,而重大安全例外则属于消极要件,两者可合并探讨。

(1)应在 BIT 中区分不同国家适用"同意"的积极要件和消极要件。根据积极要件和消极要件的划分,主要有四种模式可供选择,即"全面同意"、"逐案同意"、"有限同意"和"全面同意+重要安全例外",其中"全面同意"型受到 ICSID 全面管辖的风险过大,难以维护本国司法主权与国家利益,不应采用。而"逐案同意"型又显得太过僵化死板,不利于投资争议的快速解决,也容易为广大外国投资者诟病,难以吸引外资,因此在现实中也少有选择。一般发达国家采用的为"有限同意"和"全面同意+重要安全例外"两种类型。

而中国究竟在 BIT 中选取何种类型的争端解决条款则应根据签约国家的不同而具体问题具体分析。"有限同意"型条款一般是在不太可能发生争端或发生争端后也不会影响东道国国计民生与国家利益的领域中同意 ICSID 的管辖权,其在保护外资与保护东道国利益之间更偏向后者,但也不会像"逐案同意"式条款容易引起投资者的反感。因此"有限同意"式的条款比较适合我国和发达国家订立的 BIT,因为对比我国和欧洲、北美等发达国家聚集的地区,投资流向主要是外国流向中国,中国对这些国家的投资占投资总额的比重较小。另一方面这些国家本国司法健全,各项诉讼仲裁手段完备,当争议产生时,如果是中国投资者诉发达国家,那么寻求这类国家的国内救济本身就可以起到较好的保护投资的效果,而如果是发达国家投资者诉中国,又可以在可能影响中国核心利益的领域避开 ICSID 的管辖和诸多拥有丰富诉讼与仲裁经验的国际律师,对于中国涉外投资、司法主权和国家利益的保护可谓一举三得。

至于"全面同意+重要安全例外"类型则与"全面同意"类型类似,只不过其额外设定了数个"重要安全例外"以保护本国不想为 ICSID 等涉外法权所干预的重要领域。此种类型的争端解决条款比较适合安排在中国与非洲、南美洲以及东南亚这些资源丰富的发展中国家聚集地区签订的 BIT 中。因为相对而言,中国对这些国家主要是投资输出国,而这类国家一般都资源丰富,但经济落后,司法制度不完备,因此规定 ICSID 全面管辖条款有利于投资争议产生后的中国投资者寻求 ICSID 的国际仲裁这一救济手段,另一方面,这些国家也少有对华投资,即使真的发生投资争议,也有若干详细规定的"重大安全例外"条款为中国查漏补缺。[15] 从而通过对不同类型的国家在 BIT 签订过程中适用不同的"同意"管辖条款,使中国可以在 ICSID 扩大管辖的趋势下进退自如,实现保护外资与维护本国利益的完美统一。

(2)应在 BIT 中保留"当地救济"条款。在中国早期签署的 BIT 中"当地救济"条款的出现频率极高,并且在同意 ICSID 管辖的领域内也以未提交中国法院管辖作为中心实现管辖的前提。而近期签署的 BIT 中大多将"当地救济"作为与提交中心管辖的并列条款,如此规定,实有配合 ICSID 扩权管辖之趋势也。事实上,保留"用尽当地救济"条款作为前述"有限同意"条款和"全面同意+重大安全例外"条款的相关条款,配合"同意"条款而实现双保险。

在与发达国家签订的 BIT 中,如果仅仅规定"有限同意"条款对非重要领域的投资纠纷表示同意 ICSID 管辖的话,仲裁庭很有可能通过类似谢业深案中的扩大解释之方法,将中国本来不愿提交仲裁的重要事项解释为已经同意的事项而实现管辖。如果 BIT 中另行将此类重要事项单独划出并辅之以"当地救济优先"或"用尽当地救济"条款,那么中国就可以此作为抗辩仲裁庭扩权的有力理由,实现本国司法对案件的管辖。而在与资源丰富的发展中国家签订的 BIT 中,则可将"当地救济"条款置于"重大安全例外"条款之后,因为"重大安全例外"条款规定的各项关乎本国根本利益的领域产生的投资纠纷最终仍然需要双方合作解决,而因其不能被提交中心处理,那么东道国司法系统对其处理无疑将有助于纠纷的解决,避免此类重要争端产生后还要双方国家互相协商谈判再解决争议的窘境,提高了经济效益也节省了行政成本。

2. 中国在 BIT 签署中对程序性条款应予足够关注

ICSID 在实践中另外的管辖延伸主要是通过对诸多的程序性或待遇性条款进行扩张解释实现的。此类程序性或待遇性条款一般不直接规定 ICSID 管辖权,而多涉及缔约方的待遇问题及争端解决问题,主要表现为最惠国待遇条款(MFN 条款)、岔路口条款和保护伞条款。其扩权方式在前文已有详细介绍,在此主要分析其应对方法。针对最惠国条款,中国只需在与外国订立 BIT 时明确规定其不适用于争端解决方面以限制其作用的发挥即可。一旦投资者向仲裁庭申请,以此项规定抗辩即可剥夺 ICSID 之管辖。[16]针对岔路口条款,中国所应做的是在 BIT 中明确不同争议的解决方式,如针对"与征收补偿额"有关的争议递交 ICSID 管辖,其余争议归本国司法系统管辖,不给仲裁庭扩大解释之空间,在面临 ICSID 扩权解释之时,应据理力争,积极抗辩。针对保护伞条款,应明确区分中国和外国订立 BIT 中规定事项与中国和投资者订立投资协议规定事项的不同,坚决杜绝投资者或仲裁庭将两者模糊混同从而实现管辖的行为,在条约中承诺尊重与保护投资者利益的条款不应被作为条约之诉与契约之诉混同的依据。

在一方面注重实体管辖规定的区分与缔结,在另一方面注重程序条款的注意与抗辩,从两方面入手以对抗 ICSID 的扩权行为,杜绝仲裁庭以 BIT 为依据过分扩张管辖。

(二)从仲裁庭入手限制 ICSID 扩权管辖

如果说从 BIT 入手进行,对其精心设计是"消极"地防御 ICSID 扩权管辖,那么从仲裁庭方面入手可以认为是中国对 ICSID 扩张管辖的一次"主动出击",以帮助 ICSID 回归正轨,实现《华盛顿公约》之缔约宗旨。

第一,中国仲裁员应积极参与 ICSID 案件处理,提升自身影响力,做到合理管辖,公正裁决。根据《华盛顿公约》规定,每一成员国政府可以向 ICSID 指派 4 名仲裁员。① 虽然中国已于 2004 年首次向 ICSID 指派了 4 名仲裁员,但直到 2011 年才有中国仲裁员首次参与仲裁案件。② 可见,虽然早就在 1990 年签署了《华盛顿公约》,在 2006 年卷入 ICSID 管辖,中国直

---

① 《华盛顿公约》第 12 条:"调解员小组和仲裁员小组各由合格的人员组成,他们应根据以下规定指派,并愿意提供服务。"第 13 条:"一、每一缔约国可以向每个小组指派 4 人,他们可以是但不一定是该缔约国国民。二、主席可以向每个小组指派 10 人,所指派人员应具有不同的国籍。"现今 ICSID 的 4 名中国仲裁员分别是:中国政法大学校长黄进教授、中国人民大学余劲松教授、厦门大学陈安教授和复旦大学陈治东教授。参见 http://www.ccpit.org/Contents/Channel_65/2010/0618/257922/content_257922.htm,2012 年 5 月 14 日访问。

② 2011 年 9 月 30 日,ICSID 官方网站发布消息,在两起外国投资者针对津巴布韦政府提起的国际仲裁案件中(案号 ARB/10/15 和 ARB/10/25),厦门大学陈安教授被指定为仲裁员,成为首位 ICSID 案件的中国仲裁员。参见 http://www.globalarbitrationreview.com/news/article/29848/chinese-arbitrator-sit-zimbabwe-cases/,2012 年 5 月 14 日访问。

到 2011 年 9 月才作为管辖者与裁决人所属国登上 ICSID 仲裁庭的舞台,不得不说是一种遗憾,在一定程度上也反映出西方发达国家仲裁员控制 ICSID,中国仲裁员影响力较弱的现实,无怪乎 ICSID 一意扩权管辖来为西方投资者保驾护航。因此中国仲裁员应直面这一现实,用《华盛顿公约》及国际投资法知识不断充实自己,在作为仲裁员参与案件进程时应结合案情实现合理管辖与公正裁决,扩大自身及正确裁决的影响力,从而对 ICSID 管辖蔓延的现象进行"矫正"。

第二,针对那些追求商业利益而总是在管辖中作出扩权裁决与扩张解释的仲裁员,中国可以设立一份黑名单,将其列入其中,当投资者将中国不想交予 ICSID 的投资争议提交管辖时,中国可避免选择黑名单中的仲裁员组成案件的仲裁庭,也可以反对投资方选择其作为仲裁员,从而给那些为了经济利益而动辄越权解释的仲裁员以警告,令其日后不敢为所欲为,从反面角度对 ICSID 仲裁庭的纠正。

结　语

立足于解决国家与另一国国民投资争议的 ICSID 作为 20 世纪 60 年代新出现的国际机构在今日全球经济一体化,国际投资争议随之爆炸的年代迎来了它的鼎盛时期。但是面对着诸多提交管辖的案件,其在一定程度上显得有些"饥不择食",其毅然决然地将绝大多数案件纳入自己麾下的扩权管辖既损害了广大发展中国家的利益,又导致错误先例的形成,对中心本身的公正权威亦有损害,甚至可能招来东道国国内投资者的不满和怨言,可谓吃力不讨好。而中国作为刚刚加入 ICSID 的新手,似乎也随着对其中的游戏规则太过放心而渐渐门户大开,2006 年为 ICSID 裁决具有管辖权的谢业深诉秘鲁政府案不论是立足于公约 25 条管辖权条款还是基于 1994 年《中国—秘鲁 BIT》出发似乎都与 ICSID 的管辖毫不相干。而 ICSID 最终天马行空似地将其解释为符合管辖要件而实现仲裁程序也为中国敲响了警钟。或许中国应从此案中体会到 ICSID 扩大管辖之不可逆趋势,从而一方面强化对 BIT 条款的制定与设计,以免给仲裁庭留下突破空间,另一方面"直捣黄龙",在 ICSID 仲裁庭中发展维护合理管辖,实现公正裁决的合格仲裁员,抵制纯粹为了商业利益而胡乱管辖任意仲裁的失职仲裁员。双管齐下以遏制 ICSID 不合理之管辖,以真正实现《华盛顿公约》维护投资者利益,保护东道国利益,促进投资争议解决初衷!

参考文献:

[1]莫世建. 国际经济法. 北京:中国政法大学出版社,2008:271.

[2]江鹏. ICSID 管辖权问题研究. 华东政法大学硕士毕业论文,2010.

[3]崔宇航. 解决国家与他国国民间投资争端中心(ICSID)管辖权问题研究. 中国政法大学硕士毕业论文,2007.

[4]陈辉萍. ICSID 仲裁庭扩大管辖权之实践剖析——兼评"谢业深案". 国际经济法学刊,2010,17(3).

[5]翁国民,应坚,蒋奋著. 国际经济法学. 北京:高等教育出版社,2010:522.

[6]湛茜. 论 ICSID 仲裁中当事方的"同意".《北京仲裁》第 71 辑. 北京:中国法制出版社,2010:80.

[7]石慧. 投资条约仲裁机制的批判与重构. 北京:法律出版社,2008:18.

[8]陈安. 对香港居民谢业深诉秘鲁政府案 ICSID 管辖权裁定的四项质疑——《中国—秘鲁 BIT》适用于"一国两制"下的中国香港特别行政区吗. 国际经济法学刊,2010(1).

[9]沈虹. 论 ICSID 对涉中国投资条约仲裁的管辖权——兼论 ICSID 涉中国第一案. 华南理工大学学报,

2012(1).

[10]朱炎生.双边投资条约对 ICSID 管辖权"同意"的认定——兼评"谢业深案"仲裁庭对"同意"认定的谬误.国际经济法学刊,2010,17(3).

[11]刘笋.国际投资仲裁引发的若干危机及应对之策述评.法学研究,2008(6).

[12]魏艳茹.论我国晚近全盘接受 ICSID 仲裁管辖权之欠妥.国际经济法学刊,2006(1).

[13]World Bank,World Development Report 2005—A better Investment Climate for Everyone,World Bank and Oxford University Press,2004,p.177.

[14]陈安.中外双边投资协定中的"四大安全阀"不宜贸然拆除—美、加型 BITs 谈判范本关键性"争端解决"条款剖析.国际经济法学刊,2006(1).

[15]王海浪."落后"还是"超前"——论中国对 ICSID 管辖权的同意.国际经济法学刊,2006(1).

[16]林一飞.双边投资协定的仲裁管辖权、最惠国待遇及保护伞条款问题.国际经济法学刊,2006(1).

气候变化政策与国际贸易法的协调

王伊冰

【摘要】 近年来,全球气候变暖问题愈演愈烈,海冰大规模消退。各国及国际组织均采取了一定措施以应对气候变化。多边气候谈判接连受阻导致部分国家开始寻求单边气候措施。一些发达国家以气候问题是全球问题,应对气候变化应为各国共同责任为由,提出在 2012 年后对来自不承担强制减排义务的国家和地区的产品征收"碳关税"。碳关税作为单边气候措施中的一种,能够在一定程度上抑制碳泄漏,并弥补一国所承担的减排义务所导致的国内产业损失。然而,不少国家却利用碳关税推行贸易保护主义。因此,一味肯定或者完全否定碳关税均不合理。笔者以碳关税的来源与现状为起点,分析了碳关税的性质及其与 WTO 规则的兼容性,以上述分析为基础为协调碳关税与国际贸易法提出建议。

【关键词】 气候变暖;碳关税;国际贸易

引　言

近年来,全球气候变暖问题愈演愈烈。联合国环境规划署(UNEP)在其发布的一份报告中谈到"气候变化成为全球关注的焦点并进入了全球政治视野,成为环境领域的首要议题。"[1]

作为世界贸易组织(WTO)之核心的自由贸易旨在促进各国之间经贸往来。经济活动规模的扩大将在一定程度上导致温室气体排放量的增加。此外,贸易的扩大会导致跨境运输服务的增长,这将进一步增加温室气体的排放。[2]在 2006 年 6 月 26 日 WTO 和 UNEP 共同发表的一份报告《贸易与气候变化》中,WTO 总干事拉米和 UNEP 执行主任阿希姆施泰纳共同认为,世界已经不能再继续"一切照旧"的不可持续的发展模式了:在应对全球气候变化和促进自由贸易发展两个领域都迫切需要各国通过多边谈判达成共识。[3]

事实上,各个国家和国际组织已采取了一定措施应对气候变化。《联合国气候变化框架公约》及其《京都议定书》先后于 1992 年和 1997 年达成。之后,从东南亚的巴厘岛到北欧的哥本哈根,从南美的坎昆到南非的德班,围绕全球气候变化的会议接连召开,以期解决这个棘手的问题。然而,气候谈判接连受阻,多边气候机制缺乏约束力等导致不少国家开始转向单边气候措施以应对全球气候变暖问题。①

碳关税作为一种单边气候措施②,便在这种大背景下应运而生。法国前总统希拉克最

作者简介:王伊冰,浙江大学法学硕士研究生。

① Andrew Green, Tracey Epps, *Is There A Role for Trade Measure in Addressing Climate Change?*, U. C. Davis Journal of International Law and Policy,2008,p. 1.

② 单边气候措施是指一个国家为了保护气候而采取的明显带有限制贸易性质的环境措施,同时包括一个国家为了保护气候而直接限制贸易的气候法律法规的综合。

早提出"碳关税"①概念。后"竞争力、能源与环境高层工作小组"为欧盟委员会撰写的报告、欧盟委员会关于修订《温室气体排放配合交易指令》的议案以及欧洲会议的相关决议等政策文件中均有提及。2009 年 6 月底,美国众议院通过的一项征收进口产品"边境调节税"法案,实质就是从 2020 年起开始实施"碳关税"。② 然而,碳关税作为一种单边气候措施,其性质为何,其在 WTO 框架下的合法性以及其有效性都值得深入研究。

一、碳关税的来源与现状

早先,不少学者误认为碳关税即为关税。然而,这种认识必然将碳关税置于与 WTO 所提倡的"单一关税保护原则"相冲突的地位。[4] 而后,有学者将碳关税定义为一种基于碳的边境调整。2008 年诺贝尔经济学奖得主克鲁格曼通过分析认为"碳关税"本质上是一种增值税,是政府对市场所产生的扭曲的一种矫正。[4] 本节通过介绍碳关税的来源初步研究碳关税,并介绍主要排放国对碳关税的态度。

（一）碳关税的来源

气候问题是一个复杂综合体,它不仅包括了环境问题,也可能涉及能源问题、政治问题等。当前,气候问题作为一个环境问题,引起了越来越多的冲突,也得到了越来越多国家的关注。因此本文侧重于其作为环境问题的一面进行分析。气候问题,作为环境问题之一,其产生根源与环境问题颇为相似。环境问题的重要特点,就在于其"外部不经济性(external diseconomies)",即市场主体行为对环境资源的不利影响往往由该行为主体以外的第三方(包括他人及后代人)承担。[5] 在过去相当长的一段时间,不少企业和个人在生产过程中肆意排放二氧化碳等温室气体,导致全球气候变暖。而这种外部不经济性却往往是由社会来承担。因此,各国在解决这个问题时首先考虑的即内化环境成本,实行"污染者负责"的原则。目前被广泛讨论,并被一些发达国家青睐的内化温室气体排放的环境成本的国内措施主要包括两种机制:温室气体排放的国内税收机制(taxes on greenhouse gas emissions)和排放交易机制(emission tradings chemes)。[6]

事实上,世界范围内已有国家在温室气体排放的国内税收机制和排放交易机制方面进行了一些实践。国家级碳税已经在一些国家施行。③ 此外,欧盟成员国在 2005 年 1 月 1 日正式启动欧盟排放交易体系(cap and trade system)。根据欧盟航空指令,自 2012 年 1 月 1 日起欧盟又将航空业纳入碳排放权交易体系。[7] 除欧盟外,美国也意欲实行碳排放交易体系。

然而,无论是欧盟还是美国,在采取上述措施时必然存在一些忧虑。首先,非均衡碳减排将导致"碳泄漏"④,从而使这些国家的努力付诸东流;此外,气候成本内化将增加相关企业的生产成本,进而削弱其在国际市场的竞争力。⑤ 因此,在不减损国内碳税或排放权交易制度的效

---

① 碳关税,更为准确的名称应是碳边境调节税,是指一国(承担碳减排责任国)对其进口商品(来自非承担碳减排责任国)征税或是向其出口商品(出口至非承担碳减排责任国)退税的税收调节措施。

② 《美国清洁能源与安全法案》(American Clean Energy and Security Act, ACESA)。其有关"碳关税"的条款蕴含在法案第 766～768 节之中。

③ 参见高静:《从边境调节税初探碳关税法律制度》,《研究生法学》2010 年第 25 卷第 3 期,第 110 页。

④ 碳泄漏指的是,如果一个国家采取二氧化碳减排措施,该国国内一些产品生产(尤其是高耗能产品)可能转移到其他未采取二氧化碳减排措施的国家。

⑤ Patrick Low & Gabrielle Marceau & Julia Reinaud, *The Interface Between the Trade and Climate Change*, Economic Research and Statistics Division, World Trade Organization, p. 1.

力的前提下保持国内产业的竞争力就成为一个急需解决的问题。在边境进行税收调整(碳关税)被认为是保持国内产业国际竞争力的最有效的方式。[8]此外,有学者认为碳关税的施行有利于防止碳泄漏,能够更有效地促进温室气体在世界范围内减排。根据上文分析,碳关税,实质是一种基于碳的边境调节措施,主要包括与碳税有关的边境调节税和排放许可配额。[1]

(二)碳关税的现状

虽然目前世界范围内没有国家征收碳关税的范例,但是不少发达国家已将其列入考虑范围,甚至转化为立法草案。碳关税的实施似乎只是时间问题。然而,目前上主要排放国和相关国际组织在是否实施碳关税的问题上态度差异较大。

美国和欧盟等发达国家和地区在是否实施碳关税这一问题上一直摇摆不定。美国曾强烈谴责欧盟意欲征收碳关税的提议[2],却在2009年由众议院通过的《美国清洁能源安全法案》中授权美国政府从2020年起,对拒绝减排的国家向美国出口的铝、钢、水泥和一些化工产品,征收"碳关税"。[8]相对于发达国家,发展中国家的立场比较坚定。中国政府认为"开征碳关税不仅违反了WTO基本规则,也违背了《京都议定书》中所确立的发达国家和发展中国家在气候变化领域'共同但有区别的责任',是'以环境保护为名,行保护保护之实'"。[9]

发达国家和发展中国家在该问题上态度差异如此之大在很大程度上反映了自由贸易中的"平等原则"与气候框架中"共同而有区别的责任"的冲突。发达国家坚持WTO协议下的平等贸易、自由贸易原则;但发展中国家则认为历史上发达国家为自身发展而过多排放温室气体导致当前的问题,因此发达国家应当承担更多的责任。正因为如此,发展中国家对于这种实质上将其置于发达国家国内碳调整之下的措施持排斥态度。

二、碳关税的定性与 WTO 规则的兼容

由上可知,碳关税根据来源分为两类,即与国内税收机制相对应的边境调节措施以及与碳排放交易体制相对应的排放许可配额。下文选择介绍与国内税收机制相对应的碳关税,并主要讨论碳关税的定性以及其与WTO规则的兼容性。

(一)碳关税:边境措施抑或国内措施

关税及贸易总协定(General Agreement on Tariffs and Trade, GATT)条款调整的政府措施包括边境措施(border measures)和国内措施(internal/domestic measures applied at the border)两类。由于WTO规则对于边境措施的适用条款与之对于国内措施的有所差异,因此,对碳关税在WTO框架下进行合法性分析首要厘清碳关税是归属于"边境措施"还是"适用于边境的国内措施"。

在中国-汽车零件案(China-Measure Affecting Imports of Automobile Parts)[3]中,专家组和上诉机构对边境措施和国内措施的区分设立了一套标准。专家组认为,一政府采取的措施的性质判定并不在于该措施采取的时间地点等因素,而在于该措施采取的原因。即,如果进口商缴纳税费的义务与国内市场有关,如为了在国内进行分销、销售等,那么该措施就

---

① 参见高静:《从边境调节税初探碳关税法律制度》,《研究生法学》2010年第25卷第3期,第107页。

② Bernd G. Janzen, *International Trade and The "Carbon Leakage" Problem: Are Unilateral U. S. Import Restrictions The Solution?*, 2011 Thomson Reuters. No Claim to Orig. US Gov. Works. , p. 3.

③ Panel Report, *China-Measures Affecting Automobile Parts* ("*China-Autoparts*"), WT/DS339/R, WT/DS340/R, WT/DS342/R, adopted 18 July, 2008.

应当为国内措施,并由 GATT 第 3 条进行调整。反之,若某一税费是在"进口"过程中被征收并且该税费的缴纳独立于国内市场,那么该征税措施就应当是边境措施,并受 GATT 第 2 条规范。① 上诉机构对此表示赞同。

碳关税作为一种边境调节措施,其本质上是一国为确保本国企业与外国企业在承担公平的碳排放成本的基础上展开竞争[10]。究其根源,国内相关产业已承担了碳排放成本,相对处于竞争劣势。而另一国产品欲与该国产品竞争市场份额,就需接受边境调整,使两者出于相同的竞争地位。该税费的征收并不在于产品越过国边境这个事实,而在于国内已经采取的抑制碳排放的措施。因此,笔者认为碳关税应当属于在边境采取的国内措施且下文均基于这一前提进行分析研究。

(二)若碳关税为国内措施

1.若碳关税是针对进口产品,那么将以 GATT1994 第 1 条、第 2 条和第 3 条对其进行合法性判断。根据 GATT1994 第 2.2(a):"本条的任何规定不得阻止任何缔约方对任何产品的进口随时征收下列关税或费用:(a)对于同类国产品或对于用于制造或生产进口产品的全部或部分的产品所征收的、与第 3 条第 2 款的规定相一致且等于一国国内税的费用"。当然,要全面地理解本条文,就必须结合 GATT1994 第 3 条第 2 款。将这三款简单理解即为:在不以为国内生产提供保护为目的的前提下,WTO 成员国对进口产品征收与其国内税等值的费用并不违反 WTO 规则。因此,只要碳关税的征收并非是一种贸易保护主义,且不超过对同类国产品直接或间接征收的任何种类的国内税或其他国内费用②,它符合 WTO 该款规则。

非歧视原则是 WTO 的基石,具体体现在 GATT1994 第 1 条和第 3 条中,适用该原则的关键问题就在于判断国内产品与进口产品是否"相似"。③ 若两者相似,一国采取的措施就必须符合最惠国待遇和国民待遇(除非得到 GATT1994 第 20 条例外条款的支持)。

边境税调整工作小组在其报告中最早建立了一套判断产品相似性的标准,即主要通过比较两种产品之间的(1)产品最终用途;(2)消费者偏好;(3)产品的物理特性以及(4)关税分类来初步判断两种产品是否属于相似产品。④ 这套标准在之后的案例中被广泛援引,但对相似性的界定依旧要在个案中结合案件事实处理。

笔者认同一些学者的观点,即上述标准是判断"最终产品"(the final product)是否相似的一个参考标准。③ 而在判断是否征收碳关税时,仅仅从最终产品方面进行分析是不够的,因为产品在生产过程中会释放出二氧化碳,而这些温室气体无法体现在最终产品中。所以对这部分产品判断相似性时,一个重要的问题就是是否将产品的生产过程和生产方法标准(PPMs)纳入考虑,即如果两种产品在生产过程中排放的温室气体量不同,但最终产品的物理属性并无差异,是否可因此认定两种产品为不相似的产品(与产品无关的 PPMs;non-product related PPMs)。

与产品无关的 PPMs 是在 WTO 框架下的一个争议集中的焦点。它在一定程度上也反

---

① Patrick Low & Gabrielle Marceau & Julia Reinaud, *The Interface Between the Trade and Climate Change*, Economic Research and Statistics Division, World Trade Organization, p. 3.

② 参见高静:《碳关税的合法性分析——以 WTO 为视角》,《时代法学》2010 年第 8 卷第 6 期,第 110 页。

③ 参见高静:《从边境调节税初探碳关税法律制度》,《研究生法学》2010 年第 25 卷第 3 期,第 113 页。

④ John H. Jackson & William J. Davery & Alan O. Sykes, Jr.: *Legal problems of international economic regulations-cases*, *materials and text*, West Publishing Co. p. 555.

应环境保护与自由贸易之间的紧张关系。从最初的美国-金枪鱼案（United States-Restrictions on the Imports of Tuna）[1]到较近的美国-海虾案（United States—Import Prohibition of Certain Shrimp and Shrimp Products）[2]，我们不难发现 WTO 正在逐步放宽对于产品无关的 PPMs 标准的审查标准，虽然"这一认可是相当微弱且暗含的"。[11]

综上，笔者认为判断两种产品的相似性，主要依据在于两种产品是否"具有直接竞争或替代关系"。而对于这种关系的认知与判断主要由消费者进行判断，即"消费者偏好"。虽然这一标准难免主观，但究其根源，消费者才是市场购买的主体，产品是否相似由其判定是合理的。因此，如果与产品无关的 PPMs 影响了两种产品的竞争关系，那么该 PPMs 就应当被纳入判定产品"相似性"的讨论标准。

进一步考虑 GATT1994 第 3 条的根本目的，设置国民待遇原则的宗旨在于避免贸易保护主义。[3] 因此，在探讨是否将与产品无关的 PPMs 纳入判定产品"相似性"标准时应当将这一争点出现的根本原因考虑在内。如果考虑与产品无关的 PPMs 并不会构成不必要的贸易壁垒，那么适应了可持续发展和更高标准环境保护需要的 PPMs 应当作为一个考虑指标。

2.若碳关税是针对出口产品，那么将以 GATT1994 第 1 条、《补贴与反补贴措施协定》对其进行合法性判断。与进口产品类似，对出口产品适用碳关税，也需要考察该措施在 WTO 框架下的合法性问题。根据《补贴与反补贴措施协定》（以下简称《SCM 协定》）脚注 1[4]、《SCM 协定》第 3 条[5]以及附件一[6]可知，在 WTO 框架下，对出口产品所征税费进行边境调节，只适用于间接税，且对间接税的免除、减免或者递延不能超过销售供国内产品的同类

---

① GATT Panel Report, *United States-Restrictions on the Imports of Tuna*（*Tuna Dolphin I*），DS21/R 39S/155，3 September 1991, not adopted and GATT Panel, *United States-Restrictions on Imports of Tuna*（*Tuna Dolphin II*），DS29/R, adopted 16 June, 1994.

② Appellate Body Report, *United States-Import Prohibition of Certain Shrimp and Shrimp Products*，WT/DS 58/AB/R,（12 October, 1998）.

③ John H. Jackson & William J. Davery & Alan O. Sykes, Jr.: *Legal problems of international economic regulations-cases, materials and text*, West Publishing Co. p. 552.

④ In accordance with the provisions of Article XVI of GATT 1994（Note to Article XVI）and the provisions of Annexes I through III of this Agreement, the exemption of an exported product from duties or taxes borne by the like product when destined for domestic consumption, or the remission of such duties or taxes in amounts not in excess of those which have accrued, shall not be deemed to be a subsidy.

⑤ 3.1 Except as provided in the Agreement on Agriculture, the following subsidies, within the meaning of Article 1, shall be prohibited:（a）subsidies contingent, in law or in fact, whether solely or as one of several other conditions, upon export performance, including those illustrated in Annex I;（b）subsidies contingent, whether solely or as one of several other conditions, upon the use of domestic over imported goods.

⑥ ANNEX I: ILLUSTRATIVE LIST OF EXPORT SUBSIDIES（e）The full or partial exemption remission, or deferral specifically related to exports, of direct taxes or social welfare charges paid or payable by industrial or commercial enterprises.（g）The exemption or remission, in respect of the production and distribution of exported products, of indirect taxes in excess of those levied in respect of the production and distribution of like products when sold for domestic consumption.（h）The exemption, remission or deferral of prior-stage cumulative indirect taxes on goods or services used in the production of exported products in excess of the exemption, remission or deferral of like prior-stage cumulative indirect taxes on goods or services used in the production of like products when sold for domestic consumption; provided, however, that prior-stage cumulative indirect taxes may be exempted, remitted or deferred on exported products even when not exempted, remitted or deferred on like products when sold for domestic consumption, if the prior-stage cumulative indirect taxes are levied on inputs that are consumed in the production of the exported product（making normal allowance for waste）. This item shall be interpreted in accordance with the guidelines on consumption of inputs in the production process contained in Annex II.

产品承担的间接税。① 然而,对于碳税是否属于间接税这一问题,学术界未有定论。

但《SCM 协定》及其附件对于某一出口产品是否能够适用边境调节更多关注于该产品中的投入物是否在生产过程中实质被消耗而非该物是否融入到最终产品中。该协议同时指出对能源、化石燃料的出口退税并不构成出口补贴。②

(三)碳关税与 GATT 第 20 条

即使碳关税违反了 GATT 其他条款,若其能在第 20 条一般例外条款下得到支持,依旧能够通过 WTO 合法性审查。GATT 第 20 条允许 WTO 成员国基于公共政策目标偏离GATT 下的其他义务。这些公共政策目标列举在第 20 条子项(a)到(j)中,其中子项(b)和(g)被称为环境例外条款。

1. 碳关税与 GATT 第 20 条(b)和(g)。GATT 第 20 条(g)项的内容是"与保护可用尽的自然资源有关的措施,并且该措施与限制国内生产或消费一同实施。"根据 DSB,该子项要求可以被分解为三部分进行逐一分析。首先,所保护的资源必须是可被用尽的自然资源;第二,措施的实施与保护可用尽的自然资源有关;最后,该措施在本国一并实施。

相比于 GATT 第 20 条(g)项,(b)项的规定更加之严格。根据(b)项的陈述:"为保护人类、动物或植物的生命或健康所必需的措施","必需"一词比"有关"一词要求的所需达到的程度要深得多。

虽然如此,对于碳关税满足例外条款的子项条件的证明是相对容易的。目前,学界一般认为碳关税能够符合第 20 条(b)和(g)的要求。

2. GATT 第 20 条引言。如果说 GATT 第 20 条通过子项这些"权利条款"为各缔约方提供了在必要时为保护特定国内公共利益而偏离多边贸易体制义务的手段,那么在另一方面,其又通过引言这个"条件条款"使该缔约方的例外实践不至于偏离多边贸易体制的主航方向太远,并将例外实践对自由贸易目标的负面影响降低到最小的程度。[12]

依据 GATT 第 20 条引言规定,在美国-海虾案中,上诉机构概括了一项措施要不构成"不合理的歧视"或者"变相的限制"应当满足的三个标准:(1)一国不能要求进口国与其采取相同的项目;(2)在采取措施前,一国应当与相关国家进行协商;(3)在应用单边气候措施时,一国应当保证程序的公正和透明。③ 由此,碳关税要在 WTO 框架下得到合法性证明并非毫无可能。若一国在国内采取措施抑制碳排放,则对于国外相似产品,该国不能要求进口商在生产这种产品时使用与其一致的方法减少温室气体排放,而只需要达到相同的结果或者标准即可。并且,一国应当在采取措施前应当与有关国家进行沟通,尽量以协商的方式解决两国之间的问题。最后,则是对程序的要求。的确,对一国采取碳关税的意图和目的的判断往往复杂,但程序正义作为一种"看得见的正义",应当首先得到遵守。如果一国在采取碳关税时存在暗箱操作等问题,那么显然,该措施无法通过 GATT 第 20 条的审查。即,一国在采取碳关税措施时应当具有正当的目标、采用适当的方法,并设计灵活的措施。

---

① 高静:《从边境调节税初探碳关税法律制度》,《研究生法学》2010 年第 25 卷第 3 期,第 114 页。

② Patrick Low & Gabrielle Marceau & Julia Reinaud, *The Interface Between the Trade and Climate Change*, Economic Research and Statistics Division, World Trade Organization, pp. 9—10.

③ Paul-Erik Veel, *Carbon Tariff and The WTO: An Evaluation of Feasible Policies*, Journal of International Economic Law, September, 2009, p. 18.

（三）碳关税：保护气候抑或贸易保护主义

从当前国际形势来看,欧美国家采取碳关税似乎势在必行。碳关税在一定程度上可以防止碳泄漏,保护全球气候。然而,更多国家采取碳关税则是出于产业竞争力的考虑而实施该措施;更有甚者,一些国家借气候保护之名行贸易保护之实。这些目的往往被隐藏在相同的措施——碳边境调节之下,以至于争端解决机构在实践中往往难以判断。然而,虽然一个国家的动机是主观的,但是这种主观方面依旧可以反映在其客观行动上。

仔细分析 GATT 第 20 条,笔者认为可以从以下方面考察一国采取碳关税意在何处。

第一,需要判断一国或地区采取的碳关税是否存在歧视,这种歧视是否可以事先预见或者不可避免。如果一国或地区对国外产品施加的税费远高于其对国内相似产品所施加的税费,那么该国或地区采取的碳关税很明显具有贸易保护主义性质。

第二,考虑一国是否允许出口国采取其他替代措施。正如美国-海虾案,如果出口国国内本身已经采取了不同于进口国所采取的保护气候的措施,进口国在对其进行考察后就不应或相对减少对该国征收碳关税。

第三,考察一国或地区是否已尽善意的努力减少歧视程度。这可以体现在一国或地区在征收碳关税前是否对出口国进行告知并与之协商。当然,这种协商不一定要有成果。但至少应当看到进口国的这种努力。

第四,一国或地区在征收碳关税时是否考虑了其他国家的情况[①],如经济情况,多边条约规定以及国内环境标准等。显然,一国或地区在对出口国产品征收碳关税时,应当考虑多边气候协定中发达国家与发展中国家"共同但有区别的责任",构建一种类似于"普遍优惠制[②]"的制度,并在这方面给予发展中国家一种普遍的、非歧视的、非互惠的待遇。

最后,判断一国采取的碳关税是否正当还应观察一国或地区采取碳关税的措施是否符合 WTO 框架下的其他规则,如透明度、正当程序等。[③]

三、协调碳关税与 WTO 法

（一）WTO 规则顺应气候变化的调整

1. 厘清碳关税成立的法理基础

碳关税的存在是否具有法理基础,碳关税是否能够在 WTO 框架下得到合法性证明首先在于碳税是否能够属于边境税调整范围。具体来说,在进口环节,某一化石燃料被投入产品生产过程中并排放出温室气体,但该燃料却未最终物理融入该产品时,是否可以对该产品在进口环节进行边境税调整。笔者认为"物理融入"并非对该产品进行边境税调整的必要条件,并在上文中已详细叙述。但这个问题仍是学界讨论的重点。因此,国际贸易法对这一问题进行规定是十分必要的。另外,在出口环节,虽然可以根据《SCM 协定》及其附件等判断对能源、化石燃料的出口退税并不构成出口补贴,但碳税是否属于间接税依旧不明了。因

---

① Joshua Meltzer, *Climate Change and Trade-The EU Aviation Directive and The WTO*, Journal of International Economic Law 15(1), p. 155.

② 普惠制,即普遍优惠制,简称 GSP,是一种关税制度,是指工业发达国家对发展中国家或地区出口的制成品的半制成品给予普遍的、非歧视的、非互惠的关税制度。

③ Patrick Low & Gabrielle Marceau & Julia Reinaud, *The Interface Between the Trade and Climate Change*, Economic Research and Statistics Division, World Trade Organization, p. 17.

此,笔者呼吁国际贸易法对此问题进行细致规定。

2. 与产品无关的 PPMs

正如上文所述,两种最终物理属性相似但生产过程中排放温室气体量不同的产品是否相似将会是国际贸易中的一个争议焦点。在考虑产品相似性时是否纳入与产品无关的PPMs 一直是国际法学者研究的重点。虽然从 WTO 判例角度来看,争端解决机构越来越倾向于在保护环境方面放松对该问题的审查。但 WTO 框架下至今未对该问题进行规定。鉴于气候问题日趋严重,WTO 应当对该问题进行讨论并作出规定。明确的立法对于避免今后各国之间的争端有着重要意义。

3. GATT 第 20 条的调整

除了以上两点有待完善的方面,WTO 法在协调气候政策方面已经做了不少努力。在WTO 诸多规则中,与环境问题、气候问题最密切相关的无外乎 GATT1994 第 20 条。GATT 时代,在解决与环境有关的贸易纠纷时,我们可以明显感觉到其固守着"贸易优先"的立场。由此,负责解决争端的专家组和上诉机构都对 GATT 第 20 条的等重要环境例外条款进行了限制解释,侧重于维护缔约方在 GATT 项下享有的实体规则。[13] 相比较而言,WTO 时期对与环境有关的贸易争端的处理更偏向于保护环境这一主旨。

首先,对 GATT 第 20 条(b)款和(g)款中的重要术语的解释逐渐放宽。[12] 其次,强化了GATT 第 20 条(b)款和(g)款相关措施的"域外适用"可能性。[12] 最后,将 WTO 体制外的多边环境协定作为解释渊源。①

(二)全球性碳税体系或碳排放交易市场的建立

碳关税从本质上说是当前全球性碳税体系或者碳排放权交易市场未完全建立的产物。已建立的国家或地区为了防止碳泄露、保护国内相关产业的竞争力而求助于碳关税这一单边气候措施。虽然,通过合理的设置,碳关税能够在 WTO 框架下得到正当性证明,且笔者也在上文提出了 WTO 规则顺应气候变化的调整,但频繁使用单边措施依旧会引起贸易报复,减损国际贸易。

毋庸置疑,碳关税作为一种临时的过渡性措施,终究不是长远之计。在全球范围内建立碳税体系或碳排放权交易市场有助于适当、公平地分配各国的碳排放成本。在一个统一的全球性市场上,倘若建立碳税体系,则缴纳碳税的税则、计算方式、缴纳方式等都能得到统一的规定;倘若建立全球性碳排放交易机制,则各国企业排放配额的分配、定价、交易、排放检测与核实等能够得到统一的安排。② 这样一种全球性的制度不仅能够保证各国企业承担相对公平的排放成本,也能避免违反国际贸易法中的最惠国待遇原则、国民待遇原则等。

中国也是世界碳排放大国。在控制温室气体方面,中国将启动碳排放交易试点。此外,国家发改委气候变化司副司长孙翠华认为"今后在总结 7 个试点基础上,由国家发改委统筹规划考虑全国的碳交易市场"③虽然,我国的碳排放交易市场才刚刚起步,但这也是建立全球性碳排放交易市场的一个重要环节。

---

① 参见《WTO 例外条款解读》。

② 刘勇、朱瑜:《碳关税与全球性碳排放交易体制》,《现代国际关系》2010 年第 11 期,第 29 页。

③ 碳交易网:《碳排放交易是"紧箍咒"还是"大红包"?》,http://www.tanpaifang.com/tanjiaoyi/2012/0515/2064.html,2012 年 5 月 15 日最后访问。

结　语

　　自工业革命后,大气中人为排放的温室气体浓度持续增加,全球气候变暖问题已经迫在眉睫。然而,多边气候措施受阻导致单边措施的出现。碳关税作为一种单边气候措施能够在一定程度上抑制温室气体排放,但也会限制贸易。因此,其合法性在 WTO 规则下依旧处于未知状态。本文以与国内税收机制相对应的碳关税为例,通过对情况进行分类,得出结论。

　　的确,WTO 规则并非必然与抑制温室气体排放的行动抵触;相反,WTO 规则的存在能够限制打着气候保护的幌子推行贸易保护主义的行为。由此,只要是以保护气候为目的的合法行为,应当能够通过 WTO 规则审查。

　　然而,对碳关税的实践远没有理论分析这么简单。而碳关税也只是众多气候措施中的一种而已。正如 Stern Review(2006)明确指出,气候变化是一个全球性的因果变化过程,是一个对全球造成严重影响和亟待解决的问题。如果我们想控制温室气体(green gases,GHGs)排放,并将其稳定在可接受的水平,目前所采取的措施是远远不够的。鉴于我们所面临的错综复杂的经济形势,国际社会还需要长期的通力合作才能有望解决这一问题。[①] 因此,要从根本上解决气候变化问题,依旧需要各个国家在自由贸易和环境保护两者上达成全球共识。

参考文献:

[1]杜譞,温源远,张晶.联合国环境署发布报告《里约 20 年:追踪环境变迁》.中国气候变化信息网,http://www.ccchina.gov.cn/cn/NewsInfo.asp? NewsId=30674,2012 年 4 月 19 日访问.

[2]赵玉焕.国际贸易与气候变化的关系研究.中国软科学,2010(4):184.

[3]李威编译.WTO 与 UNEP 联合报告:《贸易与气候变化》.世界贸易组织动态与研究,2009(9):37.

[4]张昕宇."碳关税"的性质界定研究.求索,2010(9),29.

[5]徐淑萍.贸易与环境的法律问题研究.武汉:武汉大学出版社,2002,11,124.

[6]高静.从边境调节税初探碳关税法律制度.研究生法学,2010(3):109.

[7]Joshua Meltzer: *Climate Change and Trade-The EU Aviation Directive and the WTO*, Journal of International Economic Law 15(1), PP111.

[8]黄文旭.碳关税的合法性分析——以 WTO 为视角.时代法学,2010(6):108-109.

[9]自梁咏.WTO 框架下碳关税可能引致的贸易争端与解决.法学,2010(7):77.

[10]刘勇,朱瑜.碳关税与全球性碳排放交易体制.现代国际关系,2010(11):25.

[11]那力,李海英.WTO 框架中的 PPMs 问题.法学论坛,2002(4):44.

[12]陈卫东.WTO 例外条款解读.北京:对外经济贸易大学出版社,2002,11,325-402.

[13]李仁真,秦天宝,李勋.WTO 与环境保护.长沙:湖南科技出版社,2006:7-79.

---

　　①　The World Band: *International Trade and Climate change: Economic, Legal, and Institutional Perspectives*,高等教育出版社 2010 年版,第 1 页。

论跨国公司社会责任的法律规制

刘昕畅

【摘要】 笔者围绕跨国公司社会责任的法律规制,首先阐述了跨国公司社会责任的相关概念与理论分析;其次,分别从国内法和国际法角度论述了跨国公司社会责任的实践现状,列举了自愿性困境、国际法困境,以及在实践过程中常见的违背社会责任的行为。最后,以美国法为例,提出了国内法的立法构想;并分别以跨国公司在华行为规制、海外投资社会责任承担的两个方面,对中国未来投资领域的发展进行了展望。

【关键词】 跨国公司;公司社会责任;法律规制

导 言

随着国际经济的发展,全球化进程的推进,跨国公司已成为一种重要的国际经济交流模式,它牵涉着国际经济法的每一根神经,从国际贸易法,到国际投资法、国际金融法、知识产权法,甚至到公法领域的人权保护、国际环境保护,等等,都离不开跨国公司的参与。跨国公司的规模化、全球化发展向诸多传统制度、传统观念提出了挑战,引起了各主权国家及各国人民的关注,跨国公司已成为当今国际舞台上最受争议的角色之一。[1]

跨国公司社会责任,不仅关乎东道国与投资者母国的经济发展,更是在全球范围内推进劳动者保护、环境可持续发展、消费者权益促进、公益事业发展的题中之意。对跨国公司社会责任进行国内法与国际法的系统规制,是实现其标准化、规范化、合理化的必然要求。跨国公司社会责任与其说是一个纯粹的法律问题,不如说是一个跨多学科多领域的综合性问题。它涉及一个国家的经济、政治、伦理、人文、历史。

跨国公司社会责任研究起源于经济领域,最早由工业革命后的早期经济学家亚当·斯密以狭义企业社会责任的概念的形式提出。亚当·斯密认为,企业通过对社会资源进行合理有效的配置,实现股东利益最大化,与此同时,其社会责任也就实现了。可见,几百年前所理解的社会责任,只停留在经济责任。直到二战前的世界规模的经济危机,人们才走出了百年来的思维局限,认识到经济责任概念的不完善,企业仅停留在经济利益最大化是行不通的,必须转变思维。这时,在美国,谢尔顿开辟了社会责任理论的新道路,她把企业社会责任与社会和人类发展联系起来,扩展了企业社会责任的内涵。

20世纪60年代,企业社会责任理论在谢尔顿的基础上进一步深化,并已在全球范围内形成了广泛的共识。从斯蒂芬·P.罗宾斯开始,社会责任与社会义务开始被区分,后者被归到经济与法律责任,这样的区分更加明确了企业社会责任的范畴。接下来,全球气候的异常

作者简介:刘昕畅,浙江大学光华法学院博士研究生。

变化,能源危机的频频出现,使得世界的目光更多地开始关注人类生存环境的领域。与此同时,就形成了层次理论(社会责任金字塔理论),该理论将企业责任按照一定层次划分开来。

20 世纪 80 年代,随着 WTO 在货物贸易领域外的进展,知识产权保护、服务贸易等新领域也引进了企业社会责任理念,自由而现代化的市场经济呼唤一个公平正义诚信的道德体系。伴随理论界对企业社会责任的研究,国际组织也在跨国公司社会责任问题上取得了实践上的突破。OECD 制定的《跨国公司行为准则》,为该项制度建立了一个多边、综合性的国际层面上的行为规范。此外,SAI(国际社会责任委员会)设计的 SA8000 标准和认证体系,也在很大程度上规制了跨国企业的行为。国际条约也起了很大的促进作用,《联合国全球协约》以及《跨国公司和其他工商企业在人权方面的责任准则》都是近些年来的新发展。公司在实现其经济责任之外,为何应承担社会责任? 这就引出了跨国公司社会责任的必要性问题。

一、跨国公司社会责任的相关概念与理论分析

(一)相关概念

跨国公司社会责任的概念不是孤立、单独地存在的,它长久以来依附于国内法意义上的公司责任理论体系。完整意义上的公司责任观念发端于 20 世纪初的美国,是在美国经济萧条、公司巨型化引发的社会问题日益严重、经济民主运动日益高涨的时代背景下产生的。1924 年,美国学者谢尔顿就把公司社会责任与公司经营者满足产业内外各种人类需要的责任联系起来,并认为公司社会责任含有道德因素在内。[2]

关于公司社会责任的定义,各学者所持意见尚未统一,例如,我国台湾者刘连煜从公司实际决策中对公司社会责任的内涵加以确定——所谓公司社会责任者,乃指营利性的公司,于其决策机关确认某一事项为社会上多数人所希望者后,该盈利性公司便应放弃营利之意图,稗符合多数人对该公司之期望。再深言之,公司之社会责任,除了必须依照法令行事外,亦必须实践"公司制伦理责任",我国公司社会责任的立法研究及所谓之"自行裁量责任"。[3]

总体上来讲,公司社会责任有广义和狭义之分,广义上的社会中责任包括法律意义上的社会责任和道德意义上的社会责任。法律意义上的社会责任是指由法定化的且经国家强制力作为其履行保障的责任,它是对公司的硬约束,是维护基本社会秩序所必需的最低限度的道德的法律化。道德意义上的社会责任是未被法定化的,由公司自愿履行并且以国家强制力以外的其他手段作为其履行保障的责任,是对公司的软约束。[4]

通过对跨国公司社会责任的历史、定义、范畴进行分析,笔者认为,跨国公司的社会责任是随着市场经济的发展,公司从经济责任、伦理责任、自愿性慈善责任的承担逐渐演变发展而来的责任,并且,该社会责任是独立的,不依附于上述责任,拥有自己的理论体系法律规制体系。

(二)跨国公司社会责任的法学与经济学理论基础

1.经济学理论基础

在西方经济思想史上,社会责任的思想起源可以追溯到 2000 多年前的古希腊时代:社会重视社区利益并压制逐利行为,商人迫于社区的压力而采取社会性的行为。进入中世纪,教会的力量异常强大,其对商人行为的规范与要求,对商人的活动几乎产生决定性的影响。教会认为对利润的追逐是违反基督精神的,强调经济活动只是为了服务公众利益而存在,商

人要照顾其行业公会的成员以及社区福利。比如建造事业基金,通过帮助教育穷人,支持当地艺术家以及建造意愿与孤儿院等协助社区的发展。随着文艺复兴后的重商时代的到来,工业发展成为决定经济成功的关键因素,卡尔文主义支持利润最大化,但是伴随这种利润最大化的,是不断增加的社会责任。此时的社会责任既要满足社区,又要服务于国家。国家通过企业的利润增加了国库金银含量,反过来,国家通过为企业提供必要支持及赋予社会责任表现良好的企业成立公司的特权,承认其独立的法人地位和有限责任,进一步促进企业的发展。[5]

早期的跨国公司社会责任理论的典型代表是戴维斯提出的"五条定理":定理一,社会责任来自社会权利;定理二,企业应该作为一个双向开放的系统来经营,一方面接受来自社会的投入,另一方面面向公众公开其经营结果;定理三,企业在进行有关活动、产品和服务的决策时应该全面计算和考虑社会成本和社会收益;定理四,社会成本应计入活动、产品和服务的价格中,这样消费者就能支付他对社会的耗费;定理五,企业作为公民,除了承担社会成本外,还有责任在社会需要的地方尽其所能地参与其中。[6]现代意义上的企业社会责任思想正式形成于产业革命之后工业化时代的到来。

2.法学理论

传统公司法理论认为,公司的所有权属于股东,因此,公司存在的目的在于使股东获得最大利益,这些利润最终应该归属于股东。

随着该领域理论的发展,各种承担公司社会责任的学说相继产生,第一,双重性理论。其含义大致为,在按照法律要求从事经营活动的同时,公司符合企业社会责任的行为自然会对社会有益。第二,一元论,该理论认为公司利益与社会利益是一致的,即对社会有益的行为一定给公司带来利益。第三,适度的理想主义者理论,该理论下,公司仅遵守法律,不在法律规制范围之外承担社会责任。第四,高度的理想主义者,与适度的理想主义者理论不同,该理论下,公司不仅遵守法律,且在法律规制范围之外承担社会责任。第五,实用主义,该理论是以资源的优化配置为出发点。[7]此外,还有著名的利益相关者理论。利益相关者的广义概念定义为"可以影响组织目的的实现和受其实现影响的群体和个人。[8]"

该理论将公司于利益相关者的关系纳入公司业绩模型里考察公司社会责任。多国企业责任理论,则把多国企业看作一个单一实体,并认为单依多国企业结构这一因素就足以让母公司对其子公司的非契约性债务承担责任,由该实体中任一组成部分造成的损害均可归咎于该实体整体。[9]

二、跨国公司社会责任的现有法律规制体系

(一)国内法规制体系

我国《公司法》关于社会责任规定的情况如下:第 5 条第 1 款规定,公司从事经营活动,必须遵守法律、行政法规、遵守社会公德、商业道德、诚实守信,接受政府和社会公众的监督,承担社会责任。

关于员工的社会责任条款:第 17 条规定,公司必须保护职工的合法权益,依法与职工签订劳工合同,参加社会保险,加强劳动保护,实现安全生产。公司应当采用多种形式,加强公司职工的职业教育和岗位培训,提高职工素质。

关于消费者、社区和环境、社会福利和公共事业的社会条款:第 5 条、第 214 条、第 1 条、

第 20 条第 2 款、第 20 条第 3 款、第 178 条、第 205 条、第 184 条、第 186 条等。①

　　(二)国际法规制体系

　　规制企业社会责任的国际规范主要由政府间签署之后间接约束跨国公司的行为。[10]其中,影响范围最广的国际条约之一就是联合国《全球契约》。在 1999 年达沃斯世界经济论坛上,联合国秘书长科菲·安南要求企业界发挥作用,无论在何处开展业务都应表现出良好的全球公民精神。他提倡制定一项"全球契约",呼吁全世界企业领导,遵守有共同价值的标准,实施一整套必要的社会规则。

　　"全球契约"要求各企业在各自的影响范围内遵守、支持以及实施一套在人权、劳工标准、环境反贪污方面的十项基本原则。这些基本原则来自于《世界人权宣言》、国际劳工组织的《关于工作中的基本原则和权利宣言》以及关于环境和发展的《里约原则》。《全球契约》的目的是动员全世界的跨国公司直接参与减少全球化负面影响的行动,推进全球化朝积极的方向发展。

　　《全球契约》以自愿遵守为基础,目前已有包括中国在内的 30 多个国家的代表以及 200 多家著名跨国公司参与。[11]但是,《全球契约》也存在着重大的不足。为弥补不足,联合国促进与保护人权委员会制定了《跨国公司人权责任准则(草案)》,该准则草案对监督进行了规制。在执行准则上,跨国公司需受联合国以及已存或有待成立的其他的国家或国家机制的定期监督与核查。跨国公司还须据此准则对其自身活动对人权产生的影响定期评估。该评估应考虑利益相关团体所作评论,结果应使所有利益相关团体获得。②

　　除了《全球契约》,引人关注的国际规约还有:经济合作与发展组织《跨国公司行为准则》,国际劳工组织《关于跨国公司和这会政策的三方原则宣言》,联合国《跨国公司行为守则》(草案),联合国《跨国公司和其他商业企业的人权和责任的草案》。环境领域,关于臭氧层的《蒙特利尔公约》和关于大气变化的《京都公约》,都代表了各国政府在建立国际目标和标准方面所采取的重大步骤。③

　　此外,国际习惯也在规制跨国公司企业社会责任上发挥着重要作用。但是,在世界范围内产生广泛影响的规范性法律文件为数不多。

三、跨国公司社会责任的实践

　　(一)自愿性的困境

　　由于缺少强制性的规制,跨国公司社会责任的实现很大程度上依赖于公司的自愿性。其中,童工年龄的认定上就存在着显著的分歧。根据数据显示,当前在世界上最大的公司中对童工问题规定的只占到了 13%。[12]

　　往往一些规制雇佣童工的规范,不能从根本上改变现状。一些跨国公司严格遵守雇佣童工的相关规定,一旦贸易伙伴违反相关规定,就立即解除合同。这种表面上的严格遵守,并不能使儿童保护落到实处。雇佣童工的公司遭到制裁之后,孩子们最可能的情形只是更

---

　　① 参见《中华人民共和国公司法》。

　　② UN Commission Human Right, *Sub_Commission on the Promotion and Protection of Human Right*, *Narms on the Responsibilities of Transnational Corporation and Other Business Enterprises with Regard to Human Rights*, August 26,2003.

　　③ United Nations Environmental Programme, "*Montreal Protocol*", Climate Change Information Sheet 21 1999.

换了场所。因为那些早早离开家庭,用脆弱的肩膀担负起家庭生活重担的童工们,多是缘于贫穷所导致的家庭生计压力。① 除童工问题外,在人权、监管等方面,同样面临着严重的自愿性困境。[13]

(二)国际法困境

通过上文对跨国公司社会责任的国际法的总览,可以看出,在世界范围内产生影响的规范性法律文件毕竟是有限的。这一领域更多的是依赖于所谓"软法"的规制。

这种"软法"多以道德义务的形式来约束跨国公司,而道德义务是未经法定化、由公司自愿履行,以国家强制力以外的力量作为其履行保障的义务。道德义务被定义为"召唤",即号召人们以一种对社会负责的方式发挥自己的潜力,充分施展自己的创造才能。② 但是,在国际法中,"软法"虽然不具有法律约束力,但其仍然对国际关系并且最终对国际法具有一定的影响。许多像"软法"这样的协定可以作为未来具有法律约束力的协定的基础,一些公约甚至可以逐步成为习惯法。[14]

(三)常见违背社会责任的行为

1.贿赂

商业贿赂不仅在发展中国家,而且在发达国家也是一个重大难题。贿赂行为不仅有损政府形象,也给健康的市场经济运作带来了认为的不公平竞争的干扰。日益增长的不公平竞争行为引起了世界范围内的关注,各国开始意识到这些行为所带来的严重危害。贿赂损害竞争,扭曲贸易,损害消费者、纳税义务人和失去合同与利润的诚实商人的利益。贿赂亦损害了对政府的公共信任与支持。③

2.劳工

有关劳动者保护一直是跨国公司社会责任的重要内容。劳动者的权利的其中之一为结社自由及集体谈判权。集体谈判权,指劳动者集体订立劳动契约的权利,从广义上说也包括各种积极推动此项制度的权利、罢工的权利以及采取任何和平方式集体行动的权利。[15]此外,劳工保护还要求消除一切形式的强迫劳动;消除就业歧视等。此外,在环境领域则更是广受关注。例如著名的印度博帕尔毒气泄漏案就是一个典型的例子。[26]

这些有的是法律问题,但有的则不是。法律只是规制该领域的一个方面的手段,这就需要国际社会在多种途径上寻求解决方案。

四、立法构想

(一)国内法

跨国公司社会责任最初规定于各国国内法之中。在当前的国际经济中,国内法依然是规制其社会责任的重要渊源。本文以美国法为例,简要介绍跨国公司社会责任的国内法。

美国属判例法系国家,立法的进程离不开判例。追溯至1919年的道奇诉福特案,就表明了美国法院早期对于公司股东义务的理解。再到后来的史密斯公司诉巴娄案(1953年),在公司的社会公益方面就产生了很大变化。史密斯制造公司向当地的普林斯顿大学捐赠

---

① MaureenMoran, *Ending Exploit ative Child Labor Practices*, p. 295(1993).

② 博登海默:《法律哲学与法律方法》,法律出版社2002年版,第60—61页。

③ OECD *Initiatives to Fight Corruption*. OECD Press Release. May26,1997.

1500 美元,这种捐赠行为不在公司章程的授权之列。不过这种行为符合公司法中的在"利益原则"即"公司的权利必须是为了公司的利益而行使,并且在公司行为和公司目的的实现之间应当有合理的联系,和营业毫无关系的行为应当受到禁止"。[17]"现代形势要求公司作为其所在社区的一员,在承认和履行私人责任的同时,亦承认和履行社会责任"[18],法院的这个支持理由就是我们今天熟知的跨国公司社会责任。

随着实践中法院所作判例的影响,跨国公司社会责任在理论界也引来了较大争论。最著名的争论是美国哈佛大学法学院的贝尔与多德两位教授之间的论战。贝尔代表了传统的公司理论观点,认为公司管理者是只受股东委托、唯股东利益是从的股东权益受托人。多德立即表示了强烈的反对,在他看来,公司是既有盈利功能,又具有社会服务职能的经纪机构,公司管理者不仅受托于股东,而且受托于更为广泛的社会,包括对雇员、消费者和广大公众负有社会责任。[19]但在之后的 1954 年,贝尔承认 20 年前的这场论战"以已经过世的多德教授的观点的优胜而告终"。[20]

有了判例和理论的基础,各项运动也随之发展起来。在环境保护领域,"第一个懂得建设性地对企业文明所产生的问题所作出反应的总统"[21]西奥多·罗斯福,提出政府设立专门机构,并采取了一系列措施有秩序有计划地开发资源。除在环境保护领域之外,在人权、慈善等领域,也掀起了各项卓有成效的运动。

(二)国际法

如上文所述,"软法"大量存在,其自愿性导致其规制效果不足。此外,软法缺少系统的监督与履行机制。从目前看来,绝大多数的国际软法规范是没有法律约束力的,然而当其建立了一定的系统和工具时,所谓的"无约束力的"规范也会对国际法产生一定影响。一些规范甚至可以逐渐成为习惯法。[22]针对这种情况,可以鼓励非政府间国际组织制定约束跨国公司社会责任的软法规范;完善现行规制跨国公司社会责任的国际软法规范的实施机制。[23]

伴随全球化和自由化的进程的深入,跨国公司在各个国家之间的流动障碍较以往大为减少。这在促进全球经济发展的同时,也引发了严重的后果——跨国公司将规避管制严的国家法律,转入管制较松的国家。鉴此,为了留住跨国公司的业务,各国可能会竞相放松管制,以致出现恶性的"管制竞争",而"竞争到底线"(Race to Bottom)的过程使得各国经济管理职能部门的权力渐失。[24]针对这种现象,国际社会尚未产生较好的规制方法,有待实践和理论界努力探索。

五、从中国视角看跨国公司社会责任

就中国的情况来看,整体上来讲,绝大多数跨国公司能够积极履行在华社会责任,某些行业还表现尤为突出,且社会责任实现的自我约束性大幅度提高,例如麦当劳、可口可乐、迪斯尼、耐克等大型公司已陆续在我国启动"工厂守则运动",并设立了与之相关的专门的社会责任部门。

然而,跨国公司在华社会责任的履行仍然存在诸多问题,主要表现为:

(1)在华行贿。统计数字显示,中国在最近十年里至少调查了约 50 万起腐败案件,其中64%与国际贸易和外企有关,如朗讯中国公司在华行贿案以及全球最大的诊断设备生产企业 DPC 在华子公司天津德普行贿案等,仅天津德普在 1991 年到 2002 年期间,向中国国有医院医生行贿就达 1623 万美元。

（2）产品安全不达标。向来以质量求生存、是客户为上帝的外商投资企业在中国却出现了多起降低产品质量和安全标准，损害消费者利益，危害消费者健康的事件，仅在 2006 年就有十几起跨国公司产品安全不达标问题被披露，如宝洁 SK—n 虚假广告、卡夫饼干转基因事件、肯德基调料中发现苏丹红、雀巢"碘超标"、强生系列婴儿用品被发现含石蜡油成分等。

（3）向中国转移高耗能、高污染项目。部分跨国公司利用我国吸引外资的机会，将高耗能、高污染项目转移到我国，如美国道康宁公司于德国瓦克公司在江苏省张家港地区建立的有机硅厂将耗费我国大量宝贵的金属硅资源及电力等，同时还会大量砍伐树木、排放超标的温室气体、造成严重的生态污染。

（4）劳工标准偏低。部分外资企业利用我国劳动力供给充裕、特别是简单劳动力严重供过于求的条件，任意压低劳工标准，克扣员工工资，延长工作时间等，甚至有些外企逃脱法律监督，不设置职工工会，员工的利益不到应有的保护。如 2005 年我国人大常委会和全国总工会在执法检查中发现，沃尔玛中国分公司在深圳、大连、北京、福州等 18 个城市的 37 家商店均未建立工会组织。[25]

（一）跨国公司在华行为规制

构建我国跨国公司社会责任制度应当做到：（1）完善国内法对跨国公司社会责任的法律规定。在调整范围方面，要尽量包含更多的领域，消费者保护、人权、劳工、童工、环境保护等多方面都应落实。同时，在照顾范围的广度的同时，也应考虑各部门法之间的协调、有机配合。（2）鼓励与帮助建立跨国公司社会责任自我约束机制和鼓励与保护包括公民个人监督与社会舆论监督在内的社会监督机制。鼓励非政府组织充分发挥其于民间的规制作用。（3）制定社会责任标准，将其纳入市场准入机制。使该机制系统化、规范化。总而言之，中国仍缺乏履行公司社会责任的社会基础和制度基础，需要政府的积极引导和推进。国家应推进社会责任法制化，建立完善的监管和评价体系，提高责任意识。[26]

但同时，也应意识到，若一国对跨国公司社会责任的管制过于严苛，使得其将付出更高成本，降低竞争力。跨国公司将会将生产经营转移至他国，寻求更宽松的环境，以维持自身国际竞争力。例如，据 WTO 资料显示，环境监管的代价十分高昂，往往使那些实行严格标准的国家在吸收外资的竞争中处于劣势。① 作为需要大量吸引外资的发展中国家，我们应当权衡利弊、把握尺度、均衡考虑各项因素。

（二）海外投资社会责任承担

缔约国采取国内立法措施首先必须对国际条约中规定的权利和义务予以确认。若缔约国国内法未作规定或其规定与国际条约不一致，就必须修改其国内法，而不得以援引国内法规定为由不履行条约。因为国际法的原则明确规定了国家在国际法上所承担的义务和国内法关系。国家负有使本国的法律与国际义务相一致的一般义务，国家不能以国内法为理由回避国际义务，这是国际法的原则。[27]该国际法原则体现在社会责任领域，就要求中国为更好地树立新兴海外投资大国的形象，积极参与国际条约的签署，承担与我国地位相适应的社会责任。

---

① ESTY. C. and D. GERADIN：*Environmental Protection and International Competitiveness：A Conceptual Framework* 1998，No. 3，pp. 5—46.

参考文献：

[1]Jennifer A. Zerk，*Multinational and Corporate Social Responsibility*，Cambridge University Press，2006，7.

[2]刘俊海.公司社会责任.北京：法律出版社，1999：2，50—55.

[3]石晓华.跨国公司的社会责任若干法律问题研究.广西师范大学硕士学位论文，2008.

[4]曹梦飞.跨国公司社会责任法律分析.复旦大学硕士学位论文，2008.

[5]李晓静.跨国公司企业社会责任的经济学分析及其在华实践.上海社会科学院研究生毕业、学位论文，2009.

[6]Davis Keith：*Five Proposition for Social Responsibility*，Business Horizon，June 1975：19—24.

[7]刘连煜.公司治理与公司社会责任.北京：中国政法大学出版社，2001：78—80.

[8]Freeman：*Strategic Management：A Stakeholder Approach*，1984，46。

[9]UN，CTC，*Transnational Corporation in World Development，Trends and Prospects*，(1988)，231—232.

[10]孔隋.跨国公司社会责任承担机制研究.中国海洋大学硕士学位论文，2011.

[11]刘铮.跨国公司社会责任的法律规制.中国政法大学硕士学位论文，2009.

[12]Ans Kolk，Rob Van Tulder，*Child Labor and Multinational Conduct：A Comparison of International Business and Stakeholder Codes*，Journal of Business Ethics36，2002：292.

[13]历咏.跨国公司社会责任规范的自愿性困境.法学，2006(6).

[14]罗豪才，毕洪海.通过软法的治理.法学家，2006(1)：3—4.

[15]刘文华.WTO与中国劳动法律制度的冲突与规避.北京：中国城市出版社，2001：89—90.

[16]姚梅镇，余劲松主编.国际经济法成案研究.武汉：武汉大学出版社，1995.

[14]金小宁.公司社会责任的法律实现制度研究.山东大学硕士学位论文，2009.

[18]卢代富.企业社会责任的经济学与法学分析.北京：法律出版社，2002，230.

[19]WELLS，HARWELL. The *Cycles of Corporate Social Responsibility：A Historical Retrospective for the Twenty_first Century*. Kansas Law Review，2002(51)：82—96.

[20]Saleem Sheikh. *Corporate Social Responsibility：Law and Practice*. Cavendish Publishing Limited，1996：156.

[21]王锦璐.美国现代大企业与美国社会.武汉：武汉大学出版社，1995：290—291.

[22][日]吾乡真一，张楠茜译.企业社会责任和国际法.中外法学，2006(5)：9—10.

[23]韩月.试析跨国公司社会责任的国际规制.吉林大学硕士学位论文，2011.

[24]CHESTERMAN，SIMON. *Regulating the Behavior of Multinational Corporations Through Law*. New York University Journal of International Law and Politics，2004，Winter/Spring(36)：311.

[25]王志乐.2006跨国公司中国报告.北京：中国经济出版社，2007：321.

[26]刘龙.跨国公司社会责任制度建构探析.中国海洋大学硕士学位论文，2010.

[27]寿泽一，山本草二.国际法基础.北京：中国人民大学出版社，1983：99.

论气候变化政策与公平公正待遇标准的协调

应佳璐

【摘要】 公平与公正待遇原则作为国际投资条约中被广泛采纳的条款,其抽象性和模糊性也备受争议。尤其是在全球气候变暖,东道国纷纷采取措施应对气候变化和保护环境的背景下,近年来的投资仲裁实践中,投资者频繁援引公平与公正待遇条款来保护其合理期待,大量诉求获得仲裁庭支持,这在一定程度上限制了东道国的立法司法主权,不利于东道国的环境保护。因此,研究如何协调气候变化政策与公平公正待遇标准,有利于在保护投资者与东道国利益之间实现平衡,具有较高的理论和现实意义。

【关键词】 气候变化;公平与公正待遇;冲突;协调

2007 年 11 月,IPCC 发布了第四次评估报告,在报告中指出全球气候变暖毋庸置疑,以及投资在应对气候变化挑战中发挥着重要的作用。UNFCCC 的一份 2008 技术文件中估计 2030 年全世界将需要 2000—2100 亿美元的投资和财政资助来使全球的温室气体排放量回落至现今的水平。[1]然而,尽管投资在应对气候变化挑战中起着重要作用,现今调节对外直接投资的国际条约实际上却与这个目标背道而驰或者至少没发挥积极作用。[2]

一、Metalclad Corp v United Mexican States 案

1993 年 1 月,墨西哥国内公司 COTERIN 获准在 San Luis Potosi 州的 Guadalcazar 城的 La Pedrera 地区建造有毒废物垃圾掩埋场。同年 5 月,州政府签发了项目的土地使用许可证。不久后,美国公司 Metaclad 与 COTERIN 签订了购买 COTERIN(包括被许可建造有毒废物垃圾掩埋场在内)的选择权合同。选择条件是或者 COTERIN 获得市政建设许可,或者 COTERIN 得到墨西哥法院的确定判决,建设掩埋场不需得到市政建设许可。尽管 Metaclad 公司在没有满足任一条件的情况下购买了 COTERIN,但是墨西哥联邦政府向 Metaclad 公司保证 COTERIN 满足了建设掩埋场的所有条件。在得到墨西哥联邦政府同意的情况下,Metaclad 公司开始投入资金准备在 LaPedrera 地区建立相关垃圾处理工厂。由于地质学研究表明该地区属于地震多发地带,且设施选址在蓄水层上,极易引发公共卫生安全问题,当地政府官员、市民和非政府组织都极力反对在该地区建造垃圾掩埋场。Guadalcazar 政府后来拒绝颁发建筑许可并颁布禁令禁止工厂开工。1997 年 9 月,San Luis Potosi 州州长宣布垃圾掩埋工厂所在地为自然资源保护区,并声称在该地建立自然资源保护的目的在于保护稀有仙人掌的生存环境,法令禁止在保护区内所有的工业活动,包括经营垃圾场,这样,Metaclad 公司的投资经营活动完全受挫。

作者简介:应佳璐,浙江大学法学硕士研究生。

1997 年 1 月,Metaclad 基于 Guadalcazar 市政府拒绝签发建设许可,将纠纷提交 ICSID
仲裁,诉称墨西哥政府违反了 NAFTA 的两项条款:(1)第 1105 条,根据国际法应给予投资
的"公平和公正的待遇";(2)第 1110 条,禁止未予以补偿时,对投资的直接或间接征收。9
月,在生态法令出台后,又增加了对该法令违反第 1105 条的诉讼。

仲裁庭裁定:瓜达卡扎市拒绝颁发建筑许可和禁止工厂开工的行为违反了 NAFTA 第
11 章第 1105 条第 1 款所规定的"公平公正待遇"规则;墨西哥联邦政府对瓜达卡扎市政府行
为的默许构成了第 1110 条所称之"相当于征收"的措施;由于没有给投资者提供关于有害物
质掩埋场地的可预见的法律框架,墨西哥联邦政府违反了 NAFTA 关于最低待遇标准的规
定;墨西哥政府应就麦塔克勒德公司投资所受损失赔偿 1690 万美元。该案最终以双方达成
赔偿 1600 万美元的协议而结案。[①]

本案仲裁庭分别审查了市政府拒绝签发市政建设许可的行为和州政府的生态法令。仲
裁庭认为 Guadalcazar 市拒绝签发建设许可的行为以及墨西哥政府对市政府的容忍构成对
1105 条(公平与公正待遇)和 1110 条的违反。仲裁庭把"透明度"界定为"为了开始、完成和
成功运作投资目的所作的或想要作出的所有有关法律要求,都必须为另一成员方的所有受
影响的投资者毫无困难地知晓。"仲裁庭称,根据墨西哥法律,Metaclad 公司有权依赖墨西哥
联邦政府的保证及发放的许可,因为联邦政府的地位高于市政当局,Guadalcazar 市政府作
为市政当局,无权以环境因素为由驳回 Metaclad 的市政建设申请。[①]由此,仲裁庭认为,墨西
哥政府未能确保 Metaclad 的商业计划和投资有一个透明和可预见的法律框架,墨西哥政府
违反了 NAFTA 第 1105 条的规定。[①]这一裁决的问题是,根据 NAFTA 第 1105 条 A 节的规
定,缔约国不存在向投资者提供透明度的明确义务。[①]公平与公正待遇的宽泛解释为投资者
的求偿提供了一条有利条件,相对地,也制约了东道国的环境保护政策。气候变化作为发展
过程中出现的新环境问题,但逐步延伸到政治、经济、外交等多个领域。有研究表明,气候变
化与环境污染及生态退化存在着互为因果的关系。有利于污染物减排的相关环保措施与应
对气候变化的要求在本质上是一致的。[3]因此,东道国努力做好环境保护工作,即是维护生
态平衡和保障人类福祉的必要措施,也是减缓和适应气候变化的重要途径。[①]给予公平公正
待遇因而也与应对气候变化产生了冲突。

二、气候变化政策与公平公正待遇标准冲突的具体面相

Rudolf Dolzer 和 Christoph Schreuer 将公平与公正待遇定义为东道国承诺的对投资者
的一系列基本保护,包括:①透明度、稳定性以及对投资者合法期待的尊重;②遵守合同义
务;③正当程序;④诚信;⑤免于压制和骚扰。[4]而根据经合组织 2004 年的一项对仲裁庭解
释和适用公平与公正待遇时认为是该待遇所包括的要素的研究,这些要素主要包括:①适当
注意;②正当程序;③透明度;④善意原则,包括尊重基本预期、透明度、无需存在专断要素的
组合。在仲裁实践上,这些要素可以单独或者结合起来使用。[②] 显然,相比传统的最低待遇
标准,这样的解释提高了公平公正待遇的标准,从而降低了投资者向东道国索赔的门槛,同

---

① Metalclad corp v. United Mexican States, *Review by the Supreme Court of British Columbia*, ICSID Case No
ARB(AF)/97/1; IIC 162(2001)。

② OECD. *Fair and Equitable Treatment Standard in International Investment Law*. OECD Working Paper on In-
ternational Investment. 2004(3)。

时赋予了国际仲裁庭更大的自由裁量空间,这对于保护投资者利益来说当然是更加有力了,然而对于东道国来说,其合理性是值得怀疑的。

(一)"透明度"和"稳定性"定义过于宽泛

透明度、稳定性不应该是绝对的、无条件、不加限制的,否则,既可能背离经济发展的客观实际,也会有损东道国的立法自由裁量权和公共利益。东道国要促进和保护投资,就应该给外国投资者提供稳定和透明的法律和商业环境,这一点无可非议,但是这里应该有个条件和限度,不能说无论东道国在什么情况下以及不论为了什么目的,只要其措施影响了法律和商业环境就违反了公平与公正待遇。一国的经济发展不可能总是平稳的,各种突发事件或危及时有发生,在此情况下,为保障经济安全、公共利益和环境等,有关国家必须采取相应的措施来应对变化,这就不可避免地对法律和商业环境产生某种影响。如果绝对地要求东道国保证透明度和稳定性,实际上是将外国投资者的利益置于东道国的国家和公共利益至上,这显然是不合理的。[5]

(二)过重考虑投资者的合理预期有失偏颇

根据某些仲裁庭意见,投资者的预期是建立在东道国政府的有关承诺或保证上,如果东道国后来的行为与其保证或承诺不一致,政府的措施不透明,影响了投资者的基本预期,就违反了公平与公正待遇。这种仅考虑投资者的预期而不同时考虑东道国的实际情况和主观目的的做法也有违反公平公正待遇之嫌。根据国际普遍认可的实践,当东道国为维护国家安全、公共健康、环境保护等公共利益采取某种措施时,只要是非歧视的,即使影响投资者的基本预期,也不应认为违反公平与公正待遇。

(三)构成违反公平与公正待遇的条件限制缺失

按照 ICSID 近年来的案例,只要影响了投资者的基本预期,就要赔偿损失。这样的解释就使得公平与公正待遇比征收条款更易于获得赔偿,因为构成征收还有各种条件限制,而构成违反公平与公正待遇的条件限制却完全缺失。征收的条件限制很多,首先构成征收且要东道国承担责任的门槛很高,投资者必须满足严格的成立条件,其所申述的侵犯行为导致了投资行为的无效、根本的剥夺、无法挽回的损失、财产的不能使用、收益、处分。

而且一些国际投资条约中还明确公共安全和治安例外,保障了国家的立法裁量权。关于投资者申述征收行为的成功率统计数据显示利用征收条款投诉国家行为的高难度。在 2008 年的 7 个投资者—东道国关于征收的仲裁案例中,仲裁庭只支持了其中 2 个投资者的申述,而在这 2 个之中,又只有 1 个投资者获得了赔偿。相比之下,构成违反公平与公正待遇的门槛很低。[6]

三、协调气候变化政策与公平公正待遇标准之间的理论方案

(一)东道国应对公平与公正待遇对策

1. 实行差别待遇。在条约中,基于公共福利的考虑规定差别待遇,如规定涉及公共健康、安全和环境的措施不违反公平与公正待遇。目前大多数的国际投资条约都只是规定了投资准入后所享有的权利和待遇,没有规定投资者在投资准入前的权利,缔约国可以在国内法允许的范围内自由设置外资准入的条件。[7] 这就意味着,东道国可以在准入阶段允许对投资实行差别待遇,将清洁能源、环境友好型技术的投资引入,而将污染严重的企业或行业排除在外。

尽管大多数的国际投资条约都没有规定准入前投资者的权利,但是现在也有不在少数的国际投资条约中有了规定。如东部和南部非洲共同市场投资协定和一些以美国、加拿大等为缔约方的条约中,给予投资者准入前国民待遇。在这种情况下,比较可行的办法就是在条约中建立一张标准清单供仲裁庭在适用国民待遇、最惠国待遇时参考,明确将应对气候变化或者环境保护等涉及公共利益的问题作为例外,允许适用差别待遇。① 或者在国民待遇、最惠国待遇下加入一个子条款,规定国民待遇或最惠国待遇只适用于生效的国际投资条约中的规定的其他实质性条款。或者加入一个子条款,规定条约排除条约缔约国与第三国先前签订生效的国际投资条约中规定的国民待遇、最惠国待遇的适用。①

2. 限制公平与公正待遇的适用范围。为了避免仲裁庭在解决投资争端时忽视东道国的应对气候变化需求而主观地解释公平公正待遇,应当限制适用公平公正待遇的范围。① 其中一种做法即是将公平与公正待遇标准与习惯国际法下的最低待遇标准联系起来。比如,东盟—新西兰自由贸易条约中的第 11 章(投资部分)第 6 条对公平与公正待遇作了如下规定:"①每一个成员国应当遵守给予投资公平与公正待遇和全面的保护和安全。②为了增加确定性,此处明确'公平与公正待遇'和'全面的保护和安全'不要求除了或超出习惯国际法下所要求给予的权利和义务,也不产生其他独立的权利。"①

3. 明确公平与公正待遇定义。除了将公平与公正待遇限制在狭义的习惯国际法标准范围内,还有一种方法也能达到澄清公平与公正待遇标准的目的。如在 EDF 诉 Romania (2009)②案例中一样,一个国际投资条约可以通过给予比此前公平与公正待遇所包含的投资者合法期待更加精确的概念来解决此问题。③ 在 EDF(Services)有限公司诉 Romania 案中,仲裁庭认同申请方 EDF 公司主张因为拒绝支付贿赂款导致其投资遭到不公平、不公正的待遇的观点,认为国家机构索取贿赂的行为确实违反《英国—罗马尼亚双边投资协定》中关于公平公正待遇义务的规定。但是考虑到指控索贿的严重性,证据的证明力必须能够达到"明确而令人信服"的标准。②EDF 公司起诉的索取贿赂的行为构成了《英国—罗马尼亚双边投资协定》中的不合理和歧视的措施缺乏明确的而令人信服的证据支撑。进一步说,也没有证据能够证明对 EDF 公司适用的措施违反了国家的正常立法目的,以及这些措施不是出自于偏见或个人的喜好。④ 综上所述,仲裁庭得出结论:申请方 EDF 投资有限公司提出的诉请缺乏充分、明确而令人信服的证据,因此,不予支持。

这种澄清将有效地限制投资者滥用公平与公正待遇条款起诉环境保护措施的变更,同时又不至于彻底排除公平与公正待遇诉讼。

4. 设置环境例外条款,豁免投资争议解决机制。除去上述的定义改变,东道国还可以通过在条约中设置例外来达到实现气候政策目标的立法灵活性。④ 如印度—韩国全面经济伙伴关系协定(CEPA)(2009)中就设置了例外,明确规定必要的保护人类、动植物、健康或者环

---

① OECD. *Fair and Equitable Treatment Standard in International Investment Law*. OECD Working Paper on International Investment. 2004(3).

② EDF(Services) Ltd v Romania,Award,ICSID Case No ARB/05/13,IIC 392(2009)

③ The EDF decision and its treatment of the concept are summarized in Abhijit P. G. Pandya and Andy Moody, "*Legitimate expectations in investment treaty arbitration: an unclear future*," 2010, unpublished manuscript available at: http://ssrn.com/abstract=1631507

④ Firger,D. M. & M. B. Gerrard. *Harmonizing Climate Change Policy and International Investment Law: Threats,Challenges and Opportunities*. 6/03/2011

境的措施不受约束。① 显然,这种表述反映了关贸总协定第 20 条的"在国际贸易法律框架的某些部分中设置广泛的例外条款"的规定。[8] 即使不设置广泛的例外条款,东道国同样可以就某些类型的立法活动创造范围比较狭窄的关于气候变化的例外。通过明确列举一系列的气候相关措施构成合法的公共政策,一个狭义的例外条款可以帮助稳定国际投资法。②

此外,缔约国还可以在投资者—东道国争端解决机制以及国民待遇或者其他独立存在的义务中排除应对气候变化的举措。这分别体现在比利时—哥伦比亚双边投资协定(2009)和 COMESA 投资条约中。所有的这些例外和排除事项,尽管在一定程度上与传统的国际投资条约促进投资的导向有所差异,但是却便利了东道国采取那些可能对外国投资者造成负面影响的措施。② 当然,相对应地,也可以对国际投资条约进行修改,使之成为肯定支持气候友好型投资的条约。②

(二)投资者应对东道国绿色壁垒对策

1. 积极申诉绿色壁垒

绿色壁垒,是指现代国际贸易中商品进口国以保护人类生存和生态环境为名,通过颁布、实施严格的环保法律和苛刻的环保技术标准,以限制外国产品进入本国市场或使其进入时受到一定限制。[9] 绿色壁垒和环境保护是不同的。东道国为应对气候变化的正当合理要求我们应当予以保护,但是投资者的利益也应予以重视,东道国故意设置绿色壁垒是不应当得到支持的。如果东道国使用环境保护名义,通过设定种种环境标准等方面的障碍,损害投资者的合理期待,将使促进和保护国际投资这一宗旨成为空谈。因此,投资者应正确区分绿色壁垒和环境保护,利用国际投资条约中所确认的国民待遇和最惠国待遇等相关规则,对那些绿色壁垒加以反击,维护其在东道国的投资利益。

2. 保证仲裁员公正性,完善仲裁的矫正机制

仲裁庭在审理因气候政策而产生的投资纠纷案件时,也不应矫枉过正。应提高投资仲裁中的透明度,让更多的利益相关方参与到仲裁中来,比如允许国际投资条约的缔约方,包括在一起投资争端案件中非争端当事方的缔约方,对裁决一同进行审议。除此之外,非仲裁当事方的第三方也允许参与到仲裁中来,在晚近的一些仲裁实践中,仲裁庭应争端一方的请求,在争端双方均不反对的情况下,在仲裁过程中指定一个或者多个专家对与某一争端方提出的涉及环境、卫生等与社会公共利益相关的事项做出书面报告。[10] 一些国际投资争端仲裁实践对于这些法庭之友的身份与权利都有一定程度的确认。[10]

选择传统商事仲裁的"一裁终局"常常迫使国际投资争端仲裁的当事方不得不接受仲裁庭对于相同或者及其相似的问题与事实做出相互矛盾甚至是错误的裁决。通过在国际投资争端仲裁之中设置上诉机构或者类似的矫正机制是解决仲裁裁决不合理的方式之一。这将使得仲裁庭在兼顾国家环境保护与投资者利益之间做到更好地平衡。

---

① India-Korean CEPA (2009), art. 10.18(1)(b), available at: http://www.fta.go.kr/user/fta_korea/kor_india.asp? country_idx=18。

② Firger, D. M. & M. B. Gerrard. *Harmonizing Climate Change Policy and International Investment Law: Threats, Challenges and Opportunities*. 6/03/2011

四、协调气候变化政策与公平公正待遇原则的具体落实

应对气候变化政策日益倾向于促进低碳形式的外国直接投资,比如推动可再生能源计划和热带雨林保护计划。国际投资条约也正在被重新协商和修改,以使之涵盖对东道国环境法规的保护和对气候友好型投资的支持。这些趋势已经在晚近的投资仲裁案例和条约实践中反映出来。

(一)投资仲裁案例

Parkerings-Compagniet AS v Lithuania 案例(2007)。Parkerings-Compagniet AS 是一家挪威公司,兼并了一家立陶宛国有公司 BP,从而成为了一个国际财团的成员。1999 年 8 月,这个财团中标承担立陶宛自治市 Vilnius 市的停车场项目的设计和经营。在合同协商过程中,财团和市政府达成协议引入混合收费系统,财团收取的费用中,一部分停车费归于市政府,另一部分服务费归财团。其后,市政府和财团签订协定,授予 BP 公司排他经营该自治市的街道停车项目,包括收取停车费和制定停车规定,以及许可建设 10 个多层停车场。但该协定遭到当地国家政府代表和公共团体的反对和质疑。立陶宛议会修改了法律,取消了混合收费条款,且明确规定自治市政府无权与私人企业签订协定。2004 年自治市政府以财团无法履行合同义务为由终止了协定。2005 年 3 月,BP 公司提交仲裁,声称立陶宛政府的武断行为没能为投资者提供透明度且严重侵犯了 BP 公司的合法期待,违反了《立陶宛—挪威双边投资协定》中的公平与公正待遇义务。[①]

2007 年 8 月 14 日,仲裁庭作出最终裁决,认为:考虑到立陶宛国内正在发生的政治和经济上的明显变化,外国投资者相信其投资处于一个稳定的法律环境中的想法显然是愚蠢的。[①]而且 BP 公司没能证明自治市政府错误地终止了协定,以及其起诉立陶宛政府违反公平与公正待遇的行为的权利已经被立陶宛法院驳回。BP 公司没有一个合法的对立陶宛政府将不会通过有可能损害其投资的法律来保证与协定相关的法律的稳定性的期待。[①]考虑到立陶宛正处于政治转型期,BP 公司应该预见到可能会发生的对投资不利的法律变动。所以立陶宛政府没有违反双边投资协定下的公平与公正待遇。

本案的一个亮点在于,仲裁庭明确地提出了判断投资者预期是否合理的标准。要判断东道国是否违反公平与公正待遇原则,就要判断东道国是否侵犯了投资者的合理预期。判定投资者预期合理的标准包括:①投资者得到东道国明确的承诺或保证;②东道国的默示的保证或表示;③尽管没有明示或默示担保,但合同缔结时的环境使得投资者确信其预期是合理的。[①]这个标准的提出强调了东道国的立法主权,明确了公平与公正待遇中投资者合理预期的含义,也在一定程度上减少了投资者利用公平与公正待遇的滥诉。

(二)条约实践

NAFTA 于 2001 年发布的解释。在 2001 年,NAFTA 的缔约国发布了其第一次、到目前为止也是唯一的关于第 11 章的解释。第 1105(1)条依据国际法的最低待遇标准的解释规定:(1)第 1105(1)条规定,习惯国际法的外国人最低待遇标准,就是提供给缔约他方投资者的投资的最低待遇标准。也就是说,缔约方认为第 1105 条中的"国际法"是指"习惯国际

---

① *Parkerings-Compagniet AS v Lithuania*, Award on jurisdiction and merits, ICSID Case No ARB/05/8; IIC302 (2007).

法"。(2)"公平与公正待遇"及"全面的保护和安全"的概念不要求给予习惯国际法关于外国人最低待遇标准之外的待遇。(3)关于违反了 NAFTA 的另一规定或独立的国际协定的裁定不能确定那也违反了第 1105(1)的规定。[11]

总之,从国际投资法律文件对公平与公正待遇标准的规定来看,虽然对于该标准的规定仍然比较笼统,但一些国家如美国和加拿大已经开始尝试明确该标准的内涵。而且与以前的规定相比,新规定中公平与公正待遇标准对国家义务的要求降低了,换言之,提高了指控了违反公平与公正待遇标准的门槛,缓解了气候变化政策与公平公正待遇之间的冲突。

结　语

综上所述,笔者认为从国际层面上,为保护投资者利益,应当进一步确保仲裁的公正性,完善仲裁矫正机制。上述措施已经在晚近的投资仲裁以及条约范本中有了一些体现。明确公平公正待遇的意义,可以防止在气候变化问题上因对公平公正待遇作宽泛解释而导致投资者滥诉及政府的诉累,也可以更好地发挥它作为一个基本的标准对协调国际投资和气候变化的作用,也可以更好地作为解释条约中特定规定的辅助因素,也可以更好地填补在条约以及有关的国内立法或国家契约上的漏洞。

参考文献:

[1]Dernbach, J. C. & S. Kakade. *Climate Change Law: An Introduction*. Energy Law Journal,2008,29 (1):1—31.

[2]Marshall. F. *Climate Change and International Investment Agreements: Obstacles or Opportunities*. International Institute for Sustainable Development, Trade, Investment and Climate Change Series,2010 (3).

[3]唐丁丁.积极应对气候变化大力推动绿色低碳发展——境保护部环境发展中心主任唐丁丁就气候变化问题答记者问.环境与可持续发展,2012(1):6—7.

[4]Dolzer. R & C. Schreuer. *Principles of International Investment Law*. New York: Oxford University Press,2008.

[5]余劲松,梁丹妮.公平公正待遇的最新发展动向及我国的对策.法学家,2007(6):154—155.

[6]Johnson. L. *International Investment Agreements and Climate Change: The Potential for Investor-State Conflicts and Possible Strategies for Minimizing It*. Environmental Law Reporter News&Analysis. 2009 (12):5—6.

[7]Marshall. F. *Climate Change and International Investment Agreements: Obstacles or Opportunities*. *International Institute for Sustainable Development*, Trade, Investment and Climate Change Series,2010(3).

[8]赵维田.世贸组织(WTO)的法律制度.长春:吉林人民出版社:2000,545.

[9]李青岭.跨越绿色壁垒的对策思考.经济师,2003(4):71.

[10]李武健.国际投资仲裁中的社会利益保护.法律科学,2011(4):151—152.

[11]余劲松.国际投资法(第三版).北京:法律出版社,2007:222—230.

浙江省法学会国际经济法研究会
2012 年会综述

　　浙江省法学会国际经济法研究会 2012 年会于 11 月 15 日在宁波市开元大酒店召开。本届年会由浙江大学海洋法律与治理研究中心、浙江大学国际法研究所和浙江省法学会国际经济法研究会联合主办，宁波市中级人民法院和浙江大学宁波理工学院法律系承办。在中共十八大隆重开幕的喜讯鼓舞下，基于国家与浙江省政府提出发展海洋经济的战略背景，本年度的研讨会主题是"法治与发展：海洋法治战略学术论坛"。

　　本届学术研讨会开幕式由浙江省国际经济法研究会副会长金彭年教授主持。金教授首先对与会的专家学者、公检法系统以及一些党政机关领导表示热烈的欢迎。出席会议的代表有 60 多位法学理论和司法实务部门的专家、学者。宁波海事法院郑菊红副院长，宁波海曙区毕东华副书记，中信宁波集团公司黄国勉副总经理也出席了会议。杭州市人民检察院吴春莲检察长和金华市中级人民法院徐建新院长提交了论文。

　　与会的高校及司法机关的领导发表了重要讲话。宁波市中级人民法院副院长黄贤宏首先致欢迎词，对来自各地的与会代表表示了热忱的欢迎。他表示这次年会在宁波召开是得天时、顺地利、应人和。宁波海洋资源丰富，港口区位优越，具备发展海洋经济的独特的优势。接着黄贤宏副院长简单介绍了在海洋经济战略背景下宁波市海洋经济的发展情况。他向与会代表介绍了宁波两级法院的发展情况。宁波市中级人民法院下辖海曙、江东、江北、北仑、镇海、鄞州、余姚、慈溪、奉化、宁海、象山等 11 个基层法院，共有 36 个基层人民法庭。宁波市中级法院有 31 个部门，在专业化建设方面进行了探索，创建了七个专业化审判庭。包括全市法院共有干警 1754 名，政法专项编制 1726 名，事业编制 262 名，具有博士、硕士学位和本科以上学历的占总人数的 87.12%。宁波中院共有干警 331 名，政法专项编制 283 名，事业编制 65 名，具有博士、硕士学位和本科以上学历的占总人数的 90.88%。2008 年宁波市中院首次突破受案量 10 万件，2011 年更是达到 12 万件之多。全市法院法官平均受案量为 153.85 件。慈溪、余姚、鄞州、宁海、象山等 5 家基层法院收案突破万件，收案最多的慈溪法院达到了 13985 件。黄贤宏副院长还着重阐述了宁波市中级人民法院的四个创新：一是在国内首创了行政非诉审查庭；二是提出了"惠民司法"的六项承诺；三是宁波市的鄞州法院和北仑法院两个基层法院率先在淘宝网上开展司法拍卖；四是创新社会管理，开展了"三服务，三助推"活动，即"助推基层，助推社会管理创新；服务企业，助推经济健康发展；服务重点工程，助推城市和谐建设"。并组织 18 个工作组参与服务工作，其中部分工作获得了宁波市市委、市政府的认可和好评，特别是推出的"小巷法官"举措获得了领导的批示和肯定。最后黄副院长希望借助研讨会这一平台，能和与会专家学者、兄弟单位进行经验交流，并就实践中海洋经济发展遇到的热点问题进行探讨,以进一步促进宁波海洋经济的健康、持续发展。并希望与会代表对宁波市中级法院的工作提出宝贵意见。

浙江大学宁波理工学院党委书记费英勤就浙江大学宁波理工学院的基本情况做了介绍,重点介绍了法律系的发展状况。法律系前身为浙江大学宁波理工学院2001年建校之初创建的法律系,2004年5月学校院系合并,法律系、新闻系组建成法律与传媒分院,2011年11月,法律系成立,现有法学专业以及法学(知识产权方向)辅修专业。并对学院的就业状况进行了分析,整个学院15%的生源是宁波本地人,而有45%的学生选择在宁波就业,学院的整体就业率达到95%以上。费书记认为研讨会是一个很好的理论与实践相结合的平台,这个平台对宁波理工学院法律系的发展也具有重要的助推作用。并预祝本届年会取得圆满成功。

宁波海事法院斯金锦院长提出了自己的三点看法:第一,斯院长认为研讨会是司法部门学习的平台,是理论与实务界的学者、专家交流学习的平台。这个平台对于司法实践和司法公正的开展具有重大的现实意义。第二,斯院长指出,《会议论文集》中的论文研究领域正是司法实践中遇到的难点问题,这样研讨会中对这些问题的探讨也为解决实践中的难题提供了建议。最后,研讨会的主题具有重大的现实意义。斯院长呼吁学界要加强实务领域的研究,将理论和实践相结合,他也希望能有更多的交流机会可以将他们的办案心得与大家分享。

浙江省新闻出版局副局长单烈对著作权法的修改提出了自己的见解。他重点阐述了著作权法修改的必要性以及修改的主要内容。他认为,著作权法的修改主要是解决信息时代知识产权网络化、数字化和科技化的发展特征的,也是行政执法的需要,更是与国际上关于著作权保护规定接轨的需要。而修改的主要内容是扩大了保护客体的范围,增加了保护权利的种类,加大了保护的力度以及就侵权的举证责任、赔偿问题进行修改。

宁波市法制办张利兆主任首先向与会代表介绍了法制办的职能。法制办是政府的参谋、助手,也是一个法律顾问,向地方人大提交立法草案等。他还提出了保护无居民海岛的立法问题。他从海域使用权切入,认为应该从立法的高度对无居民海岛进行保护,以更好地保护其原始状态,避免过度开发造成的破坏。

浙江省社会治安综合治理协会副会长邹丽华说,她亲自走遍了国内进行围海造陆的地区和岛屿,对围海造陆问题进行过认真的调研。她认为对于围海造陆问题,存在两方面的不完善:一是由于法律方面不够完善,可能也给投资方带来了暴利的机会,同时也可能造成投资者的利益得不到保障;二是审计方面也存在滞后。邹丽华还对《会议论文集》提出了建议,她希望能在会后邀请专家对论文进行点评、修改,以提高论文水平,促进成果分享。

浙江工商大学法学院古祖雪教授,浙江省法学会副秘书长、《法治研究》主编董服民,浙江大学宁波理工学院法律系副主任李伟副教授都在会议上发表了自己的学术观点。

研讨会上还评选出2011—2012年度浙江省法学会国际经济法研究会优秀论文获奖名单(一等奖四人,二等奖六人,三等奖十人),以鼓励更多的热衷于国际经济法领域的学者、专家参与法学前沿问题研究,分享学术成果。第二阶段的会议由翁里秘书长主持,由优秀论文作者作主题发言,与会代表进行讨论。华东政法大学张磊博士针对"美国军事因素在中日、中非岛屿争端中的作用"做了主题发言,分别对东海问题、南海问题进行分析。他认为,在东海问题上,美国依据《日美安全保障条约》对中日钓鱼岛争端进行干涉。核心是《日美安全保障条约》第5条的规定:"各缔约国宣誓在日本国施政的领域下,如果任何一方受到武力攻击,依照本国宪法的规定和手续,采取行动对付共同的危险。"也即日本管辖下的领土如果发生武装冲突,则美国可以进行干涉。在南海问题上,菲律宾与美国貌合神离。1995 年,美国声明维持航行自由。并在南海问题上,美国绕过岛屿争端,不提主权问题,只提航行自由。美国在协防手段上,不仅仅依据同盟条约,把直接派兵作为最后手段。在东海上以日本为代理人,但在南海上不以菲律宾为代理人,其希望在南海问题争端多样化。

浙江大学光华法学院马光副教授结合其论文《中韩贸易发展与法学家的使命》做了发言。他列举了一系列的数据介绍中韩两国的贸易发展情况并且两国已着手就签订 FTA 展开了政府间磋商。接着马光副教授介绍了中韩国际经济法学者交流的情况和中韩两国的 FTA 主要议题,即农产品例外问题,朝鲜开城所生产产品的原产地问题,服务贸易开放问题,贸易救济问题,卫生及植物卫生措施问题,知识产权问题,环境与竞争等问题,投资问题,技术贸易壁垒,争端解决。他认为,两国间缔结 FTA 将对两国具有重要意义,而且双方将能通过缔结 FTA 进一步促进贸易便利化,并最终达到更为快速的贸易增长效果。中韩两国学者之间对中韩 FTA 的探讨早于政府层面的努力,对推动中韩 FTA 作出了较大贡献,也是中韩两国国际经济法学者的使命所在。

杭州师范大学法学院项雪平副教授就其向研讨会提交的论文《对国际海底区域制度人本化的反思》发表了自己的观点。她从决策、审查会议、财务委员会三个层面阐述了修改国际海底管理局相关制度对人本价值的负面影响,分析了"区域"资源开发相关制度的修改对人本价值的减损以及对发展中国家普遍缔约的原因。最后她对"区域"人本化提出了展望,她希望在"美国价值"主导全球价值体系的今天,通过反思"区域"的人本化,重塑"区域"人本价值,有助于避免重蹈覆辙。浙江大学宁波理工学院法律系何赟老师也就中国企业如何应对美国"337 调查"措施,提出了自己的见解。刚动完手术后不久的浙江省国际经济法研究会宋永新教授对代表的发言做了点评。

大会最后审议了增补国际经济法研究会理事增补副会长、常务理事、理事等事项。决定拟增补浙江工商大学法学院古祖雪教授为浙江省法学会国际经济法研究会副会长,浙江师范大学法政学院副院长梁开银教授和浙江大学光华法学院赵骏副教授为常务理事,浙江大学宁波理工学院法律系项安安讲师为理事。

整个学术研讨活动自始至终洋溢着热烈讨论的氛围,各位领导、专家及学者就目前浙江省海洋经济发展过程中遇到的热点、难点问题各抒己见。整个学术讨论气氛轻松活泼,观点讨论有深度,既有对理论问题的前沿探讨,又有对实务问题的分析论证,与会代表收获颇丰。值得一提的是,在周五下午听完十八大精神传达后,杭州市人民检察院吴春莲检察长、台州市中级人民法院丁铧院长、台州市人民检察院陈志君检察长、衢州市人民检察院孙颖检察长、金华市纪委张建明书记、金华市中级人民法院徐建新院长、温州市人民检察院金连山检察长、温州市中级人民法院陶蛟龙院长,都不辞辛劳先后连夜赶到宁波,继续畅谈法治与发展,并纷纷约定,在明年的金华年会上再聚首。宁波市中级人民法院李泽明院长再次表示欢迎与会代表多到宁波中院走走,指导工作。此次学术研讨会,促进了海洋法治建设与社会发展问题的研究,为浙江省海洋经济的深入发展献计献策,也为浙江省国际法学的研究成果添砖加瓦。

(翁里、李洋、陈彦舟报道)

"公心"捍卫正义　大树何愁不参天

——深度访问浙江大学光华法学院杰出校友徐建新

忆往昔青葱岁月

记者：您是当年杭州大学恢复法律系以来的第二届学生，追忆往昔的大学生活，能不能和我们分享一下您的求学经历以及当时大学生活中您感触最深的是什么？

徐建新：作为高考制度恢复后不久的大学生，我是非常幸运的。1981 年如愿以偿考进了杭州大学法律系，并于 1985 年完成了本科阶段的学习。回忆当年的大学生涯，一是生活条件相当艰苦。感觉当时大多数同学家庭条件非常有限，生活相当清贫。二是学习认真刻苦。绝大多数同学基本上是宿舍、教室、食堂三点一线，大家都有一种天之骄子的荣誉感和天下兴亡匹夫有责、振兴法学兴我中华的责任感；所以，全班同学的学习成绩都很好；学术氛围很浓，当时，我们班里办了一个油印的杂志，叫《红绿灯》，取意于国家法律，既指人以方向，又令行禁止。记得我在上面发过论文和诗歌。三是苦中作乐。大家在生活艰苦、学习清苦的环境中，也寻找年轻人的乐趣，比如迎新联欢会、文艺晚会、舞会，参加学校文艺比赛还获奖等，总之，四年的同窗生涯同学们之间结下了深厚的友谊，这也是人生的一笔宝贵的财富。更有幸的是，2002 年 10 月至 2003 年 8 月，作为一名农家子弟，在义乌法院院长的任期内，经省委组织部门委派，我到美国新泽西州 KEAN 大学管理学院攻读 MPA 硕士。后来又回到母校攻取了法律专业硕士学位。对于我的大学本科生活，我感触最深的就是那份自觉学习、刻苦学习责任心和使命感。

记者：能不能跟我们描述一下您当年学习法律时的学习状态和氛围，并且分享一下对您影响比较大的书，从而为我们今后的学习提供借鉴。

徐建新：正如前面所说，我的大学生活感悟是带有时代特征的，应该是属于我们那个年代的集体共性。说到本科阶段的学习，经过"文革"后的大学法学教育百废待兴。国家法律很少，只有宪法、刑法、刑事诉讼法以及民事诉讼法等少数几部法律，研究对象不足；教学师资短缺，记得上次你们采访杜飞进时他谈到他们那一届许多任课老师都请"外教"，到我们这一届虽然任课教师都配齐了，但大多是从其他实务部门抽调回来，教学经验相对不足；另外，图书馆及阅览室里法学方面的参考书及法学杂志非常有限，可借鉴的学习资料少。但是，大家共同学习生活的那份纯真和认真也是当下环境中很难再去找寻的。虽然物质清贫但精神饱满，富有人生理想和抱负。我比较喜欢的一本书当是《论法的精神》，该书以法律为中心，

作者简介：徐建新，浙江衢州人。1981 年至 1985 年就读于原杭州大学法律系，2003 年 8 月获美国新泽西州 KEAN 大学公共管理硕士学位，2006 年 3 月获浙江大学法律专业硕士学位。现任浙江省温州市中级人民法院院长、最高人民法院"全国审判业务专家"。被聘为浙江大学硕士实务导师，西南政法大学兼职硕士生导师，浙江工商大学、浙江师范大学、浙江工业大学、杭州师范大学及宁波大学法学院兼职教授。在各级刊物上发表学术论文、评论、通讯等 100 余篇，出版有专著《司法前沿问题思辨与探析》、主编《审判实务研究》、副主编《刑法学》。

又遍涉经济、政治、宗教、历史、地理等领域，内容极为丰富。特别是它以独特方式研究和论述了法理学、宪法学、刑法学、民法学、国际法学等一系列课题，成为一部独具风格的法学百科全书，其认为法的主要精神就是正义，法律是正义的化身这一指导思想，对于我对法律的理解及司法实务中对公正执著的追求产生了深刻的影响。

从业历程授经验

记者： 从 1985 年毕业以后您一直从事司法系统的工作，能不能跟我们分享一下您从事司法系统这么多年来的体会和感悟？

徐建新： 一直以来承蒙组织的培养和厚爱，广大人民群众的理解和支持，以及众多良师益友的关心和教诲，我从一名刚出象牙塔的法门学子逐步成长为奋战在法治建设领域的法院领导干部。期间，经历了从检察院到法院的部门交换，基层和机关之间的轮回交叉，从普通干警到单位负责人的角色交替。一路走来，除了越来越浓的感谢、感恩和感动外，作为法学人踏入母校时的理想追求和分手母校时的奋斗激情，一直是激励我克服困难、战胜自我、面对挫折的源源动力。而对于中国的法治事业、司法发展和法院工作，则积累了更多的经验感悟、冷静思考和理性认识。总结起来，主要有以下三点：一是价值判断要更自觉地服从于实证分析。坚持党的统一领导以及党委领导下包括法院在内的中国社会管理体系也是中国革命和社会发展中自觉形成的，这是我们的国情和特色。在这样的背景下，司法只能在自觉地服务于整个经济社会发展中才能体现其作用，也才能争取其应有的地位，现实意义的司法权威也才能生成。这是一个发展的自主性问题。二是形式理性要更主动地服务于实质理性。我们必须明白，在我们这样一个区域和城乡发展不均衡的转型社会，受纠纷本身的非法律正统性、司法资源的有限性、制定法本身的滞后性等因素的影响，法院必须将矛盾纠纷化解和维护社会稳定置于更高的位置，克服就案办案的机械思维，强调法律效果和社会效果的统一，毫不回避并积极应对社会对于公平正义的期待。这恰恰是需要勇气和智慧的。三是精英意识要更全面地贴近于大众意识。任何形式的司法体制或者审判方式改革必须与社会成员的认识水平和法官群体的素质构成相协调，否则就会适得其反。法官群体的职业优势和司法环境的互动配合并不是先天形成的，在当前的法院工作体制下，加强审判管理，规范审判权的科学运行是确保司法公正的重心。

记者： 在 2011 年您被最高人民法院评为"全国审判业务专家"，能不能根据您的从业经历谈一谈对于学校所学知识与工作所用到的知识有哪些区别和联系？

徐建新： 套句广告语，荣誉是大家给的。其实，在全国法院系统，活跃着一大批有着专业知识背景、丰富工作经验、突出调研能力、良好职业操守的专家型法官。对此，我要感谢母校给予的良好法学教育，这是我成长和成才的基础。现在中国特色法律体系全面建成，大学法学教材也随之丰富发展，学习内容和条件跟我们当年可谓天壤之别。但是大学法律教育给予我们的是共同的，那就是正确的学习方法、良好的学习习惯、浓厚的学习氛围，帮助我们在工作中能够不断地积累知识、更新知识、发展知识。因此，在大学所学和工作所学之间，就知识内容而言，存在着基础性与具体性、理论性与实务性等区别，但共通的是一个人的思维和习惯。对于在校学习的你们来说，我个人觉得，并不急于形成什么实践经验，关键是在于深刻把握法学原理的基础上培养起个人的思维方式和学习习惯。我认为，作为法学院的学生，学习十分重要;学习除必须真正的静心专心勤奋外,一定要在精通法学原理的基础上,广泛阅读其他社科类知识甚至于自然科学知识也要有所涉猎,因为法学是一门社会科学,实务中要用到的知识面是很广的;其次要做有心人,善于仔细观察问题、思考问题,当前法学理论与实务中尚未解决的问题太多了,只要细心观察就会发现很多问题,每年研究解决三到四个问题,十年积累,就会精通某个方面的知识,就会成为专家,其实并不太难。你们还年轻,一定要勤学苦学,练就扎实基本功,才能在博大精深的法学汪洋大海中占有一席之地。

记者:您曾经说过"如果人做不好,法官肯定当不好",能不能根据您的学生经历以及从事司法工作多年的经验来为将来要从事司法系统工作的同学提供一些借鉴?

徐建新:谢谢你们的关心和关注,这应该是我在接受《都市快报》记者专访时所说。同时欢迎有志学弟、学妹加入法院或者司法职业者的行列。就选择当法官而言,绝不仅仅是体面和荣光,更是一份责任和付出。就我个人理解,当一名法官,除了要具备专业知识之外,尚需要形成以下三个层次的职业素养:一是法官职业观。我提出的观点是,法官当为人师表。法院职业的特殊性决定了其必须具备高于社会其他职业和普通人的政治素质、道德素质、纪律和作风素质以及高尚的道德情操,而成为正义和公正的化身,做人做事的楷模。二是法官精神。包括坚守公正、恪守清廉、意志坚定、终身学习。应当具备省高院齐奇院长提出的"职业四要"职业操守,即处事要严谨、讲话要亲和、为人要清廉、办案要公正。三是法官能力。包括把握大局的能力、做群众工作的能力、驾驭庭审和文书制作的能力、准确适用法律的能力。显然,从法官的道德和素质要求看,是高于一般人的,因此,如果连一个普通老百姓都不如,怎么可能是一名法官呢? 如果是,则他极有可能成为昏官;再者,即使一个人具备了丰富的法律知识,但如果他是一个恶人而不是好人,那好法也会变成恶法,法律就会成为他弄权的工具,成为其以权谋私的工具,就会成为一名贪官。

记者:作为一名学长您对于刚刚步入法学院的新同学和即将步入社会的毕业生分别有什么告诫?

徐建新:现在的学弟学妹,成长环境比我们好,自身条件也比我们好,接受新事物的能力特别强。所以也谈不上告诫,算是一名老夫子的感悟吧。对于法学院新生而言,我想说的就是要把学习作为一种生活方式和人生态度,古人曰:"圣贤由学而成,道德由学而进,才能由学而得。"大家要树立终生学习的理念、艰苦学习的理念、善于学习的理念、学以致用的理念。法科毕业生面临着的是从象牙塔学子向社会职业者的转变,应该重点把握以下三个问题:一是在沟通合作中达至个人目标。学会容人之短,体人之难,成人之美,追求互惠和共赢。二是在取舍权衡间实现个人成功。把握年龄优势,在基层工作和实践锻炼中不断地认识和挖掘自己,明确"我需要什么"、"我坚持什么"、"我放弃什么"。三是在成败转换时锤炼个人心态。客观地评价自己,辩证地看待结果,坚定地执行意志,在高远处培养强大的内心自我。

情深意浓寄言母校

记者:您能否谈一谈你对现今法学院的感受? 您对学院今后的法学教育以及下一代法律人的成长有何期望?

徐建新:我毕业到现在已经接近三十周年了,母校,特别是法学院,一直是我魂牵梦绕的地方,因为那里有我们那一代人的青春誓言,有我们成长中的喜怒哀乐,有我们还继续耕耘在这片乐土的老师和同学。很荣幸,我自己是我们浙江大学法律硕士的实务导师,借着讲座和硕士学位论文答辩之机,我每一踏进校园,都感觉时光倒流,回到了 20 世纪 80 年代初的西溪校园。我想很多校友跟我的感觉是一样的,母校是我们重温使命、重思自我、重拾动力的精神家园。所以,我沉醉于兼职教授这份工作,它是维系我和母校情感的纽带。现在的光华法学院已今非昔比,优美的校园、朝气的学子、雄厚的师资、严谨的治学、自由的学术,联系起法院工作的压力和责任,有时真想跟你们一道,重新投入母校的胸怀,遨游在知识学术的海洋! 对于今后法律人的教育培养,我想简单谈三点体会:一是突出使命教育。法治事业是需要我们几代人去奋斗和付出的事业,对于发展中的困难和问题,不冷眼旁观,不牢骚满腹,不妄自菲薄,不盲目乐观,提倡思考、作为、担当、实干的大学精神。二是突出挫折教育。我在近二十年前的一篇名为《艰难玉成》的小散文中提出,人生正如以血肉之舟去横渡生命历程的海洋,什么事情都有可能发生。必须学会平静地对待挫折和困境,并在逆境中陶冶自我、重塑自我、完善自我。三是突出能力教育。应当形成"素质拓展训练、法律实务培训、参观见习体验、实例演联模拟和社会环境学习"等系统化的课程内容,锻炼分析和解决问题的能力,提高公文写作和语言文字的表达能力,打造成为高层次的复合型实务型法律人才。我很乐意为建立法院和学院的院校合作进行努力。

(文/张丙强)

后　记

　　"法治与发展论坛"由浙江大学国际法研究所和浙江省法学会国际经济法研究会主办。前三届在浙江大学宁波理工学院召开,龚缨晏教授给予了大力支持。2008 年的论坛在杭州柳莺宾馆召开,得到了杭州市工商局拱墅分局鼎力相助。2009 年的论坛在衢州宾馆召开,由衢州市中级人民法院承办,衢州市人民检察院协办。2010 年的论坛在杭州黄龙宾馆召开,由杭州市人民检察院和新湖集团承办。2011 年的论坛在台州凤凰山庄召开,由台州市中级人民法院承办。2012 年的论坛在宁波开元饭店召开,由宁波市中级人民法院承办,浙江大学宁波理工学院法律系协办。自 2010 年起,论坛都打印了论文集。自 2012 年起,论文集由浙江大学出版社正式出版。欢迎大家来稿。

金彭年

2013 年 8 月 1 日